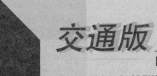

交通版 高等学校土木工程专业规划教材

JIAOTONGBAN GAODENG XUEXIAO TUMU GONGCHENG ZHUANYE GUIHUA JIAOCAI

第2版

交通工程概论

Jiaotong Gongcheng Gailun

戴冀峰　马健霄　张瑾帆　主　编

人民交通出版社股份有限公司
China Communications Press Co., Ltd.

内 容 提 要

本书系统地介绍了交通工程学的基本理论与应用技术。全书共十三章，主要阐述了交通特性、交通调查、交通流理论、道路通行能力、交通规划、停车设施规划与设计、交通管理与控制、交通安全、道路交通与环境保护等内容。本次修订以最新标准和规范为依据，反映了交通工程学科的新理念及新技术、新方法。

本书可为土木工程类专业系列教材，也可作为道路桥梁与渡河工程专业、交通工程专业、汽车运输工程专业本科生的教材使用，或作为其他相关专业的选修课教材使用，同时可供从事交通工程、交通规划、道路规划与设计、交通运输和交通管理等工作的技术与管理人员学习参考。

图书在版编目(CIP)数据

交通工程概论／戴冀峰,马健霄,张瑾帆主编.--2版.--北京:人民交通出版社股份有限公司,2015.8
交通版高等学校土木工程专业规划教材
ISBN 978-7-114-12451-8

Ⅰ.①交… Ⅱ.①戴… ②马… ③张… Ⅲ.①交通工程—高等学校—教材 Ⅳ.①U491

中国版本图书馆 CIP 数据核字(2015)第 196981 号

交通版高等学校土木工程专业规划教材

书　　名：	交通工程概论(第二版)
著 作 者：	戴冀峰　马健霄　张瑾帆
责任编辑：	张征宇　赵瑞琴
出版发行：	人民交通出版社股份有限公司
地　　址：	(100011)北京市朝阳区安定门外外馆斜街3号
网　　址：	http://www.ccpress.com.cn
销售电话：	(010)59757973
总 经 销：	人民交通出版社股份有限公司发行部
经　　销：	各地新华书店
印　　刷：	北京武英文博科技有限公司
开　　本：	787×1092　1/16
印　　张：	18.5
字　　数：	473千
版　　次：	2006年2月　第1版　2015年8月　第2版
印　　次：	2024年1月　第4次印刷　累计第9次印刷
书　　号：	ISBN 978-7-114-12451-8
印　　数：	19001—20000
定　　价：	35.00元

(有印刷、装订质量问题的图书由本公司负责调换)

交通版 高等学校土木工程专业规划教材

编委会

（第二版）

主任委员：	戎　贤
副主任委员：	张向东　李帼昌　张新天　黄　新
	宗　兰　马芹永　党星海　段敬民
	黄炳生
委　　员：	彭大文　张俊平　刘春原　张世海
	郭仁东　王　京　符　怡
秘 书 长：	张征宇

（第一版）

主任委员：	阎兴华
副主任委员：	张向东　李帼昌　魏连雨　赵　尘
	宗　兰　马芹永　段敬民　黄炳生
委　　员：	彭大文　林继德　张俊平　刘春原
	党星海　刘正保　刘华新　丁海平
秘 书 长：	张征宇

序

随着科学技术的迅猛发展、全球经济一体化趋势的进一步加强以及国力竞争的日趋激烈,作为实施"科教兴国"战略重要战线的高等学校,面临着新的机遇与挑战。高等教育战线按照"巩固、深化、提高、发展"的方针,着力提高高等教育的水平和质量,取得了举世瞩目的成就,实现了改革和发展的历史性跨越。

在这个前所未有的发展时期,高等学校的土木类教材建设也取得了很大成绩,出版了许多优秀教材,但在满足不同层次的院校和不同层次的学生需求方面,还存在较大的差距,部分教材尚未能反映最新颁布的规范内容。为了配合高等学校的教学改革和教材建设,体现高等学校在教材建设上的特色和优势,满足高校及社会对土木类专业教材的多层次要求,适应我国国民经济建设的最新形势,人民交通出版社股份有限公司组织了全国二十余所高等学校编写"交通版高等学校土木工程专业规划教材",并于2004年9月在重庆召开了第一次编写工作会议,确定了教材编写的总体思路。于2004年11月在北京召开了第二次编写工作会议,全面审定了各门教材的编写大纲。在编者和出版社的共同努力下,这套规划教材已陆续出版。

在教材的使用过程中,我们也发现有些教材存在诸如知识体系不够完善、内容衔接不合理、内容陈旧及适用性、准确性等方面的问题。为此,新改组的编委会决定于2010年底启动该套教材的修订工作。

这套教材包括《土木工程概论》、《建筑工程施工》等31种,涵盖了土木工程专业的专业基础课和专业课的主要系列课程。这套教材的编写原则是"厚基础、重能力、求创新,以培养应用型人才为主",强调结合新规范、增大例题、图解等内容的比例并适当反映本学科领域的新发展,力求通俗易懂、图文并茂;其中对专业基础课要求理论体系完整、严密、适度,兼顾各专业方向,应达到教育部和专业教学指导委员会的规定要求;对专业课要体现出"重应用"及"加强创新能力和工程素质培养"的特色,保证知识体系的完整性、准确性、正确性和适应性,专业课教材原则上按课群组划分不同专业方向分别考虑,不在一本教材中体现多专业内容。

反映土木工程领域的最新技术发展、符合我国国情、与现有教材相比具有明显特色是这套教材所力求达到的目标,在各相关院校及所有编审人员的共同努力下,交通版高等学校土木工程专业规划教材必将对我国高等学校土木工程专业建设起到重要的促进作用。

交通版高等学校土木工程专业规划教材编审委员会
人民交通出版社股份有限公司

第二版前言

《交通工程概论》自2005年04月第一版面世以来，承蒙广大读者的关注及人民交通出版社股份有限公司的大力推广，出版发行进展顺利，多次重印。随着我国交通事业的发展，根据"交通版普通高等院校土木工程类系列教材"编写委员会2014年12月工作会议的精神，为将学科新的科技成果纳入教材，决定对原《交通工程概论》第一版进行修订再版。

考虑到第一版的主要读者群体需求，以及读者反馈的宝贵意见，《交通工程概论》第二版维持了第一版的体系和风格，在对第一版编者的成果予以充分肯定的基础上，对各章节的内容进行了更新、补充或改写。本书主编为戴冀峰、马健霄、张瑾帆，全书由戴冀峰统稿。书中各章节修编工作分别由以下人员完成：第一、三、四、五章，由北京建筑大学戴冀峰编写；第九、十三章，由南京林业大学马健霄编写；第二、八章，由湖南城市学院张瑾帆编写；第六、七章，由北京建筑大学吴海燕编写；第十、十一、十二章分别由南京林业大学陈燕、邬岚、林丽编写。

本书的修订综合了国内外交通工程学相关理论与最新研究成果，结合我国近几年交通工程的发展实际，对交通工程学科所涉及的主要原理与技术方法进行了较为全面的论述，多数章节采用了案例分析，以便使读者更好地掌握相关知识。每章的复习思考题与习题为巩固各部分知识提供了练习平台，达到了培养人才"三基"（基本知识、基本理论、基本方法）的要求。

本书在修订过程中参阅了大量相关书籍和资料，对于参考资料的编著者，在此表示诚挚的谢意。同时，北京建筑大学林建新，研究生马皓、李鑫、刘冉在本书的修订工作中也做了大量工作，在此一并表示感谢。

由于编者水平有限，书中难免存在缺点、错误及不足之处，恳请读者批评指正。

编　者
2015年8月于北京

目 录

第一章 绪论 ··· 1
  第一节 交通工程学的定义 ··· 1
  第二节 交通工程学的发展 ··· 2
  第三节 交通工程学的内容 ··· 5
  第四节 我国交通工程学的发展 ··· 7
  思考题 ··· 14

第二章 人、车辆、道路的交通特性 ··· 15
  第一节 人的交通特性 ·· 15
  第二节 车辆的交通特性 ··· 23
  第三节 道路的特性 ··· 25
  思考题 ··· 30

第三章 交通量调查 ·· 31
  第一节 交通量的定义 ·· 31
  第二节 交通量分布特性 ··· 33
  第三节 交通量的调查方法 ··· 40
  第四节 交通量的换算 ·· 49
  第五节 交通量的表示方法 ··· 50
  第六节 案例分析 ·· 53
  思考题 ··· 56
  习题 ·· 56

第四章 车速调查 ··· 57
  第一节 车速的基本定义 ··· 57
  第二节 影响车速变化的因素 ··· 60
  第三节 地点车速调查 ·· 62
  第四节 地点车速资料整理 ··· 69
  第五节 区间车速调查 ·· 72
  思考题 ··· 78
  习题 ·· 79

第五章 行车延误调查 ··· 80

第一节	行车延误	80
第二节	行车延误的调查方法	84
第三节	交叉口的延误调查	86
思考题		93

第六章　交通流量、速度和密度之间的关系　94

第一节	交通密度	94
第二节	交通流三参数的基本关系	97
第三节	速度与密度的关系	98
第四节	流量与密度的关系	101
第五节	速度与流量的关系	104
第六节	影响模型的几个因素	105
思考题		111

第七章　交通流理论　112

第一节	概述	112
第二节	交通流的概率统计分布	113
第三节	排队论	122
第四节	跟驰理论	128
第五节	流体力学模拟理论	130
习题		135

第八章　道路通行能力　136

第一节	道路通行能力与服务水平	136
第二节	路段通行能力	140
第三节	无信号灯控制交叉口的通行能力	148
第四节	信号灯控制的交叉口通行能力	150
第五节	环形交叉口的通行能力	153
第六节	高速公路的通行能力	156
第七节	自行车道的通行能力	161
思考题		163
习题		164

第九章　交通规划　165

第一节	交通规划的定义与构成要素	165
第二节	交通调查	173
第三节	出行发生	182
第四节	出行分布	188
第五节	交通方式划分	192
第六节	交通量分配	195
第七节	交通规划的评价	198
思考题		203

第十章 停车设施规划与设计 ... 204
- 第一节 停车设施的分类 ... 204
- 第二节 停车调查 ... 206
- 第三节 停车设施规划 ... 211
- 第四节 停车场设计 ... 215
- 第五节 自行车停车场设计 ... 218
- 思考题 ... 219

第十一章 交通管理与控制 ... 220
- 第一节 概述 ... 220
- 第二节 道路交通管理法规及标志标线 ... 221
- 第三节 平面交叉口的交通控制 ... 226
- 第四节 线控与面控简介 ... 232
- 第五节 高速公路控制系统 ... 237
- 第六节 道路交通组织 ... 239
- 思考题 ... 245

第十二章 交通安全 ... 246
- 第一节 概述 ... 246
- 第二节 交通事故调查 ... 248
- 第三节 交通事故分析 ... 250
- 第四节 影响交通事故的主要因素 ... 255
- 第五节 交通安全措施 ... 260
- 思考题 ... 263

第十三章 道路交通与环境保护 ... 264
- 第一节 概述 ... 264
- 第二节 车辆排放污染物的危害与防治 ... 265
- 第三节 道路交通噪声污染与控制 ... 271
- 第四节 道路交通振动危害与防治 ... 277
- 第五节 道路交通环境影响评价 ... 279
- 思考题 ... 282

参考文献 ... 283

第一章 绪论

第一节 交通工程学的定义

交通工程学是一门研究道路交通中各种交通现象基本规律及其应用的新兴交叉学科,它与运输工程学、道路工程学、汽车工程学、系统工程学、工效学、行为心理学、经济学、统计学、声学、能源环境科学等学科紧密相关。交通工程学由于其内涵颇丰,各国学者尝试从不同的角度、以不同的观点、不同的方法对其进行探索研究,但目前尚无统一、公认的定义。

一、各国学者对交通工程学的不同定义

早在20世纪40年代,美国交通工程师协会给交通工程学下了一个定义:交通工程学研究道路规划、几何设计及交通管理,道路网、车站及与其相邻接的土地与交通工具的关系,以便使人和物安全、有效和便利地移动。

澳大利亚著名的交通工程学教授W. R. Blunden给交通工程学的定义是:交通工程学是关于交通和出行的量测科学,是研究交通流和交通发生基本规律的科学。为了使人和物安全有效地移动,把这些科学知识应用于交通系统的规划、设计和运营。

1983年"世界交通工程师协会会员指南"给出的定义为:交通工程学是运输工程学的一个分支。它涉及规划、几何设计、交通管理和道路网、终点站毗连用地与其他运输方式的关系。

前苏联交通工程学专家将交通工程学定义为:交通工程学是研究交通过程的规律和交通对道路结构、人工构造物的影响的科学。

英国学者的定义为:道路工程中研究交通用途与控制、交通规划、线形设计的那一部分称为交通工程学。

日本渡边新三、佐佐木纲等学者认为,交通工程学研究的是:结合客、货运输的安全、方便与经济,探讨公路、城市道路及其相连接的整体用地规划、几何线形设计和运营管理等问题。

近年来,根据交通工程涉及的内容,交通工程又被称为"5E"科学:工程(Engineering)、教育(Education)、法规(Enforcement)、环境(Environment)、能源(Energy)。

由此可见,不同的学者关注点不同,对交通工程的定义也有所不同,如:有的是从科学研究的内容考虑,有的是从科学研究的目的考虑,有的是从科学任务考虑,有的是从研究对象考虑,可以说各有千秋。

二、我国学者对交通工程学的定义

由于我国交通工程的发展较晚,1979年底,在上海首先成立了上海市交通工程学会,以后相继成立了全国性及地方性的交通工程学会;大专院校也设立了专业课程和研究机构,开始研究交通工程,以解决中国的交通问题。根据我国道路交通实际情况和西方国家相关学者对交通工程学理论的研究。我国部分交通工程学者将交通工程学定义为:交通工程学是研究交通规律及其应用的一门技术科学。它的研究目的是探讨如何安全、迅速、舒适、经济地完成交通运输任务;它的研究内容主要是交通规划、交通设施、交通运营管理;它的研究对象是驾驶人、行人、车辆、道路和交通环境。

我国的《交通工程手册》给出的定义为:交通工程学是研究道路交通中人、车、路、环境及能源之间的关系,探讨道路交通的规律,建立交通规划、设计、控制和管理的理论方法,以及有关设施、装备、法律和法规等,以使道路交通更加安全、高效、快捷、舒适的一门技术科学。

总结以上观点,笔者认为交通工程学是:通过对交通调查、规划、设计、运营、管理的相关理论和方法的研究及有关设施、装备的配置和相关法律、法规的制定,使得交通的发生、吸引、分布、方式划分及运行和停驻的规律更加符合人们安全、高效、快捷、舒适、方便、经济的要求,同时满足人、车、路与环境、能源协调可持续发展的一门工程技术学科。

总之,交通工程学是研究道路交通的发生、构成和运动规律的理论及其应用的学科,是综合探讨人、车、路和环境四者关系的学科,是由道路工程衍生而发展的。研究对象是人、车、路、环境及其与土地使用、房屋建筑等综合环境之间的相互关系。目的是探求使道路交通系统运输能力最大、经济效益最高、交通事故最少和公害程度最低的科学技术措施,使道路交通达到安全、畅通、经济和舒适,从而指导道路系统的规划建设和交通系统的运行管理。

第二节 交通工程学的发展

交通工程学,是从道路工程学中派生出来的一门较年轻的学科。在国外,美国哈佛大学率先于1926年设立交通工程专业,1930年美国成立交通工程师协会,交通工程学自萌芽到发展至今成为一门独立、完整的学科,约有90年的历史。

交通工程学创立初期(20世纪30年代),其学科主要工作是研究通过采取诸如设立交通标志、安装手动信号、路面施划等交通管理措施来减少交通堵塞和交通事故的发生。

20世纪40年代,交通工程师们开始意识到,只靠交通管理无法根治交通问题。修建道路不以实际交通需求为依据,则会有很大的盲目性。于是,交通工程增加了交通调查、交通规划等内容。在修路之前,首先进行交通调查,预测远景交通量。根据交通流量、流向,提出道路布局、线形几何设计方案,以满足车辆行驶的需要。并且,考虑不同交通方式的特点、配备必要的交通设施,使道路交通与铁路、水运、航空、管道运输衔接。

20世纪50年代以来,各工业发达国家汽车工业的发展和高速公路的兴起,促使汽车保有量迅速增加,形成了"汽车化"运输的新局面。因此,交通工程学的研究课题已逐渐扩展至研究道路通行能力问题、线形设计、立体交叉设计、停车场问题等。

从交通安全方面看,由于道路条件逐步改善,特别是高速公路的发展,要求车辆的驾驶行为与车辆的机械性能两者结合考虑。因此,20世纪40~50年代的交通工程研究已经开始注意研究人—车—路的相互影响问题。

20世纪60年代,由于"汽车化"的结果,促使汽车数量激增。美、英、德、法、日等国的汽车密度逐渐趋于饱和。1969年,这些国家汽车拥有量按每千人拥有量计算:美国518辆,法国275辆,英国235辆,德国226辆,日本149辆。世界各大城市交通拥堵问题日益严重,交通事故与日俱增,交通事故死亡人数占非疾病死亡人数的2/3,成为社会最大的公害。为了疏导交通,减少事故,提高行车速度,研究者提出了综合交通治理的设想。逐步开始研究车流特性,将计算机控制引入交通管理中,道路设计注重城市景观、环境保护之间的协调。至此,交通工程学已发展为一门综合研究人、车、路、环境之间相互依存关系的综合性学科。

20世纪70年代,随着人们交通出行距离迅速扩大,交通拥堵进一步加剧,外加能源危机的出现,发达国家开始重点研究并拟定合理的交通规划。1975年美国提出了交通系统管理,即TSM(Transportation System Management),意在节约能源、改善交通环境、充分利用道路空间、控制车辆总量和车辆出行、力求达到整体交通效率最高。此阶段研究重点在城市轨道交通系统,倡导步行,恢复并优先发展公共交通,减少不必要的客流、车流,保护环境,挖掘交通设施潜力等。

20世纪80~90年代,随着工业发达国家多数城市发展已经定型,大规模交通规划已基本过去,交通工程学的研究重点转向系统控制研究,该时期主要是创新了交通体系,车辆更新迅速,交通管理与控制自动化的雏形已经基本形成,并逐渐形成计算机化和网络化的格局。在这一时期,相关的研究主要分为宏观层面的研究和微观层面的研究。

(1) 宏观层面。交通规划方面,重点研究经济发展、土地利用和交通需求之间的量化关系及交通对经济发展的影响。研究不同区域路网结构、形态以及运行等相关理论。在交通控制方面,进行了干线协调控制、交通网络协调控制系统的研究以及反光标志、标线、可变信息板布局优化的研究;在交通管理和政策方面,按照交通工程学原理制定交通法律、法规,研究不同的管理措施和管理方法,如按照车牌号限行、大型赛事交通管制以及公交专用道施划等;研究车辆实行强制保险;研究新建或改造建筑物,采用不同交通政策对人们出行的时间、地点、方式选择的影响。此外,在环境保护和节能减排方面,进行了汽车交通噪声控制、废气排放度量测算及标准制定并研究有效的防治措施等工作。

(2) 微观层面。由于人为因素在交通行为中至关重要,因此,在人的交通特性方面,开展了对驾驶人和行人的心理、生理特性以及生物规律的研究;道路施工或事故以及交叉口渠化对道路和交叉口通行能力影响的研究;汽车行驶性能(制动、转弯、撞击)以及汽车碰撞时如何保证乘车人及驾驶人安全的研究。在城市道路几何设计方面开始考虑驾驶人的驾驶生理和心理要求,线形组合设计要考虑对驾驶人的视觉诱导影响等方面的研究。

进入21世纪,随着电子技术和计算机技术的不断发展,世界交通工程研究领域不断地扩大和深入,当前主要研究的热点方向为:

(1) 研究交通供给管理和交通需求管理,力求减少交通需求,增大交通供给,缓解交通紧张状态。

(2) 对各种运输方式综合运用的研究,主要是研究各种运输方式的功能与适应条件,尽量发挥各自的优势,同时,研究各种运输方式的衔接,以便形成高效的交通系统。

(3) 交通地理信息系统和大数据背景下的交通数据分析、交通行为特征以及交通模型的创建和校验,通过大数据信息的深入挖掘,准确描述交通行为特征,并优化交通工程模型。

(4) 计算机信息技术下的交通安全研究,如依据车身安全设计技术、生物力学技术、汽车耐撞性知识、计算机辅助设计技术,对车辆和道路的安全和性能进行设计;结合现有的交通行为模型研究车辆对于环境安全的影响。

(5) 智能交通方面,注重交通信息服务相关领域的研究,如研究先进的感知技术,提高交通路网的运行效率,研究动静态诱导系统,缓解城市交通拥堵,研究物联网技术,建立城市交通综合管理系统、平安城市系统、公共交通管理系统、物流跟踪系统、环境监测系统、出行信息服务以及票务管理系统。

当前,各国应用各种高、新技术,研究智能运输系统(Intelligent Transport Systems,ITS),或称"智能车路系统"(Intelligent Vehicle Highway System,IVHS),成果初现。日本和欧洲从20世纪80年代后期即开始进行,美国起步于1991年美国"地面运输方式效率法案"(Intermodel Surface Transportation Efficiency Act of 1991,ISTEA)通过后,由于联邦政府的重视和支持,起步虽晚,但进展较快,美国国会指令运输部于1997年建成自动高速公路的第一条试验路。整套智能车路系统建成后,大大提高公路交通的安全度和通行能力,使整个公路交通完全实现智能化。目前,世界各工业发达国家已形成北美(美国、加拿大)、欧洲(有10多个国家参加)和日本三大研究集体,其开发研究的项目很多,概括起来有以下几个方面:①先进的汽车控制系统(Advanced Vehicle Control System,AVCS),或称智能汽车控制系统;②先进的交通管理系统(Advanced Traffic Management System,ATMS)或自动高速公路系统;③先进的驾驶人信息系统(Advanced Driver Information System,ADIS),以上三项为主要的组成部分。另外,近年来随着需求的不断扩大,产生了基于物联网和云空间大数据下的交通信息服务系统,能够对城市交通数据进行实时采集、分析,并通过交通网络、交通行为等综合模型形成优化方案,适于公共交通系统、公路运输系统及商用车辆运营系统等针对各个运输部门和企业的具体应用。

经济和交通的快速发展,使人们对机动化出行特别是小汽车产生依赖,直接导致大城市无序扩张,土地资源遭到浪费,环境污染问题和能源问题日益突出。在北京,"APEC 蓝"已经成为人们对于美好环境的向往。认识到这一点后,全世界各国开始切实着手进行绿色交通系统的构建。欧洲由于更加重视环境和可持续发展,绿色交通起步相对较早,其交通模式从20世纪70~80年代就不同于美国。因此,其公共交通系统比较发达,而且自行车等绿色交通出行也占有相当大的比例。以英国为例:其在1998年出版了"构建一个新的大家共赢的交通系统(An New Deal for Transport: Better for Everyone)"的白皮书。其中以发展可持续模式的综合交通系统为目标,强调了大力发展公共交通、非机动车交通系统,同时倡导大家的积极参与。而美国各大城市于20世纪80~90年代才开始重新重视公共交通问题,21世纪初期才开始重视非机动车交通系统的建立。

综上,当前交通工程学中如下的研究方向值得注意:

(1) 交通供给管理和交通需求研究成果颇丰,但是仅对于供需总量的研究不能解决局部供需不平衡的结构性问题,因此同样需要研究局部供需的平衡以及设施如何在效能最优条件下满足供需的设施配置。

(2) 物联网、云数据下的综合运输运用的研究。交通大数据应用的核心体现在数据分析、融合与挖掘方面,其不但能提高管理者对综合交通运输体系的规划、建设、管理、运营、养护水平;也能提高出行者的出行服务质量和效率,并通过各种运输方式信息系统的互联互通,为公众提供全方位、立体化的出行服务信息;还能降低交通运输对环境的影响,汇聚交通运输车辆行驶轨迹,道路、港口、航空等区域的大气监测数据,衡量不同交通方式对环境的负贡献,为管理者提供面向生态交通的规划、建设和管理思路,最大限度地降低污染物和二氧化碳排放量。

总之,在交通工程学发展过程中,其研究内容是不断拓展的。随着计算机科学、信息通信技术、系统科学、信息科学、控制论等现代科学的发展,交通工程相关理论必将得到进一步丰富和发展。

第三节　交通工程学的内容

交通工程学作为运输工程学的重要分支,发展至今,研究内容日益丰富,主要研究内容包括如下几个方面:

一、交通特性

对某一地区交通研究的出发点应该是掌握该地区的交通特性及其发展趋势。这部分内容又包括以下几个方面:

1. 驾驶人的交通特性

驾驶人行为特性从根本上影响着交通流的特性。应当从交通心理生理学的角度来研究驾驶人的视觉特性、反应特性,以及驾驶人性别、年龄、智力、情绪、疲劳程度等对行车的影响。

2. 行人的交通特性

行人的交通特征表现在行人的速度、对个人空间的要求、步行时的注意力等方面。与行人的年龄、性别、出行目的、体质等因素相关,也与行人周围的环境、交通状况等因素有关。

3. 乘客的交通特性

乘客交通特性的共同要求是安全、舒适、便捷,其特性影响着出行方式选择、交通工具配备、交通设施布局等内容。

4. 车辆的交通特性

车辆运行特性与车辆的尺寸大小与质量、动力性能、制动性能等有着直接联系。通过研究其与交通效率之间的关系可以提出改善现有车辆对安全和环保的性能要求,同时为道路设计和交通管理等措施的制定提供理论依据。

5. 道路的交通特性

道路是交通的基础,道路必须符合其服务对象——人、车、货的交通特性。交通工程学不仅研究道路规划指标如何适应交通的发展,还需研究不同线形设计是否满足行车要求、能否保证交通安全、是否与环境协调。

6. 交通流特性

交通流特性主要研究流量、速度、密度三者之间的关系,为交通设计及交通管理提供基础理论支持。

二、交通调查

交通调查是开展交通工程研究的基础。主要涉及交通量、车速和车流密度调查;行程时间和延误调查;停车调查;公共交通客流调查;公路客、货流调查;道路通行能力调查;交通事故调查;交通环境调查;居民出行调查(RP调查);出行意向调查(SP调查);起讫点调查等。如何进行上述调查(包括调查时间、地点、方法)、如何取样、如何进行数据整理与分析,都是重要的研究方向。

三、交通流理论

交通流理论是研究不同状态下交通流特性与相关参数之间的关系,寻求最适合描述交通状态的模型,为制订交通治理方案、增建交通设施、评定交通事故提供依据。目前已发展的相对成熟的交通流理论研究方法包括概率论、流体力学理论、动力学理论、排队论、跟驰理论等,同时随着ITS的发展和大数据采集的实现,对交通流状态的研究更为深入,更为精准。

四、道路通行能力

道路通行能力研究一直为交通工程学中重要的一部分,1992~1994年交通部公路科学研究所主持了"等级公路适应交通量和折算系数标准"的研究,提出了各级公路初期和远期所能适应的年平均日交通量(AADT)建议值;"九五"期间,国家计划委员会将"公路通行能力研究"列为国家重点攻关课题,对高速公路、双车道公路和无信号交叉口通行能力进行广泛系统的研究。在"十五"课题中,又对城市快速路通行能力进行了研究,这些研究成果已应用于修订相关规范中,近年对于道路通行能力的研究成果丰硕,有效促进了交通工程学的发展。

五、交 通 规 划

从时间跨度来说,交通规划可分为战略交通规划、中长期交通规划和近期交通规划。依据其规划的范围与内容的不同,又可分为综合交通规划、道路交通规划、场站交通规划、静态交通规划等。

随着社会的发展,交通规划已经成为城市总体规划程序中的一个重要组成部分。交通规划与城市性质、用地布局、居民出行特征等存在密切关系,其主要包含交通预测、交通分配、交通方式划分等内容。因其对城市发展有着重要的促进作用,所以越来越受到政府部门的重视。

六、停车设施规划与设计

停车设施规划与设计是综合交通规划的重要组成部分。目前,诸多大、中城市"停车难"已成为突出的交通问题。以北京市为例,截至2013年底,机动车保有量为548万辆,而备案停车设施供给总量约为276万个,停车位总缺口近50%。因此需研究停车需求与停车规划之间的关系,研究车辆停放的分布规律,研究如何选取停车场的位置及其合理规模。考虑如何制定与停车需求相适应的交通管理政策,以促进人们出行行为的理性发展。在一些大城市,因用地紧张还需考虑如何高效地利用有限的空间,比如研究空中、地下和公园河渠下部的停车场,提高设施供给能力。

七、交通管理与控制

交通管理与控制是交通工程学的主要研究对象之一。其内容涉及交通立法、法律性或行政性的管理措施、工程技术性的管理措施以及信号控制等各个方面,其研究主要分为交通管理和交通控制两部分。随着现代科学管理思想、方法的革新,交通管理与控制也得到了飞速发展,计算机、信息技术、智能自动化技术等先进技术得到广泛应用,其准确性、时效性越来越受到关注。此外,交通管理政策的制定随着交通基础设施的完善,其作用也日趋明显,我国如北京等特大城市正在探求建立一套综合的交通政策管理体系,来从宏观层面寻求解决交通问题的途径。

八、交通安全

在世界范围内,交通事故是一个严重的问题。近些年,随着私家车的迅猛发展,交通事故也已成为社会性的大问题,《中华人民共和国道路交通安全法》对我国的"交通事故"进行了重新定义。根据新法规的统计标准,2011年,全国公安机关交通管理部门共受理道路交通事故210812起,事故造成62387人死亡,直接财产损失9.3亿元。因此,研究和掌握发生交通事故的规律,研究交通事故与人、车、路之间的相互关系以及减少交通事故的措施,对保证交通安全极为重要。交通安全主要研究交通事故的定义、分类、表达方式、变化规律、影响因素、交通事故生成机理以及安全保障措施等。

九、城市公共交通

城市公共交通是在城市及其郊区范围内,为方便公众出行,用客运工具进行的旅客运输,是城市交通的重要组成部分。城市公共交通对城市政治经济、文化教育、科学技术等方面的发展影响极大,也是城市建设的一个重要方面。随着可持续发展理念的深入人心,城市公共交通越来越成为城市交通系统中的优先发展对象,交通工程学研究各种公共交通方式,包括:常规公交、轨道交通、大容量快速公交(简称BRT)以及多形式公交(如定制公交的特点、使用条件,以及其和其他各种交通方式的衔接)。

十、道路交通环境的保护

交通系统对环境的不利影响主要包括生态环境影响、社会环境影响、大气环境影响及声环境影响等方面。自20世纪80年代以来,我国机动车保有量迅速增长,大量机动车污染物集中在城市排放,使一些大城市的空气质量恶化,超标范围逐年增大、超标频率逐年提高。

交通产生的振动、噪声和机动车尾气对大气的污染,已构成社会公害,危及人身健康,影响工作效率。据研究得知,95~100dB的音量,就会影响人的听力,100dB以上可使人耳聋。大气污染可使人患肺气肿、支气管炎、心脏病的概率大幅度提升等。因此我们需要制定环境保护评价标准,研究噪声、废气排放和振动的防治措施,针对城市的规模提出相对应的环境容量阈值。

第四节 我国交通工程学的发展

我国地域辽阔,历史悠久,道路交通的发展也源远流长。交通工程学作为学科传入我国之前,我国交通行业的从业人员已经做了很多属于交通工程学范畴的工作,并且对交通工程学的发展起到促进作用。

20世纪70年代后期,一些国外的专家来我国讲学,带来了国外的先进技术和设备。1979年,我国高校开始建立交通工程专业,进行人才培养。1981年,中国公路学会成立了交通工程学会,对我国交通工程学的发展起到了很大的促进作用。在短短的30多年中,我国各有关方面的专家们,在交通工程的理论与实践方面取得了很大进展和成就。

一、交通调查

1. 道路交通调查

20世纪70年代中期,交通部公路科学研究所和公路规划设计院共同对国道进行了交通调查,研制了手控和自动控制(便携式和固定式)的交通量调查仪。在此基础上,1979年交通部以公交路字(79)837号文通知各省、自治区、直辖市交通厅(局),要求在全国范围内对国家干线公路(国道)进行技术调查。各单位在国道上先后建立了11262个间隙式交通调查点和183个连续式交通调查站,对交通量、车速、交通组成进行观测。根据观测到的资料,掌握了该时期国道交通情况和交通变化规律,并整理出所在地区的交通量换算系数,积累了我国公路交通发展的第一手资料。

为掌握城市道路上交通量的变化规律,北京、哈尔滨、福州等城市在街道也设立了交通量观测站,收集了一批数据。目前,随着电子、通信技术的发展,北京、上海、广州、天津等城市还利用视频、微波、线圈、激光等检测器观测交通信息,通过交通监测系统进行实时的交通调查。

与此同时,我国引进国外一些调查数据处理的软件,如美国的AUTOSCOPE,可以通过对交通视频录像处理,来统计车速、车流量等多种数据。

2. 居民出行调查

居民出行调查是掌握城市客流交通的特性及其在时间、空间上分布规律的有效方法,依据调查结果可进行交通政策制定,指导城市交通规划和建设。

建设部城市规划设计院与天津市合作,率先于1981年7月对天津市区6个行政区,156km^2的302.7万居民进行了出行调查。调查范围按交通情况分成87个交通小区,按调查范围居民户数(73.3万户)的3%抽样,共抽出调查户数23663户,抽出调查人数76268人。经过调查,得出了天津市居民出行特征的主要参数和出行起讫分布规律。如天津市居民平均出行次数2.44人次/人·日,自行车、公共交通、步行、其他(包括地铁、出租汽车、单位班车、轮渡等)四种交通方式的比例分别为44.54%、10.33%、42.62%、2.51%。

1986年6月,北京市对东城、西城、崇文、宣武、朝阳、海淀、丰台、石景山8区和大兴、昌平、通州的部分乡镇进行居民出行调查。调查区总人口582万人,抽样5%,共调查7.5万户,26万人。分析得到以下基本数据:全市居民日出行总量为1123.3万人次;居民出行方式中,步行占13.8%,自行车占54%,公交车占24.33%,其他占7.97%。随后上海、广州、沈阳、南京、徐州等诸多城市陆续开展这项调查工作,调查主要涉及居民出行调查、流动人口出行调查、机动车一日出行调查、道路核查线调查、客流吸引点调查、道路设施供给调查、货流分布调查等。调查成果为后续的交通规划、建设与管理等方面的研究和实践工作提供了宝贵的基础资料。

同时,随着调查方式和方法的不断更新和交通规划的需要,近几年,对于居民出行意向的调查方法正在兴起,其可为制定具有前瞻性和高针对性的交通政策和交通管理规划等提供可靠的依据;同时GPS定位技术、遥感技术、智能手机终端技术等先进数据采集方法的采用,大大降低了交通调查工作量。其中天津市第四次综合交通调查(2011年)部分数据采集应用了GPS定位、手机信号等先进方法,为交通政策制定与交通规划发展提供了可靠数据。新时期下,计算机信息技术的迅猛发展,百度迁徙、智能手机的APP终端都能够实时获取居民的交通出行信息,这些调查的海量数据,较先前的调查方法更准确地描述了交通出行的特征。

二、交 通 规 划

1. 交通规划理论与方法

在道路规划实践中发现,按照美国芝加哥市的交通规划理论与方法进行城市交通规划,工作量大且费时、费钱,在交通分配模型方面也需要改进。东南大学等高校探讨了城市交通规划的规范化交通调查内容及调查技术,对最短路分配、容量限制—增量加载分配、多路径概率分配的实用性进行了研究,提出了动态多路径交通分配模型、基于转向流量的交通分配以及多方式交通分配等新的交通分配模型。目前,交通工程科技人员正在探索建立定性分析与定量分析相结合的交通规划理论与方法。

近些年交通规划软件的开发与应用为交通规划的推进也提供了动力。如东南大学自主开发的 Transtar、住房和城乡建设部交通中心开发的 TranSolution 等,都是基于我国国情和城市交通结构的规划软件,但是使用范围有限。同时国际很多上主流的规划软件也被我国一些科研院所用于一些城市的交通规划工作中,如 TransCAD、Trips、Visum、EMME/2、Cube、Paramics、DTALite 等。

国内通过对交通枢纽规划的研究,提出了一套实用性较强的交通枢纽规划方法。该方法主要包括交通枢纽规划内容、规划流程、枢纽选址方法与计算程序,以及枢纽规模的确定与内部功能设计等。此外,在动态起讫点 OD 反推、短时交通流预测和公共交通线网优化以及城市复杂网络理论的研究方面也获得了丰硕的研究成果。

2. 国道网规划

1980 年,交通部公路规划设计院提出了对 1964 年编制的《国家干线公路网规划草案》进行修订后的试行方案。1981 年由国家计委、经委和交通部以计交(1981)789 号文颁布试行。

进入 20 世纪 90 年代后,我国又规划了一个以高速公路、汽车专用公路为主体的全国国道主干线网。随之,交通部发文要求各省级、专区级、县级政府所辖交通部门,着手编制本辖区的 30 年公路网规划。将国家公路网的布局分为三类,一类 12 条由北京向全国放射,编号为 101~112,计长 2.35 万 km。二类 28 条由南北走向的纵线组成,计长 3.78 万 km,编号为 201~228(后调整为 27 条,3.71 万 km)。三类 30 条由东西向横线组成,计长 4.79 万 km,编号为 301~330(后调整为 29 条,4.62 万 km)。共计规划干线 70 条,总长 10.92 万 km(后调整为 68 条,10.60 万 km)。"七五"期末又对规划方案进行了完善,提出了国道主干线的想法,将现有国道网中的一部分重要线路,贯通首都、各省(省会城市)、自治区(首府)、直辖市或人口大于 100 万的特大城市及部分人口大于 50 万的大城市的干线,建立以高速公路为主的国道主干线,其总体布局为"五纵七横",计 12 条线路,总长约 3.5 万 km。

2005 年 1 月 13 日,国家高速公路网规划提出:采用放射线与纵横网格相结合的布局方案,形成由中心城市向外放射以及横连东西、纵贯南北的大通道,由 7 条首都放射线、9 条南北纵向线和 18 条东西横向线组成,此外还有 5 条地区性环线辽中环线、成渝环线、海南环线、珠三角环线、杭州湾环线、2 段并行线和 30 余段联络线,简称为"7918 网",总规模约 8.5 万 km,其中:主线 6.8 万 km,地区环线、联络线等其他路线约 1.7 万 km。

2013 年,为支撑城镇化发展、完善综合交通运输体系,国务院批复了《国家公路网规划(2013 年—2030 年)》。国家公路网规划总体规模为 40.1 万 km,其中普通国道网由 12 条首都放射线、47 条北南纵线、60 条东西横线和 81 条联络线组成,总规模约 26.5 万 km;国家高速公路网由 7 条首都放射线、11 条北南纵线、18 条东西横线,以及地区环线、并行线、联络线等组成,约 11.8 万 km,另规划远期展望线约 1.8 万 km。建成后,全国所有县级及以上行政区将都有普通国道覆盖,国家高速公路连接所有地级行政中心及城镇人口超过 20 万的中等及以上城市。形成一个功能完善、覆盖广泛、能力充分、衔接顺畅、运行可靠的国家干线公路网络,更加适应现代化建设的需要。

3. 城市交通规划

截至 2013 年,我国共有 336 个城市,城镇化率达 53.73%,快速城镇化给城市发展带来了巨大挑战。交通拥堵逐渐由特大城市、大城市向中小城市蔓延,城市交通规划对城市发展越来越重要。为了适应国民经济的发展,各城市陆续修改(编制)总体规划,而城市交通规划是其重要的组成部分。1990 年 4 月,全国人民代表大会通过了《中华人民共和国城市规划法》,明确了城市规划必须包括城市交通综合体系规划。为进一步控制城市的发展规模,合理开发有限的城市用地,北京在 2004 年新的城市总体规划中提出了"两带两轴多中心"的城市发展形态,与此同时,北京于 2005 年 4 月出台了《北京交通发展纲要 2004—2020》,并与新的北京总体规划相结合,强调了城市开发与交通基础设施建设相融合,改变北京无序扩张的城市发展形态,为实现城市的"精明增长"(smart growth)和公共交通导向的发展模式(TOD)而努力。目前,北京市已经明确规定,凡 2 万 m^2 以上的商业开发用地、5 万 m^2 以上的住房开发用地都必须在开发之前进行交通影响评价。一方面,可以进行开发项目对交通系统影响的客观评价;另一方面,也可以通过交通咨询对开发项目的交通条件进行优化,以减少对城市交通系统的压力。从而规范城市用地的开发,把交通规划细化到开发城市用地的源头。

三、交通管理与控制

1. 交通管理

道路交通是一个复杂的开放系统,涉及政治、经济、技术等诸多问题,因此,治理交通需要运用系统工程理论,采取综合的措施。20 世纪 80 年代,我国在交通安全教育、制定交通法规、推广各种管理措施方面做了大量工作。

(1)交通部于 1983 年 5 月颁布了《公路标志及路面标线标准》。1986 年,国家颁布了交通部和公安部联合编写的《道路标志及路面标线标准》(GB 5768—86)。1988 年,国务院颁发了《中华人民共和国道路交通管理条例》。2009 年国家又公布了《道路交通标志和标线》(GB 5796—2009)。公安部及各地公安部门还研究制定了各种道路交通管理条例和违章处罚的规定等。北京市于 2003 年 3 月颁布了《北京市公路交通标志和标线实施细则》的试行本。中华人民共和国住房和城乡建设部于 2010 年 8 月发布了《城市道路交叉口设计规程》(CJJ 152—2010)。

(2)随着计算机技术和网络技术的发展,建立了机动车、驾驶人以及交通执法的信息库,大大提高了交通管理的水平。

2. 城市交通控制

1988 年,北京市引进英国的自适应交通控制系统 SCOOT 即"周期—绿信比—相位差优化技术"和其相关设备,建立了计算机区域联网控制,系统效果显著。此后,上海、深圳等城市也相继建立了计算机区域控制系统。

随着智能交通系统(ITS)研究的不断深入,交通自动控制系统再次成为交通研究的热点问题。研制适合我国国情的交通自动控制系统十分必要。

现阶段,我国北京的 CBD 智能交通控制系统随 CBD 道路工程同步实施,已于 2007 年建成;同时,2010 年投资 14 亿,在 2013 年完成了中心城区及部分高速公路智能交通系统,目前北京市智能交通系统正朝着"科技创新、绿色节能、资源共享"的方向发展。

未来,智能交通控制系统将从被动系统向主动系统发展。主动系统的中心处理机可直接掌握控制区域内每辆车起讫点,为其选择最佳路径;在控制方法上,系统控制周期随时改变,以适应瞬时变化的交通流量,以增加系统的灵活性;在控制设备上,基于云平台的大规模集成的电子化设备,将被广泛采用。

四、其他方面

1. 道路工程

1)修建高速公路和城市快速道路

我国修建的第一条高速公路为台湾省纵贯南北的高速公路。该路自高雄起,经台南、台中、台北到基隆止,全长 373.4km,总投资 470 亿台币,平均 1.2 亿台币/km(约 300 万美元/km),1970 年动工,1978 年 10 月通车。

进入 20 世纪 80 年代,我国大陆高速公路的建设才开始,先后修建了沪嘉、沈大、京津塘、广佛、西临、广深、莘松、沪宁及广州市环城等第一批高速公路。同时,还修建了一批一级公路,如京石、合宁等,有些后来也改为高速公路。

近几年,由于国内经济发展的需要,为解除交通基础设施对经济发展的制约,国家大力投资建设交通等基础设施,高速公路得到了长足的发展,截止到 2014 年底,我国的高速公路通车里程达 11.19 万 km,位居世界第一。北京、上海、南京、广州等城市修建了标准比较高的快速环路,如北京的四环路,参见图 1-1。

图 1-1 北京四环路

2)修建互通式立交桥

我国境内第一座城市道路立交是广州市于 1964 年建成的大北环形立交。北京市兴建最早的道路立交是位于昌平路上的白浮桥、蓝靛厂路上的八里庄桥和车道沟桥三座跨路、跨河立交,均建成于 1966 年;1974 年在城区建成第一座苜蓿叶形互通式立交——复兴门桥,此后又建立了环形立交、菱形立交、跨线立交(变形的菱形立交)以及新型组合型立交等。其中,北京的四方桥地处朝阳区,位于东四环路与京哈公路交会处,立交形式为定向型互通式立交,占地面积 31.9hm²,其形式如图 1-2 所示。

图 1-2 四方桥效果图

3)道路线形设计新理论

在研究道路交通安全的过程中,发现一些交通事故与道路设计不尽合理有关系。现行的道路线形设计理论,以汽车行驶对道路的要求为依据,静止地套用部分页公路工程技术标准的规定,孤立地分析线形元素的尺寸。针对这种情况,学者们纷纷开展研究,提出了道路线形设计新理论,其要点是以道路使用者的交通需求为依据,从实际交通状况的角度,即用动态的观点分析问题,根据驾驶人在道路中实际的运行速度进行协调设计。按照新理论设计的道路,充分考虑了道路使用者的生理、心理特征,使道路线形设计更加符合实际的行车规律,为保证道路交通安全创造条件。

2. 高速公路监控系统等

高速公路的修建,带来交通监控系统、收费系统、通信系统、安全设施设计等诸多新课题。交通运输部公路科研院所及各有关单位对这些问题进行了研究,取得了丰硕成果。目前在部分高速公路上已建设了交通自动监控系统和控制中心,其中包括交通量、交通事故、路况及气候等信息系统、闭路电视系统和应急电话系统等,现在部分道路的信号传输已经采用光纤、4G 无线传输,同时设计建设了开放式和封闭式收费系统、创造了混合式收费系统、车型自动识别系统等。

在交通安全设施方面,1992 年,中国公路工程咨询监理总公司对高速公路安全护栏进行了实体碰撞试验,根据试验数据进行了理论分析。在此基础上,编写了适合我国高速公路使用的《高速公路交通安全设施设计及施工技术规范》(JTJ 074—94),自 2006 年 9 月 1 日起,被《公路交通安全设施设计规范》(JTG D81—2006)和《公路交通安全设施施工技术规范》(JTG F71—2006)替代,这些成果均已在我国高速公路建设中应用。

此外,随着人们对道路景观与美感要求的提高,在北京机场高速公路上,建设了具有我国民族特色的收费站,南京机场高速公路沿线的绿化与美化建设也丰富多彩。同时,我国也进行了彩色沥青实验路的实践,如北京亦庄开发区、郑少高速公路的部分路段等均有应用,对丰富城市色彩景观起到了显著的作用。目前,我国高速公路网络已经形成,但是在高速公路监控系统方面的建设相对滞后,尤其是联网收费和道路监控方面与发达国家还存在不小的差距。因此,我们要逐步完善高速公路监控系统,使其发挥最大的作用,充分发挥出高速公路方便、快捷、安全的特点。

3. 交通评价理论与方法

在交通评价范围内,研究了综合效益函数法、模糊数学法、层次分析法及灰色理论的应用问题,提出了建模原则,建立了适合不同用途的评价体系,编制了交通规划评价专家系统。这些成果已广泛应用于城市交通综合评价、道路系统功能评价、交通规划方案评价、交叉路口评价、路面管理评价、交通安全评价等各个方面。

4. 智能交通理论研究与发展

随着智能交通理念的引入,我国从20世纪70年代末开始在交通运输和管理中应用电子信息及自动控制技术,首先在北京、上海和广州等大城市开始了交通信号控制的研究开发,80年代后期,我国开始了ITS的基础性研究工作,90年代中期开始,我国进行了ITS发展战略研究,2000年,全国智能交通系统(ITS)协调指导小组及办公室成立。科技部在"十五"科技重大专项中设立"智能交通系统关键技术开发和示范工程"项目,以中心城市和高速公路应用项目为核心开展科技攻关和应用示范。2005年11月,第九届多国城市交通学术会议——"智能交通的应用与发展"在北京召开,会上总结了我国智能交通系统方面的规划和应用。

目前,我国在公路、城市交通、水运及航空运输等领域都开展了智能交通系统的建设,其中公路和城市智能交通系统的建设由于受众群体广泛,十分热门。智能交通在我国主要应用于三大领域:一是公路交通信息化,包括高速公路建设、省级国道公路建设。公路交通领域,目前热点的项目主要集中在公路公共信息平台建设和公路收费,通过公路交通信息化平台建设,稳步提高公众信息服务水平和公路应急响应能力;公路收费,主要是在现有的收费模式上,探索实践联网不停车收费(I-ETC)这种未来高速公路的主要收费方式。二是城市道路交通管理服务信息化,兼容和整合是城市道路交通管理服务信息化的主要问题,因此,综合性的信息平台成为这一领域的应用热点。除了城市交通综合信息平台,一些辅助城市综合交通信息平台建设的智能化交通信息采集技术、智能信号控制系统、智能服务车载终端等,也将是未来研究和发展的重点。三是城市公共交通信息化,目前,国内的公共交通系统信息化刚刚起步,智能公交调度系统将随着大数据、车联网等技术的产生并应用,进入一个快速发展期。

在互联网高速发展的今天,2015年"两会"上,李克强总理提出制定"互联网+"行动计划,意味着"互联网+"正式上升为国家战略。"十三五"期间,互联网将同交通行业深度渗透融合,该时期也将成为建设从智能交通向智慧交通转变的重要时期。

新时期,我国智能交通研究中的道路交通综合管理、城市交通诱导系统、高速公路联网收费和不停车收费技术、智能控制与管理和交通信息服务系统、车载路径导航系统等,随着云计算、大数据、移动互联网、社交网络媒体等新兴技术的发展,应用将更加普及。因此未来一段时期,智慧交通研究将会着眼于物联网、云计算、大数据以及移动互联网。

物联网:通过各类传感器、移动终端或电子标签,使交通信息系统对外部环境的感知更加丰富细致,这种感知为人、车、路、货、系统之间的相互识别、互操作或智能控制提供了无限可能。

云计算、大数据：面对增长迅速的海量数据，在云计算、大数据等技术的支撑保障下，未来的交通管理系统将具备强大的存储能力、快速的计算能力以及科学的分析能力，系统模拟现实世界和预测判断的能力更加出色，并能够从海量数据中快速、准确提取出高价值信息，为管理决策人员提供应需而变的解决方案，交通管理的预见性、主动性、及时性、协同性、合理性将大幅提升。

移动互联网：服务是交通运输的本质属性，随着移动互联网、智能移动终端的大范围应用，信息服务向个性化、定制化发展。信息服务系统与交通要素的信息交互更加频繁，系统对用户的需求跟踪、识别更加及时准确，并能够为用户提供交通出行或货物运输的全过程规划、实时导航和票务服务，基于位置的信息服务和主动推送式服务水平也将大大提升。

思 考 题

1. 什么是交通工程学？
2. 交通工程学的主要内容是什么？
3. 我国交通工程近些年的发展主要有哪些？集中在哪些方面？

第二章 人、车辆、道路的交通特性

交通工程学是一门研究人、车、路与周围环境相互影响的学科。其中人、车、路是道路交通的基本要素。本章介绍这三个基本要素的交通特性。

第一节 人的交通特性

一、驾驶人的交通特性

道路交通系统中的人包括车辆（机动车和非机动车）驾驶人、乘客和行人，他们都是道路的使用者。其中机动车驾驶人交通特性是研究的主要对象。道路交通系统中的各种要素都是围绕着这个特殊要素进行设计和运作的。

1. 驾驶人的职责和要求

驾驶人是道路交通系统中"会思考"的部分，具有特别重要的作用，除了行人和自行车方式外，其他客、货运输方式都需要驾驶人来完成。驾驶人的主要职责是：

(1) 沿着选定的路线驾驶车辆，完成从起点到终点的运输过程，以实现人员和货物在空间上的转移；

(2) 遵守交通法规，正确理解信号、标志、标线的含义，服从交警的指挥，自觉维护交通秩序，以保证交通的安全和畅通；

(3) 遇到不利情况及时调整车速或改变车辆的位置和行驶方向，甚至停车，以避免交通事故的发生。

以上三项职责中，后两项决定着车辆运行的可靠性和安全程度。

2. 驾驶人的信息处理过程

1) 信息处理过程

人的感觉器官可以接收到各种各样的刺激，如驾驶人的眼睛可以看见车内的仪表、车外的道路、车辆、行人、交通信号和标志，耳朵可以听见发动机和喇叭的声音，鼻子可以闻到异常气味，身体、手、脚可以感觉到振动等。所有这些可以被人直接或间接感知的各种刺激，就是"信息"。

车辆在行驶过程中，驾驶人通过视、听、触觉器官从交通环境中获取信息，经过大脑处理，做出判断和反应，再支配手脚操纵汽车，使其按驾驶人的意志在道路上行进，这就是信息处理过程，见图2-1。在这一过程中，驾驶人要受到自身一系列生理、心理因素的制约和外部条件的影响，如果在信息的采集、判断和处理的任何一个环节上发生差错，都会危及交通安全，影响交通畅通。

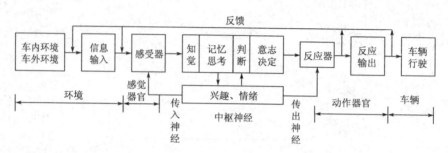

图2-1 驾驶人的信息处理过程

2）信息感知阶段

信息感知阶段也就是收集并理解信息的阶段。所谓感知就是感觉器官获取的信息在头脑中的反应。其具体过程是：信息先由感觉器官接收，再经传入神经传到大脑皮层，产生相应的映像。一般来说，这一过程的速度是极快的。如果因某种原因使得这一过程变慢，就会造成感知迟缓；如果在大脑中产生的映像出现错误，就会造成感知错误。由于感知方面的原因造成的事故占驾驶人责任事故的一半以上。在信息感知阶段，关键就是要敏捷而准确。

发生感知迟缓或感知错误的现象，除了有刺激方面的原因，如有些信息过于突然、过于隐蔽、刺激强度过于微弱等，主要还是驾驶人心理和生理方面的原因。心理方面主要是注意力不集中、注意的范围过小、注意转移和分配能力差等。生理方面主要是感觉器官和大脑机能不健全或不正常，比如视觉障碍（色盲、近视）、酒精中毒、驾驶疲劳等。这两方面的原因都会造成感官和大脑迟钝，使得感知缓慢甚至错误。尤其是饮酒后，感知能力比正常时明显降低，此时驾车极易造成重大事故，所以要绝对禁止酒后开车。

3）分析判断阶段

信息被感知以后驾驶人把感知到的情况与自己的知识经验进行对照、分析，然后判断出道路的宽窄、软硬，前后车的速度、意图，行人的年龄、动向等，并根据自驾车辆的技术状况、本人的健康状况及心理机能等，决定采取相应的措施。这些判断项目中，任何一项判断不准，都容易导致行车事故。

在驾驶人的判断中，对距离的判断非常重要。在驾驶过程中，经常进行超车、会车。会车时要判断两车侧向间隙的大小，超车时要判断前车的车速、本车与前车的距离。当对面有来车时，还要判断与对面来车的距离及来车的车速等。如果低估了车速和距离，就会给行车安全带来危险。

4）操作反应阶段

驾驶人处理信息的最后阶段，是肢体的操作反应阶段，即手脚按大脑决策后的指令进行具体操作，并产生效果。尽管由于操作失误造成的事故不多，但经常是一些比较严重的事故。因此要求驾驶人的操作技能必须熟练，才能在紧急情况下不致出现失误。

以上介绍了驾驶人信息处理过程的各个阶段。在实际驾驶过程中，感知、判断、操作是有机地结合在一起的。感知是判断的前提，为判断提供材料，是分析判断的源泉。分析判断又为操作反应提供指令。感知、判断、操作三位一体,构成驾驶人的信息处理过程,其中任何一项错误,都将导致整个信息处理过程的失败,这一信息处理过程通过反馈,进行循环反复。所以整个驾驶过程实质上是不断进行信息处理的循环过程。

3. 视觉特性

在行车过程中,驾驶人需要及时感知各种交通信息,根据统计分析,各种感觉器官给驾驶人提供交通信息的比例如下:视觉80%,听觉10%,触觉2%,味觉2%,嗅觉2%。可见,视觉是驾驶人信息输入最重要的感觉器官。因此对视觉机能的考核和研究是驾驶人交通特性研究的重要内容。对于驾驶人的视觉特性,主要从视力、视野、色感等方面考察。

1)视力

视力就是眼睛分辨两物点之间最小距离的能力。根据眼睛所处状态和时间的不同,又有静视力、动视力和夜间视力之分。

(1)静视力

静视力就是站在视力表前5m处,依次辨认视标测定的视力,视力共分12级,我国驾驶人的体检视力标准为两眼的视力各应在0.7以上;或裸眼视力0.4以上,矫正视力达到0.7以上,无红、绿色盲。

(2)动视力

动视力是处在运动中观察物体的视力。动视力与汽车行驶的速度有关,随着车速的提高,视力明显下降。此外,动视力还随驾驶人年龄的不同而有所差异,年龄越大,动视力降低的幅度越大。

(3)夜间视力

夜间视力受光照度、背景亮度等诸多因素的影响。光照度增加则夜间视力增加,例如,黄昏时段对驾驶人行车最不利,原因是在黄昏时刻,前灯的照度正与周围景物的光亮度相近,难以看清周围的车辆和行人,容易发生事故。

2)立体视觉

立体视觉是人对三维空间各种物体远近、前后、高低、深浅和凸凹的一种感知能力。现代视差信息理论认为,双眼注视景物时,会在视网膜上产生视差,这是深度知觉的基础。当深度信息传到大脑枕区再经加工处理后,便产生了深度立体感知。立体视觉的生理基础是双眼视觉必须正常,立体盲患者在视差的传递或视中枢神经信息处理时会发生断路或紊乱,从而导致对深度距离的判断不准或反应迟钝。例如,三维视觉减速装置可利用人们对颜色的视觉反差,使驾驶人在很远的地方就看到前方道路出现"立体状物体",进而为车辆减速。

3)视野

两眼注视某一目标,注视点两侧可以看到的范围称为视野。视野受到视力、速度、颜色、体质等多种因素影响。静视野范围最大。随着车速增大,驾驶人的视野明显变窄,注视点随之远移,两侧景物变模糊,见表2-1。

驾驶人视野与行车速度的对应关系　　　　　　　　　　　　　　　　　表2-1

行车速度(km/h)	注视点在汽车前方(m)	视野(°)
40	183	90~100
72	366	60~80
105	610	40

4) 色感

驾驶人对不同颜色的辨认和感觉是不一样的。红色光刺激性强,易见性高,使人产生兴奋、警觉;黄色光亮度最高,反射光强度最大,易唤起人们的注意;绿色光比较柔和,给人以平静、安全感。交通工程学中将红色光作为禁行信号,黄色光作为警告信号,绿色光作为通行信号。交通标志的色彩配置也是根据不同颜色对驾驶人产生不同的生理、心理反应而确定的。

5) 视觉适应

视觉适应是视觉器官对于光亮程度突然变化而引起的感受性适应过程。由明亮进入暗处,眼睛习惯后,视力恢复,称为暗适应;由暗处到明处,眼睛习惯后,视力恢复,称为明适应。暗适应时间较长,通常要 3~6min 才能基本适应,30~40min 才能完全适应,而明适应可在 1min 内达到完全适应。

一般由隧道外进入没有照明条件的隧道内,大约会发生 10s 的视觉障碍;夜晚在城区和郊区交界处,由于照明条件的改变也会使驾驶人产生视觉障碍,从而影响行车安全。设置照明设施时应予以考虑。

此外,黄昏时路面的明亮度急速降低(特别是秋季的黄昏),但天空还较亮,视觉的暗适应较困难,而此时正是驾驶人和行人都感到疲劳的时候,因此事故发生率较高,应从多方面予以重视。再者,对于不同年龄的驾驶人来说,暗适应能力也有不同,研究结果表明,从 20 岁到 30 岁,暗适应能力是不断提高的,40 岁以后逐渐下降,而 60 岁时的暗适应能力则仅为 20 岁时的 1/8。了解驾驶人暗适应的变化特点,对预防交通事故的发生是十分必要的。

6) 眩目

若视野内有强光照射,颜色不均匀,使人的眼睛产生不舒适感,形成视觉障碍,这就是眩目。夜间行车,对来车的前灯强光照射,最易使驾驶人产生眩目。这种现象有连续与间断之分。夜间行车时多半会产生间断性的眩目,当受到对向车灯强光照射时,不禁要闭目或移开视线,这种现象称为心理性眩目。眩目是由眩光产生的,眩光会使人的视力下降,下降的程度取决于光源的强度、视线与影响光之间的夹角、光源周围的亮度、眼的适应性等多种因素。汽车夜间行驶,多数遇见的是间断性眩目。

强光照射中断以后,视力从眩光影响中恢复过来需要的时间,从亮处到暗处大约需 6s,从暗处到亮处约需 3s,视力恢复时间的长短与刺激光的亮度、持续时间、受刺激人的年龄有关。

为了避免眩光影响,可采取交通工程措施,如改善道路照明、设道路中央分隔带并种植绿篱遮蔽迎面来车的灯光、前灯用偏振玻璃做灯罩、使用双光束前照灯、戴防眩眼镜、驾驶人内服药物等。

与眩光有关的另一种现象是消失现象,即当某一物体(例如行人)因同时受到双向车的车灯照射时,在某一相对距离内完全看不清该物,呈消失状态。一般当行人位于路中心线,双向车辆距行人约 50m 时,呈现消失现象,此时司机将辨认不出行人。因此在夜间横过马路时,站在中心处是很危险的。

4. 反应特性

反应是由外界因素的刺激而产生的知觉—行为过程。它包括驾驶人从视觉产生认识后,将信息传到大脑知觉中枢,经判断,再由运动中枢给四肢发出命令,最后开始动作的一系列过程。知觉—反应时间是控制汽车行驶性能最重要的因素,如图 2-2 所示。

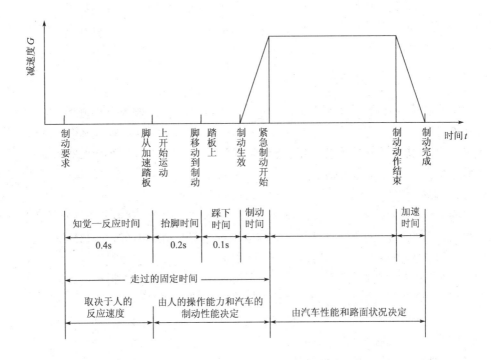

图 2-2 反应时间和制动操作示意图

驾驶人开始制动前至少需要 0.4s 的知觉—反应时间,产生制动效果需 0.3s 的时间,共计 0.7s。根据美国各州公路工作者协会规定,驾驶人的判断时间为 1.5s,作用时间为 1s,故从感知、判断、开始制动,到制动发生效力全部时间通常按 2.5~3.0s 计算。道路设计中以此作为制动距离的基本参数。反应时间的长短取决于驾驶人的素质、个性、年龄、对反应的准备程度以及驾驶经验。

5. 饮酒与驾驶

饮酒后不能驾驶车辆。酒的主要成分是酒精(化学名称为乙醇)。人饮酒后,酒精被胃肠黏膜迅速吸收,溶解于血液中,通过血液循环流遍全身,渗透到各组织内部。由于酒精与水有融合性,所以体内含水量高的组织和器官,如大脑和肝脏等,酒精含量也高。

酒精具有麻醉作用。它作用于高级神经中枢,最初使人有些轻松,减弱了对运动神经的约束,四肢活动敏捷,随着脑与其他神经组织内酒精浓度的增高,中枢神经活动便逐渐迟钝,先使人的判断力发生障碍,而后四肢活动也会变得迟缓。

饮酒对精神和心理的影响,比对身体的影响更大,其表现为:情绪不稳定;理性被麻痹,对各种事物的注意力下降;意识面变窄;信息处理能力下降,影响其选择面;预测的正确度和自制力下降;没有了危机感;脾气变大;喜欢超速和超车;记忆力下降等。

由于饮酒对人的生理和心理能产生上述影响,所以,饮酒后驾驶人的驾驶机能会有不同程度的下降。根据《中华人民共和国道路交通安全法》,100mL 血液中酒精含量大于或等于 20mg,少于 80mg 的驾驶人将认定为饮酒后驾车,80mg(含)以上认定为醉酒驾车。饮酒后驾驶机动车的,处暂扣 6 个月机动车驾驶证,并处 1000 元以上 2000 元以下罚款。因饮酒后驾驶机动车被处罚,再次饮酒后驾驶机动车的,处 10 日以下拘留,并处 1000 元以上 2000 元以下罚款,吊销机动车驾驶证。醉酒后驾驶机动车的,由公安机关交通管理部门约束至酒醒,吊销机动车驾驶证,依法追究刑事责任;五年内不得重新取得机动车驾驶证。新修订的《机动车驾驶证申领和使用规定》中,规定了对饮酒后驾车的驾驶人处罚从扣6分改为扣12分。

6. 驾驶人的生理和心理特点

在拟定道路设计标准、汽车结构尺寸,对事故进行分析并采取安全措施时,要考虑驾驶人的各种特点,诸如性别、年龄、气质、知识水平、驾驶技术熟练程度、精神状态等。设计取值一般根据满足85%驾驶人的需要为度,对其余15%驾驶人的变化只予以适当考虑。

下面简单介绍驾驶人的几点差异。

1)性别差异

一般而言,男性为外倾型(外向、开朗、活跃、善交际、积极、富有正义感、意志决定能力强),女性为内倾型(深沉、文静、反应迟缓、顺应困难、直观、情绪不定)。具体表现为:

(1)开车时,男性驾驶人易强行超车,东张西望,女性驾驶人这种现象较少;

(2)男性驾驶人对超速行车往往采取不在乎的态度,女性驾驶人则很慎重;

(3)连续行车时间较短时女性的肇事率低,若时间较长则恰恰相反;

(4)遇到紧急情况时,差别更大。例如在遇到正面冲撞之前的一刹那,多数男性想方设法摆脱,而女性驾驶人则陷入恐慌,手足失措;

(5)男性驾驶人反应时间较女性驾驶人短。

由于驾驶人在性别上的差异,在管理中就应注意男、女性驾驶人的心理、生理特点。培训驾驶人时,应适当延长女学员的训练时间,在安排任务时,让女性驾驶人操纵轻便车。这样,有利于保证交通安全。

2)年龄差异

青年驾驶人,喜欢炫耀,有侥幸心理,爱冒险,寻求刺激,往往易造成事故。在一般情况驾驶考试时,年龄越高(不超过45岁),得分越高,而事故越少;在紧急情况驾驶考试时,年龄在20~35岁者得分高,事故少,年龄大者成绩差。22~26岁的驾驶人,反应时间最短。对于夜间炫光后的恢复时间,年龄越小越快。青年驾驶人视力恢复时间需2~3s,超过55岁者,恢复时间大约10s。老年人对交通标志、弯道、障碍判断不清,反应迟钝易肇事。对青年驾驶人应加强教育,对老年驾驶人不安排夜间行车,中年驾驶人的驾驶效果比较好。

3)气质差异

气质是人自身稳定的个性特点,表现在各样活动中因人而异的心理活动的动力上,不以活动的内容、目的和动机为转移。

古希腊著名医生希波克拉观察到不同的人有不同的气质。他认为人体内有4种体液:血液、黏液、黄胆汁和黑胆汁。机体的状态决定于4种体液的混合比例,分别由其中一种体液占优势而产生多血质、胆汁质、黏液质、抑郁质等4种气质。

了解人的气质对于安全教育、驾驶人培训、组织交通运输业务都有重要意义。例如针对多血质驾驶人的特点,着重进行踏实、专一、不开快车等方面的教育;对胆汁质驾驶人,注意进行耐力、细心等方面的教育,对其缺点错误不要当众批评,不使用"激将法";对黏液质驾驶人,多给予指导,注意培养机动灵活的思维方式;对抑郁质驾驶人,要多鼓励,培养自信心。

总之,驾驶人应具备以下职业特点:身体健康,能从复杂危险的状况中判断出最危险的情况,正确、冷静、迅速地做出反应;在黄昏时有较好的视力,有判断速度、距离的能力;驾驶技术娴熟,反应机敏;能判别不同的颜色;对工作有兴趣;遵守交通法规等。

二、乘客的交通特性

乘客交通特性的共同要求是安全、迅速、舒适。因此,在线形设计、配备交通工具和交通设施时都应考虑到这些要求。

1. 乘客的交通需求心理

当汽车在弯道上行驶,横向力系数大于0.2时,乘客有不稳定感;横向力系数大于0.4时,乘客站立不住,有倾倒的危险。当曲线半径较小时,如果汽车由直线直接转入圆曲线,并且车速较快,乘客就会感到不舒服。所以在线形设计标准中对平曲线的最小半径和缓和曲线的长度都有规定。

在山区道路上或在陡边坡高填土道路上行车,乘客看不到坡脚,会产生害怕心理。如果在这种路段的路肩上设置护栏或放缓边坡,会消除不安心理。

道路美学与交通安全之间存在着微妙的关系。采用顺畅连续的线形、宽阔的带弧形的边沟、平缓的边坡等都会有助于道路美化和增加交通安全。这样,道路本身比较安全,驾驶人和乘客也比较安全。无论道路多么优美,如果没有安全感,就不能认为在美学上是满意的。

2. 乘车反应

乘客都希望缩短出行时间,尽快到达目的地。人们经常见到的挤车现象,就是这种心理状态的具体表现。已在车上的乘客,希望中途一站不停,直达目的地。对于要乘车的旅客,希望出门就有站,每辆车都停靠,来车就能上去。

乘车时间过长,容易产生烦躁情绪。为此,路线的布设应考虑到美学的要求,应尽量利用名胜古迹、自然景物组成优美的道路交通环境,使乘客在旅途中能观赏风光,感到心旷神怡。同时沿线布设一些休息场地,使需要停驻的车辆可以稍停片刻,以便乘客下车活动、伸展腰肢、减轻疲劳。

由于体力、心理、生活、就业等方面的原因,城市居民对日常出行时间的容忍性是有一定限度的,如表2-2所示。如果他们的居住地离市中心的距离超出了可容忍的最大出行时间,则他们对自己居住地的位置以及交通系统服务是不会满意的。

不同出行目的出行容忍时间(单位:min)　　　　　　　表2-2

出行目的	理想的出行时间	不计较的出行时间	能忍受的出行时间
就业	10	25	45
购物	10	30	35
游憩	10	30	85

乘客在长途旅行中会产生了解沿途情况的想法。如沿途经过哪些地方,各有什么特点,前方到达哪个车站,已走了旅途的多少里程,距目的地还有多远等。因此,沿路应设立一些指示标志和里程碑,以满足旅客需求。

三、行人的交通特性

步行交通是与人类生活密不可分的一项活动。步行能使个人和他人与环境直接接触,达到生活、工作、交往、娱乐的目的。为了满足步行者的生理、心理和社会需要,并保证他们不消耗过多的体力,不受其他车辆的干扰,不发生交通事故,就必须提供必要的设施。这些设施的规划、设计、实施需要相关人员对行人交通的特性有很好的认识和了解。从交通事故的统计和分析可知,行人交通事故所占比例很大。在交通系统中,行人是弱者,最容易受害,因此对行人交通进行管制是必要的。其中包括设人行道、人行过街横道、专用行人过街信号、护栏、安全带、安全岛、行人过街地道与天桥、照明以及制定相应法规等。

1. 行人交通特性

行人交通特征表现在行人的速度、对个人空间的要求、步行时的注意力等方面。这些与行人的年龄、性别、文化素养、心境、体质及出行目的等因素有关,也与行人所处的区域、周围的环境、街景、交通状况等有关,总结起来如表2-3所示。

行人交通特征及相关因素分析　　　　　　　　表2-3

因素特征	行人速度	个人空间	行人注意力
年龄	成年人正常的步行速度为1.0~1.3m/s,儿童的步行速度随机性较大,老年人较慢	成年人步行的个人空间要求0.9~2.5m²/人,儿童个人空间要求较小,老年人则要求比较大	成年人比较重视交通安全,注意根据环境调整步伐和视线,儿童喜欢任意穿梭
性别	男性比女性快	男性大、女性小	相当
目的	工作、事务出行,步行速度较快,生活性出行较慢	复杂	工作、事务出行,注意力比较集中,生活性出行注意力分散
文化及素养	复杂	受文化教育高的人一般要求高,为自己也为别人。反之,则要求低,也不太顾及他人	受文化教育高的人一般比较注意文明走路,交通安全
心境	心情闲暇时速度正常,心情紧张、烦恼时速度较快	心情闲暇时个人空间要求正常,心情紧张时要求较小,烦恼时要求较大	心情闲暇时注意力容易分散,紧张时比较集中
街景	街景丰富时速度放慢,单调时速度加快	街景丰富时个人空间小,单调时个人空间大	街景丰富时注意力分散,单调时集中
交通状况	拥挤时,速度放慢	拥挤时,个人空间变小	拥挤时,注意力集中
生活区域	城市人的生活节奏快,步行速度高;乡村人生活节奏慢,步行速度慢	复杂	城市人步行时注意力比较集中,乡村人比较分散

2. 儿童交通特点

由于汽车交通的发展,给儿童的生活带来很大影响,使他们的活动空间变小了。儿童在道路上玩耍,在上下学的路上和广场上玩球等都有可能与汽车发生冲突而产生事故。因此,家庭、学校应对儿童进行交通安全教育。

儿童的活动有其特点。6岁以下的儿童,活动半径很小,距住地不超过100m。如果看护不周,孩子突然跑到街上去玩,有可能发生交通事故。幼儿园的儿童及小学低年级学生,智力发育尚不健全,思想简单,缺少交通知识,敢冒险从汽车前后穿越,易因此酿成事故。随着年龄增长,小学高年级学生及初中学生,活动范围增大,骑车上学,可能因骑车技术不熟练或速度过快而发生交通事故。

为了保护儿童,应从小就对儿童进行交通安全教育。日本的小学一年级,第一堂课就是教授学生怎样过人行横道,全日本在大城市里设有儿童交通公园200多处。小学、幼儿园所在范围的方圆500m地区的道路上都标有"学校区"的警告牌,以引起驾驶人的注意。

第二节 车辆的交通特性

车辆特性在确定道路线形标准中能起到很大作用。车辆分机动车和非机动车。机动车是指各种汽车、电车、电瓶车、摩托车、拖拉机等。非机动车是指自行车、三轮车、人力车、畜力车。车辆的尺寸会影响到道路线形、交通结构物的净空、停车场地等交通设施的设计。车辆的各种性能(如动力性能、制动性能)与使用这些性能的驾驶人结合在一起,又会影响到交通流的特性和交通安全。

一、设计车辆外廓尺寸

车辆尺寸与道路设计、交通工程有密切关系。例如,制定公共交通规划时要用到公共汽车额定载客量的参数;研究道路通行能力时要使用车辆长度等数据;车辆宽度影响着车行道宽度设计等。在我国《公路工程技术标准》(JTG B01—2014)和《城市道路工程设计规范》(CJJ 37—2012)中都规定了机动车辆外廓尺寸,如表2-4和表2-5所示。

《公路工程技术标准》(JTG B01—2014)规定的设计车辆外廓尺寸　　表2-4

车辆类型	总长(m)	总宽(m)	总高(m)	前悬(m)	轴距(m)	后悬(m)
小客车	6	1.8	2	0.8	3.8	1.4
大型客车	13.7	2.55	4	2.6	6.5+1.5	3.1
铰接客车	18	2.5	4	1.7	5.8+6.7	3.8
载重汽车	12	2.5	4	1.5	6.5	4
铰接列车	18.1	2.55	4	1.5	3.3+11	2.30

注:铰接列车的轴距(3.30+11.00)m;3.30m为第一轴至铰接点的距离,11.00m为铰接点至最后轴的距离。

《城市道路工程设计规范》(CJJ 37—2012)规定的设计车辆外廓尺寸　　表2-5

车辆类型	总长(m)	总宽(m)	总高(m)	前悬(m)	轴距(m)	后悬(m)
小客车	6.0	1.8	2.0	0.8	3.8	1.3
大型车	12.0	2.5	4.0	1.5	6.5	4.0
链接车	18.0	2.5	4.0	1.7	5.8+6.7	3.8

二、机动车的主要特性

1. 汽车的动力性能

汽车动力性能通常用3个指标来评定,即最高车速、加速度或加速时间、爬坡能力。

1)最高车速 v_{max}(km/h)

汽车的最高车速 v_{max}(km/h)是指在良好的水平路段上,汽车所能达到的最高行驶车速。

2)加速时间 t(s)

加速时间 t 有原地起步加速时间和超车加速时间之分。原地起步加速时间是指汽车由第

1挡起步,以最大的加速度逐步换至高挡后达到某一预定的距离或车速所需要的时间。超车加速时间大多是用高挡或次高挡,由30km/h或40km/h全力加速至某一高速度所需的时间来表示。

3)爬坡能力 i_{max}(%)

爬坡能力用汽车满载时1挡在良好的路面上的最大爬坡度 i_{max}(%)表示。小客车的最高车速大,加速时间短,又在平坦路面上行驶,所以一般不强调它的爬坡能力。货车经常要在各种路面上行驶,所以要求它具有足够的爬坡能力。

2. 制动性能

汽车制动性能主要体现在制动距离或制动减速度上。制动距离 L 为:

$$L = \frac{V^2}{254(\varphi \pm i)} \tag{2-1}$$

式中:V——汽车制动开始的速度,km/h;

i——道路纵坡度,%,上坡为正,下坡为负;

φ——轮胎与路面之间的纵向附着系数。与路面种类、路面表面状况、轮胎花纹和轮胎气压、车速等因素有关系。

驾驶人从发现障碍物采取措施到制动器生效,需要一段时间。这段时间统称反应时间,其长短因人而异。在确定安全停车距离时可取反应时间等于1.5~2.0s。因此,在安全停车距离中应包括制动距离 L 和反应时间内汽车行驶的距离。

汽车的制动性能还体现在制动效能的稳定性和制动时汽车的方向稳定性上。制动过程实际上是把汽车行驶的动能通过制动器吸收转化为热能。所以温度升高后,能否保持在冷状态时的制动效能是要考虑的重要问题。制动效能的恒定性对于高速时制动和长下坡时连续制动都是至关重要的。方向稳定性是指制动时不发生跑偏、侧滑及失去转向能力的性能。制动跑偏与侧滑,特别是后轴侧滑是造成事故的主要原因。

三、自行车的交通特性

自行车交通是目前我国城市交通的一大特点,除个别城市自行车不多外,在大中小不同规模城市的出行方式构成中,自行车出行均占有一定的比例,且其中电动自行车比例快速增加,但是近年来整体看,自行车出行比例持续下降。因此,研究自行车的交通特性,对于治理城市交通问题、保障交通安全具有重要的意义。

自行车有如下基本特性:

1. 短程性

自行车是靠骑车人用自己的体力使车轮转动的,因此其行驶速度直接受骑车人的体力、心情和意志的控制,行、止、减速与制动也取决于骑车人的操纵。同时,也受到路线纵坡度、平面线形、车道宽度、车道划分、气候条件与交通状况的直接影响。个人的体力虽有强弱之分,但总是很有限的。因此,只适合于短距离出行,一般在5~6km以内(或30min左右)。

2. 行进稳定性

自行车静态时直立不稳,当以一定速度前进时,则可保持行进的稳定性,只要不受突然出现的过大横向力的干扰,是可以稳定向前而不致侧向倾倒的。

3. 动态平衡

自行车骑行过程中重心较高,因此,存在如何保持平衡的问题,特别是在自行车转向或通过小半径弯道时,就必须借助于人体的变位或重心倾斜以维持骑行中的动态平衡。

4. 动力递减性

自行车前进的原动力是人的体力,是两脚蹬踏之力。一般成年男子,10min 以上可能发挥出的功率逐渐减少,车速也随之减小。这是动力递减的结果,一般自行车出行不宜超过 10km。

5. 爬坡性能

由于自行车的动力递减,对于普通无变速装置的自行车,不能爬升大坡、长坡,也不适宜爬陡坡,否则自行车不易被控制,进而酿成危险事故。

6. 制动性能

自行车的制动性能,对于行车安全与通行能力具有重要意义,并与反应时间一起决定纵向安全间距,即纵向动态净空,根据国内外的研究资料,提供纵向动态净空的计算值见表2-6。

纵向动态净空距离(单位:m) 表2-6

自行车速度(km/h)	5	10	15	20	25	30
$0.14V_{max}$	0.7	1.4	2.1	2.8	3.5	4.2
$0.0092V_{min}^2$	0.23	0.92	2.07	3.68	5.75	8.28
$L_{净} = 1.9 + 0.14V_{max} + 0.0092V_{min}^2$	2.83	4.22	6.07	8.38	11.15	14.38

注:自行车常见速度为 10~20km/h。

第三节 道路的特性

道路是供行人步行和车辆行驶的设施的总称。道路按其所处的地区不同可以分为公路、城市道路、厂矿道路、林区道路、乡村道路等。通常,把位于城市郊区以外的道路,称为公路;而位于城市范围内的道路,则称为城市道路。

一、道路的类别与等级

1. 公路的技术等级

在《公路工程技术标准》(JTG B01—2014)中,公路根据功能和适应的交通量分为以下五个等级:

(1)高速公路为专供汽车分向、分车道行驶并应全部控制出入的多车道公路。高速公路的年平均日设计交通量宜在15000辆小客车以上;

(2)一级公路为供汽车分向、分车道行驶,并可根据需要控制出入的多车道公路。一级公路的年平均日设计交通量宜在15000辆小客车以上;

(3)二级公路为供汽车行驶的双车道公路。二级公路年平均日设计交通量宜为5000~

15000 辆小客车；

(4)三级公路为供汽车、非汽车交通混合行驶的双车道公路。三级公路的年平均日设计交通量宜为 2000~6000 辆小客车；

(5)四级公路为供汽车、非汽车交通混合行驶的双车道或单车道公路。双车道四级公路的年平均日设计交通量宜在 2000 辆小客车以下；单车道四级公路的年平均日设计交通量宜在 400 辆小客车以下。

2. 公路的行政等级

国家《公路管理条例实施细则》规定：公路分为国家干线公路(简称国道)，省、自治区、直辖市干线公路(简称省道)，县公路(简称县道)，乡公路(简称乡道)和专用公路 5 个行政等级。

(1)国家公路(国道)指具有全国性政治、经济意义的主要干线公路，包括重要的国际公路、国防公路，连接首都与各省、自治区、直辖市首府的公路，连接各大经济中心、港站枢纽、商品生产基地和战略要地的干线公路。

(2)省公路(省道)指具有全省(自治区、直辖市)政治、经济意义，连接各地市和重要地区以及不属于国道的干线公路。

(3)县公路(县道)指具有全县(县级市)政治、经济意义，连接县城和县内主要乡镇、主要商品生产和集散地的公路，以及不属于国道、省道的县际间公路。

(4)乡公路(乡道)指主要为乡镇村经济、文化、行政服务的公路，以及不属于县道以上公路的乡与乡之间及乡与外部联络的公路。

(5)专用公路指专供或主要供厂矿、林区、农场、油田、旅游区、军事要地等与外部联系的公路。

3. 城市道路的类别

在《城市道路工程设计规范》(CJJ 37—2012)中，按照道路在道路网中的地位、交通功能以及对沿线建筑物的服务功能等，城市道路分为四个等级：

1)快速路

快速路应为城市中大量长距离快速交通服务。快速路对向车行道之间应设中间分隔带，其进出口应采用全控制。快速路两侧不应设置吸引大量车流、人流的公共建筑物的进出口，应实现交通连续通行。

2)主干路

主干路应为连接城市各主要分区的干路，以交通功能为主。自行车交通量大时，宜采用机动车与非机动车分隔形式，如三幅路或四幅路。

主干路两侧不应设置吸引大量车流、人流的公共建筑物的进出口。

3)次干路

次干路应与主干路结合组成道路网，起集散交通的作用，兼有服务功能。

4)支路

支路应为次干路与街坊路的连接线，解决局部地区交通，以服务功能为主。

二、路 网 密 度

要完成一定的客、货运输任务，必须有足够的路网设施。路网密度是衡量道路设施数量的一个基本指标。一个区域的路网密度等于该区域内道路总长比该区域的总面积。一般地讲，路网密度越高，路网总的容量及服务能力越大，但这不是绝对的。道路网密度的大小应与一定的经济发展水平相当，与所在地区内的交通需求相适应，应使道路建设的经济性和服务水平、道路系统的社会效益、经济效益、环境效益得以兼顾和平衡。

公路网的合理密度可用式(2-2)来计算：

$$\gamma_0 = \sqrt{\frac{\sum_1^n Q_i d_i \alpha}{AF}} \qquad (2\text{-}2)$$

式中：γ_0——公路网的合理密度，km/km^2；

Q_i——第 i 年区域内的总运输量，t；

d_i——第 i 年运输单价，元/(t·km)；

α——平均运距 L_p 与路网密度 γ 之间的回归系数，即：$L_p = \alpha/\gamma$；

A——单位里程的道路建设费，元/km；

F——规划区面积，km^2；

n——规划年限。

城市道路网密度、间距的选取应遵循以下两个原则：

(1)道路网密度、间距与不同等级道路的功能、要求相匹配；

(2)道路网密度、间距与城市不同区域的性质、人口密度、就业密度相匹配。

我国《城市道路交通规划设计规范》(GB 50220—1995)对各类城市路网密度及道路宽度的规定如表2-7所示。

城市道路宽度与路网密度规划指标(GB 50220—1995)　　　　　表2-7

项　目	城市规模与人口(万人)		快速路	主干路	次干路	支路
道路网密度 (km/km^2)	大城市	>200	0.4~0.5	0.8~1.2	1.2~1.4	3~4
		≤200	0.3~0.4	0.8~1.2	1.2~1.4	3~4
	中等城市	20~50	—	1.0~1.2	1.2~1.4	3~4
	小城市	>5	—	3~4		3~5
		1~5	—	4~5		4~6
		<1	—	5~6		6~8
道路宽度 (m)	大城市	>200	40~45	45~55	40~50	15~30
		≤200	35~40	40~50	30~45	15~20
	中等城市	20~50	—	35~45	30~40	15~20
	小城市	>5	—	25~35		12~15
		1~5	—	25~35		12~15
		<1	—	25~30		12~15

道路网间距可用式(2-3)计算：

$$L = \frac{\left[\Delta t + \frac{V}{7.2}\left(\frac{1}{a} + \frac{1}{b}\right)\right] V_s / 3.6}{1 - V_s / V} \qquad (2\text{-}3)$$

式中：L——干道间距，m；

V_s——区间速度(区间长度比汽车通过区间的总时间)的对比值，km/h；

V——行驶速度,km/h;
Δt——交叉口停车延误时间,s;
a、b——交叉口车辆加速度、减速度,m/s^2。

三、路网布局

道路的规划、设计不能仅仅局限于一个点、一条线,而应从整个路网系统着眼。路网布局的好坏对整个运输系统的效率有很大影响,良好的路网布局可以大大提高运输系统的效率,增加路网的可达性,节约大量的投资,节省运输时间和运输费用,达到良好的经济效益、社会效益与环境效益。

对于不同的区域不同的城市,不存在统一的路网布局模式。路网布局必须考虑所在区域的自然条件、社会、经济情况来选取。

1. 公路网的布局模式

典型的公路网布局有放射形、三角形、并列形、树杈形等。这些布局形式的特点、性能如表2-8所示。

典型公路网布局形式及其性能表　　　　　表2-8

图　式	特　点　与　性　能
放射形路网	放射形路网一般用于中心城市与外围郊区、周围城镇间的交通联系。对于发挥大城市经济、政治、科技、文化中心的作用,促进中心城市政治、经济、科技、文化对周围地区的辐射和影响有重要意义
三角形路网	三角形路网一般用于规模相当的重要城镇间的直达交通联系。这种布局形式通达性好,运输效率高,但建设量大
并列形路网	平行的几条干线分别联系一系列城镇,而处于两条线上的城镇之间缺少便捷道路连接,是一种不完善的路网布局
树杈形路网	树杈形路网一般是公路网中的最后一级,是从干线公路上分叉出去的支线公路。将乡镇、自然村寨与市、县政府联结起来

2. 城市道路网的布局模式

典型的城市道路网布局有棋盘形(方格形)、带形、放射形、放射环形等。我国古代城市道路以方格形最常见,近、现代城市发展了许多其他形式的道路网布局。典型城市路网布局的特点和性能如表 2-9 所示。

典型城市道路网布局及其性能　　　　表 2-9

图　式	特　点　与　性　能
方格形路网	布局严整、简洁,方向性好,有利于建筑布置。网上交通分布均匀,交叉口交通组织容易,但非直线系数大,通达性差,过境交通不易分流,对大城市进一步扩展不利。改进的方式是增加对角线道路,有时也会加环形线路
带形路网	建筑物沿交通轴线两侧铺开,公共交通布置在主要交通干道范围内,横向靠步行或非机动车,有利于公共交通布线和组织,但容易造成纵向主干道交通压力过大,不易形成市中心。有时可布置几条平行线,在功能上适当分工
放射形路网	交通干线以市中心为形心向外辐射,城市沿对外交通干线两侧发展,形成"指状"城市,这种布局具有带形布局的优点,同时缩短了到市中心的距离。缺点是中心区交通压力过大、边缘区相互间交通联系不便、过境交通无法分流。布局的改进方法是增加环行线并使各放射干道起点不过分集中于市中心
放射环形路网	这种布局具有通达性好、非直线系数小,有利于城市扩展和过境交通分流等优点。一般用于大城市,但不宜将过多的放射线引向市中心造成中心交通过分集中,交通压力大且对建筑物布置不利

四、道路线形和结构

道路线形是指一条道路在平、纵、横三维空间中的几何形状,传统上分为平面线形、纵断面线形、横断面线形。线形设计的要求是通畅、安全、美观。随着交通需求的增大,公路等级的提高,人们对公路线形的协调性、顺适性要求也越来越高,更加强调平、纵、横线形一体化,具体可见《公路路线设计规范》(JTG D20—2006),城市道路线形要求可见《城市道路路线设计规范》(CJJ 193—2012)。

道路结构基本部分是指路基、路面、桥涵、立体交叉、隧道,另外还有边沟、挡土墙、盲沟等附属部分。这些结构物的设计标准和使用要求在《路基路面工程》、《桥梁工程》、《隧道工程》等有关课程和有关规范标准中已有介绍,这里不再赘述。

思 考 题

1. 驾驶人信息处理过程是什么?
2. 交通设施中哪些情况考虑了驾驶人的交通特性?请举例说明。
3. 驾驶人的哪些个性特征可以影响驾驶行为?其影响如何?
4. 汽车的动力性能指的是什么?
5. 汽车的制动性能包括哪几个方面?汽车的制动性能对交通安全有何影响?
6. 如何理解路网两大体系的各自功能与相互联系?

第三章 交通量调查

交通量是描述交通流特性最重要的参数之一。其目的在于通过长期连续观测或短期间隙临时观测,搜集交通量资料,了解交通量在时间、空间上的变化和分布规律,为交通规划、道路建设、交通控制与管理、工程经济分析等提供必要的数据。

本章将主要介绍交通量的定义、分布特性、交通量调查方法、交通量的换算及交通量的表示方法等内容。

第一节 交通量的定义

交通量是指在一定时间段内,通过道路某一地点、某一断面或某一条车道的交通实体数。交通量分为机动车交通量、非机动车交通量和行人交通量。如不加说明,交通量则指机动车交通量,即道路双方向的车辆数。

交通量是一个随机数,不同时间、不同地点的交通量都是不同的,某一个交通量的数值,只对应观测的那个时间和地点。

在交通量观测和统计分析实际应用中,常用的交通量有以下几种:

一、平均日交通量

交通量时刻在变化,在表达方式上通常取某一时段内的平均值作为该时段的代表交通量。如果以辆/d 为单位,平均交通量表达式为:

$$平均日交通量(ADT) = \frac{1}{n}\sum_{i=1}^{n} Q_i \tag{3-1}$$

式中:Q_i——各规定时间段内的日交通量,辆/d;

n——各规定时间段的时间,d。

按所取时间段的长度分,常用的平均日交通量有:

年平均日交通量($AADT$)

$$AADT = \frac{1}{365}\sum_{i=1}^{365} Q_i \tag{3-2}$$

月平均日交通量($MADT$)

$$MADT = \frac{1}{30}\sum_{i=1}^{30} Q_i \tag{3-3}$$

周平均日交通量（WADT）

$$WADT = \frac{1}{7}\sum_{i=1}^{7} Q_i \tag{3-4}$$

在城市道路与交通工程中，年平均日交通量是一项极其重要的控制性指标，用作道路交通设施的规划、设计、管理等依据，其他平均交通量是供交通量统计分析、分析关注时段内交通量变化系数以及进行平均交通量换算时使用。

二、小时交通量

小时交通量指一小时内通过某观测断面的车辆数，单位为辆/h。

三、高峰小时交通量（PHF）

高峰小时交通量指一日内高峰期间连续60min的最大交通量，单位为辆/h。

四、第30小时交通量

第30小时交通量指将全年8760个小时的交通量，按照从大到小顺序排列，排在第30位的小时交通量。

将一年中8760个小时的交通量从大到小按序排列，各小时交通量占全年平均日交通量（AADT）的百分比，称为小时交通量系数，以此为纵坐标，以排列次序为横坐标，可以绘制出一年中小时交通量系数曲线图（图3-1）。

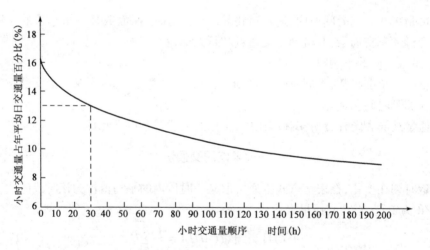

图3-1 年小时交通量顺序变化图

美国和日本取第30小时交通量作为设计小时交通量。这是因为从第1到第30位左右的小时交通量减少比较显著，曲线斜率较大。从第30位以下，减少缓慢，曲线平直。采用第30小时交通量作为设计小时交通量，全年仅有29个小时（个别情况也可能稍多于29）的交通量超过交通设施的容量，得不到保证的情况仅占0.33%，而保证率为99.67%。

我国幅员辽阔，各地区的经济条件、气候、交通量、公路使用性质及混合交通等因素均不相同，中华人民共和国交通运输部发布的《公路工程技术标准》（JTG B01—2014）中指出，公路设计小时交通量宜采用年第30位小时交通量，也可根据项目特点与需求，在当地年第20~40位小时交通量之间取值。

第二节 交通量分布特性

交通量的大小与经济发展水平、居民生活水平、地理位置和气候等因素有关,随着空间的不同和时间的差异而变化,交通量这种随时间和空间的变化而变化的特性叫交通量的分布特性。

一、交通量的时间分布特性

指交通量随季节、月份、日期、小时的不同而产生的差异。这些差异反映了社会与经济活动等对交通的需求,这种需求随着社会和经济的发展而增长,并因为受到经济生产的季节性等因素的影响,使道路交通量也随之呈现随时间变化的特征。但是,这种随时间变化的特征,在一个较短的时段具有相对的稳定性。

1. 月变化

一年内各月交通量的变化称为月变化。年平均日交通量（$AADT$）与月平均日交通量（$MADT$）之比,称作交通量月变系数(或称月不均衡系数、月换算系数),以 M 表示,则:

$$M = \frac{\text{年平均日交通量}}{\text{月平均日交通量}} = \frac{AADT}{MADT} \tag{3-5}$$

以月份为横坐标,以月平均日交通量与年平均日交通量之比为纵坐标的曲线图叫交通量月变图(图3-2),以各月的月变系数表示交通量的月变规律。

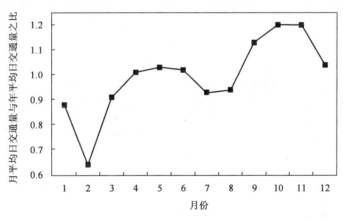

图 3-2　交通量月变图

[**例3-1**]　某交通量观测站测得各月份的累计交通量,整理列于表3-1第一行,试计算每个月的月平均日交通量与月变系数。

解: 年平均日交通量:

$$AADT = \frac{881516}{365} = 2415(\text{辆}/\text{d})$$

一月份月平均日交通量:

$$MADT_1 = \frac{65785}{31} = 2122(\text{辆}/\text{d})$$

二月份月平均日交通量：
$$MADT_2 = \frac{42750}{28} = 1527(辆/d)$$

以此类推，各月份 $MADT_i$ 计算结果列于表 3-1 第二行。

一月份月变系数：
$$M_1 = \frac{2415}{2122} = 1.14$$

二月份月变系数：
$$M_2 = \frac{2415}{1527} = 1.58$$

以此类推，各月份月变系数计算结果列于表 3-1 第三行。

月平均日交通量与交通量月变系数　　　　　表 3-1

月份	1	2	3	4	5	6	7
累计交通量	65785	42750	67141	73317	77099	72782	70641
MADT	2122	1527	2166	2444	2487	2426	2279
M	1.14	1.58	1.11	0.99	0.97	1.00	1.06
月份	8	9	10	11	12	全年	
累计交通量	70951	83043	91661	88166	78180	881516	
MADT	2289	2768	2957	2939	2522	AADT	
M	1.06	0.87	0.82	0.82	0.96	2415	

交通量的月变化主要受地区经济、气候、工农业生产的季节性及人口活动习惯性行为等影响。

2. 周变化

交通量的周变化是指一周内各天的交通量变化，因此也称日变化。显示这种变化的曲线图，叫交通量日变图(图3-3)。通常用此图或日变系数(或称周变系数)来描述一周内日交通量的变化。日变系数 D 定义为：年平均日交通量($AADT$)除以某周日的平均交通量。某周日的平均日交通量等于全年所有某周日的交通量之和除以全年某周日的总天数。

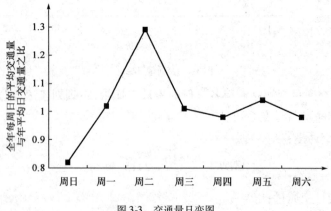

图 3-3　交通量日变图

即：

$$D = \frac{AADT}{ADT} \tag{3-6}$$

式中：$ADT = \frac{\text{全年某周日交通量总和}}{\text{全年某周日的总天数}}$。

若仅有抽样观测数据而缺乏全年的交通量观测数据，则其日变化系数 D 可以用下列公式计算：

$$D = \frac{\text{周平均日交通量}}{\text{观测日交通量}} = \frac{\frac{1}{7}\sum_{i=1}^{7} Q_i}{Q_i} \tag{3-7}$$

式中：Q_i——周 i 的交通量。

[例3-2] 同上，交通量观测站测得各个周日的全年累计交通量，整理列于表3-2 第一行，试计算各个周日的平均日交通量与日变系数。

解： 全年所有星期日交通量总和 = 111469（辆/年）

星期日的平均日交通量 = $\frac{111469}{53}$ = 2103（辆/日）（设该年有 53 个星期日）

其余每周日的平均日交通量列于表3-2 中第二行。

星期日的日变系数 $D = \frac{2415}{2103} = 1.15$，列于第三行，其余类推。

周平均日交通量与交通量日变系数 表3-2

周日	日	一	二	三	四	五	六	全年
累计交通量	111469	128809	129486	128498	127030	129386	126838	881516
ADT	2103	2477	2490	2471	2443	2488	2439	AADT
D	1.15	0.97	0.97	0.98	0.99	0.97	0.99	2415

根据某地区交通量的月变系数和日变系数，在观测到某月某日的实际交通量后，可大致预测当年的年平均日交通量。预算公式如下：

$$AADT = Q_{ij} M_i D_j \tag{3-8}$$

式中：Q_{ij}——第 i 月某天（星期 j）的实测交通量；

M_i——第 i 月的交通量月变系数；

D_j——星期 j 的交通量日变系数。

3. 时变化

一天 24h 中，每个小时的交通量都在不断变化。由于调查地点不同，交通量大小各异，每天交通量分布曲线也不尽相同。但若将分时交通量绘成分布曲线，其变化趋势和高峰出现时间却大致相似。如图3-4 与图3-5 所示。两图分别为两个进京主要通道荣华路与京顺路一日24h 的当量交通量分布图，从图中可以看出，虽然两条道路交通状况不同，但是其变化趋势却大致相似，呈现出两个高峰值，一个出现在上午，一个出现在下午，只是京顺路的早晚高峰比荣华路略有提前，荣华路的晚高峰较京顺路更加明显。

高峰小时流量比是指，高峰小时交通量占该日交通量的百分比，其反映高峰小时流量的集中程度，并可供高峰小时交通量与日交通量之间作为相互换算之用。

从小时交通量变化曲线上还可以发现，在一个高峰小时内交通量是不均布的，若将一个高峰小时划分成时间更短的几个高峰区间,通常以5min或者15min作为时段,连续5min或15min内累计交通量最大的那个时段,就是高峰小时内的高峰时段,把高峰时段的交通量扩大为1个小时的交通量,可称为扩大的高峰小时交通量。高峰小时交通量与扩大的高峰小时量之比称为高峰小时系数,计算式为:

$$PHF_i = \frac{\text{高峰小时交通量}}{\frac{60}{t} \times (t \text{ 时段内的最大交通量})} \qquad (3\text{-}9)$$

式中:PHF_i——高峰小时系数;
　　　t——一般其值取5min或15min。

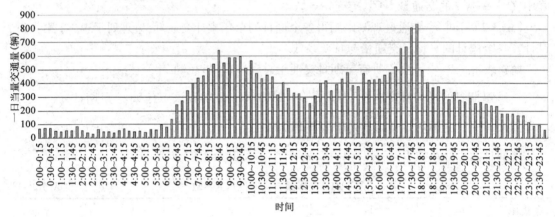

图3-4　北京荣华路进京一日当量交通量分布图

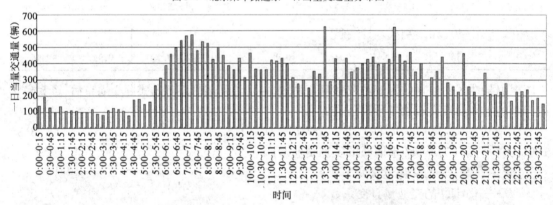

图3-5　北京京顺路进京一日当量交通量分布图

[例3-3]　某公路交通量调查结果如表3-3所示,已知高峰小时为8:40~9:40(表3-3),高峰小时交通量为每小时1312辆,求5min高峰小时系数。

某公路高峰小时交通辆(单位:辆)　　　　　　　　　表3-3

时　间	东行车辆数	西行车辆数	双向合计
8:40~8:45	69	49	118
8:45~8:50	63	50	113
8:50~8:55	59	53	112
8:55~9:00	62	49	111
9:00~9:05	68	46	114
9:05~9:10	69	51	120

续上表

时间	东行车量数	西行车量数	双向合计
9:10~9:15	61	54	115
9:15~9:20	54	52	106
9:20~9:25	54	40	94
9:25~9:30	57	41	98
9:30~9:35	54	54	108
9:35~9:40	49	54	103
合计	719	593	1312

解：由表3-3看出，9:05~9:10为5min高峰区间，5min的流量为120辆，则

$$PHF_5 = \frac{1312}{\frac{60}{5} \times 120} = 0.91$$

在分析道路通行能力时，如对于高速干道、隧道、桥梁和交叉口等交通咽喉处，有必要考察高峰小时内交通量分布不均的情况，美国一些学者研究认为5min高峰流量是造成交通阻塞的根本原因之一。因此用高峰小时系数来表示是极其实用的。注意，高峰小时系数，按所选取时段不同，必须予以说明"5min（或15min）流量的高峰小时系数"。

4. 交通量在一日的昼夜比例

昼间16h（或12h）的交通量占日交通量之比，称为昼间流量比。夜间8h（或12h）的交通量占日交通量之比称为夜间流量比。由于夜间调查增加工作量，而年平均日交通量是一天24h的交通量的均值。若已知昼间或夜间流量比，则只需观测昼间流量而推算出日交通量。

昼间16h通常指早6:00至晚10:00；夜间8h则为晚10:00至次晨6:00。

$$夜间流量比 P_夜 = \frac{夜间 8h 交通量之和}{全日 24h 交通量之和} \times 100\% \qquad (3-10)$$

$$昼间流量比 P_昼 = \frac{昼间 16h 交通量之和}{全日 24h 交通量之和} \times 100\% \qquad (3-11)$$

[例3-4] 已知某区域的机动车（当量值）、非机动车、行人的昼间16h的发生量、吸引量如表3-4所示，同时机动车、非机动车与行人昼间16h交通量占昼夜24h交通量的流量比分别为96%、98%、99%。试推算此区域的一日机动车、非机动车、行人的发生量与吸引量。

区域出入交通量汇总表　　　　表3-4

时间	发生			吸引		
	机动车(pcu)	非机动车(辆)	行人(人)	机动车(pcu)	非机动车(辆)	行人(人)
6:00~6:30	1768	1269	210	1338	1042	126
6:30~7:00	3886	2900	456	2350	2605	204
7:00~7:30	5458	4141	662	3101	3431	349
7:30~8:00	5690	3603	552	3281	3086	420
8:00~8:30	5758	2395	388	3193	1888	403
8:30~9:00	5204	1565	341	3649	1490	300
9:00~9:30	4321	1478	337	3311	1147	313
9:30~10:00	4148	1442	273	3180	915	299

续上表

时间	发生			吸引		
	机动车 (pcu)	非机动车 (辆)	行人 (人)	机动车 (pcu)	非机动车 (辆)	行人 (人)
10:00~10:30	3381	1374	255	3209	721	236
10:30~11:00	3324	996	215	3076	775	251
11:00~11:30	2979	911	193	3072	728	287
11:30~12:00	2995	907	242	3043	682	305
12:00~12:30	2957	677	263	2761	685	273
12:30~13:00	2705	625	203	2575	573	260
13:00~13:30	2929	794	225	2898	514	186
13:30~14:00	3344	797	212	3246	594	225
14:00~14:30	3505	825	184	3429	678	287
14:30~15:00	3326	924	240	3497	690	257
15:00~15:30	3433	1322	308	3651	841	228
15:30~16:00	3743	1038	294	3545	815	287
16:00~16:30	3909	966	260	3796	939	325
16:30~17:00	3953	1102	279	4726	1410	355
17:00~17:30	4304	1437	346	5156	1637	406
17:30~18:00	4719	1767	401	5619	1915	321
18:00~18:30	4737	1811	368	5859	1976	272
18:30~19:00	4052	1222	251	5262	1538	376
19:00~19:30	3038	907	219	3906	1002	288
19:30~20:00	2732	715	224	3583	740	262
20:00~20:30	2569	591	223	3454	494	162
20:30~21:00	2297	466	185	3320	373	143
21:00~21:30	2053	436	129	2831	339	94
21:30~22:00	1619	364	115	2676	297	120

解： 计算得到区域16h的机动车(当量值)、非机动车、行人发生交通量分别为114836pcu、41767辆、9053人；区域16小时的机动车(当量值)、非机动车、行人吸引交通量分别为111593pcu、36560辆、8620人。

则区域全日发生量分别为：

$$\text{区域全日机动车发生量} = \frac{\text{区域昼间16h机动车交通量之和}}{\text{昼间流量比} P_昼}$$

$$= \frac{114836}{0.96} = 119621(\text{pcu})$$

$$\text{区域全日非机动车发生量} = \frac{\text{区域昼间16h非机动车交通量之和}}{\text{昼间流量比} P_昼}$$

$$= \frac{41767}{0.98} = 42619(\text{辆})$$

$$\text{区域全日行人发生量} = \frac{\text{区域昼间16h行人交通量之和}}{\text{昼间流量比} P_昼}$$

$$= \frac{9053}{0.99} = 9144(\text{人})$$

同理可得,区域全日吸引量分别为:

区域全日机动车吸引量为 116243pcu;

区域全日非机动车吸引量为 37306 辆;

区域全日行人吸引量为 8707 人。

此外,交通量随时间的变化还可用小时交通量及更短时间交通量表示,交通量的单位观测时间、使用目的与整理方法见表 3-5,各种交通量的时间变化特性指标总结见表 3-6。

交通量的单位观测时间、使用目的与整理方法表　　表 3-5

分　类	使 用 目 的	数据的收集、整理方法
年交通量	评价道路的需求大小	用一年内平均一日的交通量表示(年平均日交通量)
月、周交通量	掌握月、星期的动态变化	换算为平均日交通量,对于月变动,进行各月平均日交通量的比较;对于星期变动,进行各周日的平均日交通量的比较
日交通量	最基本的交通量	通常以平时的一日为对象,需要调查旅游交通需求较高道路的交通特征时,采用假日的一日。也常采用昼间 12h(07:00—19:00)或 16h(06:00—22:00)的观测量换算为 24h 交通量
小时交通量	了解一日内交通需求的变动状态以及高峰小时等的需求	以 1h 为基础来表示
短时间交通量	探讨随交通需求的变动及细致的交通控制	以 1min、5min、10min、15min 等短时间为基础表示

交通量随时间变化相关指标表　　表 3-6

月变系数	年平均日交通量与月平均日交通量之比
日变系数	年平均日交通量与某周日的平均日交通量之比
小时变化系数	小时交通量与日交通量之比
昼夜率	昼间 12h 或 16h 交通量与日 24 小时交通量与的比值
K 值	第 30 位小时交通量与年平均日交通量的比值
高峰小时系数	$PHF_i^* = $ 高峰小时交通量 $/\left(\dfrac{60}{t} \times 高峰 t 时段交通量\right)$

二、交通量的空间分布特性

在同一时间或相似交通条件下,交通量在不同区段、不同方向和不同车道上其分布情况也有所不同。

1. 城乡分布

由于城乡经济发展、生产和生活对交通的需求不同,城乡之间的交通量呈明显差别。一般是城市道路交通量高于郊区道路,近郊高于远郊,而乡村道路交通量通常最低。

2. 方向分布

一条道路往返两个方向的交通量,在较长时间内大体上是相近的。但是在某段时间内,如一年中某个季节、一月中某几天、一天中某几小时,两个方向的交通量会有很大差别。如大城市连接卫星城镇的主要干道,上下班时间的客流方向明显不同;农村公路,秋季有大量农村产品运进城镇,冬季有丰富的轻工业产品运到农村。

交通量的方向分布与道路性质及所在位置有关,一般用道路方向分布系数表示:

$$K_D = \frac{主要行车方向交通量}{双向总交通量} \times 100\% \tag{3-12}$$

一般取值如下:

上下班线路:70%;

其他主要道路:60%;

市中心区道路:50%。

3. 车道分布

当同向车行道有两条以上车道时,处于不同位置的车道,其交通量分布也不一样。每条车道交通量的大小与车道两侧干扰、慢行车的比例和进出口的数量位置有关。当车流为连续流时,主要受车速差别的影响。我国城市道路计算通行能力时,假定最靠中线的第一条车道为1,向缘石方向第二条车道通行能力的折减系数为 0.8~0.89,第三条车道的折减系数为 0.65~0.78,第四条为 0.5~0.65,第五条为 0.40~0.52。

第三节 交通量的调查方法

交通调查是用客观的手段测定道路交通流以及与其有关的现象,对调查数据进行分析,掌握交通流运行的特征、变化规律及存在问题,为交通运行设施的设置及管理措施的制定等提供科学的决策依据。

一、交通量调查的目的

(1)通过地点交通量的周期性调查,了解交通的组成及分布,掌握交通量的时空变化规律,以预测交通量及其发展趋势。

(2)通过区域性交通量调查,为新建、改建道路的先后顺序提供依据。

(3)通过对路网交通量的调查,为确定设置信号、标志及采取某种交通管理措施提供论证基础。

(4)通过事前、事后的交通量调查对比,可以评价交通改善措施效果。

(5)通过交通量实时调查,掌握交通动态,可以进行有效的交通控制。

(6)交通量调查可用于推算道路通行能力、计算事故率及道路运输成本和收入等。

二、交通量调查分类

交通量调查根据用途和调查地点的不同,可分为如下几类:

(1)特定地点交通量调查。指为满足交通管理或信号控制等的需要而在特定地点进行的交通量调查。如城市出入口交通量调查、公共交通调查、综合交通调查等。

(2)区域交通量调查。指以掌握某一区域的交通量大小及变化为目的,在区域内各不同路段及不同交叉口处进行的交通量调查。

(3)小区边界线交通量调查。指对客货业务繁忙地区,如都市圈等,进行机动车交通量的调查。调查时将地区包围线(小区边界线)与进入该地区道路的相交处作为调查点,分别调查进入方向和驶出方向的交通量。

(4)核查线调查。这种调查是以河流、山脊、铁道等地形及地物边界线或其他人为设立的检查线为分界线,调查分界线两侧区域相互来往穿过检查线的交通量。常用于核查 OD 调查的分布数据。

虽然交通量调查种类很多,但交通量调查的设计思路与调查流程大体相似,英国学者总结的交通量调查设计与调查进行流程如图 3-6 所示。

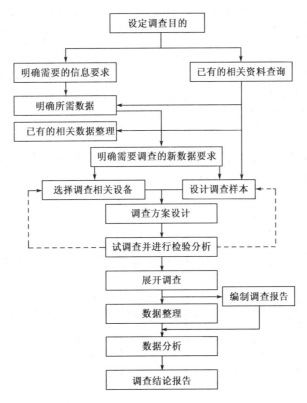

图 3-6　调查设计与调查进行流程图

三、交通量调查的时间和地点的确定

在进行交通量调查前,首先应根据调查的目的和要求,制订调查计划,对调查工作的内容、方法、所需条件等进行系统、周密的准备、选择与部署,以使调查工作取得预期的成果。

1. 选择交通量调查时间

(1)24h 交通量调查:一般选择星期一中午至星期五中午之间任何一个连续 24h 进行观测(通常星期一上午和星期五下午的交通状况不同于正常时间)。如调查停车场 24h 停放量等。

(2)16h 交通量调查:通常从上午 6 时至晚上 10 时。其间包括了含有晚间交通在内的大部分日交通量。

(3)12h 交通量调查:通常从上午 7 时至晚上 7 时。对于商业区或工业区,其间包括了大部分的白天交通量。对于夜间也营业的购物中心等,应将调查时间延长到晚上 9 时以后。

(4)高峰交通量调查:调查时间视调查地点所处的区位(是否为市中心区域)、与主要交通源(如中心商业区或工业区)的距离和交通设施的类型(高速公路、辐射干道等)而异。通常为上午7~9时和下午5~7时。

(5)周末交通量调查:通常从星期五中午(或最晚从下午6时)开始至星期一中午(或最早至上午6时)结束。

(6)除非调查目的旨在获得非正常情况的交通量数据,交通量调查应避免下列特殊情况:
①特殊活动(节假日、大型文体活动等);
②异常的气候条件(例如下大雨、下大雪等);
③由于临时封闭道路而影响交通模式的情况;
④运输行业罢工的情况。

2. 确定交通量调查地点

调查地点应根据调查目的来确定,一般选在下列各处:
(1)不受平面交叉口交通影响的路段。
(2)交叉口各进口道停车线处。
(3)交通设施的出入口处(地铁站、公交站、道路收费口及停车场出入口处等)。
(4)特定地点,如分界线与道路交叉口等处。

3. 划分交通量调查中的车种

公路交通量调查中,将机动车划分为4类,分别为小客车、中型车(含大客)、大型车、拖挂车;城市道路调查,将机动车划分为6种:小客车、小货车、大客车、大货车、公交(单机)、公交(铰接)。

四、交通量的调查方法

1. 人工观测法

人工观测法是交通量调查的基本方法,适用性强,机动灵活,易于掌握,且精度高,是我国目前应用最广泛的一种交通量调查方法。

调查方法:安排人员在指定地点按调查工作计划进行交通量观测。人工观测用原始记录表格配备计数器或划正字来记录过往车辆(图3-7),将结果登记于记录表格上。根据调查计划要求,一般应分车型、分方向进行记录,有时还要分车道记录。表3-7是人工观测时用于记录的表格,同一时段有两个计数栏,可分别记录累计数字和分计数字,以方便校核。

优缺点:从理论上来看,人工观测法无论在车型的分辨或是计数方面都应比仪器观测准确和方便,调查方法易于掌握,调查资料整理方便,而且调查地点、环境也不受限制,可以得到分车种、分流向的交通量值,但由于受人员素质、管理水平的影响较大,致使精度反而不高,优势不明显。人工观测法一般只适合短期的、临时的交通量调查。

图3-7 人工观测

交通量观测记录表　　　　　　　　　　表 3-7

日期：＿＿年＿＿月＿＿日　星期＿＿　上下午　天气（晴）（多云）（雨）
地址：＿＿＿＿＿　　　　　　时间：＿＿点＿＿分～＿＿点＿＿分
方向：＿＿＿＿＿　　　　　　观测员：＿＿＿＿＿

时刻＼车种	小客车	小货车	大客车	大货车	合计
小计					

2. 仪器自动计测法

目前较为流行的交通流检测设备多以便携、移动方式采集为主,同时有些设备也可永久固定安装,进行交通数据与信息采集,如交通流量、车速、车型、路口转向数据、天气数据、排放污染数据等。现阶段主要检测技术有：线圈检测器、视频检测器、微波检测器、地磁检测器、被动红外检测器、红外对射检测器、气压管检测器、压电检测器、跟踪雷达检测器、相控阵激光检测器、被动声波检测器、扫描激光检测器、超声波检测器等。

以下介绍几种主要的检测技术：

1）气压管式检测器（图 3-8）

它是目前国际上在便携式交调设备领域使用最有效的车辆分型技术。

原理：当车辆经过气压管传感器时,气压管就会产生一个信号,传到路旁单元上,从而便形成了一个车轴电信号,设备记录这些车轴到达的信号,来检测交通流数据。

优缺点：携带方便,费用较低,可检测从自行车到重型车的各种类型车辆,安装和维修简便。在交通工程研究中多用于临时交通量观测。但气压管式检测器由于其直接安放在道路上,常受车轮碾压易于损坏,同时长期使用精度会降低,因此不适合进行长期观测。

2）感应线圈式检测器（图 3-9）

原理：感应线圈式检测器是依靠埋入路面面层内的一个或一组感应线圈产生电感,车辆通过时导致该电感变化从而检测所通过的车辆。

优缺点：感应线圈式检测器应用非常广泛,可以在每条车道下分别设置感应线圈以检测每条车道上的车辆通过数,特别适用于在交通量较大的道路上进行连续观测,或设置在交叉口为信号控制采集数据。与其他检测器相比,感应线圈式检测器准确性较高,对环境要求不高,但存在成本较高、维护困难的缺点。

图 3-8　气压管式检测器　　　　　图 3-9　感应线圈式检测器

3）光电检测器

光电检测器一般可分为光束切断型和光束反射型两种。

原理：前者的原理是发出一道光束穿过车行道射到光敏管（光电管）上，当有汽车通过时就切断光束，光敏管测出后即激发计数器计数。后者的原理是一道光束从路面反射到光敏管上，汽车驶过时使光束从汽车上反射，这种特别的光反射在光敏管上被测出后即激发计数器计数。

优缺点：光电检测器是一种简单可靠的计数系统，但由于精确度的问题，仅限于交通量不大的道路使用，同时也不适用于有自行车混行的道路。

4）雷达检测器（图 3-10）

原理：雷达检测器向道路发射一束低功耗的微波，并检测它所覆盖范围内的所有目标。它能够同时并实时测量所有反射目标的位置、速度和角度参数，并对每个物体进行跟踪检测，每秒检测并可输出 20 次数据。因此，在检测区域内的所有目标将被可靠的检测，并输出精确的数据。

优缺点：数据精确可靠，安装方式灵活，全天候工作，免维护，不受光线、天气等条件影响。但它们初始费用较昂贵，并需要专门人员维修保养，因此限制了它们的广泛使用。

5）磁性检测器（图 3-11）

原理：磁性检测器在其周围形成一种磁场（可由人工形成，也可利用天然的地球磁场），当有金属体的车辆通过时，引起原来磁场的变化，由此即可通过变换器产生信号或脉冲。它可安设在车道表面上或埋在车道下。

优缺点：不受车轮的直接磨耗或破坏，也不受冰雪影响。但当附近有大型电气设备、电缆等产生强磁场时，它就会受到干扰，使用非常困难。

图 3-10　雷达检测器　　　　　　图 3-11　磁性检测器

6）超声波检测器

原理：检测器发射一个连续的超声波射向驶近的车辆，由于多普勒效应引起来车反射能频率的变化，从而检测到所通过的车辆。

优缺点：超声波检测器准确性较高，不受天气影响，维护方便，缺点是初始费用较高。

7）红外线检测器（图3-12）

红外线检测器一般可分为主动式和被动式两种。

原理：主动式红外线检测器与光电检测器的原理相似，不过它使用半导体红外线发生器作为传感器；被动式红外线检测器的原理是由红外线接收器检测出，无车辆时路面的红外线能辐射强度与路上有汽车通过时的红外线能辐射强度的变化，进而实现计数。

8）其他类型检测器

除了以上所介绍的各类检测器外，还有一些检测器目前也已应用，如：压电式检测器、摩擦电式检测器、地震式检测器。

以上所介绍的各种类型的检测器，除了可供交通量调查之外，在交通控制和交通管理中也得到了广泛应用。同时，还可供车速检测或其他交通参数的检测。当作车速检测器使用时，需由两个前后排列有适当距离的通行检测器组成，根据车辆通过前后两个通行检测器已知距离的时间差，即可换算成车速。也可采用前述的多普勒速度传感器（如雷达检测器）来测定车速。还可用两个或多个检测器来测定其他交通参数，例如利用通行检测器加上速度检测器即可测出车辆密度。

目前用于交通量检测的数据采集平台，采用比较方便携带的计算机（图3-13），在其基础上进行接口改进，便于连接各种传感器，以及采用多种无线连接技术，如Wifi、ZigBee、DigiMeah、802.15.4等无线通信方式，与传感器进行远程通信，为交调工作提供非常便利的条件。

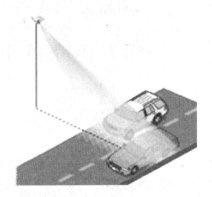

图3-12　红外线检测器

图3-13　计算机

选用哪一种类型的检测器，要根据各地、各部门交通调查的目的、检测车辆种类、设备的性能、国内目前所能购置的情况以及经费的多少等条件决定。目前，我国交通、公安、电子机械等部门已研制和引进了不少类型的检测器。常用的车辆传感器的性能特点如表3-8所示。

常用车辆传感器的性能特点　　　　　　　表3-8

传感器名称	检测原理	检测方式		检测范围	信号处理难易	路面开挖量	抗干扰性能	设置方式	使用寿命	成本
		存在	通过							
道路管	气压开关		√	线	易	无	差	移动	短	低
光电	车体遮光	√	√	线	易	无	差	移动	短	中

续上表

传感器名称	检测原理	检测方式 存在	检测方式 通过	检测范围	信号处理难易	路面开挖量	抗干扰性能	设置方式	使用寿命	成本
超声波	反射	√	√	点	难	无	中	固定	长	高
电磁	剩磁	√	√	点	中	小	中	固定	—	低
地磁	地磁		√	点	易	中	好	固定	中	中
环形有源	电感	√	√	面	中	大	中	固定	短	中
环形无源	地磁		√	面	易	大	好	固定	短	低
导电橡胶	模拟开关		√	线	易	无	差	移动	短	中
雷达	多普勒效应		√	点	难	无	差	移动	中	高
振动共轴	电容式		√	线	中	小	—	固定	长	—
棒式磁	车体剩磁		√	线点	易	小	好	固定	长	低

3. 流动车观测法

流动车观测法又称浮动车(Floating Car)法,此法是由英国交通工程专家 Wardrop 和 Charlesworth 提出的,其优点是可以同时获得某一路段的交通量、区间车速,是一种较好的综合的交通调查方法。

1)调查方法

流动车观测法需要有一辆观测车,三名调查员。

调查人员(除驾驶人外)需要一人记录与观测车反向行驶的会车数(辆);一人记录与观测车同向行驶的被观测车超越的车辆数(辆)和超越测试车的车辆数(辆);另一人报告和记录往返行程时间(min)。调查过程中,观测车一般需沿调查路线往返行驶 6~8 个来回。流动车法调查延续的时间较长,为了真实反映交通情况,应注意路段和行程时间不要太长,行程距离应已知,路段长度一般取 1km 左右即可。

2)调查数据计算

根据所观测到的数据,可分别按下列公式计算测定方向上的交通量 Q_{a-b}、Q_{b-a}:

$$Q_{a-b} = \frac{X_{b-a} + Y_{a-b} - Z_{a-b}}{T_{b-a} + T_{a-b}} \times 60 (辆/h) \tag{3-13}$$

$$Q_{b-a} = \frac{X_{a-b} + Y_{b-a} - Z_{b-a}}{T_{a-b} + T_{b-a}} \times 60 (辆/h) \tag{3-14}$$

式中:Q_{a-b}、Q_{b-a}——由 A 向 B、由 B 向 A 行驶的交通量;

X_{a-b}、X_{b-a}——由 A 向 B、由 B 向 A 行驶时观测的流动车反向行驶的会车数;

Y_{a-b}、Y_{b-a}——由 A 向 B、由 B 向 A 行驶时同向超越观测车的车辆数;

Z_{a-b}、Z_{b-a}——由 A 向 B、由 B 向 A 行驶时被观测车超越的车辆数;

T_{a-b}、T_{b-a}——由 A 向 B、由 B 向 A 的行程时间,min。

在利用以上公式进行计算时,式中所用的数值(如 X_{a-b}、X_{b-a} 等)一般都取用往或返行驶的算术平均值。如果分次计算 Q_{a-b} 和 Q_{b-a} 后,再计算各次和的平均值亦可,但计算比较麻烦。

3)记录格式

表 3-9 列出了流动车调查原始记录表。

流动车观测法原始记录表　　　　　　　　　表 3-9

路线名称及编号_____　　观测时间_____年_____月_____日_____时~_____时
调查区间编号_____　　　气候情况_____
观测路段起讫桩号_____　观测人员_____
测定距离(L)_____

行车方向	观测次数	逆向会车数 X_{a-b}	同向超越观测车的车数 Y_{a-b}	同向被观测车超越的车数 Z_{a-b}	行程时间 T_{a-b} (min)	(s)	(换算为 min)
往 A→B	1						
	2						
	…						
	6						
	平均						
行车方向	观测次数	逆向会车数 X_{b-a}	同向超越观测车的车数 Y_{a-b}	同向被观测车超越的车数 Z_{a-b}	行程时间 T_{b-a} (min)	(s)	(换算为 min)
返 B→A	1						
	2						
	…						
	6						
	平均						

[例 3-5] 试根据下面流动车观测法的观测记录表(表 3-10)计算 A→B 的交通量及 B→A 的交通量。

流动车观测法记录整理表　　　　　　　　　表 3-10

上行方向 A→B	逆向交会车辆数 X_{a-b}	同向超越观测车的车数 Y_{a-b}	同向被观测车超越的车数 Z_{a-b}	行程时间 T_{a-b}
1	42	1	0	2.52
2	45	2	0	2.57
3	47	2	1	2.37
4	51	2	1	3.00
5	53	0	0	2.42
6	53	0	1	2.50
合计	291	7	3	15.38
平均	48.5	1.17	0.5	2.56
下行方向 B→A	逆向交会车辆数 X_{b-a}	同向超越观测车的车数 Y_{b-a}	同向被观测车超越的车数 Z_{b-a}	行程时间 T_{b-a}
1	34	2	0	2.48
2	38	2	1	2.37
3	41	0	0	2.73
4	31	1	0	2.42
5	35	0	1	2.80
6	38	0	1	2.48
合计	217	5	3	15.28
平均	36.2	0.83	0.5	2.55

解：

（1）计算观测值的平均值

由表 3-10 可知：$X_{a-b} = 48.5$ 辆，$X_{b-a} = 36.2$ 辆，$Y_{a-b} = 1.17$ 辆，$Y_{b-a} = 0.83$ 辆，$Z_{a-b} = 0.5$ 辆，$Z_{b-a} = 0.5$ 辆，$T_{a-b} = 2.56 \min$，$T_{b-a} = 2.55 \min$。

（2）计算 $A \rightarrow B$ 向的交通量

$$Q_{a-b} = \frac{X_{b-a} + Y_{a-b} - Z_{a-b}}{T_{b-a} + T_{a-b}} \times 60 = \frac{36.2 + 1.17 - 0.5}{2.56 + 2.55} \times 60 = 433(辆/h)$$

（3）计算 $B \rightarrow A$ 向的交通量

$$Q_{b-a} = \frac{X_{a-b} + Y_{b-a} - Z_{b-a}}{T_{a-b} + T_{b-a}} \times 60 = \frac{48.5 + 0.83 - 0.5}{2.55 + 2.56} \times 60 = 573(辆/h)$$

需要注意的是，按上述方法得到的交通量是整个观测时段内的平均值，而由每次观测所得数据计算的交通量才是该时段的交通量。

4. 视频图像检测器

原理：利用摄像机记录连续交通流信息，然后将视频数据传输到视频处理设备，对图像进行实时处理。通过预先设置虚拟线圈，来检测车辆的存在等参数，其分型方式是按车长来划分。从视频处理单元出来的数据可以通过 RS232 串口传输到管理计算机，可以实现数据实时上传。

优缺点：优点是现场人员较少，资料可长期反复应用，而且一次性可以调查多条车道上各种车辆（包括非机动车）甚至行人的交通量，因此在交叉口交通状况的调查中应用较多。缺点在于前期设备费用比较高。因此，目前多用于研究工作的调查中。

近年来，国内外的一些研究机构开发了一种采用计算机图像处理和模式识别技术对摄像观测采集的连续图像（或称视频）进行加工，自动获取其中交通信息的技术，如 Autoscope、VIP-T 等（图 3-14）。随着这种技术的成熟，视频图像检测法会得到更加广泛的应用。

5. GPS 法

以上几种方法的一个共同缺点是它们不太适合于实现交通状况的实时采集。利用 GPS（Global Positioning System）技术可以经济而有效地解决这一问题。GPS（图 3-15）是一种全球性、全天候、连续的卫星无线电定位系统，可提供实时的三维坐标的位置、速度等空间信息和高精度的时间信息。因其具有定位精度高，速度快，不受云雾、森林等环境遮挡的特点，已被广泛应用于

图 3-14　VIP-T 视频交通数据分析系统

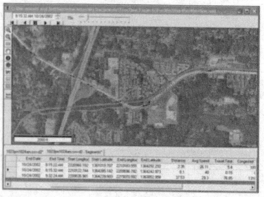

图 3-15　GPS 检测器

军事测绘、精密测量、导航定位、地球科学研究、交通管理等国民经济的各个领域,成为当今应用最为广泛的先进定位系统。将GPS技术与城市交通管理系统相结合,得到交通实况信息具有重要意义,可实现交通状况的实时检测与控制。

利用GPS实时检测实验车,虽然无法直接得到路段的交通量,但可以根据所测得的路段区间平均车速,依据交通流量与平均车速、车流密度三者的关系式来反推路段交通流量。关于三者的关系,见第六章相关内容。

第四节 交通量的换算

在获得交通量调查资料后,还要进行分析和整理,从中得到一些反映特征的数据。调查资料的整理首先要进行车辆的分类换算,并把观测时段的数据扩展转换为所需的整时段数据,列入相应的图表中进行分析。

交通量的换算主要包括车辆分类换算和交通量整时换算两个部分。

一、车辆分类换算

在道路上行驶的各型车辆,由于其车型、外廓尺寸和行驶速度不同,对道路的占用和使用效率会不一样。为了对车辆进行统一的定性、定量,以便能准确评价道路通行能力、实现科学的交通管理和分析道路交通问题,需将不同车型的交通量换算为标准车型的交通量,这项工作称为车辆当量换算。

当量换算方法是将观测得到的某种车型的交通量乘以该车型相对于标准车型的当量换算系数 E,对同一类标准车型,当量换算系数对应不同的道路类型和不同的使用目的时会有一定的差别。此外,由于交通工程学研究中对于停车只关注车辆占有空间的特性,因此在停车场上各类车辆的换算,只需考虑各种车辆在场地上的空间效果,而不关心车辆在运行中占用道路的情况。

《公路工程技术标准》(JTG B01—2014)与《城市道路工程设计规范》(CJJ 37—2012)的车种分类与车种换算标准列于表3-11和表3-12。

公路工程技术标准规定车种换算系数(JTG B01—2014) 表3-11

汽车代表车型	车辆折算系数	说　明
小客车	1.0	≤19座的客车和载质量≤2t的货车
中型车	1.5	>19座的客车和2t<载质量≤7t的货车
大型车	2.5	7t<载质量≤20t的货车
拖挂车	4.0	载质量>20t的货车

注:此表采用小客车为标准车型。

城市道路工程设计规范规定车种换算系数(CJJ 37—2012) 表3-12

车辆类型	小客车	大型客车	大型货车	铰接车
换算系数	1.0	2.0	2.5	3.0

注:此表换算系数系以小汽车为标准。

二、交通量整时换算

由于交通量数据量非常大,有些交通量调查常常采取按一定时间间隔、间歇式抽样调查或者选取有代表性的日期、分时段进行调查。这些调查得到的数据需要换算成相应的小时交通量、日交通量、月交通量和年交通量。换算的方法参见本章第二节。

第五节　交通量的表示方法

在对交通量调查数据进行整理换算分析之后,需要绘制一些相应的图表来反映交通量特征和变化规律,下面列出几种常用的表示交通量的方法。

一、汇　总　表

各种调查方法所获得的交通量资料,经过整理都可以列成汇总表。汇总表要有内容详细的表头,至少应包括现场记录表表头的所有项目。汇总表竖向一般按时间分隔,如 15min 一栏,每小时要小计一次;横向可以按车种划分,当不计车种时,可以按流向划分。对于长期连续观测站的资料,每周的调查结果可以汇总于一张表内。对于交叉路口高峰期间的调查结果,还应分流向、分车种的进行高峰小时各入口的交通量汇总。

二、交通量变化图

交通量变化图通常用柱状图和曲线图表示。

柱状图常用来表示 1 天中调查时段小时交通量的变化,典型的形式如图 3-4 及图 3-5 所示。横坐标为绝对时间,纵坐标为相应小时的交通量,更多的是用小时交通量占日交通量的百分比,一般采用双向交通量的合计值。

曲线图常用来表示交通量的小时变化、日变化、月变化以及 1 年按序号排列的小时交通量变化。图 3-16 为早高峰期间交通量变化图。

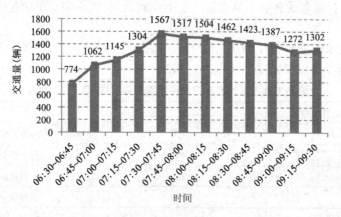

图 3-16　早高峰小时交通量柱状变化图

三、交叉口流量流向图

流量流向图用来表示交叉口车辆的运行状况,图 3-17 为一典型的十字交叉路口的流量流向图。由图可以清楚地看到交叉口的流量流向分布情况。通常根据高峰小时的当量交通量绘制,当不计车辆换算系数时,也可以直接用混合交通量代替。当机动车高峰与非机动车高峰不重叠时,一般应对每个高峰小时的机动车和非机动车分别绘制。

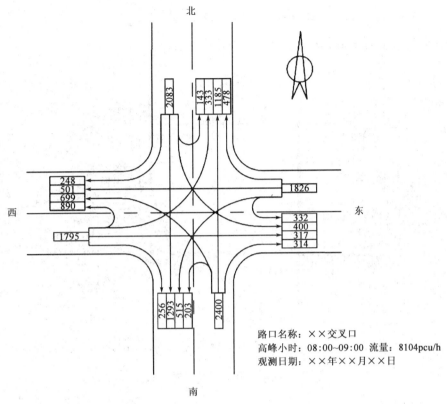

图 3-17　交叉口流量流向图

四、路网流量及负荷度空间分布图

根据路网交通量普查资料,用宽度与交通量成正比的线条表示出各条道路的交通量,同时辅以图例标识路网交通量的大小、颜色显示路网负荷的大小。如图 3-18 所示,此图为使用 TransCAD 软件绘制的某市高峰时段路网交通量分布图。

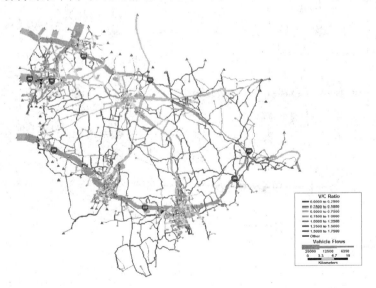

图 3-18　路网交通量高峰分布图

五、区域进出交通量示意图

如图3-19所示，通常用来表示区域出入交通量的调查结果。

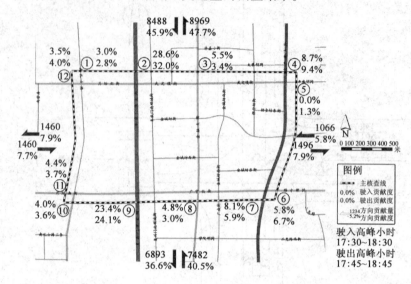

图3-19 区域进出交通量图

六、交通负荷空间分布图

根据调查所得的高峰流量数据，结合道路通行能力，计算出路口、路段的负荷水平，进而可绘制出负荷空间分布图，如图3-20所示。

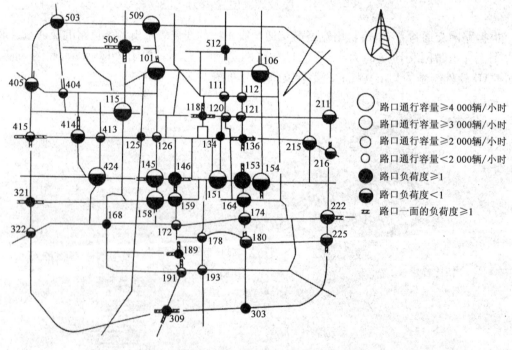

图3-20 路口交通负荷空间分布图

第六节 案例分析

结合本章所学知识,以北京市某条道路的交通量调查数据为基础作案例分析,分析该道路的交通量特征。

一、原始数据

如表3-13所示,第2~13列为原始调查数据,在早、晚高峰期间以15min为间隔,分方向、分车型记录道路断面交通量。

北京市某道路断面早、晚高峰期间交通量数据表　　　　表3-13

道路编号:××	调查方向										调查时间:2014年××月××日						
	东向西（辆）					西向东（辆）					当量交通量（pcu/h）			小时交通量（pcu/h）			
调查时段	小客	大客	小货	大货	单机	铰接	小客	大客	小货	大货	单机	铰接	东向西	西向东	合计	时段	东向西	西向东	合计
06:30~06:45	269	8	12	9	12	0	135	5	11	23	5	0	344	224	567	06:30~07:30	161	123	2857
06:45~07:00	313	7	18	12	6	0	173	9	7	25	7	0	387	275	662	06:45~07:45	175	150	3263
07:00~07:15	348	10	11	6	7	0	214	9	17	24	8	0	408	323	731	07:00~08:00	1799	1725	3524
07:15~07:30	382	8	18	12	17	0	315	15	9	22	4	0	480	417	897	07:15~08:15	180	195	3762
07:30~07:45	406	7	26	5	12	0	376	14	25	16	11	0	483	491	974	07:30~08:30	176	203	3798
07:45~08:00	345	7	16	15	8	0	357	15	16	29	9	0	429	494	922	07:45~08:45	172	193	3668
08:00~08:15	325	7	22	9	17	0	417	9	24	30	9	0	418	552	970	08:00~09:00	172	177	3504
08:15~08:30	327	11	25	15	14	0	350	9	21	17	0	0	440	493	933	08:15~09:15	168	163	3317
08:30~08:45	317	6	37	18	16	0	288	6	17	23	13	0	443	401	844	08:30~09:30	162	153	3156
08:45~09:00	306	7	22	27	8	0	245	0	17	18	13	0	426	333	759				
09:00~09:15	296	5	17	13	8	0	304	3	19	27	7	0	372	411	782	早高峰小时:07:30~08:30			
09:15~09:30	286	4	25	23	4	0	255	2	14	36	12	0	385	387	772	双向当量交通量:3798pcu/h			
16:30~16:45	273	11	29	18	8	0	261	2	24	25	9	0	385	366	751	16:30~17:30	1823	1478	3300
16:45~17:00	310	11	24	21	9	0	235	9	19	30	11	0	427	355	782	16:45~17:45	1872	1482	3354
17:00~17:15	372	19	24	24	10	0	291	4	20	17	13	0	514	388	902	17:00~18:00	1898	1476	3374
17:15~17:30	358	13	26	22	16	0	275	3	21	19	10	0	497	370	867	17:15~18:15	1789	1449	3238
17:30~17:45	292	13	28	25	13	0	267	3	23	20	12	0	435	370	805	17:30~18:30	1633	1446	3079
17:45~18:00	315	13	25	28	8	0	251	7	14	20	10	0	452	349	801	17:45~18:45	1515	1457	2971
18:00~18:15	286	14	24	15	15	0	269	2	14	22	9	0	406	360	766	18:00~19:00	1383	1440	2823
18:15~18:30	256	5	21	18	0	0	253	3	9	30	12	0	341	367	708	18:15~19:15	1236	1417	2653
18:30~18:45	221	7	20	18	8	0	260	4	14	37	8	0	316	381	697	18:30~19:30	1169	1297	2465
18:45~19:00	221	10	19	12	8	0	242	8	14	21	9	0	321	333	653				
19:00~19:15	181	5	18	14	7	0	235	1	9	26	13	0	258	337	595	晚高峰小时:17:00~18:00			
19:15~19:30	212	4	15	14	2	0	193	1	4	15	5	0	274	247	521	双向当量交通量:3374pcu/h			

路段交通量基本特征分析一般包括:车辆组成、时间分布、空间分布(方向分布)等。

二、交通量特征分析

1. 车辆组成

车辆组成分析是指对早、晚高峰期间各方向的各种车型所占比例进行分析。根据不同的实际需要,可对不同时段进行分析,如(晚)高峰小时(如表3-13中的07:30～08:30或17:00～18:00)、早(晚)高峰期间(如表3-13中的06:30～09:30或16:30～19:30)。

对早、晚高峰期间各方向各车型进行求和,整理结果如表3-14所示,并在EXCEL中绘制车辆组成柱状图,如图3-21所示。

北京市某道路断面早、晚高峰期间车辆组成表　　　　　表3-14

调查时段	东　向　西							西　向　东						
	小客	大客	小货	大货	单机	铰接	合计	小客	大客	小货	大货	单机	铰接	合计
06:30 ~09:30	3920	87	249	164	129	0	4549	3429	95	197	301	115	0	4137
	86.17%	1.91%	5.47%	3.61%	2.84%	0.00%	100.00%	82.89%	2.30%	4.76%	7.28%	2.78%	0.00%	100.00%
16:30 ~19:30	3297	125	273	232	112	0	4039	3032	39	169	282	118	0	4624
	81.63%	3.09%	6.76%	5.74%	2.77%	0.00%	100.00%	65.57%	0.84%	3.65%	6.10%	2.55%	0.00%	100.00%

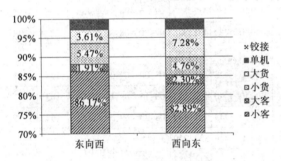

a) 北京市某道路早高峰期间车辆组成统计图

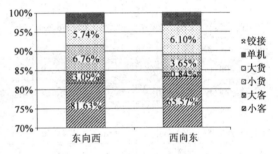

b) 北京市某道路晚高峰期间车辆组成统计图

图3-21　早晚高峰期间车辆组成统计图

2. 时间分布

频率1:车辆分类换算。

将表3-13中的2～13列各车型换算成标准车,对各方向的当量数据求和,得到东向西、西向东的当量交通量(14～16列)。各车型换算系数如表3-15所示。

各车型换算系数表　　　　　表3-15

车型分类	小客车	大客车	小货车	大货车	单机公交	铰接公交
换算系数	1.0	2.0	1.0	2.5	2.0	3.0

参考:《城市道路工程设计规范》(CJJ 37—2012)规定车种换算系数。

频率2:求高峰小时。

进一步求得早、晚高峰期间小时当量交通量,如表3-13中18～20列所示。在合计列找到最大的小时交通量,其对应的时段即是高峰小时。如表 3-13 中,早高峰小时为 07:30～08:30(3798pcu/h),晚高峰小时为 17:00～18:00(3374pcu/h)。

频率 3:时间分布曲线。

利用表 3-13 中第 16 列、20 列数据,对早、晚高峰期间 15min 交通量和 1h 交通量进行时间分布分析。以早高峰为例绘制成如图 3-22 所示的曲线图。

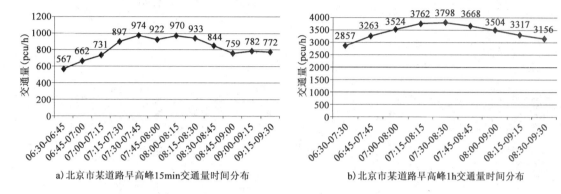

a) 北京市某道路早高峰15min交通量时间分布　　b) 北京市某道路早高峰1h交通量时间分布

图 3-22　早晚高峰交通量时间分布

3. 空间分布(方向分布)

方向分布是指在双向行驶的道路中,单位时间内(通常是1h)各方向当量交通量与双向当量交通量的比。一般只计算高峰小时的方向分布,有时也可计算调查时段内每个小时的方向分布。对表 3-13 中第 18～20 列的数据进行整理,结果如表 3-16、表 3-17 所示,并绘制方向分布图,如图 3-23 所示。

北京市某道路早高峰期间交通量方向分布表　　表 3-16

早高峰	交通量 (东向西)(pcu/h)	交通量 (西向东)(pcu/h)	方向分布系数 (东向西)(%)	方向分布系数 (西向东)(%)	合计 (pcu/h)
06:30～07:30	1619	1238	56.66	43.34	2857
06:45～07:45	1758	1506	53.86	46.14	3263
07:00～08:00	1799	1725	51.06	48.94	3524
07:15～08:15	1809	1954	48.07	51.93	3762
07:30～08:30	1768	2030	46.56	53.44	3798
07:45～08:45	1729	1939	47.13	52.87	3668
08:00～09:00	1726	1779	49.24	50.76	3504
08:15～09:15	1680	1637	50.64	49.36	3317
08:30～09:30	1625	1531	51.48	48.52	3156

北京市某道路晚高峰期间交通量方向分布表　　表 3-17

晚高峰	交通量 (东向西)(pcu/h)	交通量 (西向东)(pcu/h)	方向分布系数 (东向西)(%)	方向分布系数 (西向东)(%)	合计 (pcu/h)
16:30～17:30	1823	1478	55.23	44.77	3300
16:45～17:45	1872	1482	55.81	44.19	3354
17:00～18:00	1898	1476	56.25	43.75	3374
17:15～18:15	1789	1449	55.26	44.74	3238

续上表

晚高峰	交通量 (东向西)(pcu/h)	交通量 (西向东)(pcu/h)	方向分布系数 (东向西)(%)	方向分布系数 (西向东)(%)	合计 (pcu/h)
17:30~18:30	1633	1446	53.04	46.96	3079
17:45~18:45	1515	1457	50.98	49.02	2971
18:00~19:00	1383	1440	48.99	51.01	2823
18:15~19:15	1236	1417	46.58	53.42	2653
18:30~19:30	1169	1297	47.40	52.60	2465

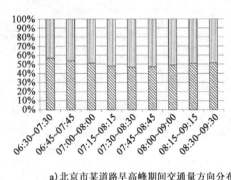

a) 北京市某道路早高峰期间交通量方向分布

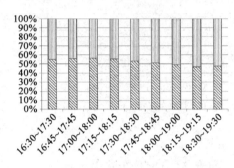

b) 北京市某道路晚高峰期间交通量方向分布

图 3-23 早晚高峰期间交通量方向分布

思 考 题

1. 哪些参数可以用来衡量交通量的时间变化特性?
2. 简述流动车法观测交通量的基本方法。
3. 自动计数器的计数原理有很多种,请举例说明 5 种。
4. 简述交通量的定义。
5. 试述第 30 小时交通量的意义。
6. 交通量调查的目的是什么?

习 题

1. 某日在某道路上观测到日交通量为 1500 辆。由历年观测资料知: $K_{2月} = 1.58$, $D_{某日} = 0.97$。求年平均日交通量 $AADT$。
2. 按表 3-18 计算 PHF_{15}。

某路高峰小时车流量统计表   表 3-18

时 间	南行车辆(辆/15min)	北行车辆(辆/15min)	总数(辆/15min)
8:30~8:45	191	152	343
8:45~9:00	199	146	345
9:00~9:15	169	146	315
9:15~9:30	160	149	309

第四章 车速调查

行车速度是交通流理论研究中的重要参数,既是交通运行情况的基本量度,又是车辆运营效率的一项评价指标。了解和掌握道路上的行车速度及其变化规律是道路设计、交通规划、交通控制与管理、交通设计的基础。因此,车速调查是交通工程中最重要的调查项目之一。

第一节 车速的基本定义

车速是单位时间内车辆所行驶的距离,通常用 l 表示运行距离,用 t 表示所需时间,则速度用式(4-1)表示:

$$v = \frac{l}{t} \tag{4-1}$$

在交通工程中,根据需要不同,车速具有若干特定用途,常用的有:地点车速、行驶车速、行程车速、设计车速等。

一、基本定义

1. 地点车速

车辆驶过道路某断面时的瞬时速度,称为地点车速或点车速,实际工作中常用下式计算:

$$v = \frac{L}{t} \quad 或 \quad V = 3.6 \times \frac{L}{t} \tag{4-2}$$

式中:v、V——地点车速,单位分别为 m/s,km/h;

L——短观测段的距离,其长度以车辆驶过 L 的平均时间 t 计量,一般 t 以 $2 \sim 3s$ 为限,m;

t——车辆驶过距离 L 的时间,s。

2. 行驶车速(技术速度)

车辆驶过某段路程的长度与行驶时间(不含停车损失时间)之比,即行驶车速。

3. 行程车速(区间车速)

行程车速又称区间车速,是指车辆驶过某段路程的长度与所用的总时间(包括中途停车损失时间在内,但不包括客、货运车辆在起、终点的掉头时间)之比。它与行驶车速一起,常用于评价道路行车通畅程度、估计行车延误。

显然,行驶车速一般情况下高于行程车速。

4. 设计车速

设计车速是指在道路、交通、气候良好的情况下,仅受道路条件控制时所能保持的最大安全车速。它是设计道路线形尺寸的依据。

5. 临界速度(最佳速度)

临界速度又称最佳速度,是指交通容量最大时(即饱和流量时)的车辆速度,对于选择道路等级具有重要作用。

6. 运行车速

运行车速是指中等技术水平的驾驶员在良好的气候条件、实际道路状况和交通条件下所能保持的安全车速,用于评价道路通行能力和车辆运行状况。

二、时间平均车速和区间平均车速

1. 时间平均车速

车辆通过道路某断面时,观测时间内,地点车速观测值的算术平均值,称为时间平均车速,即:

$$\overline{V}_t = \frac{1}{n}\sum_{i=1}^{n} V_i \tag{4-3}$$

式中:$\overline{V}_t$——时间平均车速,km/h;

V_i——第 i 辆车的地点车速,km/h;

n——观测时间内观测的车辆数。

2. 区间平均车速

在某一瞬间,行驶于道路某一特定长度内的全部车辆车速分布的平均值。当观测长度一定时,其数值为地点车速观测值的调和平均值,计算公式为:

$$\overline{V}_s = \frac{1}{\frac{1}{n}\sum_{i=1}^{n}\frac{1}{V_i}} = \frac{1}{\frac{1}{n}\sum_{i=1}^{n}\frac{t_i}{L}} = \frac{L}{\bar{t}_i} \tag{4-4}$$

实际常用式(4-5):

$$\overline{V}_s = \frac{L \cdot n}{\sum_{i=1}^{n} t_i} \times 3.6 \tag{4-5}$$

式中:$\overline{V}_s$——区间平均车速,km/h;

t_i——第 i 次行程的行程时间,s;

n——行驶于该行程 L 内的车辆数;

L——特定路段长度,m。

如果说时间平均车速表示的是该观测路段的"点"车速(即定点测量),那么区间平均车速则表征了某观测路段的"线"车速(即按某一长度测量)。

3. 时间平均车速与区间平均车速的数学关系

利用式(4-6)可由时间平均车速推求区间平均车速:

$$\bar{V}_s = \bar{V}_t - \frac{\sigma_t^2}{\bar{V}_t} \tag{4-6}$$

式中:σ_t^2——时间平均车速观测值的方差,$(km/h)^2$。

利用式(4-7)可由区间平均车速推求时间平均车速:

$$\bar{V}_t = \bar{V}_s + \frac{\sigma_s^2}{\bar{V}_s} \tag{4-7}$$

式中:σ_s^2——区间平均车速观测值的方差,$(km/h)^2$。

由回归分析,得到两种车速的关系为:

$$\bar{V}_s = -1.88960 + 1.02619\bar{V}_t \tag{4-8}$$

由式(4-8)可以看出,区间平均车速数值上小于时间平均车速,随着车速的提高,两者的差异逐渐缩小。

[**例 4-1**] 设有 3 辆汽车,分别以 20km/h、40km/h、60km/h 的速度通过路程长度为 10km 的路段,试求时间平均车速和区间平均车速。

解: 先求时间平均车速,按式(4-3):

$$\bar{V}_t = \frac{1}{n}\sum_{i=1}^{n} V_i = \frac{1}{3}(20 + 40 + 60) = 40(km/h)$$

再求区间平均车速,按式(4-4):

$$\bar{V}_s = \frac{1}{\frac{1}{n}\sum_{i=1}^{n}\frac{1}{V_i}} = \frac{1}{\frac{1}{3}\left(\frac{1}{20} + \frac{1}{40} + \frac{1}{60}\right)} = 32.7(km/h)$$

三、车速频率分布

地点车速实为瞬时速度,一般观测结果多用算术平均值表示,由于地点车速一般在平均值周围分布很宽,单用这一参数不足以描述其特征,因此还需要通过地点车速频率分布曲线和累积频率分布曲线以及相应的数学参数从统计上加以分析。

地点车速频率分布规律一般用频率直方图表示,如图 4-1 所示,也可用这一直方图每一小矩形顶部中点用光滑曲线连接起来而成的曲线即地点车速频率分布曲线表示。图 4-1 中,横坐标是地点车速的速度分组,纵坐标则是相应的各组频率,从图中可以形象地看出地点车速分布范围及在范围内的分布情况。

车速频率为在同一地点观测到的某一区间内的车辆数 n 与总的观测车数 N 的比值。车速频率分布,是车辆速度频率的变化情况。图 4-1 中柱高为地点车速的频率,柱宽 S 为分组间隔。

由频率分布曲线可绘得累积频率分布曲线,如图 4-2 所示。图中纵坐标即为小于等于各组地点车速的相应的累积频率。这两条曲线用来表明该观测路段地点车速的统计特征,从中可以选取以下参数作为特征地点车速。

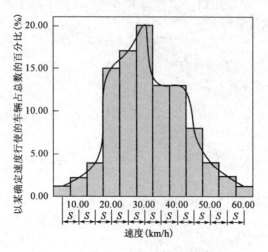

图 4-1　地点车速频率分布曲线

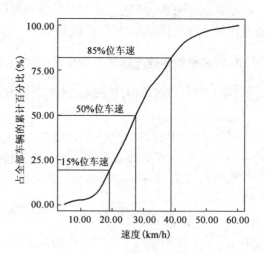

图 4-2　地点车速累计频率分布曲线

1. 中位车速

图 4-2 中累积频率为 50% 时的相应横坐标值，也称 50% 位车速，即在该车速以下行驶的车辆数等于在该车速以上行驶的车辆数。只有当图 4-1 所示的速度频率分布曲线完全对称时，该值才等于其算术平均值。

2. 85% 位车速

图 4-2 中累积频率为 85% 时的相应的横坐标值，即在观测到的车辆数中，有 85% 的车辆的地点车速小于或等于该值。85% 位车速用于确定观测路段的最大限制车速。但需要指出的是，用 85% 位车速做限速的做法，仅限于非饱和交通条件，且依据此法的限速值相对偏高，因为车流稀少时车速会相应提高，超过设计车速，易发生事故。因此实际道路限速上限值的确定应参考设计车速、85% 位车速、限速路段路面摩阻系数、限速路段视距条件和实际发生的事故情况综合确定。

3. 15% 位车速

在样本中有 15% 的车辆未达到的车速，即累积频率为 15% 时对应的横坐标值。为了减少排队阻塞现象，交通管理中对某些需要限制最低车速的道路如高速公路及城市快速路，常以此指标作为最低限速。

第二节　影响车速变化的因素

车速受多种因素的影响，其中主要是受驾驶人、车辆、道路、交通及环境等因素变化的影响，其规律简述如下。

一、驾驶人的影响

车速不仅与驾驶人的驾驶技术和驾龄密切相关，还与驾驶人的个性、年龄、性别和婚姻状况有关。一般而言，开车长途旅行的人比本地出行的人开得快。车上无乘客时，驾驶人开车往往比有乘客时快。青年、男性、单身驾驶人,一般比中年、女性、已婚驾驶人开车快。而在私家车增长迅猛的大城市中,驾龄较短的驾驶人比例明显增加,对路上车速造成了比较大的影响。

二、车辆的影响

车辆对速度的影响主要体现在车型和车辆的新旧程度上。在我国,小客车车速最快,专用大客车次之,货车最慢;载货汽车的平均车速按轻型单机货车、中型货车、重型组合车、重型单机货车的次序下降;单辆货车的地点车速随货运物总重的增加而下降;新车的车速基本高于旧车。

三、道路的影响

驾驶人实际开车速度在很大程度上受道路条件的影响。诸如道路类型、平纵线形、坡长、车道数和路面类型等对车速都有影响,除此,道路所处的地理位置、视距条件、车道位置、侧向净空和交叉口间距等因素对车速也有影响。

1. 道路类型的影响

在高速公路、城市快速道路与城市之间的公路上,车辆一般都能以道路线形和交通设施所容许的车速安全行驶。而在一般城市道路上,车速将受到高峰交通量、交通信号、交叉口、交通管理措施和城市道路环境等的限制。

2. 平面线形的影响

一般而言,车辆在平曲线上较直线段上车速要低,平曲线半径越大,车速越高。设计车速较低的弯道上,平均车速接近设计车速;设计车速高的弯道上,平均车速低于设计车速,并接近于在切线段观测到的平均车速。

3. 纵断面线形的影响

道路的纵断面线形对车速影响显著,并且相对于货车来说,对小客车的影响要更为明显。在车辆下坡时,行驶在纵坡坡度大至5%的货车,或是行驶在纵坡坡度大至3%的小客车和大客车,平均车速都是增加的;除此之外的下坡情况,车速都是降低的。另外,在车辆上坡时,各类车辆的车速也是降低的。对于重型货车,在一定坡度的路段上进行爬坡行驶时,车速随坡度的增加几乎是直线下降,直至降到速度等于爬坡速度为止,并以此速度继续爬坡。

4. 车道数及车道位置的影响

多于四车道时,车行道的特性与四车道时相似。四车道公路上,由于行驶时不受对向行车的约束,比双车道公路上的平均车速高。当有中央分隔带时这种差异更明显。在行近市区的道路上,入境车辆的平均车速一般比出境车速高 3~6km/h。多车道的公路上,地点车速由靠中央分隔带的车道向靠路肩的车道逐次递减。

5. 视距的影响

道路上视距若不能满足要求,则车速明显降低。尤其在建筑密度较大的城市中,部分交叉口处,道路两侧的建筑物对驾驶人的视线造成了遮挡,使得车辆行驶速度下降。

6. 侧向净空的影响

在双车道公路上,一般侧向净空受到限制时,平均车速降低 2~5km/h,货车比客车受的影响小。

7. 路面条件的影响

路面类型由低级发展到高级时,地点车速将逐渐增加。例如,我国大量的砂石路面改善为高级、次高级路面后,车速提高了30%左右。目前,载货汽车在高级路面上行驶,车速可达 60~80km/h;在次高级路面上行驶,车速可达 40~60km/h;在中级路面上行驶,车速可达 30~40km/h。同一类型路面,其状况的优劣也直接影响车速。

四、交通条件的影响

1. 交通量的影响

交通量越大,交通密度越大,车速越低。这是由于道路的交通量越大,超车就越困难。超车时,超车驾驶人要提高车速,一般比被超车辆平均高16km/h,由于超车数量的减少,快行车的潜力得不到发挥,所以这是导致平均车速下降的原因之一。

2. 交通组成的影响

快慢车分离比快慢车混合行驶车速高。在城市道路上,全封闭的快速路比主干路车速高,三幅路道路比单幅路道路上的车速高。行人,特别是横过街道的行人交通量的大小,对车速也有较大影响。

3. 交通管理的影响

道路渠化能使车速有比较明显的提高,这是由于车辆各行其道,减少了相互间的干扰。在交叉口实行线控道路上车辆的行驶车速和行程车速大多比交叉口为点控的道路要高。例如北京前门大街实行线控后比线控前行驶车速有明显提高,小汽车速度提高了19.5%。

五、环境的影响

地形、气候和地理位置的不同对车速均有影响。我国车速调查表明,在山岭、重丘区公路上,货车的平均运行车速为 33.9km/h;在平原、微丘区的公路上,平均运行车速为 39.9km/h,后者较前者快15%。公路入口控制的严格程度越高,公路主线的平均车速越高。临近村镇、居民区、学校等的道路与周围环境开阔的道路相比,车速明显偏低。

第三节 地点车速调查

地点车速调查的资料通常作为道路设计、交通规划、交通安全分析、交通工程设施设计和设置以及制定交通管理与控制措施的依据,同时也是交通流理论研究中的重要参数。因此地点车速调查是交通工程中最重要的调查项目之一。

一、调查的主要目的

1. 掌握某地点车速分布规律及变化趋势

在选定的地点,定期抽样调查,测定各种车辆的速度,得到车速随时间的变化规律,从而探求速度的发展趋势,为评价规划设计指标与服务水平提供依据。

2. 作为改善道路的依据

根据道路的车速分布,判断某路段的道路条件和交通状况,针对存在的问题采取适当的改善措施。

3. 用于交通事故分析

确定车速与交通事故的关系,以便提出相应的改善措施。

4. 前后对比分析判断交通改善措施的成效

比较采取交通改善或管制措施前后的车速变化资料,可以定量地评价所用措施的效果。

5. 确定道路限制车速

地点车速资料可用来确定限制车速的数值。一般以85%位车速作为限速值,为方便起见限速值皆取5的倍数。

6. 设置交通标志的依据

在规定曲线上和交叉口入口采用的安全车速、标志的位置、信号位置、确立禁止超车区的范围、建立速度分区等都要使用地点车速资料。

7. 交通流理论研究中的重要参数

流量、密度和速度被称为交通流三要素,是交通流理论的基本要素,车速调查数据是进行交通流理论研究的必要条件之一。

二、调查时间的确定

调查时间应选择与调查目的相对应的,具有典型性和代表性的时段。一般均不选择休息日及交通有异常的日期和时间。例如一些大型体育赛事或集会活动举行前后,交通量会突然增大,车速较正常时变缓。一般为制定交通管理措施搜集依据和检验交通改善效果的调查应选用机动车早高峰及晚高峰时段,因为这段时间交通量大,矛盾最为突出;为了调查车速限制、收集基础资料等进行的一般性调查,应选非高峰时段。特别要指出的是,在进行交通改善措施前后的对比调查时,调查的时间段前后必须一致。

三、调查地点的选择

调查地点的选择应根据不同的调查目的来确定。

(1)如果速度调查是为了掌握车速分布特征及变化规律,在公路上应选择道路平坦顺直,且离交叉口和道路进出口有一定距离,路边无开发的路段,从而使车速不受道路条件、信号灯

控制和行人过街的影响,在城市道路上,还应注意避免公共汽车停靠站的影响;

(2)为了设计交叉口信号灯的配时或配置交通标志时,需调查进入交叉口的车速;

(3)为了确定限制车速、检验交通改善设计或交通管理措施的效果和交通安全分析时,则观测点应设在相应的道路或地点上。

四、抽样调查与样本量要求

道路上通行的每辆车都有特定的速度,不可能对每辆车的车速都进行观测,因此,进行地点速度调查时,一般要用随机抽样的方法,即抽取有限的样本来推断车速总体特性。如何保证样本能够准确地反映总体的特性,取决于样本的选择和样本量。

1. 样本的选择

在地点车速观测中,要取得无偏的车速样本,抽样必须是随机的,即每一行驶车辆被选取作为样本的机会是均等的。作为代表性的样本必须符合:

(1)抽样是随机的,样本的选择必须避免某种偏向。高速、低速车辆和正常车速的车辆均有同等概率被抽作样本;

(2)样本相互之间必须完全独立,如路段上车辆列队行驶时,一般只取头车作为独立行驶车辆,因后面车辆受头车的影响;

(3)选取数据的地区间应无根本的差别,构成样本所有项目的条件应该一致。

2. 样本量

速度调查不同于交通量调查,要进行抽样调查,为了减少费用,抽样的数量要尽可能的少,同时还要满足调查的精度要求。因此,调查前要计算所需样本的最小数目。

要确定样本量的大小,需讨论两个问题,一是样本量与精度的关系,二是置信水平与精度的关系。

1)样本量与精度的关系

地点车速的样本平均数与总体平均数之间总是有差异的,其差别的大小取决于样本平均数的标准差。在概率论中已经证明,母体为正态分布时,子样平均数均为正态分布,其期望值等于母体期望值,样本平均数的方差 $\sigma_{\bar{x}}^2$ 等于母体方差 σ^2 除以样本量 n。即:

$$\sigma_{\bar{x}} = \frac{\sigma}{\sqrt{n}} \tag{4-9}$$

在 σ 未知的情况下,可用样本标准离差 S 来代替。从上式可知样本量越大,$\sigma_{\bar{x}}^2$ 越小,亦即精确程度越高。例如:某地点车速标准离差 $S = 12 \text{km/h}$,计算不同样本量时的 $\sigma_{\bar{x}}$ 如表 4-1 所示。

$\sigma_{\bar{x}}$ 与样本量 n 的关系 表 4-1

样本量大小	$n = 36$	$n = 64$	$n = 144$	$n = 576$
$\sigma_{\bar{x}} = \frac{\sigma}{\sqrt{n}}$	2.0	1.5	1.0	0.5

从上例可以清楚地看出样本数从 36 增加到 576,即增长 16 倍,而样本平均数的标准离差 $\sigma_{\bar{x}}$ 只减小 3/4,因此说明,对样本平均数的标准差应规定一定的值,否则过大的样本量是不经济的。为了解决这个问题,提出了允许精度即样本平均数($\bar{x}$)与总体平均数之差(μ)的绝对值 $|\bar{x} - \mu|$ 不超过某定值 E,E 称为允许偏差精度。根据统计推断中的参数区间估计:

$$\frac{|\bar{x} - \mu|}{\sigma_{\bar{x}}} \quad (4\text{-}10)$$

若以允许偏差 E 代入上式,则得到:

$$E = \sigma_{\bar{x}} t$$

$$E = \frac{\sigma}{\sqrt{n}} \cdot t \quad (4\text{-}11)$$

式中:t——决定于置信水平和自由度的分布统计量。

由此得到最小样本量公式:

$$n = \left(\frac{t\sigma}{E}\right)^2 \quad (4\text{-}12)$$

式中各符号意义同前。

2) 置信水平与精度的关系

当样本平均数的标准差一定时,选定的置信水平将决定总体平均数的置信区间。如果置信水平高,则要求较多的预测值落在置信区间中,置信区间必然宽,也就是对预测精度要求高;反之,置信水平低,则预测值落在置信区间内的要求低,置信区间必然窄,也就是预测精度降低。在地点车速调查中,一般采用 95% 或 90% 的置信水平,从 t 分布表可知,当样本量大于 120 时,与正态分布一致,置信水平为 95% 的 t 分布统计量 $t = 1.96$,当置信水平为 90% 时,$t = 1.64$。

综上,根据我国 1998 年出版的《交通工程手册》,地点速度调查的最小样本量 n 应按下式计算:

$$n = \left(\frac{\sigma K}{E}\right)^2 \quad (4\text{-}13)$$

式中:n——最小样本量;

E——速度观测值的允许误差,km/h。E 的取值取决于速度调查要求的精度,一般可取 $E = 2\text{km/h}$;

K——不同置信水平对应的系数,实质上是一定置信水平和自由度的 t 分布统计量值,《交通工程手册》给出了对应于不同置信水平 K 值的经验值(表 4-2);

σ——样本总体标准差的估计值,一般应由分析先前的速度资料得出,如果困难则应根据调查区域和道路的类型选取经验值。《交通工程手册》给出了对应于不同地区和道路类型 σ 的经验值(表 4-3)。

置信水平系数 K 值表　　　　　　　　　　表 4-2

置信水平(%)	68.3	86.8	90	95	95.5	98.8	99.7
K	1	1.5	1.64	1.96	2	2.5	3

样本标准差值 σ 值表　　　　　　　　　　表 4-3

调查区域	平均标准差(km/h)		调查区域	平均标准差(km/h)	
	双车道	四车道		双车道	四车道
乡村	8.5	6.8	城市	7.7	7.9
郊区	8.5	8.5	平均值	8.0	8.0

五、调查方法

调查地点车速有两种最基本的方法。一种是测量驶过已知距离的时间,另一种是利用多普勒原理。由于使用的仪器不同,又可区分为人工测量和自动测量的方法,其具体方法分述如下。

1. 人工测量方法

这是最常用的一种方法。实际上是测量车辆通过某一小段距离的时间。首先在拟调查的路段上选一个很短的距离 L,距离 L 的取值与车速有关,可按车辆经过 L 路段的时间在 2~3s 控制长度,通常取 20~50m。

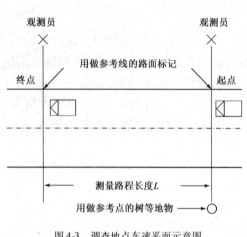

图 4-3 调查地点车速平面示意图

行程长度确定之后,在调查地点两端做上标记。最好能选择对面的电杆或树木为标志,由此作道路中线的垂线,作为起点。在水泥混凝土路面上,也可以将伸缩缝作为起点线。由起点量测行程长度 L,在路面上画线作为终点,如图 4-3 所示。

用人工法调查车速,通常需要 3 名观测员。其中一人持旗(或徒手)立于起点,面向对面标志,当对面标志(树或电杆)一被车头越过或前轮刚刚碾过起点线时,立即挥旗(或挥手)。另一人持秒表立于终点,见到第一人手势立即起动秒表,待该车的车头或前轮一通过终点线即停表。第三人在终点处负责记录。记录时也可在表 4-4 记下每一个车的车型及通过起点时间及通过终点时间,并计算出通过时间,根据距离即可算出车速。

地点速度观测记录表   表 4-4

日期:_____ 方向:_____
时间:_____ 路面:_____
地点:_____ 天气:_____

序号\车型	小客车	大客车	铰接车	小货车	大货车	通过起点时间 (min:s)	通过终点时间 (min:s)	通过时间 (s)	距离 (m)	车速 (m/s)
1										
2										
3										

人工法的优点是简单易行,不需什么特殊的设备,灵活机动。缺点是由于视差和观测人员的中途更换可能引起较大的误差。因此要求起点和终点的两名观测者要协调一致。另外,此方法不宜进行长时间观测。

人工测量法还可通过用反光镜观测得到地点车速,减小由视差引起的误差。

2. 车辆检测器法

采用车辆检测仪测量车速时,使用电感式、环状线圈式和超声波式检测器,通过电磁感应或超声波反应原理同时感知车辆通过的距离和时间,从而计算地点车速。量测方法为:在测速地点取一小段距离(如取 5m),两端均埋设检测器,车辆通过前后两检测器时即发出信号,并传送给记录仪,记录下车辆通过前后两个检测器的时间,从而算得车速。当测速精度要求不太高时,也可用一个检测器,即测量车辆前后车轮通过检测器的时间,并用前后轴距除以该时间求得车速。这种方法适用于交通控制区中已埋设检测器的场合,并与交通流量数据同时存放于数据采集系统中。

3. 雷达测速仪法

这种方法是目前现代交通管理常用的一种方法。原理是向车辆发射雷达波,根据其反射波的多普勒效应测定车速。即用雷达枪瞄准测速车辆时,发射雷达束遇车辆后再从车辆反射回来,发射波与反射波的频率差与车辆行驶的速度成正比,从而得到车辆的瞬时速度。雷达仪以 km/h 计量的车速直接读数。许多雷达仪(枪)都附带有自动记录器,提供永久性的记录。

由于不能从行驶车辆的正面发射和接收雷达束,所以这种方法有一定的误差。其误差与雷达束方向和行车方向之间夹角的余弦成正比。例如,夹角15°产生的误差约为3.5%。

这种方法的优点是操作简单,设备安装和移动方便,而且不易于被驾驶人发觉,特别适合于交通警用来纠正违章超速行车。但其价格较贵,而且在交通量较大或多车道道路上,要鉴别所有车辆的速度是困难的。

4. 激光测速法

这种测速方法是根据激光测距法的原理发展而来的。激光测距法的原理是通过对车辆发射单束激光光束,后接收该光束的反射波,并记录此段过程时间差,根据已知的光速计算得出测试点与被测车辆的距离。激光测速法则是在该方法的基础上对被测物体进行两次有特定时间间隔的激光测距,以获得车辆在这一时间间隔内的行驶距离,从而计算得出车辆的瞬时速度。

激光光束基本为射线,因此用此法测速时的有效距离较远,且测量精度较高,时间较短,可测得车辆加、减速时的瞬时速度,避免车辆在检测到测速仪时突然变速以达到限速标准。此法测得的车速精准度远远大于雷达测速法,因而受到各国的认可,并得到广泛使用。

5. 光电管法

此法如图 4-4a)所示,将光源放在路侧的 A、B 两点,将光电管放在道路另一侧,分别接收 A、B 两点来的光束。车辆通过时就会遮断光束,使接通的继电器移动电笔,在滚动纸上记下符号。如果从 A、B 两点记入的符号能平行于同一滚动纸上,如图 4-4b)所示,则通过 A 点的第一辆车在 A 线上记下 a_1,第二辆车记下 a_2,直至 n 辆车,记下 a_n。通过 B 点也同样在 B 线上记下同样车辆 b_1,b_2,…,b_n。于是,如果已知从 a_1 向 B 线的投影 a_1' 到 b_1 的长度 L,就可以知道从 A 到 B 所需的时间 t,A、B 的距离为已知,所以即可求得车速。但是,当 A、B 间距离比较长、自动记录同一车辆时,应为 a_3b_3、a_4b_4;但有超车现象时,就应在整理记录时记为 a_3b_4、a_4b_3,因此,观测员在整理与观测时要注意超车情况。

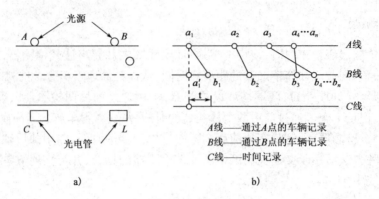

A线——通过A点的车辆记录
B线——通过B点的车辆记录
C线——时间记录

图 4-4 用光电管测地点车速

6. 摄影测量法

在非常拥挤的城市道路上,可借助摄影机或照相机拍摄照片,并从照片上精确地分析时间与距离的关系,从而得到地点车速。摄影测量法根据拍摄方式,大致可分为照相法和航空摄影法。

1) 照相法

该法是用电影摄影机连续拍摄或用普通照相机按一定的时间间隔对同一地点拍摄照片。查点车辆通过地面已知距离的两点的胶片格数或照片张数,可以得到行驶时间,从而算出车速。

照相法观测简单,可以同时测量一个车队的车速。对于所有交通流的数据,例如交通量、车辆分类、车间距离等可通过照片取得永久性的记录。但拍摄角度也可造成一定误差;另外,由于摄影机或照相机需要安装在高处有利拍照的位置,因而也限制了应用。同时资料的分析整理费时费工,花钱较多。因此通常只限于科学研究。

2) 航空摄影法

该法用 1/5000 左右的比例尺,飞行高约 1000m,航行时速 200~300km/h,以便于计算速度的时间间隔 t(如 5s,6s 或 10s)重叠 50% 进行摄影,然后将照片放大到 1/1000 比例尺,按下列方法计算车速、车头间隔和车头时距。

设在图 4-5 中,最初在照片上 A、B 位置的两辆汽车,在 7s 后拍摄的照片 2 上移到 A'、B'。汽车在照片上移动的距离 AA' 为 D'cm,照片上的车头间隔为 S'_Lcm,照片比例尺为 $1/m$,则车速 V 和车头时距 S_t 及车头间隔 S_L 为:

$$V = D' \times \frac{3600}{t} \times m \times \frac{1}{100000} (\text{km/h}) \tag{4-14}$$

$$S_L = S'_L \times m \times \frac{1}{100} (\text{m}) \tag{4-15}$$

$$S_t = \frac{S'_L}{\frac{D'}{t}} (\text{s}) \tag{4-16}$$

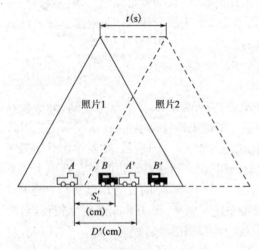

图 4-5 航空照片示意图

第四节 地点车速资料整理

地点车速的观测数据应按调查目的进行汇总,然后把数据整理成图表,并用统计方法对调查结果作统计特征值计算。

车速资料的整理主要应给出时间平均车速频率分布曲线、累积频率分布曲线。

一、数据整理

由于车速属于连续型随机变量,一般采用分组法整理。所谓分组法就是将调查数据所分布的范围按一定的时间间隔划分成若干个首尾相接的区间,每个区间就称为一个组。凡位于同一组的速度值都认为其速度值为该组的中值速度。

为了简便而精练地整理数据,可列出一张地点车速频率分布表,如表4-5所示。

地点车速频率分布表　　表4-5

速度分组	组中值 $V_{i中}$	观测频数 f_i	累计频数 F_i	观测频率 f_i^*(%)	累计频率 F_i^*(%)

表4-5中第1列为速度分组,由于地点车速样本一般很多,如将实测数值自大至小排列,必然十分烦琐,因而用分组的方法使之简化。组距的确定,是以保证原有样本精度为前提,组距过大,必然组数少,难于反映样本中车速分布的实际情况;组距过小则带来统计工作量的烦琐,有时在车速样本量有限的情况下,会出现分布不连续情况。为此分组数应根据车速的分散程度和样本数量而定,一般分组数宜在8~20范围内。分组数确定后,可求得组距。从观测数据中取出最大车速和最小车速,两者之差称为极差,极差除以分组数减1得组距,然后取整。

例如某地点车速样本容量为80,样本的最高车速为75km/h,最低车速为20km/h,样本初步分为10组,则每组间隔为$(75-20)/(10-1) = 6.1(km/h)$。为便于整理,将组间隔取整为6.0km/h,最后确定实际分组数。

第2列为组中值即分组的代表位,就是一个分组的中心数值。

第3列为观测频数。把现场观测值归入所属的组,统计得到各组的车速频数。各分组出现频数所组成的数列,称为频数分布,各组频数之和,必等于现场观测的样本量。

第4列为累计频数。如果数组车速由小到大排列,则累计频数表示等于和小于该数组的频数之和,最后一行的累计频数必等于总样本量。

第5列为观测频率。各组的频数除以样本总数即得各组频率。各组频率之和必等于100%。由频率所组成的分布,消除了对于样本总数的依赖,可用来对比不同样本量时频率分布的结果。

第6列为累计频率,与累计频数相对应,即累计频数除以样本量。如果车速数组自小到大排列时,则该组的累计频率表示等于及小于该数组速度的频率之和,最后一行的累计频率必等于100%。地点车速的频率分布曲线及累计频率分布曲线见图4-1和图4-2。

二、计算统计特征值

在地点车速频率分布表的基础上,地点车速资料常需进行以下数学分析。

(1)地点车速平均值(即时间平均车速):是车速统计中最常用的特征值和表示车速分布

的最有效的统计量,其计算公式如下。

当车辆未分组时:

$$\bar{V} = \frac{\sum_{i=1}^{n} V_i}{n} \tag{4-17}$$

当车辆分组时:

$$\bar{V} = \frac{\sum_{i=1}^{g} f_i V_{i中}}{\sum_{i=1}^{g} f_i} \tag{4-18}$$

式中:$\bar{V}$——地点车速的算术平均值,km/h;
V_i——各样本车辆的地点车速,km/h;
f_i——地点速度观测值分组出现的频数;
$V_{i中}$——各车速分组的组中值,km/h;
n——观测的总车辆数,辆;
g——地点车速分组组数。

(2)中位车速:是速度按递增顺序排列的中间位置车速值。当观测次数为奇数时,中位车速是所排列数列的中间车速,而观测次数为偶数时,中位车速规定为两中间车速的算术平均数。中位车速也等于累计频率分布曲线上累计频率为50%时对应的横坐标值。在频率分布表(表4-5)中可用下列公式内插求算中位速度:

$$V_{中} = V_{下} + \frac{\frac{n}{2} - f_0}{f_m} \times C \tag{4-19}$$

式中:$V_{下}$——为中位车速区间的下限速,km/h;
n——观测车辆总数,辆;
f_0——到中位车速区间下限为止的累计观测的车辆数,辆;
f_m——中位车速组区间内观测到的车辆数,辆;
C——包含中位车速的区间长度,km/h。

(3)常见速度(众值):是频率分布曲线中出现频率最高的那个组的组中值。当速度资料分组收集时,要精确地定出常见速度比较困难,有时常见速度估计位于频率分布曲线峰点相对应的速度。

如果速度频率分布曲线左右完全对称,则算术平均速度、常见速度及中位车速均相同。

常见速度受极大速度和极小速度的影响,一般要比算术平均速度所受的影响小(即极大或极小车速对算术平均车速影响大,对常见车速影响小)。

(4)极差:即观测值中最大车速与最小车速之差,可用下式表示:

$$R = V_{\max} - V_{\min} \tag{4-20}$$

式中:R——极差;
$V_{\max}$——观测值中最高的车速值,km/h;
$V_{\min}$——观测值中最低的车速值,km/h。

极差值易取得,但它决定于样本量的大小,且受反常观测者的影响很大。

(5)样本标准差(S):为衡量数据离散程度的标准。标准差越大,表示存在于通过车辆中的速度差越大。这时当交通量小时,表示车辆选择速度的自由度大;当交通量较大时,表示交通混乱程度严重。

当地点车速未分组时,其计算公式为:

$$S = \sqrt{\frac{\sum_{i=1}^{n}(V_i - \overline{V})^2}{n-1}} \tag{4-21}$$

当地点车速分组时,其计算公式为:

$$S = \sqrt{\frac{\sum_{i=1}^{g}f_i V_{i中}^2}{n-1} - \frac{(\sum_{i=1}^{g}f_i V_{i中})^2}{n(n-1)}} \tag{4-22}$$

以上公式中的符号意义同前。

三、地点车速数据统计分析实例

[**例4-2**] 在某路上观测到的车速数据如表4-6所示,试分析地点车速调查结果。

车速观测值   表4-6

组区间(km/h)	60~64	55~59	50~54	45~49	40~44
组中值 μ_i	62	57	52	47	42
频数 f_i	2	15	14	29	74
组区间(km/h)	35~39	30~34	25~29	20~24	15~19
组中值 μ_i	37	32	27	22	17
频数 f_i	60	63	29	6	8

解:地点车速频率分布见表4-7。

地点车速频率分布表   表4-7

组区间 (km/h)	组中值 $v_{i中}$	观测频数 f_i	观测频率 f_i^*(%)	累计频数 F_i	累计频率 F_i^*(%)	$f_i V_{i中}$	$f_i / V_{i中}$	$f_i V_{i中}^2$
15~19	17	8	2.67	8	2.67	136	0.47	2312
20~24	22	6	2.00	14	4.67	132	0.27	2904
25~29	27	29	9.67	43	14.33	783	1.07	21141
30~34	32	63	21.00	106	35.33	2016	1.97	64512
35~39	37	60	20.00	166	55.33	2220	1.62	82140
40~44	42	74	24.67	240	80.00	3108	1.76	130536
45~49	47	29	9.67	269	89.67	1363	0.62	64061
50~54	52	14	4.67	283	94.33	728	0.27	37856
55~59	57	15	5.00	298	99.33	855	0.26	48735
60~64	62	2	0.67	300	100.00	124	0.03	7688
合计		300	100.00	300	100.00	11465	8.35	461885

根据式(4-18)计算平均车速(时间平均车速)为:

$$\overline{V} = \frac{\sum_{i=1}^{g}f_i V_{i中}}{\sum_{i=1}^{g}f_i} = \frac{11465}{300} = 38.22(\text{km/h})$$

根据式(4-22)计算样本标准差为：

$$S = \sqrt{\frac{\sum_{i=1}^{g} f_i V_{i中i}^2}{n-1} - \frac{(\sum_{i=1}^{g} f_i V_{i中})^2}{n(n-1)}} = \sqrt{\frac{461885}{300-1} - \frac{(11465)^2}{300 \times (300-1)}} = 8.91 (\text{km/h})$$

样本的标准差较大，由此可见，通过车辆的速度差较大，交通混乱程度较大。

此外，根据表4-7绘制地点车速频率分布曲线图与地点车速累计频率分布曲线见图4-6与图4-7。

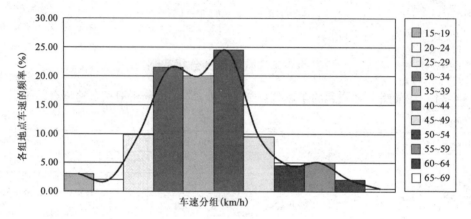

图 4-6　地点车速频率分布曲线

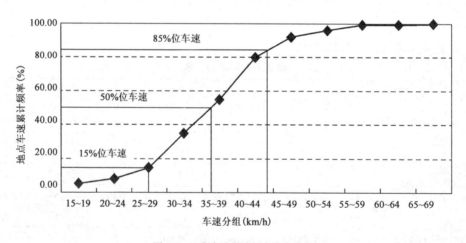

图 4-7　地点车速累计频率分布曲线

除了以上计算得到的特征值，还可由累计频率分布曲线得出15%位车速，中位车速及85%位车速。

第五节　区间车速调查

区间车速是另一种速度资料，是通过量测通过已知长度道路的行程时间来获得。通常要求拟调查路线的长度在1.5km左右。观测时间取决于调查目的，可选在高峰时段，也可选在非高峰时段。

一、调查的主要目的

(1) 掌握道路交通现状,作为评价道路服务水平的重要指标;
(2) 作为路线改善设计的依据;
(3) 作为衡量道路上车辆运营经济性(运营时间和车辆油耗)的重要参数;
(4) 作为交通规划中路网交通流量分配的重要依据;
(5) 确定交通管理措施及联动交通信号配时的依据;
(6) 判断道路工程改善措施前后效果对比的重要指标;
(7) 交通流理论研究中的重要参数。

二、调查区间与调查时间的选择

调查区间与调查时间的选择应根据调查目的选定。

1. 调查区间

掌握道路交通现状时,只要在选定路段内测量车辆通过的时间即可,一般情况下起终点应选在无交通阻塞处;当出于交通管理目的时,应在拟定管辖地区选择合适区间;用于评价道路改建及交通管理措施的效果时,在道路改建及实施交通管理措施前后,都要进行相关路段区间调查,且事前、事后应选择相同的路段和时间。

2. 调查时间

一般情况应进行高峰、非高峰对比调查,时间选在早、晚高峰和白天与夜晚非高峰四个时段,且选在交通正常、天气良好的时间。在进行事前、事后调查时应选择相同时间。

三、调 查 方 法

区间车速的调查方法主要有以下几种:

1. 车辆牌照对照法

车辆牌照对照法是在拟调查区间的两端设置调查人员,记录通过车辆的牌照号码及其通过起、终点断面的时刻,以求得区间行程时间,并由此计算出区间平均车速的方法。牌照法的主要优点在于取样速度快,室外工作时间短,能较准确地测得不同时段的平均行程车速,便于进行交通工程中的微观分析。但牌照法所测得的只是起终点间的行程时间,无法知道车辆在行驶过程中的延误及交通阻滞情况,当路段中间有交叉口时,由于车辆在交叉口的转向,易造成起终点的车辆牌照号不完全一致,增加了内业工作量;在单向两车道或大于两车道的路段,观测时由于外侧车道上车辆的阻挡,无法看清中间车道上车辆的牌照号码,容易漏记车号,另外,此法现场观测的劳动强度较大。

具体调查方法如下:

在调查路段的起点、终点各设调查员4~6人,按上下行分为两组观测。当只需一个方向的资料时,起、终点各需2~3人。一人读通过该点的车辆牌号码的末三位数及车型,一人读通过该点的时间,一人记录。当交通量很小时,记录者可同时看时间。如果交通量很大,可进行抽查,例如只调查尾号是0或5(抽样20%)的车辆,或只读尾号是0(抽样10%)的车辆。观测完后,将起、终点同一车牌号码对起来,算出区间行程时间,根据起、终点之间的距离,计算区间平均车速。

[例4-3] 表4-8为此法实测记录与计算实例。

车辆牌号对照法行车时间及区间速度调查统计表　　　　　　　　表4-8

通过车辆车牌号	车辆通过观测断面时刻		行车时间
	入口	出口	
	(h:min:s)	(h:min:s)	(min:s)
19335	8:00:12	8:04:05	3:53
12143	8:00:58	8:05:29	4:31
17963	8:01:21	8:05:19	3:58
15142	8:01:44	8:05:49	4:05
14872	8:01:59	—	未对上
17615	8:02:19	8:05:39	3:20
15166	8:02:35	8:06:11	3:26
18327	8:02:41	—	未对上
11144	8:02:52	8:07:12	4:20
11579	8:03:09	8:07:28	4:19
17156	8:03:36	8:07:07	3:31
13218	8:03:55	8:07:39	3:44
17244	8:04:47	8:08:56	4:09
16288	8:05:07	8:09:25	4:08
平均通过时刻	8:02:43	8:06:41	3:58
	出口　8:06:41 入口　8:02:43	差值为3:58	(3.97min)
区间长度:L=2.35km		$V = \dfrac{60 \times 2.35}{3.97} = 35.37(\text{km/h})$	

2. 流动车法

测定方法在第三章中已做过介绍,调查交通量的同时可获得区间平均车速。流动车观测法不宜用于城市中交叉口间距短或全线道路交通条件不一致的情况。但流动车观测法可以用较少的人力在较长路段上同时观测行程车速和流量;内业工作量小,适用于路线上无交叉口、道路两侧很少有车辆插入、车流均匀稳定的情况。

如果往返观测过程中均没有出现超过观测车或被观测车超过的现象,则观测车的往返时间 T_{a-b}、T_{b-a} 就可以认定为车流的往返平均行程时间。如果观测车在往返行驶过程中出现了超车与被超车现象,则用下式修正区间行程时间:

$$\bar{T}_{a-b} = T_{a-b} - \frac{(Y_{a-b} - Z_{a-b})}{Q_{a-b}} \times 60 \qquad (4-23)$$

$$\bar{T}_{b-a} = T_{b-a} - \frac{(Y_{b-a} - Z_{b-a})}{Q_{b-a}} \times 60 \qquad (4-24)$$

式中:$\bar{T}_{a-b}$、$\bar{T}_{b-a}$——车流通过A-B或B-A路段的平均行程时间,min;

$T_{a\text{-}b}$、$T_{b\text{-}a}$——测试车由 A 向 B 或由 B 向 A,行驶于路段 AB 的行程时间,min;

$Q_{a\text{-}b}$、$Q_{b\text{-}a}$——由 A 向 B 或由 B 向 A 方向的交通量,辆/h;

$Y_{a\text{-}b}$、$Y_{b\text{-}a}$——由 A 向 B 或由 B 向 A 行驶时同向超越观测车的车辆数,辆;

$Z_{a\text{-}b}$、$Z_{b\text{-}a}$——由 A 向 B 或由 B 向 A 行驶时被观测车超越的车辆数,辆。

区间平均速度:

$$V_{a\text{-}b} = \frac{L}{T_{a\text{-}b}} \times 60 \tag{4-25}$$

$$V_{b\text{-}a} = \frac{L}{T_{b\text{-}a}} \times 60 \tag{4-26}$$

式中:L——路段 AB 长度,km。

[例4-4] 第三章中表3-9和表3-10分别为流动车调查原始记录表和记录整理表。根据表3-10整理的数据及例3-5的计算结果,分别用于计算上行 $A\text{-}B$ 和下行 $B\text{-}A$ 的平均行程时间和区间平均速度。

解: 由表3-10可知:$X_{a\text{-}b}$ = 48.5 辆,$X_{b\text{-}a}$ = 36.2 辆,$Y_{a\text{-}b}$ = 1.17 辆,$Y_{b\text{-}a}$ = 0.83 辆,$Z_{a\text{-}b}$ = 0.5 辆,$Z_{b\text{-}a}$ = 0.5 辆,$T_{a\text{-}b}$ = 2.56min,$T_{b\text{-}a}$ = 2.55min,由第三章例3.5计算出了 $A\text{-}B$ 的交通量 $Q_{a\text{-}b}$ = 433 辆/h,及 $B\text{-}A$ 的交通量 $Q_{b\text{-}a}$ = 573 辆/h,如观测路段长2km,则:

(1) 计算 $A\text{-}B$ 向的车流平均行程时间和区间平均速度。

$$\overline{T}_{a\text{-}b} = T_{a\text{-}b} - \frac{(Y_{a\text{-}b} - Z_{a\text{-}b})}{Q_{a\text{-}b}} \times 60 = 2.56 - \frac{1.17 - 0.5}{433} \times 60 = 2.47(\text{min})$$

$$\overline{V}_{a\text{-}b} = \frac{L}{T_{a\text{-}b}} \times 60 = \frac{2}{2.47} \times 60 = 48.58(\text{km/h})$$

(2) 计算 $B\text{-}A$ 向的车流平均行程时间和区间平均速度。

$$\overline{T}_{b\text{-}a} = T_{b\text{-}a} - \frac{(Y_{b\text{-}a} - Z_{b\text{-}a})}{Q_{b\text{-}a}} \times 60 = 2.55 - \frac{0.83 - 0.5}{573} \times 60 = 2.52(\text{min})$$

$$\overline{V}_{b\text{-}a} = \frac{L}{T_{b\text{-}a}} \times 60 = \frac{2}{2.52} \times 60 = 47.62(\text{km/h})$$

3. 跟车法

跟车法是利用测试车在观测路段往返行驶,应紧跟车队行驶,除非遇到特殊的车辆,一般不允许超车。同时记录下所用的时间,用路段的长度除以该时间即可得到行程速度。

这种方法的主要优点是方法简单,能量测全程各路段间的行程车速、行驶车速、停车延误时间及原因,便于综合分析与车速有关的因素;且所需的观测人员少,劳动强度低,适用于交通量大、交叉口多、路上交通复杂的城市道路。

缺点是测量次数受行程时间的影响,次数不可能很多,测试车一般只能往返6~8次,有时还要受偶然因素的影响。当交通量大时,测量数据能代表路段上的实际行程速度,但当交通量小时,观测车较难跟踪到有代表性的车辆,所测车速受到观测车性能及驾驶人行车习惯的影响,不能完全代表路段上车流的车速。

具体方法为:用图纸量测路段全长及各交叉口间及特殊地点(如道路断面宽度变化点)间的长度,并在现场实地做好标记。测速时,测试车辆必须跟踪道路上的车队行驶。车上有两名观测人员,一人观测沿线交通情况,并用秒表读出经过各标记的时间、沿线停车时间及停车原因,另一人记录。

[例 4-5] 乘某路公共汽车从 A 出发到 B,中途经过两个交叉口(I_1, I_2)和三个停靠站(S_1, S_2, S_3),单方向行驶 5 次,用秒表计时,得到表 4-9 所示的结果。试计算平均区间车速。

跟车法调查结果　　　　　　　表 4-9

地点	停车时间(min)					行驶行时间 t_{2i} (min)					距离(m)
A	1.03	0.95	1.10	1.17	0.86						
I_1	0.51	0.87	0.00	1.01	0.77	0.20	0.27	0.18	0.22	0.21	100
S_1	0.47	0.63	0.52	0.78	0.84	2.93	3.15	2.76	2.88	3.21	1650
I_2	3.21	4.37	1.55	2.73	2.87	0.27	0.38	0.41	0.23	0.29	150
S_2	0.66	0.54	0.72	0.69	0.79	0.65	0.72	0.51	0.63	0.55	400
S_3	0.41	0.37	0.34	0.45	0.57	1.00	0.97	1.21	1.37	0.85	600
B	0	0	0	0	0	0.91	0.86	1.17	1.06	1.35	500
合计	5.26	6.78	3.13	5.66	5.84	5.96	6.35	6.24	6.39	6.46	3400

解: 据定义,行程时间不应包括在起点站 A 的等候时间,因此应将其剔除后,再对停车时间按竖向求和。

(1)平均停车时间

$$\bar{t}_1 = \frac{1}{n}\sum_{i=1}^{n} t_{1i} = \frac{1}{5} \times (5.26 + 6.78 + 3.13 + 5.66 + 5.84) = 5.33(\text{min})$$

(2)平均行驶时间

$$\bar{t}_2 = \frac{1}{n}\sum_{i=1}^{n} t_{2i} = \frac{1}{5} \times (5.96 + 6.35 + 6.24 + 6.39 + 6.46) = 6.28(\text{min})$$

(3)平均行程时间

$$\bar{T} = \bar{t}_1 + \bar{t}_2 = 6.28 + 5.33 = 11.61(\text{min})$$

(4)平均区间车速

$$\bar{V} = \frac{L}{\bar{T}} \times 60 = \frac{3.4}{11.61} \times 60 = 17.57(\text{km/h})$$

4. 驶入驶出量测法

使用车辆牌照对照法可求出某一车辆的区间车速,从而可同时求出区间速度的分布。当对其分布形式无须求而只关心区间平均速度时,可使用驶入驶出量测法进行观测。

调查方法与流动车法类似,在调查区间的两端设调查人员,并用另一试验车通过区间两次,调查人员在试验车第一次通过调查断面时(起点或终点)开始每分钟记录一次通过断面的车辆数,并在试验车第二次通过时结束调查。

试验车记录人员记录通过两断面的时间及超车和被超车次数。然后计算全部被测车辆分别通过两断面的平均时刻,并求算区间平均速度,此法对通过的全部车辆进行调查,其精度极高,但只可求得平均速度,无法得到区间速度的分布情况。

[例 4-6] 在某公路上选择 1km 长路段,试验车第一次在 8:00′00″通过起点,在起点从试验车刚通过时开始,以 1min 作为记数周期,统计通过起点的车辆数;试验车在 8:01′21″到终点,在终点上从试验车到达终点时开始,以 1min 作为记数周期,统计通过终点车辆数,试验车第一次在该 1km 路段行驶时,超越原公路上行驶车辆有 2 辆,试验车被后面来车超越数有 1

辆,所观测数据见表4-10,试求该1km路段区间平均车速。

驶入、驶出量测法实测区间速度数据表(部分) 表4-10

流动车通过起点时间:8:00′00″ 到达终点时间:8:01′21″ 路段长度:1000m

起点			终点		
观测时间(min)	车辆数量(辆)	计算[(1)-0.5]×(2)	观测时间(min)	车辆数量(辆)	计算[(3)-0.5]×(4)
(1)	(2)	—	(3)	(4)	—
1	2	0.5×2=1	1	2−2+1*	0.5×1=0.5
2	1	1.5×1=1.5	2	2	1.5×2=3.0
3	5	2.5×5=12.5	3	4	2.5×4=10.0
4	3	3.5×3=10.5	4	2	3.5×2=7.0
5	1	4.5×1=4.5	5	3	4.5×3=13.5
6	4	5.5×4=22.0	6	2	5.5×2=11.0
7	2	6.5×2=13.0	7	3	6.5×3=19.5
8	6	7.5×6=45.0	8	5	7.5×5=37.5
9	1	8.5×1=8.5	9	2	8.5×2=17.0
10	3	9.5×3=28.5	10	2	9.5×2=19.0
11	1	10.5×1=10.5	11	4	10.5×4=42.0
12	2	11.5×2=23.0	12	3	11.5×3=34.5
13	4	12.5×4=50.0	13	2	12.5×2=25.0
14	5	13.5×5=67.5	14	5	13.5×5=67.5
15	3	14.5×3=43.5	15	3	14.5×3=43.5
合计	43	341.5	合计	43	350.5

注:*"−"表示被试验车超越的车辆数;"+"表示超越试验车的车辆数。
试验车第一次通过调查区间产生的超车数和被超车数在区间终点第一行的数据修正。
试验车第二次通过调查区间产生的超车数和被超车数在区间终点最后一行的数据修正。

试验车通过起点时刻是8:00′00″,在15min内共有43辆车通过起点,43辆车加权平均通过起点的时间为:

$$\frac{341.5}{43} = 7′56″$$

43辆车平均通过起点的时刻为:

$$8:00′00″ + 7′56″ = 8:07′56″$$

试验车到达终点时刻是8:01′21″,在15min内共有43辆车通过终点,43辆车加权平均通过终点的时间为:

$$\frac{350.5}{43} = 8′09″$$

43辆车平均通过终点的时刻为:

$$8:01′21″ + 8′09″ = 8:09′30″$$

则43辆车平均通过1km路段的时间为:

77

$$8:09'30'' - 8:07'56'' = 1'34'' = 94''$$

43 辆车平均区间车速为：

$$\frac{1000}{94} \times 3.6 = 38.30(\text{km/h})$$

驶入驶出量测法的原理在进行路段延误观测计算时同样适用，只是其方法和观测重点稍有不同。为了区分，进行路段延误观测时，与此类似的方法被命名为输入输出法。具体方法将在第五章中予以详细介绍。

5. 五轮仪法

五轮仪是测量车速的专用仪器，与速度分析仪同时使用。测速时将五轮仪装置于试验车之后，成为试验车以外另加的一个轮子，故名五轮仪。当试验车行驶时，五轮仪的轮子也与地面接触，同样转动。在五轮仪的轮轴上设有光电装置，其作用是将车轮转动速度转换成电信号输入速度分析仪，此时记录仪能自动记下行驶距离、行驶时间、行程车速。例如试验车在路段起点时，观测员打入信号，当车辆行驶到第一个标记时再打入信号，则速度分析仪就能记下从起点到第一个标记时两点间的距离、行程时间和平均行程车速。

五轮仪的测速法与跟车法的测速法基本相同，其主要优点是自动化程度高，测速精确，能直接将结果打印输出，无须记录。它可以与车辆油耗仪同时使用，测量不同行驶状态、不同车速情况下的耗油量，作为建立模型的可靠资料。

在使用五轮仪时，对路面平整度有一定要求，平整度很差的路面，行驶时五轮仪跳动厉害，影响测速精度，并有损仪器。在测速时如有车辆倒退或掉头等情况，必须将五轮仪的轮子升起，使其不与地面接触，否则会损坏仪器。

6. 光感测速法

光感测速仪也是一种测量车速的专用仪器，这种仪器是由光电探测器和光谱屏幕两个主要部件所组成。测速时，将光感测速仪贴在试验车车厢外壳上，光电探测器对准地面，随着车辆行驶，在光电屏幕上产生不同频率的电信号，频率的高低与车速成正比。如果再配置一台微型计算机与之连机，则可以直接打印出速度曲线、行驶时间、行驶距离等。这种仪器的测速范围在 3~200km/h 之间。

使用光感测速仪测速，也是试验车跟踪测速的方法之一，其主要优点是测速方便，能便捷地安装在各种类型的车辆上，测速精度高，可连续获得各点的瞬时车速和全程平均车速，并直接打印出结果。这种仪器对测速时的使用和平时保养的要求均较高。

此外还有基于 GPS 的车速调查法。

思 考 题

1. 地点车速和区间车速有何异同？
2. 车速频率分布统计有什么意义？
3. 影响车速的主要因素包括哪些？
4. 测量地点速度时，抽样应注意什么问题？
5. 请分别描述 3 种地点车速和区间车速的调查方法。

习 题

上海市中山北路某断面实测地点车速样本如表4-11,试整理出该车速的频率分布表、频率分布曲线、累计频率曲线,计算速度分布特征值(时间平均车速、标准离差、85%地点车速、15%地点车速)。

地点车速样本(单位:m/s)　　　　　　　　表4-11

3.4	4.2	6.5	6.3	5.3	7.1	7.3	9.1	8.1	9.3	5.9	7.9
7.5	8.2	3.7	4.8	8.9	7.9	9.2	8.5	6.1	7.2	6.6	8.2
8.3	7.7	8.1	6.1	8.3	3.9	7.6	8.8	9.6	5.2	4.7	7.1
4.9	7.2	5.5	7.6	9.9	8.7	4.6	6.8	8.5	7.5	5.6	6.3
5.1	9.7	7.3	8.3	12.1	6.8	9.1	7.2	7.7	8.9	4.2	7.6
8.1	7.2	5.7	7.1	8.1	7.4	6.5	8.3	9.2	10.3	7.4	6.4
8.5	7.9	6.3	8.4	9.2	6.6	7.8	8.8	7.3	9.2	6.2	5.4
7.1	7.2	9.4	6.1	7.4	7.9	10.5	6.9	8.5	6.7	10.1	10.2
10.5	9.9	12.2	10.2	11.5	11.1	10.8	11.7	11.2	10.1	9.4	9.1

第五章 行车延误调查

延误是反映交通流运行效率的指标,进行延误调查就是为了确定产生延误的地点、类型和大小,评价道路上交通流的运行效率,在交通阻塞路段找出延误的原因,为制订道路交通设施的改善方案、减少延误提供依据。通过延误调查可以直接得到车辆行程时间和损失时间的准确数据,这对于评价道路交通设施的服务质量、进行道路交通项目的工程经济分析以及研究交通拥挤程度等方面都具有十分重要的意义。本章将先给出行车延误的相关概念,然后分别介绍路段行车延误和交叉口延误的调查方法。

第一节 行车延误

一、基本定义

行车延误是由于交通干扰以及交通管理与控制设施等因素引起的车辆运行时间损失,以秒或分钟计。其相关概念主要包括:

(1)行车时间:指车辆在实际交通条件下沿一定路线,从一处到达另一处时行车所需的总时间(包括停车和延误)。

(2)延误:由道路与环境条件、交通干扰以及交通管理与控制设施等驾驶人员无法控制的因素所引起的时间损失,以 s/辆或 min/辆计。根据引起延误的原因可将延误进一步分为基本延误、运行延误及停车延误。

①基本延误(固定延误):由交通控制装置所引起的延误,与道路交通状态及其他车辆干扰无关,主要发生在交叉口处。交通信号、停车标志、让路标志和铁道口等都会引起基本延误。

②运行延误:由各种交通组成部分之间相互干扰而引起的延误。其主要包括两个部分,一是由其他交通组成部分(如行人、受阻车辆、路侧停车及横穿交通等,称为侧向干扰)对车流的干扰而引起的延误;二是由交通流之间的干扰(主要包括交通拥挤、汇流、超车与交织运行等,称为内部干扰)而引起的延误。

③停车延误:由于偶然原因使车辆处于静止状态而引起的延误。停车延误等于停车时间,其中包括车辆由停止到启动时驾驶人的反应时间。

(3)行程时间延误:实际行驶的总行程时间与完全排除干扰后以畅行速度通过路段的自由行驶时间之差。这一延误包括了停车延误与因加减速而产生的加速延误和减速延误。

(4)延误率:车辆通过单位长度路段的实际运行时间与车辆在理想条件下通过该路段所需时间之差。延误率可反映单位长度路段上延误的大小。根据国外观测资料显示,高峰时间内车辆通过单位长度路段的标准运行时间为:高速道路1.06min/km,主要城市干道1.49min/km,集散道路1.86min/km。

(5)排队延误:车辆排队时间与车辆畅行通过排队路段的时间差即为排队延误。排队时间是指车辆从第一次停车到越过停车线的时间。排队路段是指车辆的第一次停车断面与停车线之间的路段。

当只发生一次停车时:排队延误 = 停车延误 + 加速延误 = 排队时间 − 自由行驶时间;当发生 N 次停车时:排队延误 $= \sum_{i=1}^{n}$(第 i 次停车延误 + 第 i 次减速延误 + 第 i 次加速延误) = 排队时间 − 自由行驶时间。

(6)引道延误:车辆在引道上实际消耗时间与车辆畅行通过引道延误段的时间之差即为引道延误。在入口引道上,从车辆因前方信号或已有排队车辆而开始减速行驶断面至停车线的距离叫引道延误段。排队车辆越多引道延误段就越长,实际选用时,通常将可能出现的最大排队长度作为引道延误段。

图 5-1 是车辆在交叉口入口引道上的时间—空间关系图。该图可以说明引道延误、排队时间和停车延误三者之间的关系。图中纵坐标是车辆通过引道延误段所用的时间,横坐标是车辆在交叉口引道上行驶的距离。由图中可以看出车辆的各种延误受阻情况。受到延误的车辆的引道实际耗时为 E 点的纵坐标值(s)。引道

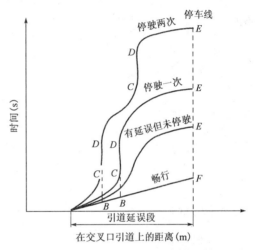

图 5-1 交叉口入口引道上受延误车辆的时间—空间关系图

畅行行驶时间为 F 点的纵坐标值。引道延误为 E、F 两点纵坐标值之差。排队时间为 E、C 两点纵坐标值之差。停车延误为 D、C 两点纵坐标值之差。

根据对大量交叉口的调查和分析,停车延误通常约占引道延误的76%,排队延误约占引道延误的97%。

二、行车延误的影响因素

行车延误受许多因素的影响,这些因素主要有人(包括驾驶人、行人等)、车(车辆类型、车龄、车辆的动力性能等)、道路与交叉口条件、交通条件(交通组成、转向车比例和路边停靠车辆等)、交通管理和控制(交通信号、交通标志等)以及道路环境等,分述如下:

1. 驾驶人的影响

行车延误不仅和驾驶人的技术水平有关,还与驾驶人的自身特性有关,主要影响因素包括:驾驶人的性别、年龄、婚姻状况、性格等。一般说来,青年、男性驾驶人较中年、女性驾驶人反应快,反应时间短,应变能力强,车速高,因而行车延误低。单身驾驶人也较已婚驾驶人开车快,性格外向型比性格内向型车速快,行车延误低。此外,驾驶人对交通规则的遵守程度对其

他车辆延误有较大影响,个别驾驶人的抢道等违章行为导致交通阻塞的现象在国内屡禁不止,这也是我国与一些发达国家道路利用效率的主要差距所在。这需要通过加强驾驶人的素质和增强处罚力度来解决。

2. 行人和非机动车的影响

行人和非机动车过街会对交通流产生干扰,进而增加行车延误。对于没有机非隔离带的道路,同向行驶的非机动车也会对机动车的速度造成干扰。

3. 车辆的影响

不同车型和不同车龄的车,由于动力性能不同,对行车延误的影响有所不同。一般而言,绿灯亮时,头车反应时间加起动时间,小型车要比大型车短,而大型车要比拖挂车短;从加速性能来看,小型车加速性能也要强于大型车。因此,对于车型混杂的车流,大型车越多,延误越大。

4. 道路条件的影响

道路隔离形式、车道设置情况及交叉口渠化情况等道路条件因素对车辆延误均有一定影响。在有隔离墩分离的道路上行驶要比用标线分离的道路上延误小;机非分离的道路比机非混行的道路行车延误小。据广州至佛山公路上的调查,无分隔带道路上的行车延误约为有分隔带道路的 1.3 倍;车道较多、行车道较宽的道路比车道数少、行车道较窄的道路延误要少;进行渠化后的交叉口的平均延误要小于没有渠化的交叉口。此外,设有专用左转车道的交叉口引道入口的行车延误和没有专用左转车道的入口延误也有所不同。

5. 交通条件的影响

交通条件中的车型及转向比例等影响车辆延误。当交通流中大型车和重型车所占比例较大时,行车延误也会增加;左转和右转通过路口的车速都低于直行车速,因此,当转向车比例越大,平均每辆车的延误也越大,尤其左转车的比例对行车延误影响更为明显;此外,公交车站点停靠等路侧停车,也会对正常车流进行干扰,增加平均延误。

6. 交通负荷的影响

常以负荷度来度量交通负荷的影响。所谓负荷度即实际交通量与通行能力的比值。行车延误与负荷度成正比。根据模拟研究,当负荷度 ≤ 0.3 时,每辆车平均延误 $\leq 19s$;而当负荷度 ≤ 0.7 时,每辆车平均延误上升为 $\leq 32 \sim 55s$(大于19s)。

7. 交通控制与管理的影响

交通控制的方式对行车延误影响较明显,如交叉口信号配时、道路标志等。感应式信号机要好于单点定周期信号机控制的交叉口,而线控制则比前两者都好。如北京市前门大街实行线控以后,主干线车辆的平均延误降低了45%,支线车辆的平均延误降低了22%。信号灯配时不当也会引起较大的行车延误。一般来说,信号周期合适,绿信比越大,延误就越小。过长或过短的信号周期都会增大延误。停车标志、让路标志也会影响车辆的延误。此外,随着ITS的发展,交通的信息化和实时化为机动车个体和路网总体行车延误的降低起到很大作用。如:

英国开发的"面控"系统 SCOOT,在我国北京等大城市应用后,一定程度上缩短了行车延误,缓解了交通拥挤。

8. 道路环境的影响

道路行车环境不同,会对行车延误造成一定的影响。如:由于行人和路侧干扰的不同,城市道路比公路的行车延误高;商业中心区道路又比一般城市道路的行车延误高。在美国,市区道路因延误所引起的总损失时间占行程时间的 15%~16%,而在商业中心区达 35%~50%。

三、行车延误调查的应用

1. 评价服务质量

行车延误直观地反映了道路交通的阻塞情况。借助于延误资料可以确定观测路段和交叉口的服务水平等级,评价道路的服务质量。表 5-1 为美国信号交叉口以延误作为服务水平评价的标准表,当实际流量与通行能力值比值小于等于 1 时,可按车辆延误时间将交叉口服务水平划分为 6 个等级,具体见表 5-1。我国《城市道路工程设计规范》(CJJ 37—2012)中,对以延误作为信号交叉口服务水平划分的标准中,将信号交叉口服务水平划分为 4 个等级,具体见表 5-2。

美国信号交叉口服务水平表　　　　　　　　　　　　　　表 5-1

服务水平	平均每辆车的延误(s)	服务水平	平均每辆车的延误(s)
A	≤10	D	35~55
B	10~20	E	55~80
C	20~35	F	>80

注:数据引自 HCM2010。

我国信号交叉口服务水平表　　　　　　　　　　　　　　表 5-2

指标＼服务水平	一级	二级	三级	四级
控制延误(s/veh)	<30	30~50	50~60	>60

2. 评价道路交通堵塞程度

行车延误十分直观地反映了道路交通的堵塞情况。通过分析延误资料可以确定交通阻塞的位置、程度和原因,并对阻塞程度给出合理的评价。延误越大,则阻塞程度越严重。若车辆在某条线路上行车延误时间很高,则说明该路线阻塞程度严重;相反,若车辆行车延误时间很低,则说明该路线阻塞程度低。对于阻塞程度相当严重的路段或交叉口,则应考虑采取措施。

3. 掌握行车延误的发展趋势

在选定的地点,定期进行延误调查,获得延误随时间的变化规律,进而掌握延误的发展趋势,作出交通状况是好转还是恶化的判断,预测未来的延误状况以尽早采取对策。

4. 改建道路和交叉口的依据

根据延误调查资料,对阻塞严重的路段或交叉口提出相应的改善措施。如是否应拓宽道路或是否应设置左转专用道等。此外,车辆在交叉口的延误资料也是优化信号灯配时方案的重要依据。

5. 交通管制

对选定的地点,定期进行行车延误调查,可以探求延误随时间的变化规律和发展趋势,对交通状况做出评价,为交通管理和控制提供基础信息。同时,根据延误资料,可以确定是否采取限制停车,单行或禁行等交通管制措施。

6. 交通规划

行程时间直接影响了人们对出行方式的选择和交通量的分配,交通方式选择模型和交通量分配模型中亦采用行程时间作为主要参数。由于延误资料是确定道路网上各路段和交叉口行程时间的依据,因此,行程延误也是交通规划的基础资料。

7. 运输规划

交通运输部门在运营调度时往往不是选择距离最短的路线而是选择行车时间最少的路线。因此,运输部门可根据延误资料进行路线选择。公共交通运输部门也可依据延误资料制定行车时刻表、调整路线运行状况等。

8. 经济分析

交通运输部门计算运输成本,管理部门对交通工程建设方案论证与可行性研究时,需要计算道路使用者的费用(包括时间价值、燃料消耗等),这些费用的计算都离不开延误资料。

第二节 行车延误的调查方法

行车延误是分析、研究道路交通问题所需进行的一项重要调查内容。行车延误通常与行程时间一起调查,这样可同时获得行驶时间、行驶车速、行程时间、行程车速和延误等一系列资料。行车延误调查通常采用跟车法、输入输出法。其中跟车法观测交通延误往往和区间车速调查同时进行,且调查方法相同,方法已经在第四章介绍,故不再重述。下面介绍输入输出法。

1. 适用条件

输入输出法只适用于调查瓶颈路段的行车延误。该方法的假设前提是:车辆的到达和离去属于均匀分布;车辆排队现象存在于某一持续的时间内,在其中某一时段内,当到达的车辆数大于路段的通行能力时则开始排队。而当到达车辆数小于路段的通行能力时,则排队将开始消散。

2. 调查方法

具体调查方法为:调查在两个断面同时进行,两个断面分别为调查路段的起点和终点,用调查交通量的办法,以 5min 或 15min 为间隔时间,统计交通量。两个断面各设一名观测员,因要求两断面的起始时间相同,所以调查开始之前,两断面观测员应对准表,以统一时间。当受阻排队车辆有可能超过瓶颈路段起点断面时,应根据实际情况及早将起点断面位置后移。如果该路段的通行能力为已知,则瓶颈路段终点断面可不予调查,这时,终点断面每一时段离开的车辆数取同一时段待驶出车辆数和通行能力两者中的低值。

3. 计算示例

表5-3是一组用输入输出法对某一瓶颈路段发生阻塞时的观测数据,已知该路段通行能力为360辆/h,即平均每15min通过90辆车。

瓶颈路段阻塞调查结果　　　　　　　　　　　　　　表5-3

时间	到达车数(辆)		离去车数(辆)		阻塞情况
	到达	累计	离去	累计	
9:00~9:15	80	80	80	80	无阻塞
9:15~9:30	100	180	90	170	阻塞开始
9:30~9:45	120	300	90	260	阻塞
9:45~10:00	90	390	90	350	阻塞
10:00~10:15	70	460	90	440	阻塞消散
10:15~10:30	70	530	90	530	阻塞结束

由表5-3可见,在9:00开始的第一个15min内,到达车辆数小于路段通行能力,路段上并无阻塞。第二个15min内,累计离去车辆数小于累计到达车辆数,有10辆车被阻,于是开始阻塞。9:30至9:45是高峰,到达车辆数最大,阻塞继续发生。9:45至10:00到达车辆已开始减少,但累计待驶车辆数仍超过能离去的车辆数,通行能力仍不能满足要求。从9:15到10:00,这45min是排队开始形成、排队长度不断增加直至出现最大排队长度的一段时间。

10:00以后,到达车辆数小于路段通行能力,累计到达车辆数与累计离去车辆数开始接近,排队长度缩短,阻塞车队开始消散。到10:30累计到达车辆数等于累计离去车辆数,于是阻塞结束。

现在来求每辆车通过瓶颈路段的延误时间。例如求第300辆车的延误时间。第300辆车是在9:45到达的,此时仅离开了260辆车,因此它排队的位置为300−260=40(辆),即排队中的第40辆车。由于瓶颈路段的通行能力为360辆/h,即90辆/15min,因此每辆车通过瓶颈路段的平均需要时间为15/90min。故第300辆车通过瓶颈路段所需时间为:

$$\frac{15}{90} \times 40 = 6.67(\min)$$

由上式得知第300辆车是在9:45(它的到达时刻)加6.67min(6min40s),即9:51:40时驶离瓶颈路段的。

第300辆车通过瓶颈路段的延误时间,应为实际行程时间与无阻碍时的自由行驶时间之差,即:

$$6.67 - \frac{15}{90} = 6.50(\min)$$

4. 优缺点

输入输出法比较简便,调查结果又能整理成十分直观的图表,因此,作为分析瓶颈路段的行车延误方法,具有一定的实用价值。但输入输出法调查延误很难得到平均每辆受阻车的延误和受阻车辆占总数的百分比,也无法确定产生延误的准确地点和原因,而且还无法识别延误的类型。在这些方面此法都不如跟车法。因输入输出法的理论前提为假设来车率与离去率是均一的,这往往与实际交通状况不相符合。事实上,来车率与离去率往往是随机的而并非均一的。因此,统计交通量的时间间隔取的越小,瓶颈路段的长度越短,精度才能越高。

5. 其他方法

此外,随着测绘技术的发展,今天对行程时间与延误的调查,只需一辆装有 GPS 的实验车即可,令实验车在待测的道路上行驶,计算机终端实时记录下车辆的行驶状态,根据 GPS 反馈的信息,测得速度不为零时的时间总和就是行驶时间;车辆通过整个路段的时间就是行程时间;在路口或设有交通标志的地点,速度为零的总时间就是固定延误时间;在整个路段车速为零的时间总和就是停车延误时间;在无路口或交通标志的地点,速度为零的总时间就是运行延误时间。可见,利用 GPS 可以方便快捷地得到相关的信息。

第三节 交叉口的延误调查

在路网和道路的总行车延误中,交叉口延误所占的比例一般都在 80% 以上,由此可见,交叉口的延误调查尤为重要。

交叉口延误主要受到入口引道道路基础条件的影响,如:入口引道的车道数、宽度、坡度、入口控制方式、渠化情况、有无停车站点等,同时又受到入口引道的道路行驶状况影响,如:高峰小时交通量及其流向分配、车辆类型及组成、车辆驶近交叉口的车速、行人及非机动车干扰等,此外交叉口的管制方式(如:交叉口类型、信号管理方式、周期长、绿信比、停车或让路标志、转向与停车控制等)对交叉口延误也有较大的调节作用。

一、调查地点和调查时间

1. 调查地点

调查地点应根据调查目的确定,在实际应用中有三种常见情况:

(1)指定交叉口。对指定交叉口进行调查主要是为了解某条道路或整个路网的延误情况;

(2)经常发生交通堵塞的交叉口。对其进行调查是为了提高经常发生交通阻塞交叉口的整体服务水平,为制定改善措施提供基础延误资料;

(3)某一交叉口的一个或几个引道。主要为了解交叉口引道的延误情况及对交叉口整体运行效率做出评价。

2. 调查时间

调查应在天气良好、交通正常的条件下进行。只有需要研究不利条件下的延误特征时,才选择天气恶劣或不利的交通条件进行调查。

调查时间一般根据调查目的的确定。若要了解高峰时段延误情况就要选择高峰时段,具体选早高峰还是晚高峰,机动车高峰还是非机动车高峰,则要根据具体调查内容确定。如果是为了对比高峰和非高峰时段延误,则还要调查非高峰时段延误。

在交通控制与管理设施改善前后,进行延误的前后对比分析调查时,两次调查应在时间上尽可能保持一致,同时注意其他条件的相似性。

二、调 查 方 法

交叉口延误的调查方法可分为两类:行程时间法和停车时间法。行程时间法是先测定各车辆从交叉口前某一点至交叉口之后某一点的行程时间,之后用各车辆的平均行程时间减去这段行程的车辆畅行行驶时间得到交叉口的延误。行程时间法又分为试验车法、牌照法等;因此,由行程时间法得到的延误包括停车延误和减速延误,当选择的观测点位于交叉口之后,也可用于调查控制延误。对于停车时间法,根据停车时间测定方法的不同,分为点样本法、间断航空摄影法、延误仪测记停车时间法等。下面重点介绍车牌照法及点样本法,两种方法的优缺点对比见表5-4。

车牌照法及点样本法优缺点对比表　　表5-4

方 法	调查内容	优 点	缺 点
车牌照法	行程时间	方法简单,精度较高,可用于前后对比调查	无法获得每一停驶车辆的平均延误和停驶车辆百分比等统计量
点样本法	停车时间	各个样本是相互独立的,容错性较好;各种停车运行状态的样本均可观测到	排队车辆较多时准确度降低;无法获得延误时间的分布特性

1. 车牌照法

车牌照法是通过记录一定车辆的牌照号码、特征和通过交叉口引道延误调查段两端的时刻,进而获得在交叉口引道实际耗时的方法。用实际耗时减去畅行行驶时间,即为引道延误时间。如果有资料可知畅行行驶车速,则可利用交叉口引道延误段长度除以畅行车速计算出畅行行驶时间。否则还需要调查畅行行驶车速,其调查方法也可以采用车牌照法进行,或可通过来回几次驾驶车辆通过交叉口,并记录车辆在交叉口上游某点的点速度得到,一般要求该点位于不受交叉口影响的中间路段上,且没有排队车辆的影响。

1) 样本容量

为了保证一定的精确度,进行交叉口延误调查时,需要确定调查的最小样本数,可根据式(5-1)确定。

$$n = \frac{(SK)^2}{E^2} \tag{5-1}$$

式中:S——引道时间的样本标准差,s,通常取 $S = 10 \sim 20s$;

E——引道时间的允许误差,s,通常取 $E = 2 \sim 5s$;

K——所要求置信度对应的常数,可按表5-5查用,通常采用置信度为95%的K值,即$K = 1.96$。

一定置信度对应的 K 值　　表5-5

常 数 K 值	置 信 度(%)	常 数 K 值	置 信 度(%)
1.00	68.3	2.00	95.5
1.50	86.6	2.50	98.8
1.64	90.0	2.58	99.0
1.96	95.0	3.00	99.7

2) 人员和设备

每个引道入口可设一个由 5～6 名观测员组成的观测小组,并配备两台无线电对讲机和 4 块秒表,整个交叉口延误调查所需人员和设备按引道个数累加。

3) 调查方法

观测时,应先确定入口断面和出口断面。入口断面记为断面 I,其位于引道上游,具体位置参照以往引道最大排队长度来确定。将交叉口入口停车线作为出口断面,记为断面 II。两断面间的距离应宁长勿短,一般在 80～200m 范围内。如果在调查过程中发现车辆排队超过了断面 I 的位置,应及时予以调整,并将调整前后的调查资料分开整理。

以一个引道调查为例来说明具体观测过程。调查时,1 人持对讲机站在断面 I 的路侧,当欲抽查的车辆到达断面 I 时,便将其车型、特征和车牌号末三位数字用对讲机通知断面 II 的观测人员。调查小组的其余 4～5 名调查人员均站在断面 II 的路侧,1 人持对讲机与断面 I 观测人员联络,其余 3～4 人记录。持对讲机者负责接收断面 I 上观测人员发来的信息,将接收到的信息分别告诉各位记录人员。记录人员一听到传送的关于某辆车的信息,立即记下当时的时刻,然后按记录的该车特征、车型及车号,在来车群中寻找自己负责记录的车辆。当该车通过断面 II 时,马上记录下其通过时刻。如果要分流向研究车辆的延误,记录人员还要记下该车辆通过停车线后的去向。通常一名记录员每小时可记下 20～30 辆车的完整数据,引道时间越长,则能记下的车辆数越少。表 5-6 为一典型车牌照法延误现场调查记录表。

车牌照法延误现场调查记录表　　　　　　　　　　表 5-6

交叉口名称:		引道:		调查时段:			
日期:		时间:		天气:	记录:		
序号	特征	车型	车号	通过端面 I 时刻 (min,s)	通过端面 II 时刻 (min,s)	流向	通过调查段时间 (s)

4) 注意事项

(1) 抽样时,除注意对一般随机取样的有关规定外,还要慎重对待在交叉口引道延误段有停靠站的公交车辆。如果不抽取这些车辆也能获取足够的样本数时,最好不调查这些车辆,只有在需要调查这类车辆时才抽取它们;当抽取公交车作为样本时,应扣除其在公交站的平均停靠时间,这将增加额外的工作量。

(2) 当需要调查某一流向车辆的延误时间时,根据观测的实地情况,抽取的样本总数要比通常所要求的样本大某一倍数,即:

$$n_T = \frac{n}{R} \tag{5-2}$$

式中:n_T——调查某一流向车辆引道时间时应抽取的样本总数;

n——所需某一流向最小样本数;

R——某一流向的车辆在车流中的比例,一般用小数表示。

因为引道延误段一般都较长,车辆行至断面Ⅰ时,驾驶人尚未打开方向指示灯,断面Ⅰ观测员通常无法判定车辆的流向。如果在专用转弯车道上调查,由于此时能判断出车辆的流向,因此可直接确定所需样本数。

(3)在车牌照法调查中,由于车辆通过断面Ⅰ的时刻是由远在断面Ⅱ的观测人员记录的,因此有一定的误差,但较小(一般小于2s),并且均形成负误差,即观测的引道实际耗时均小于车辆的实际引道时间。如果引道畅行行驶时间与引道实际耗时均采用车牌照法观测,则在计算延误时可以抵消这项误差。

(4)上述调查得到的延误为交叉口引道延误,若断面Ⅱ选择在交叉口下游某点,则可得到控制延误观测数据。

5)调查结果的整理与分析

交叉口引道延误调查资料的整理方法与地点车速资料整理类似:

(1)将实际耗时和畅行行驶时间的数据分组整理,分别求得平均值,两平均值之差即是平均每辆车的引道延误时间。若引道实际耗时的允许误差范围为 $\pm E_t$,引道畅行行驶时间允许误差范围为 $\pm e$,则平均每辆车的引道延误的误差范围就是 $\pm \max\{E_t, e\}$,其区间估计为平均每辆车的引道延误 $\pm \max\{E_t, e\}$。

(2)用引道实际耗时的观测数据减去引道畅行行驶时间的平均值,然后再分组整理,则可获得延误的分布规律。

(3)由于车辆通过断面Ⅰ、Ⅱ时所记录的是绝对时间,经过适当的整理,可以得到引道延误随时间变化的规律。这个规律的得到需要进行大量的调查,采用连续式或定时间段式调查均可。

[例5-1] 表5-7是某交叉口引道时间调查数据的整理结果。已知引道长度为265m,引道畅行行驶车速为 (27.50 ± 2.00) km/h。计算置信度为95%时,平均每辆车的引道延误及其区间估计。

某交叉口引道实际耗时调查结果整理分析表 表5-7

组别	组区间(s)	组中值 t_i(s)	观测数 f_i(辆)	频率 F_i(%)	$f_i t_i$(辆·s)	$f_i t_i^2$(辆·s²)
1	20~30	25	8	7.69	200	5000
2	30~40	35	7	6.73	245	8575
3	40~50	45	7	6.73	315	14175
4	50~60	55	4	3.85	220	12100
5	60~70	65	11	10.58	715	46475
6	70~80	75	15	14.42	1125	84375
7	80~90	85	22	21.15	1870	158950
8	90~100	95	10	9.62	950	90250
9	100~110	105	3	2.89	315	33075
10	110~120	115	3	2.89	345	39675
11	120~130	125	3	2.88	375	46875
12	130~140	135	7	6.73	945	127575
13	140~150	145	1	0.96	145	21025
14	150~160	155	3	2.88	465	72075
合计			104	100	8230	760200

解:平均引道实际耗时:

$$\bar{V} = \frac{\sum_{i=1}^{14} f_i t_i}{n} = \frac{8230}{104} = 79.13(\text{s})$$

样本标准差:

$$S_t = \sqrt{\frac{\sum_{i=1}^{14} f_i t_i^2}{n-1} - \frac{(\sum_{i=1}^{14} f_i t_i)^2}{n(n-1)}} = \sqrt{\frac{760200}{103} - \frac{(8230)^2}{104 \times 103}} = 32.52(\text{s})$$

引道实际耗时的允许误差:

$$E_t = \pm \frac{S_t K}{\sqrt{n}} = \pm \frac{32.5 \times 1.96}{\sqrt{104}} = \pm 6.25(\text{s})$$

引道畅行行驶时间:

$$T_t = \frac{265}{27.50 - 2.0} \times 3.6 \sim \frac{265}{27.50 + 2.00} \times 3.6 = 37.41 \sim 32.34(\text{s})$$

其平均值为:

$$\bar{V}_t = \frac{37.41 + 32.34}{2} = 34.88(\text{s})$$

引道畅行行驶时间的允许误差为:

$$e = \pm \frac{37.41 - 32.34}{2} = \pm 2.54(\text{s})$$

平均每辆车引道延误为:

$$\bar{D} = 79.13 - 34.88 = 44.25(\text{s})$$

总体区间估计为:

$$\bar{D} \pm \max\{E_t, e\} = \bar{D} \pm E_t$$

即为 (44.25 - 6.25)s ~ (44.25 + 6.25)s,置信度为 95%。

车牌照调查法,方法简便,机动灵活,精度也较高。用这种方法可以得到引道延误的分布规律、各流向车辆的延误等,同时用它可以进行前后对比调查。但这种方法无法获得每一停驶车辆的平均延误和停驶车辆百分比等统计量。

2. 点样本法

点样本法是停车时间法的一种,该方法由于方法简单且不需要专门的仪器,因此应用较广泛。

1)样本容量

用点样本法调查交叉口延误时,为保证其调查精度,必须要有足够的样本数。当所关心的是停驶车辆的百分率时,应用概率统计的二项分布来确定需要调查的最小样本数:

$$n = \frac{(1-p)K^2}{pd^2} \tag{5-3}$$

式中:n——最小样本数;

p——在交叉口入口引道上的停驶车辆百分比,%;

K——对应置信度的常数,取值同前:

d——停驶车辆百分比估计值的允许误差,d 值取决于调查目的,其范围一般为 0.01 ~ 0.10,通常采用 0.05 或 0.10。

此处,样本容量指的是调查期间包括停驶车辆(经过停车通过停车线的车辆数)和未停驶车辆(不经过停车通过停车线的车辆数)在内的入口引道车辆总和。因此,在正式观测前,应进行一次现场试测,来确定适当的停驶车辆百分比 p 值,为确定适当的样本容量 N 做准备。

2)调查方法

调查时,每一入口需要 3~4 名观测员和一块秒表。观测员站在停车线附近的路侧人行道上,其中一人持秒表,按预先选定的时间间隔(通常为 15s,根据情况也可以取其他值,例如 10s 或 20s),通知另外 2~3 名观测员进行计数。第二名观测员负责清点停在停车线后面的车数,记录在记录表(参见表 5-6)中,每到一个预定的时间间隔就要清点一次。第三名观测员负责清点经过停车通过停车线的车辆数(停驶数)和不经停车通过停车线的车辆数(未停驶数),当交通量较大时,可由两名观测员分别清点,每分钟小计一次,并记入记录表中相应的栏内。连续不间断地重复上述过程,直至取得所需的样本量或交叉口引道上交通显著地改变,不同于拟研究的交通状况时为止。

对于入口为多车道的交叉口,若不要求区分某一具体车道上的延误,可不分车道调查,否则要按车道安排调查人员。

3)调查结果分析

交叉口延误调查,通常要求提供以下成果:

$$总延误 = 总停驶数 \times 抽样时间间隔(辆 \cdot s) \tag{5-4}$$

$$每一停驶车辆的平均(停车)延误 = \frac{总延误}{停驶车辆数}(s) \tag{5-5}$$

$$每一入口车辆的平均(停车)延误 = \frac{总延误}{入口交通量}(s) \tag{5-6}$$

$$停驶车辆百分比 = \frac{停驶车辆数}{入口交通量} \times 100\% \tag{5-7}$$

$$停车百分比的允许误差 = \sqrt{\frac{(1-p)K^2}{pn}} \tag{5-8}$$

式中符号的意义同前。

[例 5-2] 表 5-8 为某一交叉口车辆入口延误调查结果,试对其做出分析。

某一交叉口车辆入口延误调查结果 表 5-8

交叉口:_____ 入口:_____ 车道号:_____
日期:_____ 星期:_____ 天气:_____ 记录员:_____

开始时间	在下列时刻停在入口的车辆数				入口交通量	
(时:分)	+0s	+15s	+30s	+45s	停驶数	未停驶数
09:00	2	1	6	0	9	8
09:01	4	0	3	2	8	9
09:02	3	3	2	1	9	12
09:03	3	4	0	5	11	7
09:04	1	3	1	2	5	10
09:05	0	2	3	6	7	13
09:06	9	0	4	0	10	8

续上表

开始时间 (时:分)	在下列时刻停在入口的车辆数				入口交通量	
	+0s	+15s	+30s	+45s	停驶数	未停驶数
09:07	4	2	4	1	11	7
09:08	2	5	2	0	9	11
09:09	3	2	5	4	13	14
09:10	2	1	4	5	10	12
09:11	4	3	3	3	12	7
09:12	5	4	1	0	9	13
09:13	1	6	2	2	8	12
09:14	6	2	3	1	10	16
小计	49	38	43	31	141	159
合计	161				300	

交叉口:_____ 入口:_____ 车道号:_____
日期:_____ 星期:_____ 天气:_____ 记录员:_____

解: 总延误 $= 161 \times 15 = 2415$(辆·s)

每一停驶车辆的平均(停车)延误 $= \dfrac{2415}{141} = 17.13$(s)

每一入口车辆的平均(停车)延误 $= \dfrac{2415}{300} = 8.05$(s)

停驶车辆百分比 $= \dfrac{141}{300} \times 100\% = 47.00\%$

取置信度为90%,则停车百分比允许误差 $= \sqrt{\dfrac{(1-0.47) \times 1.64^2}{0.47 \times 300}} = 10.0\%$,在允许误差范围内。

4) 调查注意事项

(1) 若所调查的交叉口为定时信号控制,选定的取样间隔时间应保证不能被信号周期长度整除,否则,清点停车数的时间有可能是每个周期中的某个固定时刻,从而失去了抽样的随机性。

(2) 调查启动(开始)时间应避开周期开始(如绿灯或红灯启亮瞬间)时间。

(3) 每到一个清点停车数的时刻(例如15s时),要清点停车入口或拟调查的车道上的所有车辆,而不管它们在上一个时刻是否已被清点过。即若一辆车停驶时间超过一次抽样时间间隔,则这辆车就不止一次被清点过。在任一分钟内,入口交通量的停驶数一栏中的数值总是小于或等于这一分钟内停在停车线后车辆的总辆次(即0s、15s、30s、45s时停在入口车辆数之和),这一特性,可用来判断记录的正确性。

点样本法中的各个样本是相互独立的,因此,一个样本中的错误或遗漏对总的结果几乎没有影响;同时,该方法不依赖于信号设备,点样本法能够得到比较完整的描述交叉口停车延误的统计数字。但是,当停驶车辆百分比很高时(如达到90%以上),由于排队车辆数目很大,在15s或20s的时间里清点停在入口的车辆数几乎是不可能的,这时,点样本法很难适用。当入口为多车道且有左右转专用车道时,需要考虑增加观测小组和观测员。另外,点样本法只能得到平均停车延误时间,而无法获得延误时间的分布特性。

思 考 题

1. 影响行车延误的因素有哪些？
2. 简述车牌照法调查交叉口延误的方式及注意事项。
3. 简述点样本法观测交叉口入口停车延误的方法及注意事项。

第六章 交通流量、速度和密度之间的关系

前几章分别介绍了交通量、速度的统计特性,对这些量的变化规律进行了定性描述,建立了交通量、车头时距、地点车速的统计分布函数,但没有研究这些量之间的相关关系。本章在补充介绍交通密度的概念和调查方法的基础上,通过对交通流模型的介绍,描述连续流状态下交通流宏观变量(即交通量、平均车速和密度)之间的关系。

通过对三者关系的描述,可实现交通流变量之间的转换,实现控制变量与交通性能指标之间的转换,从而在交通管理中可用于控制某个变量以使交通性能达到最优。

第一节 交 通 密 度

交通密度是指在单位长度车道上,某一瞬间所存在的车辆数,一般用辆/(km·车道数)表示,也可用某个行车方向或某路段单位长度上的车辆数来度量。交通密度表示的是道路空间上的车辆密集程度。

常用的交通密度调查方法有出入量法和摄影法及流动车法。

一、出 入 量 法

出入量法,是一种测定无出入口路段上两断面之间的现有车辆数,计算该路段交通密度的方法。

取观测路段 AB,利用流动车等方法测得路段中初始时刻的车辆数 $E(t_0)$ 的情况下,根据路段两端断面 $t_0 \sim t$ 时段的驶入、驶出车辆数 $Q_A(t)$ 和 $Q_B(t)$,则 t 时刻路段中车辆数为:

$$E(t) = E(t_0) + [Q_A(t) - Q_B(t)] \tag{6-1}$$

则 t 时刻 AB 路段内的交通密度为:

$$K_t = \frac{E(t)}{L_{AB}} \tag{6-2}$$

式中:K_t——t 时刻 AB 路段上的交通密度,辆/(km·车道数);

$E(t)$——t 时刻 AB 路段上存在的车辆数,辆;

L_{AB}——AB 路段的长度,km;

$E(t_0)$——t_0 时刻 AB 路段上存在的初始车辆数,辆;

$Q_A(t)$——从 t_0 到 t 时段内从 A 断面驶入的车辆数,辆;

$Q_B(t)$——从 t_0 到 t 时段内从 B 断面驶出的车辆数,辆。

$Q_A(t)$ 和 $Q_B(t)$ 可在 A、B 两断面处测得,问题是如何测得 E_0(实测段的初期密度值)。

用试验车在测试路段 A、B 内以均衡速度行驶,试验车在 A、B 段行驶时间内,累积测得 $q_A(t)$、$q_B(t)$ 应分别是 t 和 t_0 时刻存在于 AB 路段的车辆数。当实测路段上所有车辆均以试验车速匀速行驶时,实测值符合理论值。当车速有变化时,实测值出现误差,可通过加、减超车数 Y 与被超车数 Z 进行调整。此法简便易行,测量精度高。表 6-1 为实测的算例。

出入量法密度测定记录计算表　　　　　　　　　　　　　　　表 6-1

时间:14:00~14:30　　　区间及方向:A 断面→B 断面　　　区间:810m

时间	A 断面交通量 ①	B 断面交通量 ②	变化量 ①-② ③	时刻 ④	初始车辆数 ⑤	现有车辆数 ⑥	调整值 ⑦	修正值 ⑧	瞬间密度 ⑨	平均密度	试验车驶入驶出 AB 区间,超过试验车的车辆数(Y),被试验车超越的车辆数(Z)
14:00~14:01	40	54	-14	14:01							
~14:02	74	60	14	02′							
~14:03	39	40	-1	03′							
~14:04	61	68	-7	04′							14:06:50 进
~14:05	37	60	-23	05′							$Y=2$
~14:06	72	59	13	06′							$Z=10$
~14:07	52/9	48/7	4/2	07′	94/0	0/96	0	96	119		14:08:20 出
~14:08	67	58	9	08′		105	0	105	130		
~14:09	19/24	21/26	-2/-2	09′	103/0	103/101	0	101	125		
~14:10	69	65	4	10′		105	0	105	130		
小计	563	566	-3								
~14:11	46	66	-20	11′		85	0	85	105		
~14:12	69	56	13	12′		98	0	98	121		
~14:13	57	65	-8	13′		90	1	91	112	115	
~14:14	57	59	-2	14′		88	1	89	110		
~14:15	58	46	12	15′		100	1	101	125		14:18:43 进
~14:16	52	48	4	16′		104	1	105	130		$Y=3$
~14:17	40	58	-18	17′		86	1	87	107		$Z=14$
~14:18	59	59	0	18′		86	1	87	107	128	
~14:19	47/20	29/15	18/5	19′	105/0	104/110	0	110	136		
~14:20	49	31	18	20′		128	0	128	158		
小计	554	532	22								
~14:21	37	48	-11	21′	117	117	0	117	144		
~14:22	39	40	-1	22′		116	0	116	143		
~14:23	48	59	-11	23′		105	0	105	130	125	14:21:00 出
~14:24	41	65	-24	24′		81	-1	80	99		
~14:25	72	65	7	25′		88	-1	87	107		

续上表

时间	A断面交通量 ①	B断面交通量 ②	变化量 ①－② ③	时刻 ④	初始车辆数 ⑤	现有车辆数 ⑥	调整值 ⑦	修正值 ⑧	瞬间密度 ⑨	平均密度	试验车驶入驶出AB区间,超过试验车的车辆数(Y),被试验车超越的车辆数(Z)
~14:26	65	76	－11	26′		77	－1	76	94		
~14:27	53	63	－10	27′		67	－2	65	80		
~14:28	56	63	－7	28′		60	－2	58	72	75	14:21:00 出
~14:29	46	50	－4	29′		56	－2	54	67		
~14:30	42	43	－1	30′		55	－3	52	64		
小计	499	572	－73								

时间:14:00～14:30　区间及方向:A断面→B断面　区间:810m

二、摄影法

利用空中定时摄影方法求得实测路段的车辆数,然后除以路段长度即可得到摄影时刻的路段交通密度。若进行连续摄影,即可连续测得各时刻的交通密度。具体做法为:在拟测路段上选长度为50～100m区段并在路面上做出标记,然后调整摄影机使其对准拍摄范围作定时拍摄。当实测区段过长时会使摄影精度下降,此时可使用多架摄影机分段连动摄取。在拍摄照片后,通过对照片处理即可求得摄影时刻的交通密度值。

三、流动车法

流动车测量主要用于断面交通流量和区间车速调查,利用流动车法观测交通量及区间车速的结果,可计算平均车流密度,见式(6-3)。

$$K = \frac{Q}{\overline{V}_s} \tag{6-3}$$

式中:K——平均车流密度,辆/km;
　　Q——交通量,辆/h;
　　$\overline{V}_s$——区间平均速度,km/h。

[例6-1]　利用第三章例3-5及第四章例4-4的已知条件及结果,分别计算上行A-B和下行B-A的平均车流密度。

解:已知

$$Q_{a-b} = 433 \text{ 辆/h}$$
$$Q_{b-a} = 573 \text{ 辆/h}$$
$$\overline{V}_{a-b} = 48.58 \text{km/h}$$
$$\overline{V}_{b-a} = 47.62 \text{km/h}$$

则

$$K_{a-b} = \frac{Q_{a-b}}{\overline{V}_{a-b}} = \frac{433}{48.58} = 8.91 \text{(辆/km)}$$

$$K_{b-a} = \frac{Q_{b-a}}{\overline{V}_{b-a}} = \frac{573}{47.62} = 12.03 \text{(辆/km)}$$

为提高观测精度,可以采用多辆车同时、多次往返观测的方法。

第二节 交通流三参数的基本关系

交通流量、速度、密度三个参数是描述交通流基本特征的主要参数,这三个参数之间相互联系,相互制约。在连续交通设施下,可将物理学中的流体理论引入交通流的研究,将交通流近似看作是由交通体组成的一种粒子流体,用流体力学和数学的有关理论,建立相关的描述交通流特征的数学模型。

假设交通流为自由流。研究单位时间内通过道路某断面的车辆数,取距离为 L 的两个断面 A 与 B,速度为 V 的车辆(如图 6-1 中的车辆 N)通过断面 A 所用的时间为:

$$t = \frac{L}{V}$$

L 路段上的车流密度:

$$K = \frac{N}{L}$$

单位时间内通过 A 断面的交通量:

$$Q = \frac{N}{t} = \frac{N}{\frac{L}{V}} = \frac{N}{L} \cdot V = KV \tag{6-4}$$

式中:Q——流量,辆/h;
　　　V——区间速度,km/h;
　　　K——密度,辆/km。

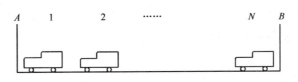

图 6-1　参数计算图

该式表明了交通流的流量、速度和密度三者之间的关系,称为交通流基本模型。三者之间的关系可由一条三维曲线描述(图 6-2)。为方便起见,将这一曲线向三个平面投影,得到三个二维关系曲线(图 6-3),分别描述速度—密度关系、速度—流量关系和流量—密度关系。

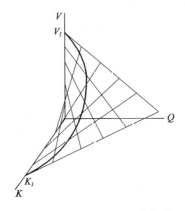

图 6-2　流量—速度—密度三维曲线图

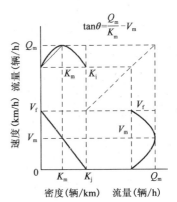

图 6-3　速度—密度、流量—密度和速度—流量关系图

由图 6-3 可以找出反映交通流特性的一些特征变量：
(1) 最大流量 Q_m，Q-V 关系曲线上的最大值；
(2) 临界速度 V_m，也称最佳速度，即流量达到最大时的速度；
(3) 最佳密度 K_m，即流量达到最大时的密度；
(4) 阻塞密度 K_j，车流密集到所有车辆无法移动($V=0$)时的密度；
(5) 畅行速度 V_f，车流密度趋于零，车辆可以畅行无阻时的平均速度。

根据实地观测，对于三个交通流宏观变量之间的关系有如下结论：

当密度很低时($K\to 0$)，速度接近最大车速($V\to V_f$)，流量接近零($Q\to 0$)；随着密度逐渐加大，速度降低，流量增加。

当密度达到最佳密度时($K=K_m$)，流量达到最大($Q=Q_m$)，此时的速度为最佳速度($V=V_m$)；随着密度进一步增大，速度降低，流量逐步减少；直到密度接近拥堵密度时($K\to K_j$)，速度趋于零($V\to 0$)，此时流量也趋于零($Q\to 0$)。

由于速度—密度关系是单调变化，而且速度—密度关系和交通流基本模型可以导出另外两个关系，因此，早期的交通研究主要对速度—密度关系进行观测和分析。

第三节 速度与密度的关系

从观测中可以看出，当道路上车辆增多、车流密度增大时，驾驶员被迫降低车速。当车流密度由大变小时，车速又会增加。因此，速度和密度之间存在相关关系。

一、Greenshields 模型(线性模型)

最早的速度—密度模型由 Greeshields 于 1935 年提出。他通过对大量观测数据的统计研究，得出速度和密度之间呈线性关系的结论(图 6-4)：

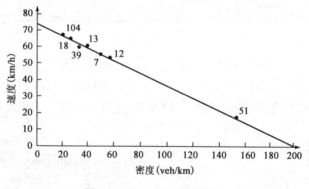

图 6-4 Greenshields 线性模型

$$V = a - bK \tag{6-5}$$

其中 a、b 是常数。当 $K=0$ 时，V 值可达到理论最高速度，即畅行速度 V_f，代入式(6-5)中得：

$$a = V_f$$

当密度达到最大值，即 $K=K_j$ 时，车速 $V=0$，代入式(6-5)得：

$$b = \frac{V_f}{K_j}$$

将 a、b 代入式(6-5)得:

$$V = V_f - \frac{V_f}{K_j}K = V_f\left(1 - \frac{K}{K_j}\right) \tag{6-6}$$

后来一些学者也对这个模型进行了验证,如 Huber(1957)建立的线性模型,如图 6-5 所示。

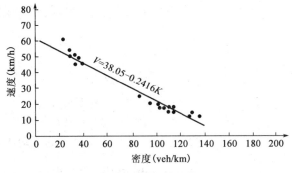

图 6-5 Huber 的线性模型

线性模型形式简单,因此得到了广泛的应用,至今仍是一种非常重要的模型。直接使用模型需要知道畅行车速 V_f 和阻塞密度 K_j。

前者较容易获得,一般介于道路限速和设计车速之间;后者由于路段上交通流很少有停止状态而不易调查,一般在 115～155veh/(km·车道)范围内。

尽管线性模型简单易用,但在建模过程中所收集的样本仍存在缺陷。观察图 6-4 和 6-5 可以看出,流量小(直线两端)的部分样本少,尤其是在接近通行能力(直线中部)的部分没有数据。因此 Greenshields 模型还不完善,速度—密度模型还有待进一步研究。

二、其他模型

1. Greenberg 模型(阻塞流,对数模型)

Greenberg 通过调查隧道中的交通流数据,重点对阻塞范围的交通流模型进行了研究,认为速度—密度关系是非线性的,呈对数变化关系。而且通过 Huber 的数据(图 6-5 中的数据)进行了验证(图 6-6),拟合效果相当好。

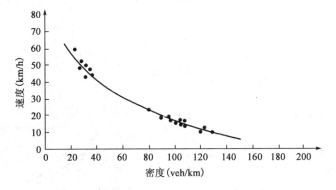

图 6-6 Greenberg 的对数模型

对数模型形式是:

$$V = V_m \cdot \ln\left(\frac{K_j}{K}\right) \tag{6-7}$$

使用 Greenberg 模型需要确定最佳速度 V_m 和阻塞密度 K_j。与 Greenshields 模型相比，不仅阻塞密度不易获得，最佳车速比畅行速度更难得到。一般将设计车速的一半作为最佳车速的粗略估计。

值得注意的是，该模型的畅行车速不存在（趋于无穷大）。尽管如此，Greenberg 模型仍具有重要意义，因为该模型在宏观交通流模型与微观跟车理论之间建立了桥梁。

2. Underwood 模型（自由流，指数模型）

Underwood 提出了自由流的交通流模型，其形式为：

$$V = V_f \cdot e^{-\frac{K}{K_m}} \tag{6-8}$$

模型参数是畅行车速 V_f 和最佳密度 K_m。其中畅行车速容易得到，但最佳密度随道路的不同而不同。该模型的缺点是速度不可能为零，而且阻塞密度为无穷大。

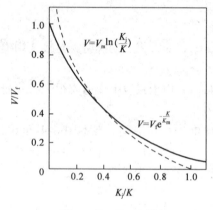

3. Edie 模型（组合模型）

鉴于 Greenberg 模型和 Underwood 模型分别适用于阻塞流和自由流，Edie 将两者组合在一起，构成一个分段的组合模型，两个模型的曲线在中部位置相交。阻塞流部分（交点左侧）采用对数模型；自由流部分（交点右侧）采用指数模型，如图 6-7 所示。

$$\begin{cases} V = V_m \cdot \ln \frac{K_j}{K} \text{（阻塞流）} \\ V = V_f \cdot e^{-\frac{K}{K_m}} \text{（自由流）} \end{cases} \tag{6-9}$$

图 6-7 Edie 的组合模型

4. Drake 模型

Drake 等人发现很多速度—密度的散点图都具有钟的形状，为此提出了钟形模型如下：

$$V = V_f \cdot e^{-\frac{1}{2}\left(\frac{K}{K_m}\right)^2} \tag{6-10}$$

该模型的参数与 Underwood 模型相同，缺点也相同。

5. Drew 模型

由于上述各种模型形式不同，在使用过程中难于选择。很自然就会考虑是否可以用一个模型将其统一在一起。Drew 提出了这样一个模型：

$$\frac{dV}{dK} = -V_m K^{(n-1)/2} \tag{6-11}$$

式中的 n 为实数。当 $n = -1$ 时，解上述微分方程，并用交通流的边界条件，可以得到 Greenberg 模型；当 $n = 0$ 时，能得出一个抛物线模型；而当 $n = +1$ 时，微分方程的解是 Greenshields 模型。因此可以看出 Drew 模型实际上是一簇模型，见图 6-8。

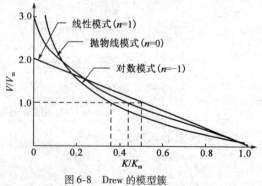

图 6-8 Drew 的模型簇

中得到直观体现;

(6) 流量—密度曲线不一定是连续的。

从图 6-10 可看出,流量—密度曲线是一条不规则曲线,通过对曲线方程的定义可找出相关关系。结合前面已介绍过的几个典型的速度—密度模型,可推导出相应的流量—密度模型。

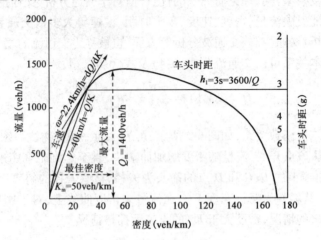

图 6-10 实测的一条流量—密度关系曲线

一、Greenshields 模型

将式(6-6)代入交通流基本模型中,推得流量—密度模型如下:

$$Q = V_f K \left(1 - \frac{K}{K_j}\right) = V_f \left(K - \frac{K^2}{K_j}\right) \tag{6-13}$$

可以看出线性模型中流量—密度的关系曲线是一条抛物线(图6-9),对上式求导,即令 $\frac{dQ}{dK}=0$,可得:

$$\begin{cases} V_m = \frac{1}{2}V_f, K_m = \frac{1}{2}K_j \\ Q_m = \frac{1}{4}V_f K_j \end{cases} \tag{6-14}$$

此时交通流处于饱和状态,是达到道路通行能力时的流量,对应的速度和密度分别是最佳车速和最佳密度。

二、Greenberg 模型

将式(6-7)代入交通流基本模型中,得出 Greenberg 的流量—密度模型如下:

$$Q = VK = KV_m \ln\left(\frac{K_j}{K}\right)$$

求导得出:

$$K_m = \frac{K_j}{e}$$
$$Q_m = \frac{V_m K_j}{e} \tag{6-15}$$

Greenshields 模型的最大流量出现在密度的中间值位置,而 Greenberg 模型的最大流量出现在密度偏左的位置上。图 6-11 是 Greenberg 模型的一个例子,其中两个模型参数为:

最佳速度 $V_m = 27.5 \text{km/h}$,阻塞密度 $K_j = 142.5 \text{veh/km}$。计算得出最佳密度 $K_m = 142.5/2.718 = 52.4(\text{veh/km})$,最大流量 $Q_m = 27.5 \times 52.4 = 1441(\text{veh/h})$。

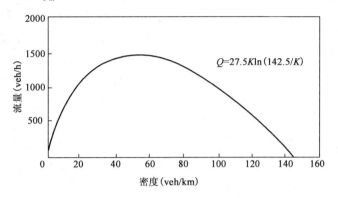

图 6-11 Greenberg 的流量—密度关系曲线

三、Underwood 模 型

将式(6-9)代入交通流基本模型中,得到 Underwood 的流量—密度关系为:

$$Q = KV_f e^{-\frac{K}{K_m}} \tag{6-16}$$

交通流的特征值为:$\begin{cases} V_m = \dfrac{V_f}{e} \\ Q_m = \dfrac{K_m V_f}{e} \end{cases}$,其中 K_m、V_f 为模型参数。

四、Edie 模 型

Edie 模型采取了分段函数:自由流状态采用指数形式;阻塞流状态采用对数形式。两条曲线不一定在中间相交或相切,因此可能形成不连续的流量—密度关系曲线。调查资料表明,在中等密度范围内流量存在不连续的跳跃现象,如在瓶颈地点流量达到通行能力之前和之后其表现明显不同(图 6-12)。根据 Edie 模型的拟合结果,自由流状态时最大流量能达到 1522veh/h,阻塞流状态时最大流量只能达到 1334veh/h。

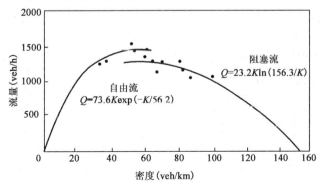

图 6-12 Edie 的流量—密度关系曲线

五、瓶颈地点的交通流

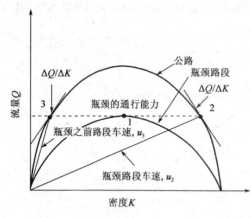

图6-13 道路和瓶颈路段的流量—密度关系

瓶颈的典型特征是其通行能力小于上下游路段的通行能力,见图6-13。

通行能力可取曲线上的最大流量点,瓶颈的通行能力用点1表示,当上游流量接近瓶颈地点通行能力时,交通状态转向流量—密度曲线的右侧的点2,在到达流量稍有增加超过瓶颈的通行能力时,就会发生配对现象,而增加密度的波则以$\Delta Q/\Delta K$的速度向后传递。通过冲击波理论和相关模型,可进一步分析车流集结行车拥挤的过程和拥挤车流消散的过程。参见第七章中流体力学模拟的相关内容。

第五节 速度与流量的关系

根据式(6-6)得:

$$K = K_j\left(1 - \frac{V}{V_f}\right)$$

代入式(6-4)得:

$$Q = K_j\left(V - \frac{V^2}{V_f}\right) \tag{6-17}$$

上式同样表示一条抛物线(图6-14),形状与流量—密度曲线相似。通常速度随流量增加而降低,直至达到通行能力的流量Q_m为止。曲线在拥挤的部分时,流量和速度都降低。点A、B、C、D和E相当于流量—密度和速度—密度上同样点。从原点E到曲线上点的向量斜率表示那一点的密度倒数$1/K$。点C上面的速度—流量曲线部分表示不拥挤情况,而点C下面的曲线部分则表示拥挤的情况。

速度—流量关系曲线以速度为纵轴,流量为横轴。由于当速度为0和畅行速度时,流量均为0,因此该曲线与纵轴有两个交点。在两个交点之间一定存在流量为最大的点,此时流量达到道路通行能力。以此点为分界点,上半部曲线是自由流范围,而下半部

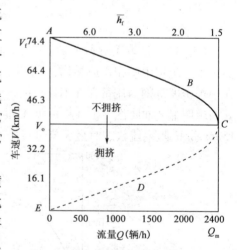

图6-14 流量—速度关系曲线

属于阻塞流范围。在自由流范围中,速度值越大,流量越小,对应的密度值越小,驾驶员感觉行车顺畅、舒适,道路服务水平高;而在阻塞流范围,车速慢,密度值大,交通流时常出现车辆走走停停、排队等现象,是道路使用者不期望的交通流状态,道路服务水平低。

速度—流量曲线能够很好地体现道路服务水平,往往用于划分服务水平等级。图6-15是

一种划分方法,根据密度将服务水平划分为由 A 到 F 六个等级。其中 A、B、C、D 四个等级是自由流范围,E 级是达到通行能力的范围,而 F 级交通流处于阻塞状态。在第八章将详细讨论《美国道路通行能力手册》中服务水平的划分问题。

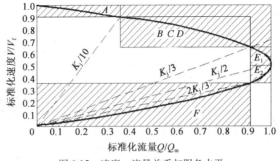

图 6-15　速度—流量关系与服务水平

根据 Greenshields 模型,速度—流量曲线是一条抛物线,达到通行能力的速度(最佳速度)是畅行速度的一半 $V_m = V_f/2$。通过调查数据的验证,Greenshileds 模型的最佳速度估计较低,实际数据的最佳速度多数情况下超过畅行速度的一半,而且在自由流范围速度与流量之间的关系接近线性变化,曲线较平缓。在阻塞流范围,速度—流量之间关系比较复杂,没有一致的结论,因此不论是服务水平的划分还是通行能力研究,往往都忽略这一段曲线。上面介绍常用模型的速度—密度模型可以根据速度—密度模型和交通流基本模型导出,这里不再赘述。

Hall 等(1992 年)指出根据速度—密度关系导出的速度—流量关系曲线与视距调查数据有很大出入,提出了图 6-16 所示的速度—流量关系曲线的一般图示。交通流分为自由流、排队消散流和阻塞流三种状态,不同状态曲线不同。自由流的曲线接近水平线,排队消散流近似垂直线,阻塞流的曲线与排队消散流向左有所错开。这一曲线得到了普遍认可,与实际交通流比较吻合,缺点是难以建立模型。美国通行能力手册 2010 采用了下面的图示计算通行能力(图 6-17)。

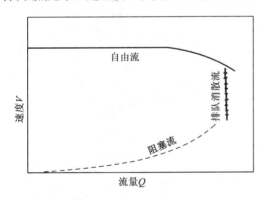

图 6-16　速度—流量关系曲线的一般图示

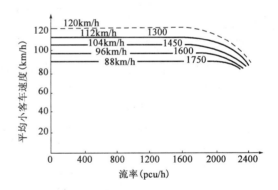

图 6-17　美国通行能力手册 1997 中的速度 流量关系曲线

第六节　影响模型的几个因素

一、几种模型特征值比较

上述各种模型或是通过调查数据统计,或是从理论推导得来。由于采用的数据不同,理论依据不同,研究的交通流模型的适用范围也不同,因此有必要进行比较。

采用一组调查数据,首先通过统计分析确定调查数据的交通流特征值范围,然后采用回归分析确定各模型的最佳拟合方程式,最后比较调查数据和各模型计算的特征值,结果见表6-2。

调查数据与各模型的特征值比较   表6-2

模型	最大流量 (veh/h)	畅行车速 (km/h)	最佳速度 (km/h)	阻塞密度 (veh/km)	最佳密度 (veh/km)
调查数据	1800~2000	80~88	45~61	116~156	30~41
Greenshields	1800	91	46	78	39
Greenberg	1565	—	37	116	43
Underwood	1590	120	45	—	36
Edie	2025	88	64	101	31
Drake 等	1810	78	48	—	38

通过比较,从图6-18可以看出,密度低于15veh/km时,Greenberg和Underwood模型高估了速度。密度在15~40veh/km范围内,除了Edie模型以外所有模型低估了速度和流量。而所有的模型对密度在40~60veh/km范围的交通流拟合较好。当密度大于60veh/km时,Greenshields模型明显偏离了调查数据,阻塞密度为78veh/km,与调查数据相差甚远。

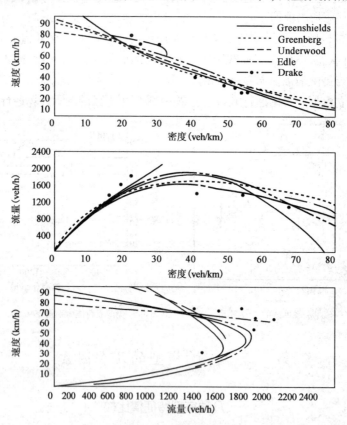

图6-18 调查数据与各模型拟合结果的比较

仔细观察调查数据可以发现中等密度的交通流存在不连续现象,而这一范围的交通流正是出现了最大流量的范围,是研究通行能力的重要部分。但遗憾的是,大多数模型对这一段的描述能力较差,相比而言,Edie 模型对这部分的调查数据拟合较好,体现了分段模型的优点。但分段模型也有明显的缺点,如分段点难于确定以及模型使用不方便等。

二、调查地点对模型的影响

交通流模型主要有两个来源:其一是调查数据的回归分析;其二是理论推导。前者直接采用调查数据,后者是在已经确定模型形式的基础上使用调查数据进行标定和验证。因此调查数据对于交通建模至关重要,不同的调查数据会导致不同的研究结果。

交通流模型是描述交通流宏观变量关系的模型,关系曲线上的一个点代表一种交通流状态。比如说速度—密度曲线上的一个点(V_i, K_i)表示所研究道路位置在某个时刻的速度为 V_i,对应的密度为 K_i。换言之,如果该道路位置的交通流模型确定了,只要测得该时刻的速度 V_i,就可以根据交通流模型计算出 K_i。这有很好的实际应用意义,如在高速公路的交通控制中有了流量—密度模型,就可以通过调整进口匝道的流量控制交通流密度的范围,使其达到预定的服务水平。

交通流模型在图形上是一条连续、完整的曲线(当然,对于分段模型有间断点,是分段连续曲线),在性质上是一条状态曲线,而不是趋势曲线。曲线上的相邻点并不代表对应交通流状态出现的时间顺序关系,某个交通流状态出现的时间和频率是不确定的。有的状态经常出现,有的状态可能永远也不出现。因此在建立交通流模型时,为了使模型准确,获得的曲线完整,需要大量的、长期的调查数据。不仅如此,对于一条均匀路段,尽管各个位置的交通流模型相同,但各个地点出现各种交通流状态的频率却往往是不同的。因此要获得完整的交通流模型关系曲线,调查地点的选取非常重要。

图 6-18 给出了一条中部存在瓶颈的道路,瓶颈部分有两个车道,其前后均为三条车道。显然两车道和三车道的路段交通流模型是不同的。我们假设三车道的路段都是均匀的,交通流模型相同。但三车道路段上不同位置出现某些交通流状态的频率却大不相同,为此将其分为三段:路段 A 是不受瓶颈路段 C 影响的三车道路段,路段 B 是高峰时将产生交通阻塞的路段。而路段 D 处于瓶颈的下游。为简便起见,假设这四个路段的交通流模型均服从 Greenshields 模型(这里只是为示意所作的假设,调查研究之前交通流模型是未知的),即速度—密度之间的关系为线性关系,速度—流量以及流量—密度关系曲线为抛物线。假设每条车道的通行能力都相同,这样三车道的路段 A、B、D 均具有三条车道的通行能力,而瓶颈路段 C 只具有两条车道的通行能力。另假设各路段中车辆的畅行速度相同。密度是单位长度道路内所有车道中的车辆数,因此路段 C 的阻塞密度是三车道路段阻塞密度的 2/3。由此可知各路段的速度—密度、速度—流量和流量—密度曲线如图 6-19 所示。

在平峰期(比如早高峰之前),流量逐渐增加,直到两条车道达到通行能力为止,各路段测得的数据将会用图中的实点表示。此时路段 A、B、D 均未达到通行能力,车速较快,密度较低。路段 C 在流量增加到两个车道通行能力时达到其通行能力,比较而言速度低,密度较大,但可以满足上游车辆的顺利通行要求,不会形成交通阻塞。总体来讲,各路段的交通流状态均处于自由流状态,因而测得的数据在曲线的自由流部分。

当流量继续增加,且增加到两条半车道通行能力的水平时,各路段的情况又会是怎样呢?显然路段 A 由于不受瓶颈路段的影响,流量也未达到其通行能力,因此仍处于自由流状态,车辆保持较高的行驶速度,密度较低。路段 B 开始时与路段 A 相同,但由于瓶颈路段 C 满足不了来自上游的交通需求(即交通需求大于其通行能力),会产生一种回涌现象;剩余交通需求(即交通需求与通行能力之差)将储存在路段 B,形成车辆排队,相应的交通流状态处于曲线的阻塞流部分(见图中的空心点),此时路段 B 的流量只能保持与路段 C 通行能力相等的水平(两个车道通行能力)。路段 C 仍然维持两个车道通行能力的流量水平,即达到其通行能力,此时车辆运行速度为最佳速度,密度为最佳密度。由于瓶颈的阻塞作用,路段 D 的交通需求最多为两个车道通行能力的流量,永远不会达到其通行能力,交通流总处于自由流状态,保持着较高车速和较低密度。

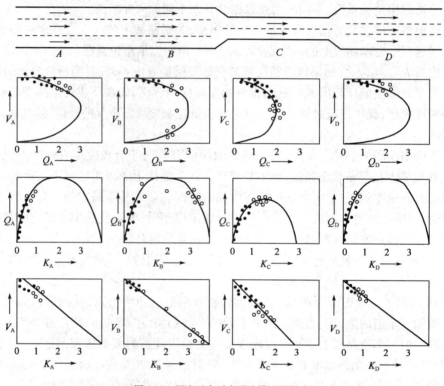

图 6-19　调查地点对交通流模型的影响

高峰过后,流量减少,各路段的交通流会恢复到高峰前的状态,调查数据仍会是实心点的范围。

根据上述分析可以得出这样的结论:第一,路段 A 和 D 的交通流只处于自由流状态,路段 D 不可能有流量超过两条车道通行能力的交通流状态;第二,瓶颈路段 C 不会出现阻塞流状态,其调查数据可覆盖曲线的整个自由流部分;第三,路段 B 在高峰期会出现阻塞流状态,但难出现达到其通行能力的状态(即流量达到三车道通行能力),而且阻塞流状态集中在流量为两车道通行能力的附近;第四,所有四个调查点都不能获得交通流所有状态的数据,当然也就不能画出描述实际的完美曲线。

如果路段 B 的通行能力降低一些,比如降低到两条半车道通行能力的水平,路段 B 可以获得曲线上自由流范围的所有状态,但阻塞流部分仍会比较集中。改进的办法是使路段 D 的通行能力可变,从很小变化到两条半车道的通行能力。当然这在实际道路上是很难做到的。

总之,不同的调查地点出现交通流状态的范围和频率不同,因此为了获取完整的交通流曲线,对调查地点的选取非常重要。在基于调查数据建立交通流模型时需要注意两点:其一,调查地点限制了流量、速度和密度的取值范围,反之,给定了某个地点足够的调查数据便可以判断该地点所处的位置(是瓶颈地点,还是其上游或下游);其二,调查地点不同,获取的数据范围不同,因而导致建立的交通流模型不同,这也是为什么会出现各种形式交通流模型的主要原因。

[例 6-2] 在某公路一个观测断面上,用电子秒表观测车头时距,求出每 5min 之内平均车头时距,同时用雷达测速仪观测各车辆车速,求出每 5min 之内的平均车速,其结果见表 6-3,试分析该路的交通量、车速、密度三者关系。

某公路观测每 5min 之内平均车头时距和平均车速资料　　　　表 6-3

序号	平均车头时距 $\bar{h}$ (s)	平均车速 $\bar{V}$ (km/h)	交通量 Q (辆/h)	车流密度 K (辆/km)	K^2	$\bar{V}K$
1	16.67	58.2	216	3.71	13.77	215.96
2	13.24	56.3	272	4.83	23.32	271.90
3	6.32	45.5	570	12.52	156.73	569.62
4	4.73	37.1	761	20.51	420.86	761.10
5	4.66	20.8	773	37.14	1379.45	772.53
6	4.46	35.4	807	22.80	519.91	807.17
7	4.51	22.4	798	35.64	1269.86	798.23
8	7.07	47.2	509	10.79	116.38	509.19
9	10.14	52.8	355	6.72	45.21	355.03
10	4.46	24.3	807	33.22	1103.37	807.17
11	8.16	50.3	441	8.77	76.93	441.18
12	5.72	42.8	629	14.70	216.23	629.37
13	5.14	39.7	700	17.64	311.24	700.39
14	4.73	19.4	761	39.23	1539.14	761.10
15	4.44	33.6	811	24.13	582.32	810.81
16	5.37	16.2	670	41.38	1712.48	670.39
17	4.29	31.3	839	26.81	718.79	839.16
18	5.82	13.8	619	44.82	2009.10	618.56
19	4.32	29.4	833	28.34	803.42	833.33
20	4.41	27.1	816	30.12	907.38	816.33
合计		703.6		463.84	13925.91	12988.53

解:(1)根据每 5min 之内的平均车头时距 $\bar{h}$ 和平均车速 $\bar{V}$,用下式求出相应交通量和车流密度,列入表中第 4、5 列。

$$Q = \frac{3600}{\bar{h}}$$

$$K = \frac{3600}{\bar{h} \times \bar{V}}$$

(2)根据表 6-3 数据资料绘出图 6-20 中实测的交通量、车速和密度的三者关系曲线图。

(3)根据图 6-20 可看出:车速 V 与密度 K 关系可用线性关系 Greenshields 模型模拟,方程

式同式(6-5),其中参数 a 和 b 可根据观测数据,利用最小二乘法得出:

$$\begin{cases} a\sum x_i + b\sum x_i^2 = \sum x_i y_i \\ an + b\sum x_i = \sum y_i \end{cases} \quad (6\text{-}18)$$

其中 $y = V, x = K, a = V_f, b = \dfrac{V_f}{K_j}, \sum y_i = \sum V_i = 703.6, \sum x_i = \sum K_i = 463.84, n = 20, \sum x_i^2 = \sum K_i^2 = 13925.91, \sum x_i y_i = \sum V_i K_i = 12988.53$。

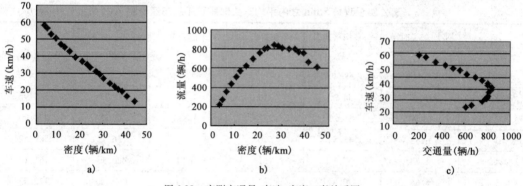

图 6-20 实测交通量、车速、密度三者关系图

代入式(6-21)可得:

$$\begin{cases} 463.84 V_f + 13925.91\left(\dfrac{V_f}{K_j}\right) = 12988.53 \\ 20 V_f + 463.84\left(\dfrac{V_f}{K_j}\right) = 703.60 \end{cases}$$

解该方程可得出:

$$a = V_f = \frac{12988.53 \times 463.84 - 703.60 \times 13925.91}{463.84^2 - 20 \times 13925.91} = 59.55(\text{km/h})$$

$$b = -\frac{V_f}{K_j} = -\frac{463.84 \times 703.60 - 20 \times 12988.53}{20 \times 13925.91 - 463.84^2} = 1.05$$

$$K_j = -\frac{V_f}{b} = \frac{59.55}{1.05} = 56.71(\text{辆/km})$$

该公路在车辆自由行驶状态时,最高平均车速为 59.55km/h,在拥挤状态阻塞最大车流密度为 57 辆/km。

(4)特征值计算:

$$K_m = \frac{K_j}{2} = \frac{57}{2} = 28.50(\text{辆/km})$$

$$V_m = \frac{V_f}{2} = \frac{59.55}{2} = 29.98(\text{km/h})$$

$$Q_m = V_m \times K_m = 28.5 \times 29.98 \approx 849(\text{辆/h})$$

该公路最佳车流密度为 28~29 辆/km,最大交通量为 849 辆/h,最大交通量时车速为 29.78km/h。

(5)交通量、车速、密度关系方程式为:

$$V = 59.55 - 1.05K$$

$$Q = 59.55K - 1.05K^2$$
$$Q = 56.71V - 0.95V^2$$

思 考 题

1. 交通密度的表示方法有哪些？其含义有何不同？
2. 交通流三参数之间有什么关系？
3. 简述交通流量和密度之间的相互关系。
4. 简述速度和交通流量之间的相互关系。

第七章 交通流理论

第一节 概 述

交通流理论是应用数学或物理学原理对交通流的各参数及其之间关系进行定性和定量分析的理论，目的是寻求道路交通流的变化规律，从而为交通规划、交通管理和道路设计及管理提供理论依据。

交通流理论研究始于20世纪30年代，研究人员开始时将交通车流看作是随机独立变量，应用概率论数理统计理论分析交通流分布规律。50年代随着汽车工业的发展，道路上行驶车辆数量急剧增加，出现大量车辆排队的现象，有些学者开始应用流体力学理论、回波理论、动力学和跟踪理论分析交通流变化规律。1959年在美国底特律举行了首届国际交通流学术讨论会。1964年由美国公路研究委员会出版了"交通流理论入门"专题报告汇编，之后美国一些大学开始编写交通流理论书籍，逐渐形成了交通流理论。

在道路上某一地点观测交通流，当交通流量不是很大时，每一个时间间隔内通过的车辆数不是一个固定的数，这个数是预先不可知的，并且与其前后任意一个时间间隔内通过的车辆数量无关。因此将道路上交通流作为相互独立的随机变量，道路上车辆行驶过程作为一种随机变化过程，交通流分布规律符合概率论数理统计分布规律，可以用相关理论来分析交通流，对车辆行驶规律进行研究，找出变化规律。这种研究方法称为概率论方法。

当道路上交通流量增大时，车流出现拥挤现象，车辆的流动类似水流，这时车辆的行驶失去了相互独立性，不再是随机变量，可将道路上整个交通流看作是一种具有特殊性质的流体，应用流体运动理论宏观地研究整个交通流体的演变过程，并应用洪水回波理论，研究交通拥挤阻塞回波现象，得出交通流拥挤状态变化规律。这种研究方法称为流体力学方法。

道路上一辆车跟踪另一辆车的追随现象是很常见的，前一辆车行驶速度的变化，会影响后一辆车的行驶，后一辆车为了与前车保持最小安全间隔距离，需要不断调整车速，这种前后车辆运动过程可以应用跟踪理论，建立道路上行驶车辆流动线性微分方程来分析车辆行驶情况和变化规律。这种研究方法称为跟驰理论。

交通流理论目前仍处在不断发展完善的过程中，今后将会有更多数学、物理学理论用于分析交通流现象，使交通流理论得到进一步发展和完善。本章将分别介绍概率统计分布特性、排队理论、跟驰理论和交通流的流体力学理论及其相关应用。

第二节　交通流的概率统计分布

概率论方法是最早应用于交通流理论的数学方法,为解决交通中具有随机性现象的交通问题提供了有效分析手段。如信号配时设计中,用离散分布描述车辆到达的分布,可预测一个周期内到达的车辆数;在可接受间隙理论中,用连续分布描述车头时距分布,可估计支路的通行能力。本节介绍交通中常用的几种离散型分布和连续型分布。

一、离散型分布

在一定的时间间隔内到达的车辆数,或在一定的路段上分布的车辆数,是所谓的随机变量,描述这类随机变量的统计规律用的是离散型分布。交通工程中常用的离散型分布有:泊松分布、二项分布和负二项分布等。

1. 泊松(Poission)分布

1)适用条件

适用于车流密度不大,车辆间相互影响微小,其他外界干扰因素基本上不存在,车流是随机的情况。

泊松分布规律:一定时间间隔内到达的车辆数是相互独立的离散型变量,进行多次观测试验,每次观测出的概率很小,属于稀有小概率事件。

2)基本公式

泊松分布可用下面公式计算:

$$P(x) = \frac{(\lambda t)^x e^{-\lambda t}}{x!}, x = 0、1、2、\cdots、n \tag{7-1}$$

式中:$P(x)$——在计数间隔 t 内到达 x 辆车的概率;

λ——单位间隔的平均到达率;

t——每个计数间隔时间(或路段长度);

e——自然对数的底,取 2.71828。

若 $m = \lambda t$,则式(7-1)可写为:

$$P(x) = \frac{m^x e^{-m}}{x!}, x = 0、1、2、\cdots、n \tag{7-2}$$

式中:m——在计数时间间隔 t 内平均到达的车辆数。

当 m 为已知时,应用式(7-2)可求出在计数间隔 t 内恰好有 x 辆车到达的概率。除此之外,还可计算出如下的概率值:

(1)到达数小于 x 辆车的概率

$$P(<x) = \sum_{i=0}^{x-1} \frac{m^i e^{-m}}{i!} \tag{7-3}$$

(2)到达数小于或等于 x 的概率

$$P(\leq x) = \sum_{i=0}^{x} \frac{m^i e^{-m}}{i!} \tag{7-4}$$

(3)到达数大于 x 的概率

$$P(>x) = 1 - \sum_{i=0}^{x} \frac{m^i e^{-m}}{i!} \qquad (7\text{-}5)$$

(4) 到达数大于或等于 x 的概率

$$P(\geq x) = 1 - \sum_{i=0}^{x-1} \frac{m^i e^{-m}}{i!} \qquad (7\text{-}6)$$

(5) 到达数至少是 x 但不超过 y 的概率

$$P(x \leq i \leq y) = \sum_{i=x}^{y} \frac{m^i e^{-m}}{i!} \qquad (7\text{-}7)$$

3) 递推公式

(1) 当 $x \geq 0$ 时

$$P0 = e^{-m}$$

(2) 当 $x \geq 1$ 时

$$P(x+1) = \frac{m}{x+1} P(x) \qquad (7\text{-}8)$$

4) 分布的均值 $E(X)$ 和方差 $Var(X)$

$$E(X) = \sum_{x=0}^{\infty} x \frac{m^x e^{-m}}{x!} = m \sum_{x=1}^{\infty} x \frac{m^{x-1} e^{-m}}{(x-1)!} = m$$

$$Var(X) = \sum_{x=1}^{\infty} (x-m)^2 \frac{m^x e^{-m}}{x!} = m \qquad (7\text{-}9)$$

在实际应用中,均值 $E(X)$ 和方差 $Var(X)$ 分别由其样本均值 $\overline{m}$ 和样本方差 S^2 进行估计:

$$\overline{m} = \frac{\sum_{i=1}^{n} x_i f_i}{\sum_{i=1}^{n} f_i} = \frac{\sum_{i=1}^{n} x_i f_i}{N}$$

$$S^2 = \frac{1}{N-1} \sum_{i=1}^{N} (x_i - m)^2 = \frac{1}{N-1} \sum_{j=1}^{n} (x_j - \overline{m})^2 f_j \qquad (7\text{-}10)$$

式中:n——观测数据分组数;

$f_{i(j)}$——时间 T 内,事件 X 发生 $i(j)$ 次的频数;

N——观测的总周期数。

由概率论的知识可知,泊松分布的均值 $E(X)$ 和方差 $Var(X)$ 是相等的,并且样本均值 $\overline{m}$ 和样本方差 S^2 分别为无偏估计。因此,当 $S^2/\overline{m}$ 显著的不等于 1 时,则意味着泊松分布拟合不合适,实际应用中,常用此作为能否应用泊松分布拟合观测数据分布的初始判断。

5) 应用举例

[**例 7-1**] 某路段,交通流量为 360 辆/h,车辆到达符合泊松分布。求:

(1) 在 95% 的置信度下,每 60s 的最多到达车辆数。

(2) 在 1s、2s、3s 时间内无车的概率。

解:(1) 根据题意,每 60s 平均来车数 m 为:

$$m = \frac{360 \times 60}{3600} = 6$$

于是,由式(7-2)知,来车分布为:

$$P(x) = \frac{m^x e^{-m}}{x!} = \frac{6^x e^{-6}}{x!}$$

按式(7-8)的递推公式计算,结果见表7-1。

概率计算结果　　　　　　　　　　　　　　　　　表7-1

x	P(x)	P(≤x)	x	P(x)	P(≤x)
0	0.0025	0.0025	6	0.1620	0.6115
1	0.0150	0.0175	7	0.1389	0.7504
2	0.0450	0.0625	8	0.1041	0.8545
3	0.0900	0.1525	9	0.0694	0.9239
4	0.1350	0.2875	10	0.0147	0.9656
5	0.1620	0.4495			

根据计算结果,在95%的置信度下每60s的最多来车数少于10辆。

(2) 当$t=1$s 时,$m = \frac{360 \times 1}{3600} = 0.1$,由式(7-2)知,1s内无车的概率:

$$P(0) = \frac{0.1^0 e^{-0.1}}{0!} = e^{-0.1} = 0.905$$

同理,当$t=2$s 时,$m=0.2$,$P(0) = e^{-0.2} = 0.8187$。

当$t=3$s 时,$m=0.3$,$P(0) = e^{-0.3} = 0.7408$。

[例7-2] 某信号灯交叉口的周期为$C=97$s,有效绿灯时间$g=44$s,在有效绿灯时间内排队的车流以$s=900$辆/h的流量通过交叉口,在有效绿灯时间外到达的车辆要停车排队。设信号灯交叉口上游车辆的到达率$q=369$辆/h,且服从泊松分布,求使到达车辆不致两次排队的周期所占的最大百分率。

解: 由于车辆只能在有效绿灯时间内通过,所以一个周期能通过的最大车辆数$A=gs=44 \times 900/3600 = 11$(辆),如果某周期到达车辆数$N$大于11辆,则最后到达的$(N-11)$辆车就不能在本周期通过而发生两次以上排队,在泊松分布公式中

$$\lambda t = \frac{369 \times 97}{3600} = 9.9(辆)$$

计算得到达车辆不大于11辆的周期出现的概率为:

$$P(\leq 11) = \sum_{i=0}^{11} \frac{m^i \cdot e^{-m}}{i!} = \sum_{i=0}^{11} \frac{9.9^i \cdot e^{-9.9}}{i!} = 0.71$$

不发生两次排队的周期最多占71%。

2. 二项分布

1) 适用条件

适用于车辆比较拥挤,自由行驶机会不多的车流。此时车辆行驶受到约束,交通流具有较小方差值,服从二项分布。

2) 基本公式

$$P(x) = C_n^x \left(\frac{\lambda t}{n}\right)^x \left(1 - \frac{\lambda t}{n}\right)^{n-x}, x = 0、1、2、\cdots、n \tag{7-11}$$

式中:$P(x)$——在计数间隔t内到达x辆车的概率;

λ——单位间隔的平均到达率；

t——每个计数间隔时间(或路段长度)；

C_n^x——在观测 n 辆车一次取 x 辆的组合 $C_n^x = \dfrac{n!}{x!(n-x)!}$。

通常记 $p = \dfrac{\lambda t}{n}$，则二项分布可写成：

$$P(x) = C_n^x p^x (1-p)^{n-x}, x = 0、1、2、\cdots、n \tag{7-12}$$

$0 < p < 1$，称为分布参数。该式可计算在计数间隔 t 内恰好到达 x 辆车的概率。除此之外，还可计算：

到达数小于 x 的概率

$$P(<x) = \sum_{i=0}^{x-1} C_n^i p^i (1-p)^{n-i} \tag{7-13}$$

到达数大于 x 的概率

$$P(>x) = 1 - \sum_{i=0}^{x} C_n^i p^i (1-p)^{n-i} \tag{7-14}$$

其余类推。

3）递推公式

(1) 当 $x = 0$ 时，$P(0) = (1-p)^n$

(2) 当 $x \geq 0$ 时，$P(x+1) = \dfrac{n-x}{x+1} \cdot \dfrac{p}{1-p} \cdot P(x)$ (7-15)

4）分布的均值和方差

对于二项分布，根据概率论，其均值 $E(X) = np$，方差 $V_{ar}(x) = np(1-p)$，因此，当二项分布拟合观测数据时，公式中参数 p 和 n 可以由观测样本数据估计值 $\hat{p}$ 和 $\hat{n}$ 来估算。

$$\hat{p} = \dfrac{\overline{m} - S^2}{\overline{m}}$$

$$\hat{n} = \dfrac{\overline{m}}{\hat{p}} = \dfrac{\overline{m}^2}{\overline{m} - S^2} \quad \text{（取整数）} \tag{7-16}$$

5）应用举例

[例 7-3] 某交叉口，准备设置一条左转车道，为此需要预测一个周期内到达的左转车辆数。经研究发现，车辆到达符合二项分布，并且每个周期内平均到达的 25 辆车中有 20% 的车辆左转。求：

(1) 每个周期左转车的 95% 置信度的来车数；

(2) 任意到达 5 辆车中有 1 辆左转车的概率。

解：(1) 由于每个周期平均到达车辆数为 25 辆，而左转车占 20%，所以左转车的分布为：

$$P(x) = C_{25}^x 0.2^x (1-0.2)^{25-x}$$

置信度为 95% 的来车数 $x_{0.95}$ 应满足：

$$P(\leq x_{0.95}) = \sum_{i=0}^{x_{0.95}} C_{25}^i p^i (1-p)^{25-i} \leq 0.95$$

计算可得：$P(\leq 9) \approx 0.928$，$P(\leq 10) \approx 0.970$。因此，在 95% 置信度下，左转来车数少于 10 辆。

(2) 由题意可知，到达左转车服从二次分布：

$$P(x) = C_5^x 0.2^x (1-0.2)^{5-x}$$

所以：
$$P(1) \approx C_5^1 0.2^1 (1-0.2)^{5-1} = 0.410$$

因此，任意到达 5 辆车中有 1 辆左转车的概率为 41.0%。

[**例 7-4**] 某交叉口进口道，在采样间隔内到达的车辆数平均为 10 辆，车辆到达符合二项分布，其中有 30% 为右转车，求在给定的周期中，不发生右转的车辆的概率是多少？

解：由题意可知：
$$n = 10, p = 0.30, 1-p = 0.70$$
$$P(0) = C_n^0 p^0 (1-p)^{n-0} = \frac{10!}{0!10!} \times (0.3)^0 \times (0.7)^{10} = 0.028$$

因此，在给定的周期中，不发生右转车的概率为 2.8%。

3. 负二项分布

1）适用条件

适用于当观测到达车辆数据方差很大时，即交通量变化较大时，特别是当计数过程包括高峰期和非高峰期。当计数间隔较小时，也会出现大流量时段与小流量时段，也可用负二项分布拟合观测数据。

2）基本公式
$$P(x) = C_{x+k-1}^{k-1} p^k (1-p)^x, x = 0、1、2、\cdots、n \tag{7-17}$$

式中：p、k——负二项分布参数，$0 < p < 1$，k 为正整数。

3）递推公式

(1) $P(0) = p^k$

(2) $P(x+1) = \frac{x+k}{x+1}(1-p) \cdot P(x), x \geq 0$ \tag{7-18}

4）分布的均值和方差
$$E(X) = \frac{k(1-p)}{p}$$
$$Var(X) = \frac{k(1-p)}{p^2} \tag{7-19}$$

参数 p、k 的一组估计值：
$$\hat{p} = \frac{\overline{m}}{S^2}$$
$$\hat{k} = \frac{\overline{m}^2}{S^2 - \overline{m}} \quad (\text{取整数}) \tag{7-20}$$

式中：$\overline{m}$、S^2——分别为样本均值和样本方差，对给定的观测数据可由式(7-10)计算。

到达车辆数小于 x 的概率：
$$P(<x) = \sum_{i=0}^{x-1} C_{i+k-1}^{k-1} p^k (1-p)^i \tag{7-21}$$

到达车辆数大于 x 的概率：
$$P(>x) = 1 - \sum_{i=0}^{x} C_{i+k-1}^{k-1} p^k (1-p)^i \tag{7-22}$$

由式(7-19)可知，$\frac{Var(X)}{E(X)} = \frac{1}{p} > 1$，因此，当$\frac{S^2}{m} > 1$时，可考虑用负二项分布拟合观测数据。

二、连续型分布

离散型分布是研究某一个时间间隔内对应有一定的到达车辆数的离散型的随机变量分布规律。对于交通流前后车辆的车头时距是连续型的随机变量，其分布规律服从下面的连续型分布。常用的连续型分布有负指数分布、移位负指数分布、M3分布和爱尔朗分布等。

1. 负指数分布

1）适用条件

适用于有充分超车机会的单列车流和密度不大的多列车流的车头时距分布。常与到达车数的泊松分布相对应。

2）基本公式

当车辆到达符合泊松分布时，车头时距符合负指数分布。

在计数间隔t内没有车辆到达($x=0$)的概率为

$$P(0) = e^{-\lambda t} \tag{7-23}$$

上式表明，在具体的时间间隔t内，如无车流到达，则上一次到达和下一次车到达之间车头时距至少有t秒，即$P(0)$也是车头时距大于等于t秒的概率。

$$P(h \geq t) = e^{-\lambda t} \tag{7-24}$$

故车头时距小于t的概率为：

$$P(h < t) = 1 - e^{-\lambda t} \tag{7-25}$$

若Q表示小时交通量，则$\lambda = Q/3600$(辆/s)，令T为车头时距概率分布的平均值，则有：

$$T = \frac{3600}{Q} = \frac{1}{\lambda}$$

则式(7-24)可改写为（分布曲线见图7-1）：

$$P(h \geq t) = e^{-t/T} \tag{7-26}$$

式(7-25)可改写为（分布曲线见图7-2）：

$$P(h < t) = 1 - e^{-t/T} \tag{7-27}$$

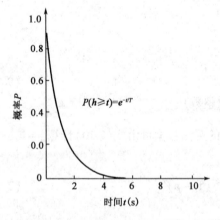

图7-1 车头时距$\geq t$的分布曲线

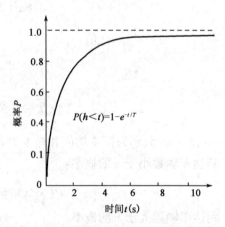

图7-2 车头时距$< t$的分布曲线

负指数分布广泛地被应用于描述车头时距分布。当每小时每车道的不间断车流量小于等于 500 辆时,用负指数分布描述车头时距,较符合实际。

2. 移位负指数分布

1)适用条件

适用于描述限制超车的单列车流车头时距分布和低流量时多列车流的车头时距分布。

2)基本公式

为克服负指数分布的车头时距越趋近于零其出现概率越大这一缺点,可将负指数分布曲线轴从 0 沿 t 轴向右移一个最小的间隔长度 τ(根据调查数据确定,一般在 1.0 ~1.5s 之间),得到移位负指数分布曲线,它能更好地拟合观测数据。基本公式为:

$$P(h \geq t) = e^{-(t-\tau)/(T-\tau)}, t \geq \tau \quad (7\text{-}28)$$

3)分布的均值和方差

$$E(H) = \frac{1}{\lambda} + \tau, Var(H) = \frac{1}{\lambda^2} \quad (7\text{-}29)$$

用样本均值 m 代替 $E(H)$,样本方差 S^2 代替 $Var(H)$,则可算出移位负指数分布的两个参数 λ 和 τ。图 7-3 为移位负指数分布式(7-28)的曲线图。其中 λ 的表达式由式(7-29)得到。

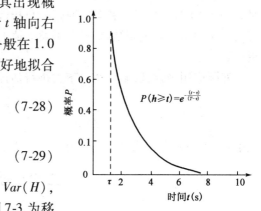

图 7-3 移位负指数分布曲线($M = 1s$)

3. M3 分布

研究发现,当交通较拥挤时,出现了部分车流成车队状态行驶,无论用负指数分布还是移位负指数分布都不能很好地描述车头时距的统计性质。针对此问题 Crowan(1975)提出了 M3 分布模型。该模型假设车辆处于两种行驶状态:一部分是车队状态行驶,另一部分车辆按自由流状态行驶。分布函数为:

$$F(t) = \begin{cases} 1 - \alpha\exp\{-\lambda(t-\tau)\} & (t \geq \tau) \\ 0 & (t < \tau) \end{cases} \quad (7\text{-}30)$$

式中:α——按自由流状态行驶车辆所占的比例;

τ——车辆处于车队状态行驶时,车辆之间保持的最小车头时距,s;

λ——特征参数。

均值和方差:

$$E(H) = \tau + \frac{\alpha}{\lambda}$$
$$Var(H) = \frac{\alpha(2-\alpha)}{\lambda^2} \quad (7\text{-}31)$$

需要注意的是,即使车辆成队列行驶,车头时距也有波动。因此,该模型不能描述很小的车头时距分布,运用该模型时,往往可根据实际经验确定 τ 值,只要车头时距小于该值即认为车辆成队列行驶。这样,式(7-31)中只有两个参数未知,可用一般的估算法得出。

4. 爱尔朗(Erlang)分布

爱尔朗分布的密度函数为：

$$f(t) = \lambda e^{-\lambda t} \frac{(\lambda t)^{k-1}}{(k-1)!} \quad (k = 1、2、3、\cdots、n) \tag{7-32}$$

式中：k、λ——参数。

对给定的参数 k，式(7-32)对应着一种分布，而随着 k 取值的不同，可以得到不同的分布函数。因此，爱尔朗分布适用范围较广。在交通工程中也常用来描述车头时距的分布，特别是，当 $k=1$ 时，该式对应着车头时距为负指数分布的情况，当 $k=\infty$ 时，该式对应着车头时距为均匀分布的情形。观测结果表明，随着 k 值的增大，交通情况越拥挤，驾驶员行为的随机程度越小。

实际应用中，参数 k 可通过下式进行估计：

$$\hat{k} = \frac{\overline{m}^2}{S^2} \tag{7-33}$$

式中：$\overline{m}$、S^2——分别为样本均值和样本方差。

三、分布的拟合优度检验

1. 拟合优度检验步骤

上面讨论了交通流理论中常用的概率统计分布，但在实际应用中，很难确定研究对象的具体分布，通常需要基于一定的经验，假设其服从一定分布。这种假设是否正确，可用拟合优度检验方法——χ^2 检验加以验证。下面的讨论是针对随机变量分布完全已知的拟合优度检验问题，对分布参数未知的情况也给出了相应的说明。χ^2 检验的具体步骤如下：

1）建立原假设 H_0

随机变量 X 是服从完全给定的分布。所谓"完全给定的分布"是指分布的函数形式已知，并且该分布中的参数也已知。

2）构造统计量

由数理统计理论可知，在一定条件下，经验分布可作为概率分布的估计。如果原假设 H_0 成立，则假设的概率分布与经验分布相差不应太远。反之，如果被研究对象的经验分布与假设的分布相去甚远，就有理由否定原假设 H_0。设样本在 i 组的频数为 f_i，在原假设成立的条件下，样本"落入"该组区间的概率为 p_i，若观测样本数为 N，则 $N \cdot p_i$ 可认为是样本落入该区间的频数理论值，记为 F_i^*。在原假设成立的条件下，f_i 与 F_i^* ($i=1、2、\cdots、g$) 应相差不大。基于上述思想可构造统计量：

$$\chi^2 = \sum_{i=1}^{g} \frac{(f_i - F_i^*)^2}{F_i^*} = \left(\sum_{i=1}^{g} \frac{f_i^2}{F_i^*}\right) - N \tag{7-34}$$

3）确定统计量的临界值

由概率论可知，当样本量 N 足够大时，统计量 X 服从自由度 $DF = g - 1$ 的 χ^2 分布。因此，对给定的显著性水平 $\alpha(0 < \alpha < 1)$ 则可根据自由度 DF，由 χ^2 分布的分位数表查出临界值 χ_α^2。分位数表见表 7-2。

4)判断假设是否成立

比较 χ^2 计算值和临界值 χ_α^2，若 $\chi_\alpha^2 \geq \chi^2$ 则接受原假设，即认为随机变量 X 服从完全给定的概率分布；若 $\chi_\alpha^2 < \chi^2$ 则拒绝原假设。

上文讨论了"随机变量 X 服从完全给定的分布"这类问题的假设检验问题。如果只假设随机变量 X 服从某种分布形式，而其分布函数中有未知的参数，则不能直接用上述讨论的方法，此时，可用参数的估计值代入分布，计算各组的理论频数 F_i^*，然后按式(7-34)计算 χ^2 值，只是 χ^2 统计量的自由度 $DF = g - i - 1$。其中 i 为分布函数中未知参数的个数。

χ^2 分布分位数表　　　　表 7-2

DF＼α	0.10	0.05	0.01	DF＼α	0.10	0.05	0.01
1	2.706	3.841	6.635	16	23.542	26.296	32.000
2	4.605	5.991	9.210	17	24.769	27.587	33.409
3	6.251	7.815	11.345	18	25.989	28.869	34.805
4	7.779	9.488	13.277	19	27.204	30.144	36.191
5	9.236	11.070	15.086	20	28.412	31.410	37.566
6	10.645	12.596	16.812	21	29.615	32.671	38.932
7	12.017	14.067	18.475	22	30.813	33.924	40.289
8	13.362	15.507	20.090	23	32.007	35.172	41.638
9	14.684	16.919	21.666	24	33.196	36.415	42.980
10	15.987	18.307	23.209	25	34.382	37.652	44.314
11	17.275	19.675	24.725	26	35.563	38.885	45.642
12	18.549	21.026	26.217	27	36.741	40.113	46.963
13	19.812	22.362	27.688	28	37.916	41.337	48.278
14	21.064	23.685	29.141	29	39.087	42.557	49.588
15	22.307	24.996	30.578	30	40.256	43.773	50.892

2. 拟合优度检验的注意事项

使用 χ^2 检验方法作拟合优度检验应注意的事项：

(1) 样本量应足够大；

(2) 对样本分组应连续，并且通常要求分组数 g 不小于 5；

(3) 各组的理论频数 F_i^* 不得小于 5，若某个组的理论频数 F_i^* 小于 5，则将其和相邻的组合并，直至合并后的理论频数大于 5 为止；

(4) 统计量的自由度 DF 的确定：对于分布完全已知的情形，自由度等于样本最终的分组数减去 1，即 $DF = g - 1$；当分布函数中有未知参数时，自由度 $DF = g - i - 1$，其中 i 为分布函数中参数的个数；

(5) 显著性水平 α 的取值，在实际应用中一般取 $\alpha = 0.05$。

[例 7-5]　在某段公路上，观测到达机动车车辆数，用 5min 为计数间隔，结果如表 7-3 所示。试求 5min 内到达车辆的概率分布并检验。

车辆到达观测结果统计　　　　　　　表 7-3

序号	来车数 x_i	观测频数 f_i	$P(x_i)$	理论频数 F_i^*	$f_i - F_i^*$	$(f_i - F_i^*)^2$	$(f_i - F_i^*)^2 / F_i^*$
1	0	3	0.0086	2.83	16.28	0.72	0.031843
2	1	14	0.0410	13.45			
3	2	30	0.0974	31.06		1.06	1.1236	0.036175
4	3	41	0.1544	50.63		−9.63	92.7369	1.831659
5	4	61	0.1834	60.16		0.84	0.7056	0.011729
6	5	69	0.1744	57.19		11.81	139.4761	2.43882
7	6	46	0.1381	45.31		0.69	0.4761	0.010508
8	7	31	0.0938	30.76		0.24	0.0576	0.001873
9	8	22	0.0557	18.28		3.72	13.8384	0.757024
10	9	8	0.0294	4.65	14.43	−3.43	11.7649	0.815308
11	10	2	0.0140	6.59				
12	11	0	0.0060	1.98				
13	≥12	1	0.0038	1.21				
总计		328	1.00	328.00		—	—	$\chi^2 = 5.935$

解：根据表 7-3 所给出数据，可知：

$$N = \sum_{i=1}^{13} f_i = 328$$

$$\overline{m} = \frac{\sum_{i=1}^{13} x_i f_i}{\sum_{i=1}^{13} f_i} = \frac{1159}{328} \approx 4.753$$

$$S^2 = \frac{\sum_{i=1}^{13}(x_i - \overline{m})^2 f_i}{N-1} \approx 4.186$$

计算：$\dfrac{S^2}{\overline{m}} = \dfrac{4.186}{4.753} = 0.881$，接近 1.00，可考虑采用泊松分布拟合观测数据。

拟合过程见表 7-3 的第 3~8 栏。

计算统计量 χ^2，即：

$$\chi^2 = \sum_{i=1}^{9} \frac{(f_i - F_i)^2}{F_i} = 5.935$$

自由度 $DF = 9 - 1 - 1 = 7$，查 χ^2 分布的分位数表，$\chi_{0.05}^2 = 14.07 > 5.935$。因此，接受车辆到达服从泊松分布的假设。

每 5min 时间内到达的车辆数可用泊松分布拟合，分布函数：

$$P(x) = \frac{(4.753)^x e^{-4.753}}{x!}$$

第三节　排　队　论

道路上交通流排队现象随时可见，如高速公路收费站的车辆排队，加油站等候加油的车辆排队等。因此，有必要研究交通流中的排队理论及其应用。

排队论是研究"服务"系统因"需求"拥挤而产生等待行列(即排队)的现象,以及合理协调"需求"与"服务"关系的一种数学理论,是运筹学中以概率论为基础的一门重要分支,也称"随机服务系统理论"。

本节主要介绍排队论的基本方法及其在交通工程中的应用。

一、排队论的基本概念

1. "排队"与"排队系统"

"排队"单指等待服务的,不包括正在被服务的,而"排队系统"既包括了等待服务的,又包括了正在服务的车辆。例如,一队汽车在收费站排队等候交费,它们与收费站构成一个排队系统。其中尚未轮到交费依次排队等候的汽车行列,称为"排队"。所谓"排队车辆"或"排队(等待)时间",都是仅指排队本身而言,而"排队系统中的车辆"或"排队系统(消耗)时间",则把正在受服务者也包括在内,后者当然大于前者。

2. 排队系统的三个组成部分

(1)输入过程。指各种类型的"顾客(车辆或行人)"按怎样的规律到来。有各种类型的输入过程,例如:

定长输入——顾客等时距到达。

泊松输入——顾客到达时距符合负指数分布。这种输入过程最容易处理,因而应用最广泛。

爱尔朗分布——顾客到达时距符合爱尔朗分布。

(2)排队规则。指到达的顾客按怎样的次序接受服务。例如:

损失制——顾客到达时,若所有服务台均被占,该顾客就自动消失,永不再来;

等待制——顾客到达时,若所有服务台均被占,它们就排成队伍,等待服务。服务次序有先到先服务(这是最通常的情形)和优先服务(如急救车、消防车)等多种规则;

混合制——顾客到达时,若队长小于L,就排入队伍;若队长大于等于L,顾客就离去,永不再来。

(3)服务方式。指同一时刻有多少服务台可接纳顾客,每一顾客服务了多少时间。每次服务可以接待单个顾客,也可以成批接待,例如公共汽车一次就装载大批乘客。

服务时间的分布主要有如下几种:

定长分布——每一顾客的服务时间都相等;

负指数分布——即各顾客的服务时间相互独立,服从相同的负指数分布;

爱尔朗分布——即各顾客的服务时间相互独立,具有相同的爱尔朗分布。

为叙述方便,引用下列符号:令 M 代表泊松输入或负指数分布服务,D 代表定长输入或定长服务,E_k 代表爱尔朗分布的输入或服务。于是泊松输入、负指数分布服务、N 个服务台的排队系统可以写成 M/M/N,泊松输入、定长服务、单个服务台的系统可以写成 M/D/1。同样可以理解 $M/E_k/N$、D/M/N 等记号的含义。如果不附其他说明,则这种记号一般都指先到先服务、单个服务的等待制系统。

3. 排队系统的主要数量指标

(1) 等待时间——从顾客到达时起到开始接受服务时的这段时间；

(2) 忙期——服务台连续繁忙的时期，这关系到服务台的工作强度；

(3) 队长——有排队顾客数与排队系统中顾客数之分，这是排队系统提供的服务水平的一种衡量。

二、单通道排队服务(M/M/1)系统

此时，由于排队等待接受服务的通道只有单独一条，故称"单通道服务系统"(图7-4)。

图 7-4 单通道服务系统示意图

设顾客随机单个到达，平均到达率为 λ，则两次到达之间的平均间隔为 $1/\lambda$。从单通道接受服务后出来的输出率(即系统的服务率)为 μ，则平均服务时间为 $1/\mu$。比率 $\rho = \lambda/\mu$ 叫作交通强度或利用系数，可确定各种状态的性质。如果 $\rho<1$，并且时间充分，每个状态将会循环出现。当 $\rho\geq 1$，每个状态都是不稳定的，而排队的长度将会变得越来越长。因此，要保持稳定状态即确保单通道排队能够疏散的条件是 $\rho<1$，即 $\lambda<\mu$。

(1) 系统中没有顾客的概率：

$$P(0) = 1 - \rho \tag{7-35}$$

(2) 在系统中有 n 个顾客的概率：

$$P(n) = \rho^n(1-\rho) \tag{7-36}$$

(3) 排队系统中的平均顾客数：

$$\bar{n} = \frac{\rho}{1-\rho} \tag{7-37}$$

(4) 排队系统中顾客数的方差：

$$\sigma^2 = \frac{\rho}{(1-\rho)^2} \tag{7-38}$$

$\bar{n}$ 和 σ 与 ρ 的关系可绘成图7-5，从图中不难看出当交通强度 ρ 超过0.8时，平均排队长度迅速增加，而系统状态的变动范围和频度增长更快，即不稳定因素迅速增长，服务水平迅速下降。

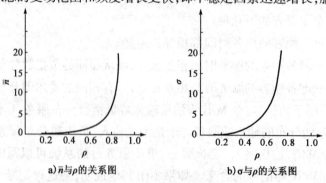

a) $\bar{n}$ 与 ρ 的关系图 b) σ 与 ρ 的关系图

图 7-5 $\bar{n}$ 和 σ 与 ρ 的关系图

(1)平均排队长度：

$$\bar{q} = \frac{\rho^2}{1-\rho} = \rho\bar{n} \qquad (7-39)$$

(2)平均非零排队长度：

$$\bar{E} = \frac{1}{1-\rho} \qquad (7-40)$$

(3)排队系统中的平均消耗时间(s/辆)：

$$\bar{d} = \frac{1}{\mu-\lambda} \qquad (7-41)$$

(4)排队中的平均等待时间(s/辆)：

$$\bar{w} = \frac{\lambda}{\mu(\mu-\lambda)} = \bar{d} - \frac{1}{\mu} \qquad (7-42)$$

[例7-6] 一个停车场有一个出入口，同时收费。假设车辆到达服从泊松分布，参数 λ 为 300 辆/h，收费平均持续时间 10s，服从负指数分布，试求收费空闲的概率、系统中有 n 辆车的概率、系统中平均车辆数、排队的平均长度、排队系统中的平均消耗时间、平均等待时间。

解：该系统为 M/M/1 系统，并且 $\lambda = 300$ 辆/h。

$$\mu = \frac{3600}{10} = 360(辆/h)$$

$$\rho = \frac{\lambda}{\mu} = \frac{300}{360} = 0.83 < 1$$

所以系统是稳定的。

系统中没有车辆的概率：

$$P(0) = 1 - \rho = 0.17$$

系统中有 n 辆车的概率：

$$P(n) = \rho^n(1-\rho) = 0.83^n \cdot 0.17$$

系统中的平均车辆数：

$$\bar{n} = \frac{\rho}{1-\rho} = \frac{\lambda}{\mu-\lambda} = 5(辆)$$

平均排队长度为：

$$\bar{q} = \frac{\rho^2}{1-\rho} = \rho\bar{n} = 0.83 \times 5 = 4.15(辆)$$

平均消耗时间：

$$\bar{d} = \frac{1}{\mu-\lambda} = \frac{1}{360-300} \times 3600 = 60(s/辆)$$

平均排队等候时间：

$$\bar{w} = \frac{\lambda}{\mu(\mu-\lambda)} = \bar{d} - \frac{1}{\mu} \times 3600 = 50(s/辆)$$

[例7-7] 拟修建一个服务能力为 240 辆/h 的停车场，设置一个出入通道。根据调查每小时有 144 辆车到达，假设车辆到达服从泊松分布，每辆车服务时间服从负指数分布。如果出入通道能容纳 5 辆车，问是否合适？

解：该系统为 M/M/1 系统，并且 $\lambda = 144$ 辆/h，$\mu = 240$ 辆/h。

$$\rho = \frac{\lambda}{\mu} = \frac{144}{240} = 0.6 < 1$$

系统是稳定的。

系统中的平均车辆数为:

$$\bar{n} = \frac{\rho}{1-\rho} = \frac{0.6}{1-0.6} = 1.5(辆) < 5\ 辆$$

系统中的平均车辆数小于通道能容纳的车辆数,故合适。

第二种判断方法:通过计算系统中车辆数超过 5 辆的概率:

$$P(0) = 1 - \rho = 1 - 0.6 = 0.4$$
$$P(1) = 0.6 \times (1 - 0.6) = 0.24$$
$$P(2) = 0.6^2 \times (1 - 0.6) = 0.14$$
$$P(3) = 0.6^3 \times (1 - 0.6) = 0.09$$
$$P(4) = 0.6^4 \times (1 - 0.6) = 0.05$$
$$P(5) = 0.6^5 \times (1 - 0.6) = 0.03$$

系统中车辆数超过 5 辆的概率为:

$$P(n>5) = 1 - \sum_{n=0}^{5} P(n) = 0.05$$

因此,系统中车辆超过 5 辆的可能性只有 5%,所以该通道的容量是合适的。

三、多通道排队服务(M/M/N)系统

在这种排队系统中,服务通道有 N 条,根据排队方式的不同,可分为:

单路排队多通道服务:指排成一队等待数条通道服务的情况。排队中头一辆车可视哪个通道有空就到该通道接受服务,如图 7-6 所示。

多路排队多通道服务:指每个通道各排一个队,每个通道只为其对应的一队车辆服务,车辆不能随意改换队列,如图 7-7 所示。相当于 N 个单通道服务系统。

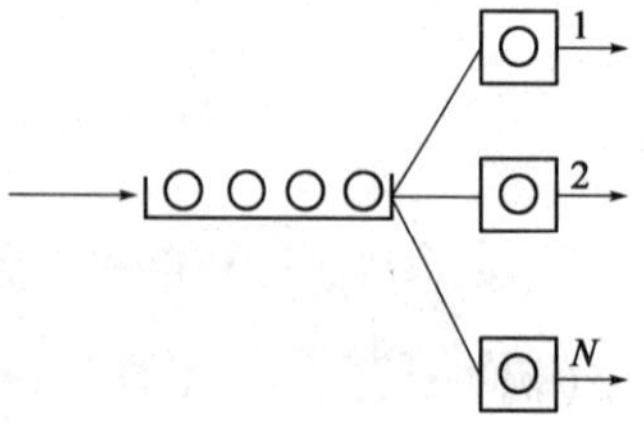

图 7-6　单路排队多通道服务 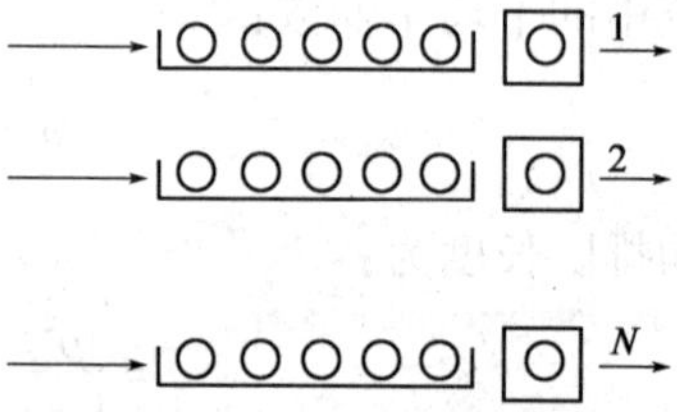　　　　图 7-7　多路排队多通道服务

对于多通道服务系统,保持稳定状态的条件,不是 $\rho<1$,而是 $\frac{\bar{\rho}}{N}<1$。其中 $\bar{\rho}$ 为各通道 ρ 的平均值。考虑各通道 ρ 值相等的情况则 $\bar{\rho}=\rho$。若令 λ 为进入系统中的平均到车率,则对于单路排队多通道服务系统,存在下列关系式:

系统中没有车辆的概率:

$$P(0) = \frac{1}{\left[\sum_{n=0}^{N-1}\frac{1}{n!}\left(\frac{\lambda}{\mu}\right)^n + \frac{1}{N!}\left(\frac{\lambda}{\mu}\right)^N\left(\frac{N\mu}{N\mu-\lambda}\right)\right]} = \frac{1}{\sum_{n=0}^{N-1}\frac{\rho^n}{n!} + \frac{\rho^N}{N!\left(1-\frac{\rho}{N}\right)}} \quad (7-43)$$

系统中有 n 辆车的概率：

$$P(n) = \frac{\rho^n}{n!}P(0) \quad (n \leq N)$$

$$P(n) = \frac{\rho^n}{N!N^{n-N}}P(0) \quad (n > N)$$

(7-44)

排队系统中的平均车辆数：

$$\bar{n} = \frac{\lambda}{\mu} + \frac{\lambda\mu\left(\frac{\lambda}{\mu}\right)^N P(0)}{(N-1)!(N\mu-\lambda)^2} = \rho + \frac{P(0)\rho^{N+1}}{N!N}\left[\frac{1}{\left(1-\frac{\rho}{N}\right)^2}\right]$$

(7-45)

平均排队长度：

$$\bar{g} = \frac{\rho^{N+1}P(0)}{N!N}\left[\frac{1}{\left(1-\frac{\rho}{N}\right)^2}\right] = \bar{n} - \rho$$

(7-46)

排队系统中的平均消耗时间：

$$\bar{d} = \frac{\mu\left(\frac{\lambda}{\mu}\right)^N P(0)}{(N-1)!(N\mu-\lambda)^2} + \frac{1}{\mu} = \frac{\bar{n}}{\lambda}$$

(7-47)

排队中的平均等待时间：

$$\bar{w} = \frac{\mu\left(\frac{\lambda}{\mu}\right)^N P(0)}{(N-1)!(N\mu-\lambda)^2} = \frac{\bar{q}}{\lambda}$$

(7-48)

[例 7-8] 某停车场，白天车辆到达率为 4 辆/h，平均每辆车停留在停车场的时间为 0.5h。停车场有五排停车位，假设车辆到达服从泊松分布，停车时间服从负指数分布，试评价该停车场的服务情况。

解： 该系统为 M/M/N 系统，并且 $N=5$，$\lambda=4$ 辆/h，$\mu=\frac{1}{0.5}=2$ 辆/h，$\rho=\frac{\lambda}{\mu}=2$，利用系数 $\frac{\rho}{N}=\frac{2}{5}=0.4<1$。可求得：

(1) 停车场地空闲的概率：

$$P(0) = \frac{1}{1+\frac{2}{1!}+\frac{2^2}{2!}+\frac{2^3}{3!}+\frac{2^4}{4!}+\frac{2^5}{5!\times 0.6}} = 0.134328$$

(2) 系统中有 n 个顾客的概率：

当 $n \leq 5$ 时，$P(n) = \frac{2^n}{n!} \times 0.134328$；

当 $n > 5$ 时，$P(n) = \frac{2^n}{5!5^{n-5}} \times 0.134328$。

$$P(0) = 0.134328$$
$$P(1) = 0.268656$$
$$P(2) = 0.268656$$
$$P(3) = 0.179104$$
$$P(4) = 0.089552$$

(3) 排队系统中顾客的平均数：
$$\bar{n} = 2.0398 \text{ 辆}$$
(4) 系统中平均消耗时间：
$$d = 0.50995h$$
(5) 队中的平均等待时间：
$$\bar{w} = 0.00995h$$

第四节 跟驰理论

跟驰理论是运用动力学方法，研究在无法超车的单一车道上车辆列队行驶时，后车跟随前车的行驶状态的一种理论。它用数学模型表达跟驰过程中发生的各种状态。

1950 年，Reuschel 开始研究车辆在排队行驶时的运行状态。1953 年，Pipes 用动力学分析车辆跟驰现象，形成了车辆跟驰理论。此后，Herman 和 Montroll(1958)等人又进行了实验室研究并将跟驰理论作了进一步的扩充。另外，Michaels(1963)通过分析驾驶员生理和心理潜在的一些因素，首次提出了生理—心理跟驰理论的理念，Zhang Y. L. 等(1998)在此基础上提出了一种可应用的多段式模型。自 20 世纪 90 年代以来，研究人员试图用模糊推理系统和混沌理论来描述跟驰状态。

跟驰理论研究的一个主要目的是试图通过观察各个车辆逐一跟驰的方式来了解单车道交通流的特性。这种特性的研究可用来描述交通流的稳定性、加速干扰以及干扰的传播；检验在高速公路专用车道上运行的公共汽车车队的特性；检验管理技术和通信技术，以便预测短途车辆对市区交通流的影响，使追尾事故减到最低限度。跟驰模型的研究对于交通安全、交通管理、通行能力、服务水平等方面都有着重要的意义。跟驰模型的另一重要运用是进行交通模拟，在 20 世纪 80 年代后期以来所作的跟驰模型研究，基本上都是基于开发交通流仿真模型或模拟驾驶行为分析进行的。

一、车辆跟驰特性分析

在道路上，当交通流密度小时，驾驶人能根据自己的驾驶特性（个人驾驶技巧、驾驶倾向、身体状况、情绪、出现的紧迫性等）、车辆条件和道路条件进行驾驶，而基本不受或少受道路上其他使用者的影响，通常能保持他们的期望速度，这时的交通流状态被称为自由流；当交通流的密度加大时，车辆间距减小，车队中任一辆车的车速都受前车速度的制约，驾驶人只能按前车提供的信息采用相应的车速。我们称这种状态为非自由运行状态。跟驰理论就是研究这种运行状态车队的行驶特性。

非自由状态行驶的车队有以下三个特性：

1. 制约性

在一队汽车中，驾驶员总不愿意落后，而是紧随前车前进。这就是"紧随要求"。同时，后车的车速不能长时间的大于前车车速，只能在前车车速附近摆动，否则会发生碰撞。这是"车速条件"。此外，前后车之间必须保持一个安全距离，在前车制动后，两车之间有足够的距离，从而有足够的时间供后车驾驶员作出反应，采取制动措施，这是"间距条件"。

"紧随要求"、"车速条件"和"间距条件"构成了一队汽车跟驰行驶的制约性。即前车车速制约着后车车速和两车间距。

2. 延迟性

从跟驰车队的制约性可知,前车改变运行状态后,后车也要改变。但前后车运行状态的改变不是同步的,后车运行状态的改变滞后于前车。因为驾驶员对前车运行状态的改变要有一个反应过程,需要反应时间。假设反应时间为 T,那么前车在 t 时刻的动作,后车在 $(t+T)$ 时刻才能作出相应的动作。这就是延迟性。

3. 传递性

由制约性可知,第一辆车的运行状态制约着第 2 辆车的运行状态,第 2 辆又制约着第 3 辆,……,第 n 辆制约着第 $n+1$ 辆。一旦第一辆车改变运行状态,它的效应将会一辆接一辆地向后传递,直至车队的最后一辆。这就是传递性。而这种运行状态的传递又具有延迟性。这种具有延迟性的向后传递的信息不是平滑连续的,而是像脉冲一样间断连续的。

二、线性跟驰模型的建立

跟驰模型是一种刺激—反应的表达式。一个驾驶员所接受的刺激是指其前方导引车的加速或减速以及随之而发生的这两车之间的速度差和车间距离的变化;该驾驶员对刺激的反应是指其为了紧密而安全地跟踪前车所作的加速或减速动作及其实际效果。

假定驾驶员保持驾驶的车辆与前导车的距离为 $S(t)$,以便在前导车制动时能使车停下而不至于和前导车尾相撞。设驾驶员的反应时间为 T,在反应时间内,车速不变,这两辆车在 t 时刻的相对位置用图 7-8 表示,图中 n 为前导车,$n+1$ 为后随车。两车在制动操作后的相对位置如图 7-8 所示。

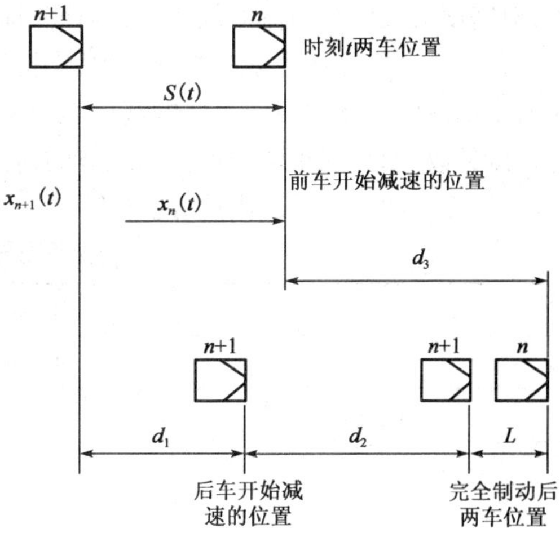

图中:

$x_n(t)$——第 i 辆车在时刻 t 的位置;

$S(t)$——两车在时刻 t 的间距,$S(t) = x_n(t) - x_{n+1}(t)$;

d_1——后随车在反应时间 T 内行驶的距离;

d_2——后随车在减速期间行驶的距离;

d_3——前导车在减速期间行驶的距离;

L——停车后的车头间距。

假定 $d_2 = d_3$,要使在时刻 t 两车的间距能保证在突然制动事件中不发生撞碰,则应有:

$$S(t) = d_1 + L = T\dot{x}_{n+1}(t+T) + L \tag{7-49}$$

对 t 微分,得:

$$\dot{x}_n(t) - \dot{x}_{n+1}(t) = T\ddot{x}_{n+1}(t+T)$$

或

$$\ddot{x}_{n+1}(t+T) = \frac{1}{T}[\dot{x}_{n(t)} - \dot{x}_{n+1}(t)] \tag{7-50}$$

图 7-8 跟驰关系图

式中：$\ddot{x}(t+T)$——后车在时刻$(t+T)$的加速度，称为后车的反应；

$\dfrac{1}{T}$——敏感度；

$\dot{x}_n(t) - \dot{x}_{n+1}(t)$——时刻 t 的刺激。

这样，式(7-50)就可理解为：反应 = 敏感度 × 刺激。

式(7-50)是在前导车制动、两车的减速距离相等以及后车在反应时间 T 内速度不变等假定下推导出来的。实际的跟车操作要比这两条假定所限定的情形复杂得多。比方说，刺激也可能是由前车加速引起的。而两车在变速过程中行驶的距离可能不相等。为了适应更一般的情形，把上式修改为：

$$\ddot{x}_{n+1}(t+T) = a[\dot{x}_n(t) - \dot{x}_{n+1}(t)] \tag{7-51}$$

其中，a 为反应强度系数，量纲为 s^{-1}。这里 a 不再理解为敏感度，而应看成是与驾驶员动作的强弱程度直接相关。表明后车的反应与前车发出的刺激成正比，此公式称为线性跟车模型。

第五节　流体力学模拟理论

1955 年，英国学者 Lighthill 和 Whiteham 将交通流比拟为流体流，在一条很长的公路隧道里，对密度很大的交通流的规律进行研究，提出了流体力学模拟理论。

该理论运用流体力学的基本原理，模拟流体的连续性方程，建立车流的连续性方程。把车流密度的疏密变化比拟成水波的起伏而抽象为车流波。当车流因道路或交通状况的改变而引起密度的改变时，在车流中产生车流波的传播，通过分析车流波的传播速度，寻求车流流量和密度、速度之间的关系。因此，此理论又称为车流波动理论。对比情况见表 7-4。

交通流与流体流的比较　　　　　　　　表 7-4

物理特性	流体力学系统	交通流系统
连续体	单向不可压缩流体	单车道不可压缩车流
离散元素	分子	车辆
变量	质量 m	密度 K
	速度 v	车速 V
	压力 p	流量 Q
动量	mv	KV
状态方程	$p = CMT$	$Q = KV$
连续性方程	$\dfrac{\partial m}{\partial t} + \dfrac{\partial(mv)}{\partial x} = 0$	$\dfrac{\partial K}{\partial t} + \dfrac{\partial(KV)}{\partial x} = 0$
运动方程	$\dfrac{dv}{dt} + \dfrac{c^2}{m} \dfrac{\partial m}{\partial x} = 0$	$\dfrac{dV}{dt} + K\left(\dfrac{dV}{dK}\right)^2 \dfrac{\partial K}{\partial x} = 0$

流体连续模拟理论是一种宏观的模型。它假定在车流中各单个车辆的行驶状态与它前面的车辆完全一样，这是与实际不相符的。尽管如此，该理论在"流"的状态较为明显的场合，如分析瓶颈路段的车辆拥挤问题时，有其独特的用途。

一、车流连续性方程的建立

假设车流顺次通过断面Ⅰ和Ⅱ的时间间隔为 dt，两断面的间距为 dx，同时，车流在断面Ⅰ的流入量为 Q，密度为 K。车流在断面Ⅱ的流出量为 $(Q+dq)$，密度为 $(K-dk)$。dk 取负号表示在拥挤状态，车流密度随车流量的增加而减少。

根据质量守恒定律：

$$\text{流入量} - \text{流出量} = dx \text{ 内车辆数的变化}$$

即：

$$-dqdt = dkdx$$

$$\frac{dk}{dt} + \frac{dq}{dx} = 0 \tag{7-52}$$

因 $Q = KV$，故有：

$$\frac{dk}{dt} + \frac{d(kv)}{dx} = 0 \tag{7-53}$$

该方程表明，车流量随距离而降低时，车流密度则随时间而增大。同样，我们还可以通过流体力学的理论来建立交通流的运动方程：

$$\frac{dk}{dx} = -\frac{dV}{dt} \tag{7-54}$$

表明，车流密度增加时，产生减速。

二、车流中的波

图 7-9 是由 8 车道路段过渡到 6 车道路段的半幅平面示意图。由图可以看出，在 4 车道的路段和 3 车道的路段，车流都是各行其道。而在由 4 车道向 3 车道过渡的那段路内，车流出现了拥挤、紊乱甚至堵塞。这是因为车流在即将进入瓶颈路段时会产生一个反向的波，类似声波碰到障碍物时的反射，或者管道内的水流突然受阻时的后涌。这个波导致瓶颈路段之前的路段出现车流紊乱现象。

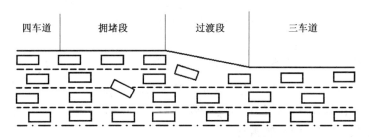

图 7-9 瓶颈处的车流波

1. 基本方程

为讨论方便起见，取图 7-10 所示的计算图式。假设一直线路段被垂直线 S 分割为 A、B 两段。A 段的车流速度为 V_1，密度为 K_1；B 段的车流速度为 V_2，密度为 K_2；S 处的速度为 V_w，沿路线按照所画的箭头 x 正方向运行，速度为正，反之为负。

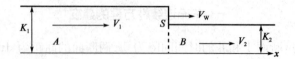

图 7-10 瓶颈处的车流波计算图式

图中：

V_1——在 A 区车辆的区间平均车速；

V_2——在 B 区车辆的区间平均车速。

则在时间 t 内横穿 S 交界线的车数 N 为：

$$N = (V_1 - V_w)K_1 t = (V_2 - V_w)K_2 t \tag{7-55}$$

即 $(V_1 - V_w)K_1 = (V_2 - V_w)K_2$，则：

$$V_w = \frac{V_1 K_1 - V_2 K_2}{K_1 - K_2} \tag{7-56}$$

令 A、B 两部分的车流量分别为 q_1、q_2，则根据定义可得：

$$q_1 = K_1 V_1, \quad q_2 = K_2 V_2$$

于是，式(7-56)变为：

$$V_w = \frac{q_2 - q_1}{K_2 - K_1} \tag{7-57}$$

当 $q_1 > q_2$、$K_1 < K_2$ 时，V_w 为负值。表明波的方向与原车流流向相反。此时在瓶颈过渡段内的车辆即被迫后涌，开始排队，出现拥塞。有时 V_w 为正值，则表明此时不致发生排队现象，或者是已有的排队即将开始消散。

若 A、B 两区车流量与交通密度大致相等，则可以写成：

$$q_2 - q_1 = \Delta q, \quad K_2 - K_1 = \Delta K$$

因此可得传播小紊流的速度：

$$V_w = \frac{\Delta q}{\Delta K} = \frac{dq}{dK} \tag{7-58}$$

至此，以上分析尚未触及区间平均车速 V_1 及 V_2、密度 K_1 及 K_2 之间的任何具体关系。如果我们采用线性的速度与密度关系式，即：

$$V_i = V_f \left(1 - \frac{K_i}{K_j}\right)$$

如果再进一步，设 $\eta_i = \frac{K_i}{K_j}$，则：

$$V_1 = V_f(1 - \eta_1), \quad V_2 = V_f(1 - \eta_2)$$

式中：η_1 和 η_2——在界线 S 两侧的标准化密度。

将以上关系代入式(7-56)，得波速为：

$$V_w = \frac{K_1 V_f(1 - \eta_1) - K_2 V_f(1 - \eta_2)}{K_1 - K_2} \tag{7-59}$$

方程 $\eta_1 = \frac{K_i}{K_j}$ 可用来简化上式，结果为：

$$V_w = V_f[1 - (\eta_1 + \eta_2)] \tag{7-60}$$

上式说明，波速可用交通密度不连续线两侧的标准化密度表示。

2. 交通密度大致相等的情况

如果在界线 S 两侧的标准化密度 η_1 和 η_2 大致相等，如图 7-11 所示。S 左侧的标准化密度为 η，而 S 右侧的标准化密度为 $(\eta + \eta_0)$，这里 $\eta + \eta_0 \leq 1$。

在此情况下，设 $\eta_1 = \eta$，$\eta_2 = \eta + \eta_0$，并且
$$[1 - (\eta_1 + \eta_2)] = [1 - (2\eta + \eta_0)] = 1 - 2\eta$$

代入式(7-60)，则此断续的波就以下列速度传播：
$$V_w = V_f(1 - 2\eta) \tag{7-61}$$

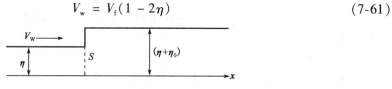

图 7-11　交通密度大致相等时的标准化密度

3. 停车产生的波

对于车流的标准化密度为 η_1，以区间平均车速 V_1 行驶的车辆，假定下式成立：
$$V_1 = V_f(1 - \eta_1)$$

在道路上，位置 $X = x_0$ 处，因红灯停车，车流立即呈现出饱和的标准化密度 $\eta_2 = 1$。如图 7-12 所示。线 S 左侧，车流仍为原来的密度 η_1，按方程(7-61)的平均速度继续运行，将 $\eta_1 = \eta$、$\eta_2 = 1$ 代入方程，可得停车产生的波的波速：
$$V_w = V_f[1 - (\eta_1 + 1)] = -V_f\eta_1 \tag{7-62}$$

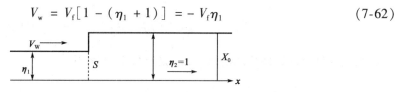

图 7-12　停车时饱和的标准化密度

上式说明，由于停车而产生的波，以 $V_f\eta_1$ 的速度向后方传播。如果信号在 $X = x_0$ 处变为红灯，则经 t 秒以后，一列长度为 $V_f\eta_1 t$ 的汽车就要停在 x_0 之后。

4. 发车产生的波

现在讨论的是一列车辆启动(发车)所产生的波的性质。假定 $t = 0$ 时，一列车已经停在位于 $X = x_0$ 处的信号灯后边。因为这列车停着，所以具有饱和密度 $\eta_1 = 1$，如图 7-13 所示。

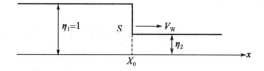

图 7-13　发车时的标准化密度

如果在 $t = 0$ 时，$x = x_0$ 处变为绿灯，车流以速度 V_2 启动，此时，停车一方(S 线左侧)的交通密度仍为饱和密度 $\eta_1 = 1$，而 η_2 可以从下式求得：
$$V_2 = V_f(1 - \eta_2)$$

即 $\eta_2 = 1 - \dfrac{V_2}{V_f}$，将其代入式(7-60)，得到：

$$V_w = V_f[1-(\eta_2+1)] = -V_f\eta_2 = -(V_f - V_2) \tag{7-63}$$

所以,一列车队开始运行(发车),就产生了发车波,该波从 x_0 处以 $(V_f - V_2)$ 的速度向后传播,由于发车速度 V_2 一般总是很小,因而可看作几乎以 $-V_f$ 速度传播。

三、车流波动理论的应用

[例7-9] 车流在一条 6 车道的公路上以 80km/h 的速度畅行,路上有座 4 车道的桥,每车道的通行能力为 1940 辆/h。高峰时车流量为 4200 辆/h(单向)。在过渡段的车速降至 22km/h。这样持续了 1.69h。然后车流量减到 1956 辆/h(单向)。试估计桥前的车流排队长度和阻塞时间。

解:(1)计算排队长度

能畅行的车道内没有阻塞现象,其密度为:

$$K_1 = \frac{q_1}{V_1} = \frac{4200}{80} = 53(辆/km)$$

在过渡段,由于该处只能通过 $1940 \times 2 = 3880$(辆/h),而现在却需要通过 4200 辆/h,故出现拥挤,其密度为:

$$K_2 = \frac{q_2}{V_2} = \frac{3880}{22} = 177(辆/km)$$

由式(7-57)得:

$$V_w = \frac{q_2 - q_1}{K_2 - K_1} = \frac{3880 - 4200}{177 - 53} = -2.58(km/h)$$

表明此处出现迫使排队的反向波,波速为 2.58km/h。

排队长度为:

$$L = \frac{0 \times 1.69 + 2.58 \times 1.69}{2} = 2.18(km)$$

(2)计算阻塞时间

高峰过去后,排队即开始消散,但阻塞仍要持续一段时间,因此阻塞的时间应为排队形成时间(即高峰时间)与排队消散时间之和。

①排队消散时间

已知高峰后的车流量:$q_3 = 1956 < 3880$ 辆/h,表明通行能力已有富余,排队已开始消散。

排队车辆数为:

$$(q_1 - q_2) \times 1.69 = (4200 - 3880) \times 1.69 = 541(辆)$$

疏散车辆数为:

$$q_3 - q_2 = 1956 - 3880 = -1924(辆/h)$$

排队消散时间为:

$$t' = \frac{(q_1 - q_2) \times 1.69}{|q_3 - q_2|} = \frac{541}{1924} = 0.28(h)$$

②阻塞时间 t

$$t = t' + 1.69 = 0.28 + 1.69 = 1.97(h)$$

习　题

1. 对某个路段进行交通流调查,资料如表7-4所示。

某路段交通流调查　　　　　　　　　　表7-5

每5min到达车辆数 x_i	0	1	2	3	4	5	6	7	8	9	10	11	≥12
每5min到达车辆数为 x_i 的频数 f_i	3	13	28	37	59	71	48	31	21	7	1	0	1

试用 χ^2 检验其分布是否服从泊松分布。

2. 有一个无信号交叉口,主要道路上的车流量为每小时800辆,次要道路上车辆横穿主路车流所需要最小车间距为6s,假设主要道路上车头时距服从负指数分布,求次要道路上车辆的平均等待时间。

3. 假设某收费站车辆到达率为1200辆/h,该收费站设有两个服务通道,每个服务通道可服务车辆为800辆/h,假设车辆到达服从泊松分布,服务时间服从负指数分布,试计算收费站空闲的概率、排队的平均长度、排队系统中的平均消耗时间、排队中的平均等待时间。

第八章 道路通行能力

道路通行能力也称道路容量,是度量道路疏导车辆能力的指标。当道路上的交通量接近道路的通行能力时,就会出现交通拥挤。这时所有车辆按同一车速列队行进,一旦发生干扰,很容易造成交通阻塞;当道路上的交通量小于道路通行能力时,驾驶人驱车前进就有一定的自由度,有变换车速和超车的机会。

道路通行能力是道路的一种性能,是一项重要指标。研究它的目的在于:估算道路设施在规定的运行质量条件下所能适应的最大交通量,以便设计时确定满足预期交通需求和服务水平所需要的道路等级、性质和设计道路的几何尺寸,以及评价现有道路设施的使用效率。

第一节 道路通行能力与服务水平

道路的通行能力和服务水平从不同的角度反映了道路的性质与功能,通行能力主要反映了道路服务车辆数量的多少或能力的大小,服务水平主要反映了道路服务质量或服务的满意程度。严格地说,没有无通行能力的服务水平,也没有无服务质量的通行能力,两者相辅相成,共同作用。

一、道路通行能力概述

1. 定义

美国《道路通行能力手册》(HCM)中将道路通行能力定义为:"一定时段和通畅的道路、交通与管制条件下,人和车辆通过车道或道路上的一点或均匀断面的最大小时交通量,通常以辆/h或人/h表示。"我国常定义为:"道路通行能力是指道路上某一点某一车道或某一断面处,单位时间内可能通过的最大交通实体(车辆或行人)数,用'辆/h'、辆/d'或'辆/s'、'人/h'、'人/s'表示。"这里车辆多指小汽车,当有其他车辆混入时,均采用等效通行能力的当量小客车(pcu)为单位。公路与城市道路代表车型与车辆的换算系数见表8-1、表8-2。

《公路工程技术标准》(JTG B01—2014)规定的车种换算系数　　　　　表8-1

代表车型	换算系数	说　明
小客车	1.0	座位≤19座的客车和载质量≤2t的货车
中型车	1.5	座位>19座的客车和2t<载质量≤7t的货车
大型车	2.5	7t<载质量≤20t的货车
汽车列车	4.0	载质量>20t的货车

《城市道路工程设计规范》(CJJ 37—2012)规定的车辆换算系数　　　　　表8-2

车辆类型	小客车	大型客车	大型货车	铰接车
换算系数	1.0	2.0	2.5	3.0

通行能力是指所分析的道路、设施,在其没有任何变化,且假定其具有良好的气候条件和路面条件的情况下,所具有的通过能力,若条件有任何变化都会引起通行能力的变化。总之,道路通行能力不是一成不变的定值,是随影响因素变化而变动的疏解交通的能力。通行能力的影响因素是:

(1)道路条件,指街道或公路的几何条件,路面状况,包括交通设施的种类、性质及其形成的环境,每个方向车道数、车道和路肩宽度、侧向净空以及平面、纵断线形等。

(2)交通条件,涉及道路的交通流特性,它由交通流中车辆种类的分布,车道中交通流量、流向及方向分布等共同确定。

(3)管制条件,指道路管制设施装备的类型、管理体制的层次,交通信号的位置、种类、配时等影响通行能力的关键性管制条件,其他还有停车让路标志、车道使用限制,转弯禁限等措施。

2. 道路通行能力的作用

道路通行能力是道路本身的一项重要指标,也是道路规划、设计和运营的一项重要参数。研究道路通行能力,会有助于科学地解决下面一些问题:

(1)根据交通需求预测以及设计交通量的分析,可以正确地确定新建道路的等级、性质、主要技术指标和选择正确的交通设施;

(2)通过分析现有的道路交通量,可评价该道路在交通高峰期间,能够提供何种服务水平。针对问题提出改进的方案或措施,作为老路或旧街改建的主要依据;

(3)根据道路通行能力和运营状况的分析,可提出各种改进交通管理的措施,更加充分地利用道路时空资源;

(4)根据居民出行特征和公共交通通行能力分析,确定在交通高峰期间需要多少公交车辆来满足交通需求,以及公交车站能否满足运营要求,并确定这些运营过程中可能出现的瓶颈地带;

(5)根据交通需求和行人、自行车通行能力分析,确定拥挤的街道中人行道、自行车道的布局、宽度等主要技术指标。

二、服务水平概述

1. 服务水平的概念

服务水平是衡量交通流运行条件以及驾驶人和乘客所感受的服务质量的一项指标,通常根据交通量、速度、行驶时间、驾驶自由度、交通间断、舒适和方便等指标确定服务水平。不同的服务水平允许通过的交通量不同,称之为服务流率或服务交通量。服务等级高的道路车速快,延误少,驾驶人开车的自由度大,舒适与安全性好,但其相应的服务交通量就小;反之,允许的服务交通量大,则服务水平低。

2. 服务水平分级及运行质量

服务水平也称服务等级,是用来衡量道路为驾驶人、乘客所提供的服务质量的等级,其质量可以从自由运行、高速、舒适、方便、安全满意的最高水平,到拥挤、受阻、停停开开、难以忍受的最低水平。服务等级各国划分不一,一般均根据本国的道路交通的具体条件划分为3~6个服务等级。美国的HCM将道路服务水平划分为A、B、C、D、E、F 6个服务等级,其中A级代表车流运行条件最佳,而F级则是最差的运行条件。我国《公路工程技术标准》(JTG B01—2014)将服务水平划分为一、二、三、四、五、六共6个等级。

一级服务水平:交通流处于完全自由流状态。交通量小,速度高,行车密度小,驾驶人能自由地按照自己的意愿选择所需速度,行驶车辆不受或基本不受交通流中其他车辆的影响;为驾驶人、乘客或行人提供了非常优越的舒适度和方便性;较小的交通事故或行车障碍的影响容易消除,在事故路段不会产生停滞排队现象,很快就能恢复到一级服务水平。

二级服务水平:交通流处于相对自由流的状态,驾驶人基本上可按照自己的意愿选择行驶速度,但是开始要注意到交通流内有其他使用者,驾驶人身心舒适水平很高,较小交通事故或行车障碍的影响容易消除,在事故路段的运行服务情况比一级差些。

三级服务水平:交通流状态处于稳定流的上半段,车辆间的相互影响变大,选择速度受到其他车辆的影响,变换车道时驾驶人要格外小心,较小交通事故仍能消除,但事故发生路段的服务质量大大降低,严重的阻塞后面形成排队车流,驾驶人心情紧张。

四级服务水平:交通流处于稳定流范围下限,但是车辆运行明显受到交通流内其他车辆的相互影响,速度和驾驶的自由度受到明显限制。交通量稍有增加就会导致服务水平的显著降低,驾驶人身心舒适水平降低,即使较小的交通事故也难以消除,会形成很长的排队车流。

五级服务水平:为交通流拥堵流的上半段,其下是达到最大通行能力时的运行状态。对于交通流的任何干扰,例如车流从匝道驶入或车辆变换车道,都会在交通流中产生一个干扰波,交通流不能消除它,任何交通事故都会形成长长的排队车流,车流行驶灵活性极端受限,驾驶人身心舒适水平很低。

六级服务水平:是拥堵流的下半段,是通常意义上的强制流或阻塞流。在这一服务水平下,交通设施的交通需求超过其允许的通过量,车流排队行驶,队列中的车辆出现停停走走现象,运行状态极不稳定,可能在不同交通流状态间发生突变。

表8-3~表8-5为我国高速公路、一级公路和二、三、四级公路路段服务水平分级,从表中所列指标可以看出,高速公路和一级公路主要以 V/C 值作为主要指标,二、三、四级公路主要以车辆延误率作为服务水平分级的主要指标,延误率为车头时距小于或等于5s的车辆数占总

交通量的百分比。

高速公路路段服务水平分级　　　　　　　　　　　　　　　　　　　　　　　表8-3

服务水平等级	V/C 值	设计速度(km/h) 120 最大服务交通量 [pcu/(h·ln)]	设计速度(km/h) 100 最大服务交通量 [pcu/(h·ln)]	设计速度(km/h) 80 最大服务交通量 [pcu/(h·ln)]
一	V/C≤0.35	750	730	700
二	0.35<V/C≤0.55	1200	1150	1100
三	0.55<V/C≤0.75	1650	1600	1500
四	0.75<V/C≤0.90	1980	1850	1800
五	0.90<V/C≤1.00	2200	2100	2000
六	V/C>1.00	0~2200	0~2100	0~2000

注：V/C 是理想条件下，最大服务交通量与基本通行能力之比，基本通行能力是五级服务水平条件下对应的最大小时交通量。

一级公路路段服务水平分级　　　　　　　　　　　　　　　　　　　　　　　表8-4

服务水平等级	V/C 值	设计速度(km/h) 100 最大服务交通量 [pcu/(h·ln)]	设计速度(km/h) 80 最大服务交通量 [pcu/(h·ln)]	设计速度(km/h) 60 最大服务交通量 [pcu/(h·ln)]
一	V/C≤0.3	600	550	480
二	0.3<V/C≤0.5	1000	900	800
三	0.5<V/C≤0.7	1400	1250	1100
四	0.7<V/C≤0.9	1800	1600	1450
五	0.9<V/C≤1.0	2000	1800	1600
六	V/C>1.0	0~2000	0~1800	0~1600

注：V/C 是理想条件下，最大服务交通量与基本通行能力之比，基本通行能力是五级服务水平条件下对应的最大小时交通量。

二、三、四级公路路段服务水平分级　　　　　　　　　　　　　　　　　　　表8-5

服务水平等级	延误率(%)	设计速度(km/h) 80 速度(km/h)	不准超车区(%) <30 V/C	不准超车区(%) 30~70 V/C	不准超车区(%) >70 V/C	设计速度(km/h) 60 速度(km/h)	不准超车区(%) <30 V/C	不准超车区(%) 30~70 V/C	不准超车区(%) >70 V/C	设计速度(km/h) ≤40 速度(km/h)	不准超车区(%) <30 V/C	不准超车区(%) 30~70 V/C	不准超车区(%) >70 V/C
一	≤35	≥76	0.15	0.13	0.12	≥58	0.15	0.13	0.11	≥40	0.14	0.12	0.10
二	≤50	≥72	0.27	0.24	0.22	≥56	0.26	0.22	0.20		0.25	0.19	0.15
三	≤65	≥67	0.40	0.34	0.31	≥54	0.38	0.32	0.28		0.37	0.25	0.20
四	≤80	≥58	0.64	0.60	0.57	≥48	0.58	0.48	0.43		0.54	0.42	0.35
五	≤90	≥48	1.00	1.00	1.00	≥40	1.00	1.00	1.00		1.00	1.00	1.00
六	>90	<48	—	—	—	<40	—	—	—		—	—	—

注：1. 设计速度为80km/h、60km/h 和40km/h 时，路面宽度为9m 的双车道公路，其基准通行能力分别为：2800pcu/h、2500pcu/h 和2400pcu/h。

2. V/C 是在基准条件下，最大服务交通量与基准通行能力之比，基准通行能力是五级服务水平条件下对应最大小时交通量。

3. 延误率为车头时距小于或等于5s 的车辆数占总交通量的百分比。

第四节 流量与密度的关系

尽管速度—密度模型具有理论研究上的优点,但对于交通分析、交通控制却不够直观。流量—密度关系曲线能反映流量、密度、速度、车头时距、波速等大多数交通参数,因而被广泛用于道路通行能力分析、交通控制、交通波分析等方面,也被称为交通流的基本图形。

流量—密度基本关系可由交通流公式(6-4)及式(6-6),得:

$$Q = KV_f\left(1 - \frac{K}{K_j}\right) = V_f\left(K - \frac{K^2}{K_j}\right) \tag{6-12}$$

该式表示一种二次函数关系,如图6-9所示,可表示为一条抛物线。图中 C 点代表通行能力或最大流量 Q_m,从该点开始,流量随密度增加而减少,直至达到阻塞密度 K_j,此时流量 $Q = 0$。以原点 A 连接曲线上的 B、C 和 D 点的箭头为矢径,这些矢径的斜率表示速度。通过点 A 的矢径与曲线相切,其斜率为畅行速度 V_f。在流量—密度曲线上,对于密度比 K_m 小的点,表示的是道路上不拥挤的情况,密度大于 K_m 的点表示拥挤情况。

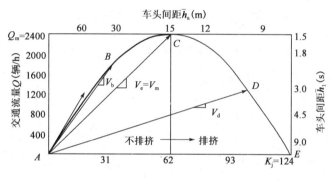

图6-9 交通流量—密度曲线图

但实际运行过程中,该曲线不一定是完全对称,甚至不一定是连续的。如图6-10所示,图中的流量—密度曲线是连续的。图中点所对应的交通流状态,流量为1200veh/h,密度为30veh/km,车速为40km/h。另外,根据车头时距与流量之间的关系可知,流量达到1200veh/h时所对应的平均车头时距为3600/1200 = 3(s)。曲线只有一个流量最大点,最大流量为1400veh/h,即该道路的通行能力,相应的最佳密度是50veh/km,最佳速度为1400/50 = 28(km/h)。阻塞密度是曲线与横轴的第二个交点所对应的密度,其值为175veh/km。

经分析,流量—密度曲线具有如下特点:

(1)如果道路上没有车辆,密度为0,流量也为0,因此,该曲线一定通过坐标原点;

(2)当交通流处于阻塞状态时,车辆停止前行,密度为阻塞密度 K_j,流量为0,曲线与横轴存在第二个交点;

(3)在两个流量为零的点之间一定存在一个或几个流量最大的点,对应的密度为最佳密度;

(4)由坐标原点到曲线上某个点的射线的斜率是该点所对应的交通流状态的车速,原点处的车速为畅行速度,曲线终点处的车速为0;

(5)由于流量和车头视距存在倒数关系,因此曲线上的每个点对应的车头视距也能在图

表 8-6 为美国 2010 版通行能力手册所定的高速公路基本路段服务水平标准,以密度作为依据。表 8-7 为日本规定的道路规划等级,其实也是道路服务等级,并规定一级用于运营质量要求高的第一种道路、高速汽车国道及汽车专用公路。二级适用于除上述一级之外的道路,三级标准规划等级 V/C 值为 1,属于极限交通状态的等级,原则上不予使用。

美国 2010 年版道路通行能力手册中高速公路基本路段服务水平标准　　表 8-6

服 务 水 平	密度[pcu/(mile·ln)][pcu/(km·ln)]
A	≤11(≤7)
B	11~18(7~11)
C	18~26(11~16)
D	26~35(16~22)
E	35~45(22~28)
F	需求超过通行能力,>45(>28)

日本道路规划等级　　表 8-7

规 划 等 级	折减率(交通量/通行能力,即 V/C)	
	地方性道路	市区道路
1	0.75	0.80
2	0.85	0.90
3	1.00	1.00

3. 道路设计采用的服务水平等级

高速公路基本路段、匝道——主线连接处、交织区的设计服务水平应不低于三级。一级公路设计服务水平应不低于三级,当用作集散公路时,设计服务水平可降低一级。二、三级公路设计服务水平应不低于四级,四级公路设计服务水平不作要求。另需要注意以下特殊情况的处理:长隧道及特长隧道路段、非机动车及行人密集路段、互通式立体交叉的分合流区段以及交织区段,设计服务水平可降低一级。

第二节　路段通行能力

按照交通流运行特性的变化,可将道路分为基本路段,交织区和匝道及连接处 3 个部分,按道路结构物造型分为路段、交叉口和匝道,按车辆运行形态不同则有分流、合流、交织和匝道,按车辆运行形态不同则有分流、合流、交织与交叉等。现行公路技术标准和惯例,均按基本路段、交织、匝道和连接处 3 个部分,城市则按路段和路口两部分进行分析。

所谓基本路段,是指道路不受立交匝道及其附近合流、分流、交叉影响的路段,它是道路的主干和重要组成部分。

根据道路条件和交通条件的不同,将路段通行能力分为"基本通行能力"、"可能通行能力"和"设计通行能力"3 种。通行能力用 1h 为单位定义,为了表示车辆数,用小客车当量辆数(passenger count unit),即 pcu/h 表示。

一、基本通行能力

基本通行能力是道路和交通都处于理想条件下，标准车辆以最小安全车头间距连续行驶的理想交通流，在单位时间内通过道路断面的车辆数，是理论上能通行的最大交通量。

理想交通条件是指，道路上单一小客车行驶，车头间距能保持以设计车速行驶所需要的最小安全车头间距，无混合车种和行人干扰。理想道路条件是指车道宽度、侧向净宽、纵坡、线形、视距等，能满足设计车速要求，道路两侧无街道化干扰。

在这样的理想条件下，建立的车流计算模式，所得出的最大交通通过量，即基本通行能力，也称理论通行能力，见图8-1。其公式推导如下。

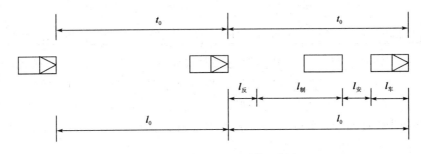

图 8-1　基本通行能力计算示意图

设：

V——行车速度，km/h；

t_0——最小车头时距，s；

l_0——最小车头间距，m；

$l_车$——车辆平均长度，m；

$l_安$——车辆间的安全间距，m；

$l_制$——车辆的制动距离，m；

$l_反$——驾驶人在反应时间内车辆行驶的距离，m。

则计算的基本通行能力为：

$$N_{基本} = \frac{3600}{t_0} = \frac{3600}{l_0/\frac{V}{3.6}} = \frac{1000V}{l_0}(辆/h) \tag{8-1}$$

式中：$l_0 = l_反 + l_制 + l_安 + l_车 = \frac{V}{3.6}t + \frac{V^2}{254\varphi} + l_安 + l_车 (m)$；

t——驾驶人反应时间，s。

根据国内外实际使用的经验和理论分析，$l_安$一般取用2m，t可取1s，轮胎与路面间的附着系数φ与轮胎花纹、路面粗糙度、平整度、表面湿度、行车速度等因素有关。在次高级路面的潮湿状态下，随行车速度而变化的φ值可按表8-8采用。车辆长度对于小汽车采用6m，对于解放牌汽车采用12m，现以解放牌汽车为例，代入上述数值则得：

$$N_{基本(解)} = \frac{1000V}{\frac{V}{3.6} + \frac{V^2}{254\varphi} + 12 + 2} = \frac{1000}{\frac{1}{3.6} + \frac{V}{254\varphi} + \frac{14}{V}} \tag{8-2}$$

以不同车速相应的φ值代入上式，则得出各车速时相应的基本通行能力，列于表8-9。

纵向附着系数 φ 与车速 V 的关系　　　　　表 8-8

$V(\text{km/h})$	120	100	80	60	50	40	30	20
φ 值	0.29	0.30	0.31	0.33	0.35	0.38	0.44	0.44

单车道的计算通行能力数值　　　　　表 8-9

计算车速 $V(\text{km/h})$		120	100	80	60	50	40	30	20	10
按式(8-2) 取车长 6m	计算值(辆/h)	506	603	718	888	999	1121	1231	1256	857
	采用值(辆/h)	500	600	700	900	1000	1100	1200	1250	850
按式(8-2) 取车长 8m	计算值(辆/h)	502	592	703	862	963	1062	1155	1065	695
	采用值(辆/h)	500	600	700	850	950	1050	1150	1050	700
按式(8-2) 取车长 12m	计算值(辆/h)	494	589	681	815	893	959	1050	864	565
	采用值(辆/h)	500	600	700	800	900	950	1050	850	550

从表中数值可知，$N_{基本}$ 为 V 和 φ 的函数，φ 值越大则 $N_{基本}$ 也增大，速度增加则通行能力增大，但增大至某一数值后，通行能力开始减小，一般变化于 500~1300 辆/h 之间。同时随车长增加，通行能力也随之减小，而按现场实际观察的最小车头时距计算则可达 2000 辆/h 以上，这主要由于路面干燥使附着系数变大，平纵线形视距好，驾驶人估计不会出现意外停车，从而减小了车头应保持的最小间隔。

其他，还有实际观测各种道路交通条件下，一条车行道的流量，通称为实测法；用秒表观测单行道路口的车头时距，通称为时距法；还有模拟、模型法等，很多方法可推求一条车道理想条件下的最大通过量。我国高速公路的基本通行能力与设计通行能力见表 8-10。

高速公路的基本通行能力与设计通行能力　　　　　表 8-10

设计速度(km/h)	120	100	80
基本通行能力[pcu/(h·ln)]	2200	2100	2000
设计通行能力[pcu/(h·ln)]	1600	1400	1200

注：本表中基本通行能力同表 8-3 中服务水平五级的最大服务交通量。

二、可能通行能力

可能通行能力（Possible Capacity）：即道路实际所能承担的最大交通量，指偏离上述理想条件，道路和交通都处于实际条件下的通行能力。计算可能通行能力是以基本通行能力为基础，考虑到实际的地形、道路和交通状况，确定其修正系数，再以此修正系数乘以前述的基本通行能力，即得实际道路、交通在一定环境条件下的可能通行能力。

1. 概述

影响通行能力的因素有很多，不能一一列出修正，只能择其影响大的主要因素予以修正。对于基本通行能力，各国所选定的指标比较接近，而可能通行能力，因国情不同、认识不同、修正的因素不同，相差较大。可能通行能力 $N_{可能} = N_{基本} \times$ 车道宽度修正 $\times$ 侧向净空修正 $\times$ 纵坡修正 $\times$ 视距修正 $\times$ 沿途条件修正 $\times$ 交通条件修正。

2. 影响通行能力的修正系数

1）道路条件的修正系数

道路条件影响通行能力的因素很多，不能一一修正，只能选择其影响大的主要方面予以修正。

(1)车道宽度修正系数 f_w。根据国内外对道路宽度影响通行能力的实际观测结果,均认为当车道宽度达到某一数值时其通过量能达到理论上的最大值,当车道宽度小于该值时,则通行能力降低,小于此宽度的修正系数分别列于表 8-11~表 8-13。

(2)侧向净空受限修正系数 f_{cw}。侧向净空受限是指车道外边缘至路侧障碍物(护墙、桥栏、挡墙、灯柱、临时停放的车辆等)的横向距离,根据实际调查表明,当侧向净空小于某一数值时(理想条件规定的数值)会使驾驶人感到不安全,从而降速、偏离车道线,使旁侧车道利用率降低。故当侧向净空不足时,应予以修正,其修正系数,列于表 8-11~表 8-13。

我国高速公路车道宽度及侧向净空对通行能力影响的修正系数　　表 8-11

基本通行能力影响系数		硬路肩宽度修正系数 f_{cw}		车道宽度修正系数 f_w		交通组成修正系数 f_{HV}
设计速度(km/h)	基本通行能力[pcu/(h·ln)]	硬路肩宽度(m)	修正系数	车道宽度(m)	修正系数	$f_{HV} = \dfrac{1}{1+\sum P_i(E_i-1)}$
120	2200	0.75	1.00	3.75	1.00	P_i——车型 i 的交通量占总交通量的比重(%);
100	2100	0.50	0.97	3.50	0.96	
80	2000	0.25	0.95			E_i——车型 i 的小客车换算系数

美国公路车道宽度及侧向净空对通行能力影响的修正系数　　表 8-12

距车行道路面边缘距离(m)(ft)	道路单侧有障碍物 f_{cw}			道路双侧有障碍物 f_{cw}		
	车道宽度(m)(ft)			车道宽度(m)(ft)		
	≥3.65(12)	3.35(11)	3.0(10)	≥3.65(12)	3.35(11)	3.0(10)
≥6(1.83)	1.00	0.95	0.90	1.00	0.95	0.90
4(1.22)	0.99	0.94	0.89	0.98	0.93	0.88
2(0.61)	0.97	0.92	0.88	0.95	0.90	0.86
0(0)	0.92	0.88	0.84	0.86	0.82	0.78

注:括号中数字单位为 ft,1ft = 0.3048m。

日本车道宽度与侧向净空对通行能力影响的修正系数　　表 8-13

	侧向净空(m)	日本公路技术标准							车道宽度对通行能力影响的修正	
		1.75	1.50	1.25	1.0	0.75	0.5	0	车道宽度(m)	修正系数 f_w
双车道	一侧净空不足	1.00	0.98	0.96	0.93	0.91	0.88	0.85	3.50	1.00
	两侧净空不足	1.00	0.96	0.92	0.86	0.81	0.75	0.70	3.25	0.94
多车道	一侧净空不足	1.00	0.99	0.98	0.97	0.95	0.92	0.90	3.00	0.85
	两侧净空不足	1.00	0.99	0.98	0.97	0.94	0.90	0.81	2.75	0.77

(3)纵坡度修正系数 f_{HV}。道路纵坡度的大小对行车速度有很大的影响,特别是对于载重货车与公共汽车、旅游车,纵坡越大,车速降低越多,通行能力亦随之而降低,应予以修正。

美国使用当量法修正,将一辆载货汽车与公共汽车或旅游车换算成当量小汽车,然后用小汽车的当量值来计算。不同坡度和坡长情况下载货汽车与公共汽车或旅游车对通行能力的影响列于表 8-14~表 8-18。其修正值 f_{HV},根据载货汽车与公共汽车或旅游车所占百分比按下式计算:

$$f_{HV} = \frac{1}{1 + P_T(E_T - 1) + P_R(E_R - 1)} \tag{8-3}$$

式中:P_T、P_R——分别为载货汽车与公共汽车或旅游车所占百分率;

E_T、E_R——分别为载货汽车与公共汽车或旅游车换算为小汽车的当量值,可按表8-15~表8-17,根据该车所占比重、道路坡度大小和坡长等条件查得。

在特定上坡段上货车与公共汽车的小客车换算系数 E_T 值　　表8-14

纵坡度(%)	货车与公共汽车比重(%)／坡长(mile)	2	4	5	6	8	10	15	20	25
<2	全长	1.5	1.5	1.5	1.5	1.5	1.5	1.5	1.5	1.5
2~3	0~1/4	1.5	1.5	1.5	1.5	1.5	1.5	1.5	1.5	1.5
	1/4~1/2	1.5	1.5	1.5	1.5	1.5	1.5	1.5	1.5	1.5
	1/2~3/4	1.5	1.5	1.5	1.5	1.5	1.5	1.5	1.5	1.5
	3/4~1	2.0	2.0	2.0	2.0	1.5	1.5	1.5	1.5	1.5
	1~3/2	2.5	2.5	2.5	2.5	2.0	2.0	2.0	2.0	2.0
	>3/2	3.0	3.0	2.5	2.5	2.0	2.0	2.0	2.0	2.0
3~4	0~1/4	1.5	1.5	1.5	1.5	1.5	1.5	1.5	1.5	1.5
	1/4~1/2	2.0	2.0	2.0	2.0	2.0	2.0	1.5	1.5	1.5
	1/2~3/4	2.5	2.0	2.0	2.0	2.0	2.0	2.0	2.0	2.0
	3/4~1	3.0	2.5	2.5	2.5	2.5	2.0	2.0	2.0	2.0
	1~3/2	3.5	3.5	3.0	3.0	3.0	3.0	2.5	2.5	2.5
	>3/2	4.0	3.5	3.0	3.0	3.0	3.0	2.5	2.5	2.5
4~5	0~1/4	1.5	1.5	1.5	1.5	1.5	1.5	1.5	1.5	1.5
	1/4~1/2	3.0	2.5	2.5	2.5	2.0	2.0	2.0	2.0	2.0
	1/2~3/4	3.5	3.0	3.0	3.0	2.5	2.5	2.5	2.5	2.5
	3/4~1	4.0	3.5	3.5	3.5	3.0	3.0	3.0	3.0	3.0
	>1	5.0	4.0	4.0	4.0	3.5	3.5	3.0	3.0	3.0
5~6	0~1/4	2.0	2.0	1.5	1.5	1.5	1.5	1.5	1.5	1.5
	1/4~1/3	4.0	3.0	2.5	2.5	2.0	2.0	2.0	2.0	2.0
	1/3~1/2	4.5	4.0	3.5	3.0	2.5	2.5	2.5	2.5	2.5
	1/2~3/4	5.0	4.5	4.0	3.5	3.0	3.0	3.0	3.0	3.0
	3/4~1	5.5	5.0	4.5	4.0	3.0	3.0	3.0	3.0	3.0
	>1	6.0	5.0	5.0	4.5	3.5	3.5	3.5	3.5	3.5
>6	0~1/4	4.0	3.0	2.5	2.5	2.5	2.5	2.0	2.0	2.0
	1/4~1/3	4.5	4.0	3.5	3.5	3.5	3.0	2.5	2.5	2.5
	1/3~1/2	5.0	4.5	4.0	4.0	3.5	3.0	2.5	2.5	2.5
	1/2~3/4	5.5	5.0	4.5	4.5	4.0	3.5	3.0	3.0	3.0
	3/4~1	6.0	5.5	5.0	5.0	4.5	4.0	3.5	3.5	3.5
	>1	7.0	6.0	5.5	5.5	5.0	4.5	4.0	4.0	4.0

注:1. 货车与公共汽车比重的插值约至0.1。
　　2. 表中 mile = 1.609344km。
　　3. 摘自美国2010年版"HCM"。

在特定上坡段上旅游车的小客车换算系数 E_R 值　　　　表 8-15

纵坡度 (%)	旅游车所占比重 (%) 坡长 (mile)	2	4	5	6	8	10	15	20	25
≤2	全长	1.2	1.2	1.2	1.2	1.2	1.2	1.2	1.2	1.2
3	0~1/2	1.2	1.2	1.2	1.2	1.2	1.2	1.2	1.2	1.2
	>1/2	3.0	1.5	1.5	1.5	1.5	1.5	1.2	1.2	1.2
4	0~1/4	1.2	1.2	1.2	1.2	1.2	1.2	1.2	1.2	1.2
	1/4~1/2	2.5	2.5	2.0	2.0	2.0	2.0	1.5	1.5	1.5
	>1/2	3.0	2.5	2.5	2.5	2.0	2.0	2.0	2.5	1.5
5	0~1/4	2.5	2.0	2.0	2.0	1.5	1.5	1.5	1.5	1.5
	1/4~1/2	4.0	3.0	3.0	3.0	2.5	2.5	2.0	2.0	2.0
	>1/2	4.5	3.5	3.0	3.0	3.0	2.5	2.5	2.0	2.0
6	0~1/4	4.0	3.0	2.5	2.5	2.5	2.0	2.0	2.0	1.5
	1/4~1/2	6.0	4.0	4.0	3.5	3.0	2.5	2.5	2.5	2.0
	>1/2	6.0	4.5	4.0	4.0	3.5	3.0	3.0	2.5	2.0

注：1. 若坡长正好落在分界值上取较大坡长的换算值，若坡度大于表中所列百分数时，则采用其后的更大坡度的换算值。
　　2. 旅游车比重的插值约至 0.1。
　　3. 摘自美国 2010 年版"HCM"。

在特定下坡段上货车与公共汽车的小客车换算系数 E_T 值　　　　表 8-16

纵坡 (%)	货车与公共汽车所占百分率(%) 坡长 (mile)	5	10	15	20
小于4	全部长度	1.5	1.5	1.5	1.5
4	≤4	1.5	1.5	1.5	1.5
4	>4	2.0	2.0	2.0	2.0
5	≤4	1.5	1.5	1.5	1.5
5	>4	5.5	4.0	4.0	3.0
≤6	≤4	1.5	1.5	1.5	1.5
≥6	>4	7.5	6.0	5.5	4.5

注：1. 摘自美国 2010 年版"HCM"。
　　2. 旅游车在下坡路段的小客车换算系数为 1.2。

美国高速公路一般路段小客车换算值　　　　表 8-17

车型类别	地区类型		
	平原区	丘陵区	山岭区
货车与公共汽车(E_T)	1.5	2.5	4.5
旅游汽车(E_R)	1.2	2.0	4.0

我国高速公路上大中型车辆和特大型车辆的换算系数,可按表 8-18 的规定求得其相应的当量值(pcu),此值随流量的大小与纵坡不同而有较大的变化。

我国高速公路路段车辆折算系数　　　　　　　表 8-18

车　型	流量 [pcu/(h·ln)]	道 路 纵 坡 度(%)						
		0	1	2	3	4	5	6
大中型车	0	1.5	1.5	1.5	2.0	2.0	2.5	2.5
	1000	2.5	2.8	3.4	3.8	4.5	5.5	6.5
	1500	2.5	2.5	3.0	3.3	4.0	4.8	5.5
特大型车	0	2.0	2.0	2.0	2.5	2.5	3.0	3.0
	1000	7.0	9.0	10.0	011.0	13.0	14.0	15.0
	1500	6.0	8.0	8.0	9.0	11.0	12.0	14.0

(4)视距不足修正系数 S_1。道路线形的几何要素应满足设计车速的条件。视距不足往往不能满足行车要求,特别是超车的要求,可按其占道路全长的百分数进行修正。视距不足的路段越长,其影响越大。视距不足的修正,只适用于双车道道路,其修正值见表 8-19。对于匝道视距修正可参阅表 8-20。

视距不足对通行能力影响的修正系数 S_1　　　　表 8-19

视距小于450m 的路段占全长的百分比 (%)	行 车 速 度(km/h)			
	35~64	64~72	72~80	80~88
0	1.00	1.00	1.00	1.00
20	0.88	0.91	0.96	0.93
40	0.85	0.87	0.89	0.83
60	0.80	0.80	0.80	0.70
80	0.76	0.73	0.69	0.50
100	0.69	0.64	0.56	0.27

匝道视距修正系数　　　　表 8-20

停车视距 S_i(m)	行车视距 S_t(m)	修正系数 FFV_V
$S_i > 135$	$S_t > 270$	0
$75 \leq S_i \leq 135$	$150 \leq S_t \leq 270$	-3
$S_i < 75$	$S_t < 150$	-5

(5)沿途条件修正系数 S_2。沿途条件是指道路两旁街道化程度和横向干扰。由于道路两侧有建筑物,常产生行人和非机动车流对汽车的干扰,从而迫使汽车降速,以致通行能力降低。横向干扰对道路通行能力修正系数见表 8-21。

横向干扰对道路通行能力修正系数 S_2　　　　表 8-21

指标	一 级 公 路					双 车 道 公 路				
横向干扰等级	1	2	3	4	5	1	2	3	4	5
修正系数 S_2	1.0	0.98	0.96	0.93	0.92	0.91	0.81	0.74	0.65	0.57

2) 交通条件修正系数

交通条件的修正主要是指车辆的组成,特别是混合交通情况下,车辆类型众多,大小不一,占用道路面积不同,性能不同,速度不同,相互干扰大,严重影响了道路的通行能力。为了使不同类型的车辆换算为同一车型,一般根据所占道路面积和行车速度的比值进行换算,也有用平均车头时距的比值进行换算。我国《公路工程技术标准》(JTG B01—2014)与《城市道路工程设计规范》(CJJ 37—2012)的车种分类与车种换算标准列于表 8-1、表 8-2。

[例 8-1] 某一道路上坡坡度为 4%,坡道长度为 3/4~1mile,载货汽车占交通量的 20%,求坡度修正系数。

解: 当坡长为 3/4~1mile 时,坡度为 4%,货车占 20%,由表 8-14 得 $E_T = 4.5$。

已知 $P_T = 20\%$,代入式(8-3)则得:

$$f_{HV} = \frac{100}{100 - P_T + E_T P_T} = \frac{100}{100 - 20 + 4.5 \times 20} = 59\%$$

[例 8-2] 某微丘地区四车道高速公路设计车速 100km/h,路基宽 26m,其中两侧土路肩与路缘带均为 0.75m,硬路肩各为 3m,中央分隔带 2m,纵坡为 1%,设计小时交通量为小汽车 2400 辆,大中型汽车 480 辆,特大型汽车 70 辆。试求该路有无超过其通行能力,如无,其服务水平如何?

解: 先进行交通量换算,按表 8-18,不同纵坡与交通量换算系数不同。

大中型车 480 辆纵坡为 1%,换算系数 E_T 在 1.5 与 2.8 之间,特大型车为 70 辆,纵坡为 1%,换算系数 E_T 在 2 与 9 之间。经内插法计算换算系数,则当量交通量 = 2400 + 480 × 2.12 + 70 × 2.49 = 3591.90,取 3600pcu/h。

方向分布,高速公路 50/50,车道分布采用 40/60,则负荷较重右侧车道为 1080pcu/h。再求实际条件下通行能力,由表 8-11 得,$V = 100$km/h,基本通行能力 $N_{基本} = 2100$pcu/h,查修正系数 f_w、f_{cw},并计算。

查表 8-11,车道宽 3.75m,f_w 为 1.00,硬路肩宽为 3m,f_{cw} 为 1.00。

$f_{HV} = \dfrac{1}{1 + \sum P_T(E_T - 1)}$,先计算大车比重,得:$P_{T大} = \dfrac{480 \times 2.124}{3600} = 28.3\%$。

$P_{T特} = \dfrac{70 \times 2.49}{3600} = 4.6\%$;将上述 E_T 与此 P_T 值代入得:

$$f_{HV} = \frac{1}{1 + \sum P_T(E_T - 1)} = 0.721$$

计算可能通行能力得:$N_{可能} = N_{基本} \times f_w \times f_{cw} \times f_{HV} = 2100 \times 1 \times 1 \times 0.721 = 1514$(pcu/h),以 1500pcu/h 计。

最大负荷 $Q_{右}$ 为 1080pcu/h,小于可能通行能力 1500pcu/h,可以通过,再计算负荷度 $Q/C = 1080/1500 = 0.72$。查表 8-3,$V = 100$km/h,其服务水平为三级。

三、设计通行能力

设计通行能力是指道路交通的运行状态保持在某一设计服务水平时,道路上某一路段的通行能力。即根据对交通服务的质量要求和路段的具体道路条件、交通条件及交通管理水平,对可能通行能力进行相应修正后得到的通行能力。它是指在规划、设计公路时,根据道路的种类、特性、重要性、适应全年应提供的服务质量规定的交通量。即：

$$N_{设计} = N_{可能} \times \frac{服务交通量}{通行能力} \tag{8-4}$$

服务交通量与通行能力之比，按表8-3高速公路三级级服务水平的Q_i比为0.75，故将上例中的数据代入则得：$N_{设计} = 1500 \times 0.75 = 1125 (\text{pcu/h})$，大于负荷较重右侧车道的1080pcu/h。

由于上例高速公路，左侧为超车道，右侧为通行车道，故右侧车道行驶的车辆常较左侧多，上例以右侧占60%计，实际设计时如有实测数据，最好以实测值为据。若为一般公路则由内侧车道驶出通过外侧车道，这种车道转移常常影响正常行驶的汽车，主要是外侧车道受干扰最大，故处于不同位置的车行道所受干扰不同，受影响的程度也不同。

通常以靠近路中线或中央分隔带的车行道为第1条车道，其通行能力为1（即100%），第2条车道的通行能力为第1条车道的80%~90%，第3条车道的通行能力则为65%~80%，第4条车道的通行能力则为50%~60%。这样，多车道的总设计通行能力$N_{多}$可以写成：

$$N_{多} = N_1 \sum K_n (辆/h) \tag{8-5}$$

式中：N_1——第1条车道的设计通行能力，辆/h；

K_n——各车道的折减系数。

具体选用时，如能实测，则以实测值为据，否则，可根据道路街道性质、车辆出入与转移车道的频率、两旁慢行车辆的影响情况等合理选定。

根据《公路工程技术标准》（JTG B01—2014），我国高速公路、一级公路，二、三、四级公路的设计通行能力见表8-22和表8-23。

高速公路、一级公路的设计通行能力　　　　表8-22

设计速度（km/h）		120	100	80	60
高速公路设计通行能力[pcu/(h·ln)]		1600	1400	1200	—
一级公路	具干线功能的一级公路[pcu/(h·ln)]	—	1400	1200	900
	具集散功能的一级公路[pcu/(h·ln)]	—	850~1000	700~900	550~700

二、三、四级公路的设计通行能力　　　　表8-23

公路等级	设计速度（km/h）	基本通行能力（pcu/h）	不准超车区（%）	V/C比	设计通行能力（pcu/h）
二级公路	80	9.0m　　2500	<30	0.64	550~1600
	60	7.0m　　1400	30~70	0.48	
	40	1300	>70	0.42	
三级公路	40	7.0m　　1300	<30	0.54	400~700
	30	6.5m　　1200	>70	0.35	
四级公路	20	<6.0m　<1200	>70	<0.35	<400

第三节　无信号灯控制交叉口的通行能力

不设信号灯控制的交叉口通常分为两大类，一是暂时停车方式，二是环形方式。本节主要讨论暂时停车方式的无信号灯控制交叉口，而在第五节讨论环形交叉口。

暂时停车方式又可分为两向停车方式和全向停车方式。

两向停车方式通常用于主要道路与次要道路相交路口,主要道路上的车辆优先通过,通过路口不用停车。主要道路上能够通过的车辆的多少,按路段计算。次要道路中的车辆,必须首先让主要道路上的车辆通行,寻找机会,穿越主要道路上车流的空当,通过路口,若主要道路上的车流已经饱和,则次要道路上的车辆一辆也通不过。其能够通过多少车辆受下列因素影响:主要道路上车流的车头间隔分布、次要道路上的车流穿越主要道路的车流所需的时间、次要道路上车辆跟驰状态的车头时距。

全向停车方式是用于同等重要程度的相交道路,车辆通过交叉口具有同等的优先权,都必须在交叉口处停车,然后根据交通法规的规定,选择适当的时机通过。这种路口的通行能力,等于主要道路上的路段通行能力加上次要道路上的车辆穿越空当所能通过的车辆数。

无信号交叉口的通行能力最大等于主要道路路段的通行能力。事实上,在无信号灯控制交叉口,主要道路上的交通量并不大,车辆呈随机到达,有一定空当供次要道路的车辆穿越,相交车流无过大阻滞,否则,需加设信号灯,分配通行权。

假设:主要道路上的车辆优先通过路口;主要道路上的车流视为连续行驶的交通流,其通行能力等于该路段的通行能力;车辆到达的概率分布符合泊松分布;车头时距符合负指数分布;当间隙大于临界间隙 t 时,次要道路上的车辆可以穿越主要道路。并且,当次要道路中车辆跟驰状态车头时距为 t_0 秒时,次要道路中的跟驰车辆可以连续通过。

根据以上假设,利用概率论,可以推算出次要道路上的车辆每小时能穿越主要道路车流的数量为:

$$N_{次} = \frac{N_{主} \cdot e^{-\lambda t}}{1 - e^{-\lambda t_0}} \tag{8-6}$$

式中:$N_{次}$——次要道路可以穿越的车辆数,辆/h;

$N_{主}$——主干道的双向交通量,辆/h;

λ——主要干道单位时间车辆的到达率,辆/s;

t——临界间隙时间,s。对于次要道路设停车标志指示的交叉口采用 6~8s,对于设让车标志的交叉口采用 5~7s,这一时间数值系主要道路允许次要道路车辆横穿的最小安全时间,实际设计时,可以实测若干数据,然后取平均值;

t_0——次要道路上车辆连续通过的饱和车头时距,对于停车标志采用 5s,对让路标志可采用 3s。根据上式算得的次干道的通行能力列于表 8-24。

次要道路通行能力   表 8-24

次要道路管制方式	采用时间间隔(s)		主要道路双向交通量(辆/h)				
	t	t_0 值	800	1000	1200	1400	1600
停车标志	8	5	200	140	100	75	45
	7	5	250	190	140	110	80
	6	5	315	250	200	160	125
让路标志	7	3	350	250	185	135	95
	6	3	—	335	255	200	150
	5	3	—	440	360	290	230

注:一般情况,次要道路通行能力<主要道路通行能力的一半。

[例 8-3] 一无信号灯控制的交叉口,主要道路的双向交通量为 1200 辆/h,车辆到达符

合泊松分布。车流允许次要道路车辆穿越的车头时距 $t=6s$，次要道路车流的平均车头时距 $t_0=3s$。求穿越主要道路车流的交通量。

解：
$$N_{次(单)} = \frac{1200 \times e^{-(\frac{1200}{3600} \times 6)}}{1 - e^{-(\frac{1200}{3600} \times 3)}} = 257(辆/h)$$

美国各州公路工作者协会根据使用经验，认为不设信号灯控制交叉口，在不影响主要道路车辆通行的情况下，次要道路可通过的车流量不应超过表 8-25 的数值。

美国规定的主干道优先时支路通行能力的经验值（单位：辆/h）　　表 8-25

路　别	主干道为双车道			主干道为四车道		
主干道	400	500	650	1000	1500	2500
支路	250	200	100	100	50	25

第四节　信号灯控制的交叉口通行能力

一、概　述

交叉口信号是由红、黄、绿三色信号灯组成，用以指挥车辆的通行、停止和左右转弯，随信号灯灯色的变换，车辆通行权由一个方向转移给另一个方向，根据信号周期长度及每个信号相位所占时间的长短，可以计算出交叉口的通行能力。信号交叉口的通行能力与信号控制设计有密切关系。

二、信号灯交叉口的通行能力

信号灯管制十字形交叉的设计通行能力按停止线法计算。十字形交叉的设计通行能力为各进口道设计通行能力之和。进口道设计通行能力为各车道设计通行能力之和。此处介绍《城市道路工程设计规范》(CJJ 37—2012) 中关于信号灯控制交叉口的通行能力计算方法。

（1）各种直行车道的设计通行能力。

①直行车道设计通行能力应按下式计算：

$$N_s = \frac{3600}{T}\left[\frac{(t_g - t_1)}{t_{is}} + 1\right] \cdot \varphi_s \tag{8-7}$$

式中：N_s——一条直行车道的设计通行能力，pcu/h；

　　T——信号周期时长，s；

　　t_g——绿灯时间，s；

　　t_1——变为绿灯后第 1 辆车起动并通过停止线的时间，s，可采用 2.3s；

　　t_{is}——直行或右转车辆通过停止线的平均间隔时间，s/pcu；

　　φ_s——直行车道通行能力折减系数，可采用 0.9。

直行或右转车辆混合车流中，大型车与小型车不同比例时平均车头间隔 t_{is} 如表 8-26 所示。

混合车流的平均车头间隔 t_{is}　　表 8-26

大型车:小型车	0:10	1:9	2:8	3:7	4:6	5:5	6:4	7:3	8:2	9:1	10:0
实测 t_{is} 平均值(s)	2.5	2.58	2.65	2.96	3.12	3.26	3.30	3.34	3.42	3.46	3.5

②直右车道设计通行能力应按下式计算：
$$N_{sr} = N_s \tag{8-8}$$
式中：N_{sr}——一条直右车道的设计通行能力，pcu/h。

③直左车道的设计通行能力按下式计算：
$$N_{sl} = N_s\left(1 - \frac{\beta'_l}{2}\right) \tag{8-9}$$
式中：N_{sl}——一条直左车道的设计通行能力，pcu/h；
β'_l——直左车道中左转车所占比例。

④直左右车道的设计通行能力按下式计算：
$$N_{slr} = N_{sl} \tag{8-10}$$
式中：N_{slr}——一条直左右车道的设计通行能力，pcu/h。

(2)进口道同时设有专用左转和专用右转车道时，设计通行能力应按照本面车辆左、右转比例计算。先计算本面进口道的设计通行能力，再计算专用左转及专用右转车道的设计通行能力。

①进口道设计通行能力：
$$N_{elr} = \frac{\sum N_s}{1 - \beta_l - \beta_r} \tag{8-11}$$
式中：N_{elr}——设有专用左转与专用右转车道时，本面进口道的设计通行能力，pcu/h；
$\sum N_s$——本面直行车道设计通行能力之和，pcu/h；
β_l——左转车占本面进口道车辆的比例；
β_r——右转车占本面进口道车辆的比例。

②专用左转车道设计通行能力：
$$N_l = N_{elr} \cdot \beta_l \tag{8-12}$$
式中：N_l——专用左转车道的设计通行能力，pcu/h。

③专用右转车道设计通行能力：
$$N_r = N_{elr} \cdot \beta_r \tag{8-13}$$
式中：N_r——专用右转车道的设计通行能力，pcu/h。

(3)进口道设有专用左转车道而未设专用右转车道时，专用左转车道的设计通行能力 N_l 应按本面左转车辆比例 β_l 计算，如下式：

①进口道设计通行能力：
$$N_{el} = \frac{\sum N_{sr}}{(1 - \beta_l)} \tag{8-14}$$
式中：N_{el}——设有专用左转车道时，本面进口道的设计通行能力，pcu/h；
$\sum N_{sr}$——本面直行车道及直右车道设计通行能力之和，pcu/h。

②专用左转车道设计通行能力：
$$N_l = N_{el} \cdot \beta_l \tag{8-15}$$

(4)进口道设有专用右转车道而未设专用左转车道时，专用右转车道的设计通行能力 N_r 应按本面右转车辆比例 β_r 计算，如下式：

①进口道设计通行能力：
$$N_{er} = \frac{\sum N_{sl}}{(1 - \beta_r)} \tag{8-16}$$

式中：N_{er}——设有专用右转车道时，本面进口道的设计通行能力，pcu/h；

$\sum N_{sl}$——本面直行车道及直左车道设计通行能力之和，pcu/h。

②专用右转车道设计通行能力：

$$N_r = N_{er} \cdot \beta_r \qquad (8\text{-}17)$$

(5)在一个信号周期内，对面到达左转车超过 3～4pcu 时，应折减本面各种直行车道（包括直行、直左、直右及直左右等车道）的设计通行能力。

当 $N_{le} > N'_{le}$ 时，本面进口道的设计通行能力按下式折减：

$$N'_e = N_e - n_s(N_{le} - N'_{le}) \qquad (8\text{-}18)$$

式中：N'_e——折减后本面进口道的设计通行能力，pcu/h；

N_e——折减前本面进口道的设计通行能力，pcu/h；

n_s——本面各种直行车道数；

N_{le}——对面进口道左转车的设计通行能力，pcu/h；

N'_{le}——不折减本面各种直行车道设计通行能力的对面左转车数，pcu/h。当交叉口小时为 $3n$，大时为 $4n$，n 为每小时信号周期数。

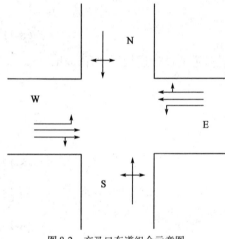

图 8-2 交叉口车道组合示意图

[例 8-4] 试求交叉口通行能力。已知 $T = 120s, t_g = 52s, t_1 = 2.3s, \varphi_s = 0.9$，大小车比例为大：小 $= 2:8$，东西向，$\beta_l = 15\%, \beta_r = 10\%$；南北向，$\beta_l = \beta_r = 15\%$。交叉口车道组合如图 8-2 所示。

解：(1)东西方向

一条直行车道的设计通行能力：

$$N_s = \frac{3600}{T}\left[\frac{(t_g - t_1)}{t_{is}} + 1\right] \cdot \varphi_s$$

$$= \frac{3600}{120}\left(\frac{52 - 2.3}{2.65} + 1\right) \times 0.9$$

$$= 533(\text{pcu/h})$$

一条直右车道的设计通行能力：

$$N_{sr} = N_s = 533 \text{pcu/h}$$

东进口设计通行能力：

$$N_e = \frac{N_s + N_{sr}}{1 - \beta_l} = \frac{533 + 533}{1 - 0.15} = 1254(\text{pcu/h})$$

一条左转专用车道设计通行能力：

$$N_l = 1254 \times 15\% = 188(\text{pcu/h})$$

$$N_{le} = 188 \text{pcu/h}$$

不折减本面各种直行车道设计通行能力的对面左转车：

$$N_{le}' = 4n = 4 \times \frac{3600}{120} = 120(\text{pcu/h})$$

因为 $N_{le} > N_{le}'$，所以需要折减。

折减后本面进口道的计通行能力：

$$N'_e = N_e - n_s(N_{le} - N'_{le}) = 1254 - 2 \times (188 - 120) = 1118(\text{pcu/h})$$

因为东西方向车道组合对称,所以东西方向通行能力:
$$N_{EW} = 1118 \times 2 = 2236(\text{pcu/h})$$

(2)南北方向

一条直左右车道的设计通行能力:
$$N_{slr} = N_{sl} = N_s\left(1 - \frac{\beta'_1}{2}\right) = 533 \times \left(\frac{1-15\%}{2}\right) = 493(\text{pcu/h})$$

所以南进口设计通行能力:
$$N_{is} = 493\text{pcu/h}$$

南进口左转车数
$$N_1 = 493 \times 0.15 = 72(\text{pcu/h})$$
$$N_{le} = 72\text{pcu/h}$$

不折减本面各种直行车道设计通行能力的对面左转车数:
$$N'_{le} = 3n = 3 \times \frac{3600}{230} = 90(\text{pcu/h})$$

因为 $N_{le} < N'_{le}$,所以不需要折减。

因为南北方向车道组合完全对称,所以:
$$N_{SN} = 493 \times 2 = 986(\text{pcu/h})$$

所以,交叉口的通行能力为 $986 + 2236 = 3222(\text{pcu/h})$。

第五节 环形交叉口的通行能力

一、概　　述

环形交叉口是自行调节的交叉口,这种交叉口是在中央设置圆形岛或带圆弧形状的岛,使进入交叉口的所有车辆均以同一方向绕岛行驶,其运行过程一般为合流、交织、分流,避免了车辆交叉行驶。其优点是不需要设置管理设施,车辆可以连续行驶,避免停车,节约燃料,减少噪声和污染。缺点是占地大,绕行距离长。非机动车和行人较多时,不宜采用。

二、分　　类

环交按其中心岛直径的大小分为3类。

1. 常规环形交叉口

中心岛直径大于25m,交织段比较长,进口道拓宽成喇叭形(图8-3)。我国现有的环形交叉口大多属于此类。

2. 小型环形交叉口

中心岛直径小于25m,引道入口适当加宽,做成喇叭形,便于车辆进入交叉口(图8-4)。

3. 微型环形交叉口

中心岛直径一般小于4m,中心岛不一定做成圆形,也不一定只做一个,可用白漆画成圆圈,不用凸起(图8-5)。这种环形交叉,实际上是渠化交叉。

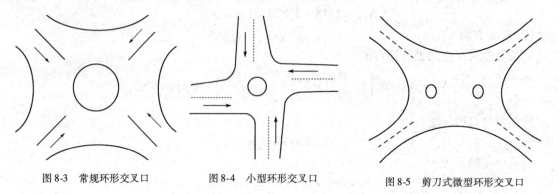

图8-3 常规环形交叉口　　　图8-4 小型环形交叉口　　　图8-5 剪刀式微型环形交叉口

三、常规环形交叉口的通行能力

常规环交的通行能力计算如图8-6所示,其计算公式如下。

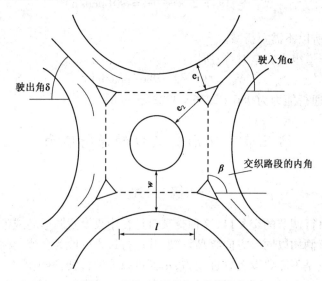

图8-6 常规环交通行能力计算图式

1. 沃尔卓普公式

$$C = \frac{354W\left(1 + \dfrac{e}{W}\right)\left(1 - \dfrac{P}{3}\right)}{\left(1 + \dfrac{W}{l}\right)} \tag{8-19}$$

式中:C——交织段的通行能力,用于设计目的按C值的80%计算,辆/h;
　　　l——交织段长度,m;
　　　W——交织段宽度,m;
　　　e——环交入口引道平均宽度,$e = \dfrac{e_1 + e_2}{2}$,m;
　　　e_1——入口引道宽度,m;
　　　e_2——环道突出部分宽度,m;

P——交织段内进行交织的车辆与全部车辆之比,%。

沃尔卓普公式的适用条件:

(1)引道上没有因故暂停的车辆;

(2)环交位于平坦地区,纵坡度不大于4%;

(3)各参数应在下列范围内,如超出,则公式就要失效。其范围为

$W = 6.1 \sim 18.0\text{m}, \dfrac{e}{W} = 0.4 \sim 1.0, \dfrac{W}{l} = 0.12 \sim 0.4, \dfrac{e_1}{e_2} = 0.34 \sim 1.41, P = 0.4 \sim 1.0$。

一般驶入角 α 宜大于30°,驶出角 δ 一般应小于60°,两交织路段内角 β 不应大于95°。

2. 英国环境部暂行公式

由于英国实行"左侧先行"法规,沃尔卓普公式不能适应,为适应新的法规,英国又重新制定此暂行公式,它适用于采取优先通行的常规环交,其具体形式如下:

$$C = \dfrac{160W\left(1 + \dfrac{e}{W}\right)}{\left(1 + \dfrac{W}{l}\right)} (\text{pcu/h}) \tag{8-20}$$

式中:C——交织段通行能力,其中载货车占全部车辆数的15%,如重车超过15%时要进行修正,用于设计目的对应采用 C 值的85%;

其他各参数意义同前。

英国环境部暂行公式适用条件:

(1)引道上没有因故暂停的车辆;

(2)环交位于平坦地区,纵坡度不大于4%;

(3)参数选用范围:$W = 9 \sim 18\text{m}, \dfrac{e}{W} = 0.63 \sim 0.95, \dfrac{W}{l} = 0.16 \sim 0.38$。

[例8-5] 某常规环交为4路交叉,其几何图形与车流量、流向如图8-7所示,主要参数为 $W = 15\text{m}, l = 40\text{m}, e = 10\text{m}$,求其交织段的通行能力,并验算现有车流量是否已超过其通行能力。

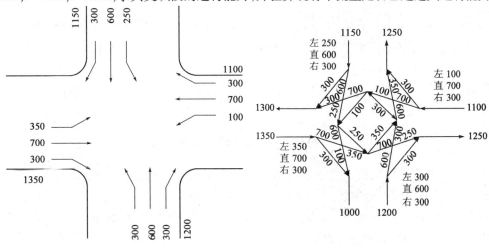

a)   b)

图8-7 某环交各向车流量示意图

解:根据英国环境部暂行公式:

$$C = \frac{160W\left(1+\dfrac{e}{W}\right)}{\left(1+\dfrac{W}{l}\right)} = \frac{160 \times 15 \times \left(1+\dfrac{10}{15}\right)}{\left(1+\dfrac{15}{40}\right)} = 2909(\text{pcu/h})$$

设计通行能力采用最大值的 85%,故

$$C_\text{p} = 2909 \times 85\% = 2472(\text{pcu/h})$$

流向流量网状图如图 8-7b)所示,然后计算各交织段车流量,参照表 8-27。

各交织路段车流量计算表(单位:pcu/h)　　　　　　　　　　表 8-27

交织段	车流量组成	合计
东北	350 + 300 + 600 + 300 + 700 + 100	2350
西北	300 + 100 + 700 + 300 + 600 + 250	2250
西南	100 + 250 + 600 + 350 + 700 + 300	2300
东南	250 + 700 + 350 + 300 + 600 + 300	2500

由表 8-27 可知,各交织路段的车流量(除东南交织段外)均小于设计通行能力 2472pcu/h,而东南交织段的车流量虽超过设计通行能力,但超出值较小。

用沃尔卓普公式计算设计通行能力,假设 $P = 0.9$,则

$$C_p = \frac{354 \times 0.8 \times W\left(1+\dfrac{e}{W}\right)\left(1-\dfrac{P}{3}\right)}{\left(1+\dfrac{W}{l}\right)} = \frac{280 \times 15 \times \left(1+\dfrac{10}{15}\right)\left(1-\dfrac{0.9}{3}\right)}{\left(1+\dfrac{15}{40}\right)} = 3564(\text{pcu/h})$$

故 $C_\text{p} = 3564\text{pcu/h}$,各交织段车流量均未超过此值,故可通行。

第六节　高速公路的通行能力

高速公路是有中央分隔带,上下行每个方向至少有两条车道,全部立体交叉,完全控制出入的公路。高速公路是连续流道路。在正常情况下,高速公路上的车辆可以不停顿地连续行驶。

高速公路一般由 3 部分组成:基本路段、交织区和匝道(包括匝道—主线连接处及匝道—横交公路连接处)。

一、高速公路基本路段通行能力

高速公路基本路段是指主线上不受匝道附近车辆汇合、分离以及交织运行影响的路段。具体讲,是指驶入匝道——主线连接处上游 150m 至下游 760m 以外,驶出匝道——主线连接处上游 760m 至下游 150m 以外,以及表示交织区开始的汇合点上游 150m 至表示交织区终端的分离点下游 150m 以外的主线路段,见图 8-8。

高速公路是多车道公路,和其他多车道公路一样,由于两个方向的交通运行互不依赖,且两个方向在其前进方向上的线形(主要是纵断面线形)不同,因此,两个方向车行道的通行能力和服务水平的分析计算是分别进行的。

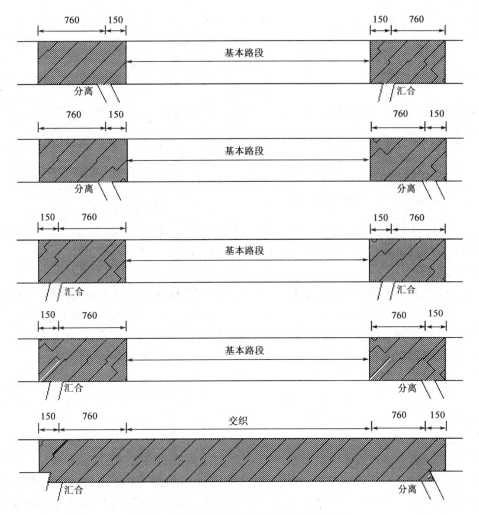

图 8-8 高速公路基本路段示意图(尺寸单位:m)

高速公路基本路段的理想条件包括:
(1) 3.75m≤车道宽度≤4.5m;
(2) 侧向净宽≥1.75m;
(3) 车流中全部为小客车;
(4) 驾驶人均为经常行驶高速公路,且技术熟练,遵守交通法规者。
高速公路基本路段通行能力及服务水平具体描述见本章第一、二节。

二、交织区通行能力

1. 概述

两股或多股交通流在没有交通控制设施的情况下,沿相同的大方向在相当长的公路路段中运行,其中相交而过的交通流称为交织。其运行简况如图 8-9 所示。

车辆由道路上一个进口紧接着一个出口或多个出口,以及多个进口紧接着一个出口或多个出口,这在公路上或城市道路上是随处可见的。

交通量与总交通量之比,即$(Q_{w1}+Q_{w2})/Q_{总}=VR$,而交织比(r)为交织交通量中较小的交织交通量与较大的交织交通量之比,即$Q_{w1}/Q_{w2}\approx r$。

2. 通行能力和速度计算

交织区的通行能力和运行速度,同交织区长度、车道数、交织流量比、总交通量及交织区车道构造等因素有关,其计算公式为:

$$C = C_0 \times r_s \times r_N \times r_L \times r_{VR} \tag{8-21}$$

式中:C——交织区通行能力,pcu/h;

C_0——单条车道理论通行能力,pcu/h(对于高速公路按表 8-10 选用);

r_s——交织区类型修正系数,Ⅰ类交织区为 0.95,Ⅱ类交织区为 1.0;

r_N——交织区内车道数修正系数,对 2、3、4 和 5 条车道交织区,可分别取 1.8、2.6、3.4 和 4.0;

r_L——交织区长度修正系数,由公式 $0.128\ln L + 0.181$ 计算,式中 ln 为自然对数,L 为交织长度;

r_{VR}——交织流量比修正系数,取值见表 8-28,中间值可内插求得。

交织流量比修正系数表 表 8-28

VR	0	0.05	0.10	0.15	0.20	0.25	0.30	0.35	0.40	0.50
r_{VR}	1.000	0.980	0.971	0.966	0.959	0.942	0.909	0.853	0.768	0.647

交织区内的车流运行速度公式如下:

$$S_w \text{ 或 } S_{nw} = 20 + \frac{50}{1 + \alpha(1+VR)^\beta [\exp(V/NL)]^\gamma} \tag{8-22}$$

式中:S_w、S_{nw}——交织车流、非交织车流的平均运行速度,km/h;

V——交织区内断面总流率,辆/h;

N——交织区内车道数;

L——交织区长度,m;

VR——交织流量比;

α、β、γ——回归系数,列于表 8-29,中间值可内插求得。

两类交织区公式回归系数标定结果 表 8-29

类型	公式	α	β	γ
Ⅰ类	S_w	0.005	8.001	0.840
	S_{nw}	0.004	5.310	0.761
Ⅱ类	S_w	0.006	6.527	0.716
	S_{nw}	0.003	4.221	0.754

式(8-22)表明,交织区内车流的运行速度和交织区长度、车道数具有正相关关系,而与总交通量及交织区流量比具有负相关关系,并与交织区车道构造有关。式(8-22)适用的车流速度在 20~75km/h 范围内,超出范围则为近似值。式中参数通过模型检验,具有良好的可靠性,但此式中各变量有一定的适用范围,任何超出表 8-30 所列的限值都只有近似的。

式(8-22)中参数的应用范围　　　　　　　表8-30

变量	下限	上限
交织断面平均流率 V/h[pcu/(h·ln)]	—	1353
最大单车道流率(pcu/h/车道)	—	1700
交织流率 V_w(pcu/h)	—	2340*
交织流量比(%)	—	0.45
交织区长度(m)	50	600
交织区内车道数 N	2	4
交织区车道宽度(m)	3.5	4

注：*为给定几何条件下，具有两条车道交织区的通行能力值。

3. 服务水平

评价交织区运行质量的因素有密度、流速和服务流率，但重点是行车密度和服务流率，按四级标准划分如表8-31所示。其中：

一级服务水平代表不受限制的行驶，交织车辆对其他车流没有影响，交织时只需微略调整车速即可平稳地实现。

二级服务水平代表交织过程中，合流车辆要插入相邻车流间隙，需调整车速，分流车则可不受干扰，直行车辆也不会受到很大影响，通常行驶时车流稳定畅通。在进口车流密集时，可能会出现排队，分流区也可能出现减速。

三级服务水平，所有交织车辆必须经常调整车速以避免冲突，分流区附近有明显的减速，实现交织是有困难的，有时引起紊乱，甚至影响相邻车道。

四级服务水平，交织运动明显引起紊乱，但未造成整个断面排队，进口处排队明显，如有任何微小的突发事件都会引起交织区堵塞，使全部车流只能走走停停，车辆运行不稳定。

服务水平划分标准　　　　　　　表8-31

服务水平	密度[辆/(n·ln)]	V/C	服务水平	密度[辆/(n·ln)]	V/C
一级	8	0.35	三级	26	0.90
二级	18	0.75	四级	42	1.00

[**例8-6**]　某交织区构造与高峰小时各方向流率示于图8-11，由于地形限制交织区长度约为300m，出口处主路车道数3条，车道宽度为3.75m，设计车速为120km/h，交织类型为一类，试求其通行能力、行程车速与可达到的服务水平等级。

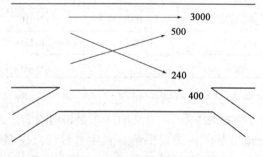

图8-11　交织区构造示意图

解：先求 $Q_\text{总} = Q_{01} + Q_{02} + Q_{w1} + Q_{w2} = 3000 + 400 + 500 + 240 = 4140 (\text{pcu/h})$

$$VR = \frac{Q_{w1} + Q_{w2}}{Q_\text{总}} = \frac{740}{4140} = 0.179$$

其次求通行能力与 V/C 比。

按式(8-21)计算通行能力：

$$\begin{aligned} C &= C_0 \times r_s \times r_N \times r_L \times r_{VR} \\ &= 2200 \times 0.95 \times 3.4 \times 0.911 \times 0.962 = 6228(\text{pcu/h}) \end{aligned}$$

$$V/C = \frac{4140}{6228} = 66.5\%$$

预测行程车速，由式(8-22)计算交织和非交织车流速度：
$S_\text{W} = 57.35 \text{km/h}$，$S_\text{NW} = 64.15 \text{km/h}$，断面加权平均车流速度为 62.93km/h。

计算车流密度 $4140/62.93/4 = 16.45 = 17 \text{pcu/h} \cdot \text{ln}$，将上述计算结果同服务水平划分标准表 8-31 中指标进行比较，得知于此条件下，其运行服务水平为二级标准。

第七节 自行车道的通行能力

我国现阶段道路上的非机动车主要是自行车，据大多数城市部门的统计，近年来自行车的出行比重有所下降，但其所占比重仍然很大。所以，研究道路上自行车的交通特性、运行规律和通行能力，可以为城市规划、街道网规划和设计提供理论数据和计算方法，对自行车专用道系统的规划设计和城市交通管理等方面仍有重要作用。

一、基本通行能力

1. 基于车头时距的自行车道通行能力

可以将自行车道作为具有稳定行车道的车流来进行理论分析。一条自行车道的最大通行能力可由前后车辆之间在运动状态下的安全净空进行计算。

$$L = \frac{V \times t}{3.6} + \frac{V^2}{254(\varphi + i)} + l_0 + l_\text{车} \tag{8-23}$$

令 $\beta = \frac{1}{254(\varphi + i)}$，则：

$$N_\text{基本(间)} = \frac{1000V}{L} = \frac{1000V}{\frac{V \times t}{3.6} + \beta V^2 + l_0 + l_\text{车}} \tag{8-24}$$

式中：V——车速，km/h，大多数自行车在 10~20km/h 之间；

t——反应时间，一般为 0.5~1.0s，平均用 0.7s；

β——制动系数，可按 $\beta = \frac{1}{254(\varphi + i)}$ 计算；

φ——轮胎与路面间的黏着系数，多在 0.3~0.6 之间，一般取 0.5；

i——道路纵坡度，在平坦道路上可取 0；

l_0——安全间距，可取 1m；

$l_{车}$——自行车的车身长度,常用 1.9m。

将各参数代入上式即得出一条车道的通行能力。现将计算结果列于表 8-32,由表中数字可知其通行能力为 1300~2000 辆/h。

自行车一条车道的最大通行能力计算值　　　　　表 8-32

自行车车速(km/h)	$\frac{V}{3.6}t$	$\beta=\frac{1}{254(\varphi+i)}$	βV^2	$L=\frac{V\times t}{3.6}+\beta V^2+l_0+l_{车}$	$N_{自}=\frac{1000V}{L}$	附注
5	0.97	0.0079	0.20	4.07	1229	$t=0.7$
10	1.94	0.0079	0.79	5.63	1776	$\varphi=0.5$
15	2.92	0.0079	1.77	7.59	1977	$i=0$
20	3.89	0.0079	3.15	9.94	2012	$l_0=1.0$
25	4.86	0.0079	4.92	12.68	1971	$l_{车}=1.9$

2. 基于车头时距的自行车道通行能力

同样将自行车道作为具有稳定行车道的车流来进行理论分析,只要测得连续行驶的自行车流中前后两车的最小车头时距,即可由下式计算:

$$N_{基本(时)}=\frac{3600}{t_i}(辆/h) \tag{8-25}$$

式中:t_i——自行车连续行驶时纵向最小车头安全时距,s。

根据大量的实际观测资料,基于车头时距的自行车道通行能力在 1500~3000 辆/h,平均为 2000 辆/h。这与上述车头间距原理计算结果相差较大,主要原因是实际测得的自行车间的净距较计算得的净距小。此外,t_i 值观察时要采用测整个断面的通过量后换算为单车道的车头时距,因自行车非常灵活,往往不按车道线成行行驶,而是相互穿插或几辆并排行驶,观察时应予以注意。

二、设计通行能力与服务水平

1. 路段设计通行能力与服务水平

路段自行车道设计通行能力的计算根据下式:

$$N_{路段}=N_{可}\times C_1\times C_2 \tag{8-26}$$

式中:$N_{路段}$——路段每米宽度自行车道(一条自行车道)的设计通行能力,路段长为 5km 以上时为长路段,不考虑交叉口或其他纵横向干扰的影响,否则,应考虑平面交叉口等其他纵横向干扰,辆/h;

$N_{可}$——每米宽度按自行车连续行车 1h 的通过量,辆/h。

C_1——街道等级系数,与街道的性质、重要性和使用要求有关,快速干道、主干道的 C_1 为 0.8,次干道和支路为 0.9;

C_2——受平面交叉口影响的折减系数,适用于短路段即城市街道自行车通行能力计算,依据北京的观测分析资料认为,路口的综合影响折减系数平均值为 0.55。

根据《城市道路工程设计规范》(CJJ 37—2012),不受平面交叉口影响的一条自行车道的路段设计通行能力,当有机非分隔设施时,应取 1600~1800 辆/h;当无分隔时,应取 1400~

1600辆/h。受平面交叉口影响的一条自行车道的路段设计通行能力,当有机非分隔设施时,应取 1000~1200 辆/h;当无分隔时,应取 800~1000 辆/h。路段自行车道服务水平分级如表8-33所示,设计时宜采用三级服务水平。

路段自行车道服务水平分级　　　　表8-33

服务水平 指标	一级 (自由骑行)	二级 (稳定骑行)	三级 (骑行受限)	四级 (间断骑行)
骑行速度(km/h)	>20	20~15	15~10	10~5
占用道路面积(m^2)	>7	7~5	5~3	<3
负荷度	<0.4	0.55~0.70	0.70~0.85	>0.85

2. 信号交叉口自行车道的设计通行能力

信号交叉口停车断面自行车通过量的研究表明,绿灯放行的前一段时间内,车辆比较密集,以后就逐渐减少,根据以5s为单位进行的大量观测,采用整个放行时间的平均通过量作为路口设计通行能力似乎偏低,因为有时20s以后的车辆很少,甚至没有什么车辆通过。采用最密集的5s的通过量作为设计通行能力,则过于密集、拥挤,可能给行车安全造成不利影响,且毫无余地,故不宜选作设计通行能力。而前20s的通过量虽然前半段较密集,但后半段就比较稀,平均来看还属于正常,故以此时段的通过量作为交叉口的设计通行能力,可能较为安全、适中。对于具体路口引道来说,还必须乘以绿信比。

根据《城市道路工程设计规范》(CJJ 37—2012),信号交叉口进口道一条自行车道的设计通行能力可取 800~1000 辆/h。交叉口自行车道服务水平分级如表8-34所示,设计时宜采用三级服务水平。

交叉口自行车道服务水平分级　　　　表8-34

服务水平 指标	一级	二级	三级	四级
通过交叉口骑行速度(km/h)	>13	13~9	9~6	6~4
停车延误时间(s)	<40	40~60	60~90	>90
路口停车率(%)	<30	30~40	40~50	>50
占用道路面积(m^2)	8~6	6~4	4~2	<2
负荷度	<0.7	0.7~0.8	0.8~0.9	>0.9

思 考 题

1. 简述道路通行能力的定义、作用于道路交通量的差别和内在关系。
2. 什么是道路服务水平?划分的依据是什么?
3. 影响通行能力的主要因素各表现在哪些方面?
4. 路段通行能力可分为哪几类?依据是什么?

5. 高速公路各组成部分的服务水平分级指标是什么？为什么各不相同？
6. 环形交叉口的类型有哪些？
7. 简述我国信号交叉口实际通行能力的计算方法。
8. 自行车的基本通行能力如何计算,哪些因素影响自行车道的通行能力？

习　题

1. 有两条双车道道路正交的平面交叉口,路面宽均为6m,其交通信号机采用二相式固定周期,周期时间$T=60s$,其中黄灯时间为$2\times 3s$,红、绿灯信号时间相等,各进口引道的车辆右转率为20%,左转率为10%,无公共汽车停靠站,过街行人不多,其影响可以忽略,求交叉口的设计通行能力。

第九章 交通规划

交通规划理论和实施方法的形成,是伴随着社会经济的发展和城市化进程速度的加快而产生和不断完善的。随着国民经济的高速发展和城市化进程的加快,汽车已经逐渐进入寻常百姓家庭,并逐渐成为人们生活中的必备工具,它可以改变人们的生活方式,提高生活质量。然而,汽车交通带给人们方便的同时,也带来了交通拥挤、交通事故、能源和资源浪费、环境污染以及公共交通事业退化等诸多交通问题,而缓解这些问题的有效方法就是制订科学合理并严格实施的交通规划方案,同时附以相应切实可行的交通政策。从区域规划、城市规划和土地利用性质,分析城市交通结构,发掘现有的交通网络潜力3个层面入手,根据交通需求和供给关系,采取相关措施寻求其最佳平衡点。交通规划不应是单纯的路网规划,而是各种交通方式规划方案与所有交通设施规划方案合理组合的综合交通规划,是城市规划不可缺少的主要内容,其规划方法也已逐渐形成新的、相对独立的理论学科,并随着科技的发展,内容不断扩充,体系日臻完善。

本章从介绍交通规划内容和方法入手,对交通规划的数据收集工作及交通预测原理和方法进行阐述,并且对道路交通规划方案及对策的制定简要讨论,最后介绍规划方案的评价和检验。

第一节 交通规划的定义与构成要素

一、交通规划的定义

1. 交通规划的定义及其前提

交通的社会意义体现在通过人或物的空间移动,使人类的社会经济活动成为可能,交通支撑着人类生活,是营造时尚生活的必要条件之一。

交通规划是有计划地引导交通的一系列行动的展开,即规划者如何提示各种目标,又如何将提示的目标付诸实施的方法。交通规划有广义和狭义之分,广义的交通运输规划包括交通运输基础设施建设发展的规划、交通运输组织管理的规划、生产经营的规划等。狭义的交通规划是指交通运输基础设施建设发展规划。

通常人们所说的交通规划是狭义上的概念,是指根据历史和现状的交通供需状况与地区的人口、经济和土地利用之间的相互关系的分析研究,根据地区未来不同的人口、土地利用和经济发展趋势,进行交通运输发展需求分析和预测,确定未来交通运输实施发展建设的规模、结构、布局等方案,并对不同方案进行评价比选,确定推荐方案,同时提出建设实施方案(包括建设项目时序、投资估算、配套措施等)的一个完整的过程。

交通规划将交通作为研究对象,是人所进行意识行为的体现,因此交通规划必须满足以下条件:

(1)存在规划主体;

(2)对规划对象的期望状态、方向、认识的一致性;

(3)规划主体可以在某种程度上左右规划对象的可能性;

(4)在特定时间、地点,对规划必要性的认识;

(5)规划作业投入的资源(时间、人力、资金、信息等)的存在,即以规划作业实施的可能性为前提。

2. 交通规划的构成要素

交通规划的构成要素分为:需求要素、供给要素和市场要素3部分。

需求要素分为移动意识所决定的主体,如个人、团体(家庭、企业、政府等)和移动的对象,如人、物(原材料、货物、废弃物等)。

供给要素分为交通工具,如汽车、火车、船舶和飞机等;交通设施,如道路和节点(车站、枢纽和停车场等);运行系统,如信号控制系统、信息管制中心等;经营系统,如交通服务的组织、管理和运营。

市场要素指交通市场的调节系统,即经营主体和市场框架(确定经营主体、收费标准、服务等)的调整。

二、交通规划的分类

(1)按交通规划研究的地域范围不同,可以分为国家级交通规划、区域性交通规划和城市交通规划。

①国家级交通规划要对全国的综合运输网络包括铁路、公路、内河、海运、航空、管道等运输基础设施布局和建设做出总体安排,有时还涉及国际的运输通道规划(如欧亚大陆桥)。

②区域性交通规划包括大区域的运输网规划(如长江三角洲地区综合运输规划)、省域运输网络规划、地区或市域运输网络规划等。

③城市交通规划。在国家级和区域级交通规划中,城市一般只作为一个节点来考虑。城市交通规划可分为全市性的交通规划和地区性的交通规划,如中心区或商业区交通规划、居住区交通规划、新开发区交通规划、火车站地区交通规划、航空港地区交通规划等。

(2)按交通规划考虑的时限不同,可以分为远景或远期战略规划、中长期规划和近期交通规划。

①远景或远期战略规划,一般根据区域或城市长远社会经济发展战略目标,研究确定区域或城市交通运输长远的发展战略目标和主干交通网络的总体布局。通常远期规划要展望到20~30年甚至更长的发展时期。其特点是战略性、宏观性、指导性,同时要保持充分的弹性,以适应长远发展的不确定性。

②中长期规划,需要在相对明确、可实现的社会经济发展目标和方针指导下,以具体规划

交通设施系统为重点。通常中长期的规划期限一般为5～20年。

③近期交通规划,是在远景战略规划特别是中长期规划的指导下,以有针对性的治理交通和落实建设项目为目的。近期交通规划一般为期3～5年。

(3)按交通规划涉及的对象和内容不同,可以分为区域性专项交通规划和城市专项交通规划。

①区域性专项交通规划是指铁路网规划、公路网规划、水运网规划、航空港布局及航空线路规划等。

②城市专项交通规划包括:城市道路网规划、城市轨道交通规划、公交线网规划、停车设施规划和交通枢纽规划等。

三、交通规划的目的和意义

交通规划是将人和物移动的方式合理组织为目的,以实现城市生活的方便、出行便捷和利于人们游憩为宗旨,包括交通设施的配置和功能上的规划。是以土地规划、区域规划为基础,而进行的适合区域定位发展的交通线路、交通方式和交通工具的三者的合理配置,使其发挥各自的优势。

交通规划的意义主要体现在以下几个方面:

(1)交通规划是建立完善综合运输体系,获得交通运输最佳效益的重要方式和途径;

(2)交通规划是缓解道路交通拥堵问题的根本措施;

(3)交通规划是充分发挥原本有限的交通基础设施的效益,实现城市交通管理科学化的重要手段。

四、交通规划的基本程序和方法

1. 交通规划的基本程序

交通规划是一项复杂的系统工程,涉及面广,需要考虑的因素繁多。进行交通规划时既要掌握国家和地区的社会经济发展政策、规划制度,又要对地区的经济、人口、土地、资源和交通供需状况等作全面调查研究,从系统工程角度对上述要素作深入细致的分析和预测,对规划方案作周密的设计和评价。根据系统工程的原理,交通规划方案制订的过程如图9-1所示。

(1)组织准备:明确具有一定权威性的负责单位;制订整个交通规划的工作计划;明确规划任务,建立技术咨询机构;与政府决策人员建立正常的工作关系;与其他有关部门取得联系和协作,必要时邀请社会各阶层人士参加审议。

(2)确定规划目标:为明确交通规划方向,在编制规划之前,首先要界定交通规划的工作目标和规划方案需要达到的交通系统发展目标。前者(交通规划工作目标)指规划编制最终所应提交的成果内容、要求、形式、数量,包括文本、图表等。后者(交通系统发展目标)包括使旅客或货物具有适当的可移动性(出行时间最短、费用最低、能提供充足的系统容量、确保系统的安全性和可信性)和达到环境平衡(提供区域内生产、就业、教育、生活平等的可达性分布,促进土地利用和运输设施按期望的方向组织,减少社会纠纷、促进地区经济和交通的可持续发展以及减少空气污染等)目标。

(3)资料收集分析:收集资料的目的是明确区域内道路交通特性。根据规划目标的不同,调查的深度和广度也有所不同。

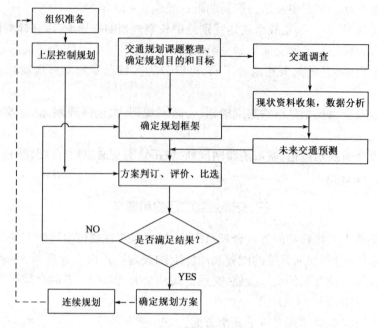

图 9-1 交通规划程序

(4)未来交通需求预测:对调查数据进行分析,研究未来交通需求预测技术(模型),并对所研究区域未来预测年内的交通需求进行预测。

(5)方案制订、评价:利用系统分析方法,根据现状分析和交通预测,对未来的交通网络提出若干可行方案。对提出的可行技术方案进行技术经济评价,找出既优化又现实,并能满足未来交通需求的规划方案。

(6)连续规划:由于制定规划目标所依据的条件,如城市规模和社会经济环境的变化、交通技术发展导致的交通需求分布的变化、交通预测环境的变化及诸多随机因素的存在,交通规划方案并非是一成不变的,需要根据外界影响因素的变化,逐渐完善。

在交通规划过程中涉及两个关键问题:其一是交通需求预测,即如何通过建立相应的模型及分析程序来预测交通需求的大小、方向及分布;其二是规划方案的评价和决策,即如何对交通系统规划方案进行优化和决策。

2. 构筑交通预测模型的基本观点

1)集计模型(Aggregate Model)和非集计模型(Disaggregate Model)方法

集计模型是将每个人的交通活动按照交通小区进行统计分析和处理,最后得到以交通小区为分析处理单位的模型。而非集计模型是以实际发生交通活动的个人或家庭为分析处理单位,直接用于建模。显然,非集计模型逻辑性更强,更符合实际,更能反映实际的交通情况,更具有说服力,预测结果具有普遍意义,能够满足交通规划的多样化要求,该方法产生于20世纪60年代初期,70年代在美国得到推广应用,并影响到日本等亚洲国家。但是非集计模型方法也存在变量选择困难和计算量大的缺陷。目前我国主要停留在集计模型应用阶段。

2)概率模型和确定模型方法

概率模型是将出行产生的次数、出行目的地、出行方式及路径选择的交通行为用概率现象加以捕捉而建立的模型。确定模型是将交通行为因素的可能性加以确定说明并进行预测。

3）同时型模型和连锁型模型方法

将人的交通行为全体同时进行预测是同时型模型。将交通行动分成若干阶段,并以前一个阶段的结果作为前提来预测下一个阶段为连锁型模型。

目前我国采用集计型模型—概率模型—连锁型模型,进行出行方式选择分析和据此进行交通政策研究的较多;而欧美和日本等交通发达国家常采用非集计模型—概率模型—连锁型模型进行研究分析。

3. 城市交通规划的程序和新思路

城市交通规划的目的是实现城市生活的交通便利。要实现这一目的,就必须满足城市交通需求与交通设施供给的均衡。这种均衡单单采用对未来需求和供给规划方法,即"预测—供给"方法难以实现,而应该采用预测和适当控制需求的规划方法,即"预测—预防"方法,缩小供给与需求的差距,缓解由此带来的交通问题,并附以相应的交通政策,实现合理的需求与适当的供给间的平衡。

城市交通规划,根据规划期限分长期规划和中短期规划,有区域范围和大都市圈范围的不同空间对象的规划,其规划目标也不同,规划内容也有差异,但基本规划程序大同小异,如图9-2所示。

随着汽车社会的到来,为预防城市交通规划所引起的交通混乱、交通事故、城市环境恶化以及公共交通逐渐衰落的负面影响,在城市交通规划时应考虑以下观点:

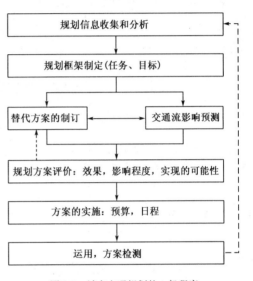

图9-2 城市交通规划的一般程序

（1）路网结构合理,道路功能明确。随着汽车交通量的增加,以往的道路网结构将不再满足需求,特别在城市的中心区域,大量的过境交通将会引起交通更为拥堵,因此在规划时,就应根据城市的功能定位,合理确定路网结构。

（2）从不同角度考虑人车分离和人车共存。实行物理上的人车分离方法在1950年得到世界各国的响应,确保了行人的安全,但是受交通用地的限制,特别是在已经成形的老城区,很难实现。在1970年之后,出现了人车共存的想法,即在难于实现物理分离的地段,可以考虑限制汽车的行驶速度接近于行人速度,也可以将行车线路变的迂回曲折、减小车道宽度或增设车道地面障碍等。

（3）考虑出行方式分担的交通规划。该方法在1950年美国的"CATS都市圈"规划中开始成功应用,后来应用到美国的所有交通规划中,并影响到欧洲各国和日本。其宗旨是出行方式的选择是多样化的,而不应以小汽车为主,然而如何确定各种交通方式的分担比例,是不易解决的难题,目前欧美各国和日本普遍采用的非集计模型方法可以解决,这也是我国交通规划模型理论研究的重要课题。

（4）改善公共交通系统。该观点是基于对交通的物理空间、环境及出行方式分担方面的考虑。吸引人们乘坐大运量公共交通的方法就是出台公交优先的政策,扶持和提高公共交通的服务水平,提供便利的乘用设施,这一点在日本做得相当普遍和完善,并得到政府的大力支持。

(5) 考虑新交通系统的研发。当城市发展到一定规模，具备一定经济实力的情况下，可考虑开发新的公共交通系统。日本在20世纪70年代开始研发新交通系统，完善了城市交通系统(图9-3)，以节能、环保、高速、安全为宗旨，现在已逐渐推广和实施，其运量在地铁和巴士之间，对缓解城市汽车交通问题起到了巨大推动作用。

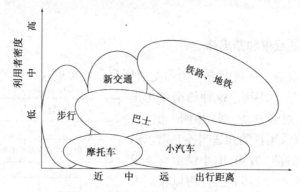

图9-3　城市交通工具出行特征示意图

(6) 考虑城市环境与城市交通的协调发展。城市交通规划应确保交通出行的便捷和环保的协调发展，两者是不可逆的关系。应遵循城市规划和相关的环境保护法律制订规划方案。

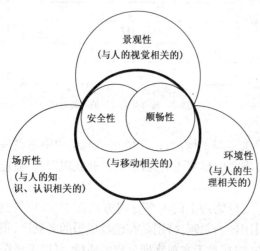

(7) 从交通管理规划出发探讨和推进交通需求管理(Transportation Demand Management，简称TDM)。从城市发展和缓解城市交通问题进行交通管理规划，制定合理的交通需求管理政策，提高社会效益。

(8) 交通规划方案应利于创建优美舒适的生活环境。以往的道路规划，只考虑交通的顺畅性和安全性，而从生活环境方面考虑，还应该融入与人的生理相关的环境性、与人的视觉相关的景观性和与人的知识相关的场所性三个因素。为提高人们生活环境质量水平，在道路空间上应充分考虑如何实现以上五种要素(图9-4)间的平衡。

图9-4　道路舒适性构成要素关系

(9) 考虑干线交通规划与地区交通规划的平衡。随着机动车数量的增多，地区内部道路将涌现出大量的机动车，地区交通问题明显增多，而以往的交通规划只是对干线交通进行定量化的预测计算。如何处理好地区机动车交通的运行与行人的安全、舒适，并能够保证良好的居住环境，则必须从不同于干线交通规划的角度针对地区交通的实际特点进行规划设计，并严格实施。日本在20世纪70年代曾试行过交通管制，从80年代开始，对干线道路所环绕的地区及铁路站点周围地区实行地区交通规划，并普遍应用到城市的所有地区，取得了显著效果。

(10) 土地利用规划与交通规划的综合考虑。考虑交通规划问题时，不但要处理目前存在的交通问题，还应寻求从根本上改善问题的良策，因此，应将土地利用规划和原则作为重要的课题考虑。交通与人们的居住、生活、休息等活动密切相关，人们的居住空间、工作空间、游憩空间的配置和人口密度等土地利用规划内容与交通规划直接相关,土地利用与交通的关系见图 9-5,因此,应当对应相应的土地利用状态来确定相应的交通需求量。交通规划与土地利用规划综合处理,是今后交通规划的重要课题。

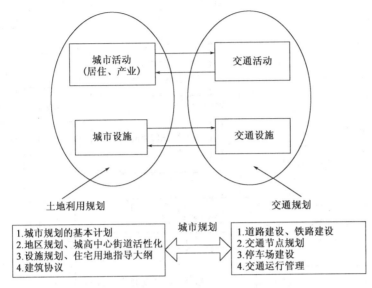

图 9-5　土地利用与交通的关系

(11) 考虑从无障碍交通向无障碍街区设计过渡。为体现交通平等原则,适应社会逐渐老年人增多的现实,最早在欧美诸国逐步采取了相应的措施,并付以相应的法律,强制实施。日本自 1973 年建设省(现国土交通省)确定了"取消人行道与车道的落差,增设导盲线等方针"和 1974 年制定的"福利环境建设纲要"开始实施道路和建筑物无障碍设计,于 1994 年实行了便于老年人和残疾人使用的建筑物的建设和改建的相关法律,2000 年实行了便于老年人和残疾人使用的公共交通工具相关法律,目前正处于快速实施和普及阶段。实现对于残障人士使用安全、便捷、简单易用、经济妥当和美观 5 个要素相融合的交通设施和街区的建设。这也是各国今后交通规划不容忽视的重要内容。

根据以上思路,各经济发达国家一直在探索最理想的城市交通规划程序,其共同观点就是更重视市民的参与,其目的是使规划方案更适用,体现规划结果的高效、公平和环保性,并具有可持续发展的潜能。目前,英国道路交通研究所(Institute of Highways & Transportation,简称 IHT)在 1996 年首次发行的城市交通战略开发方针中,提出了如图 9-6 所示的城市交通规划程序,为人们所认同。图的左上半部分是有关对规划区域现状的认识,右上半部分是关于未来预测的一系列程序。图中虽未作详尽的表示,但充分对应了各种交通方式间的整合及城市和交通之间的整合,并且引入了市民的认识,其反馈系统和公害监视系统新意十足。该规划程序具有综合性,在进行交通规划时可参考实施。

城市交通规划的基本内容包括城市交通的预测规划、城市道路规划、公共交通系统规划、城市交通设施规划和城市物流规划等。

以往的交通规划由给定框架的交通需求预测和根据预测结果所进行的设施供给计划组成。然而随着汽车拥有量的激增,有限的城市空间难以满足其对交通设施的需求,过多的汽车交通也会带来各种城市交通问题,因此在城市交通规划中应逐步扩展到研究交通设施的潜能运用、管理及控制汽车交通需求方面。

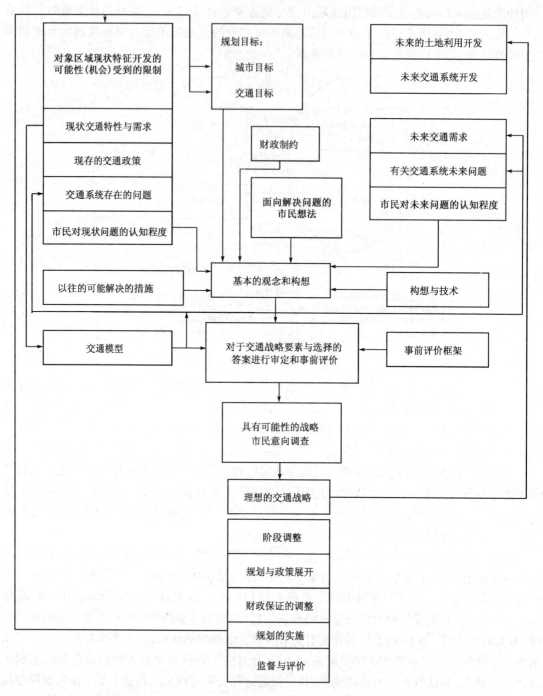

图 9-6 IHT 提倡的城市交通规划程序

（1）从汽车交通管理（Traffic Management）向综合交通管理（Comprehensive Traffic Management，简称 CTM）方向发展。即保护交通弱者，提高公共交通的利用率，采取吸引居民出行利用公共交通工具的具体措施。

（2）从交通系统管理（Transportation System Management，简称 TSM）向交通需求管理（Travel Demand Management，简称 TDM）发展。即不但要考虑提高交通空间的效率，还要从土地利用、城市的发展角度来考虑，平衡交通需求与供给间的矛盾，改变个人的交通行为。具体的

TDM 措施如图 9-7 所示,将交通行为通过 5 种方式加以改变。如图中心部分是具有复合型目的的措施,外侧的措施是单一的措施。

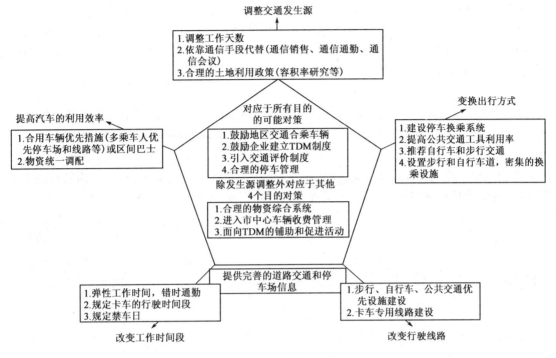

图 9-7 交通需求管理对策

(3)依靠考虑土地利用形态的城市交通战略来诱导城市发展。从土地利用形态出发,以实现环境负荷最小的交通体系为目的规划方案。国外成功的案例有很多,例如荷兰的 ABC 策略;美国的面向公共交通的城市开发(TOD)等。

第二节 交 通 调 查

交通调查是对与交通相关的现状数据进行调查,根据交通类别与规划内容的不同,进行的调查内容和精度也不同。无论是什么区域范围、何种交通方式的规划,调查内容主要包括基础资料调查、交通需求调查、交通设施调查和交通现状调查四项内容。

一、基本概念和术语

1. 出行与出行端点

出行是人们日常生活中的基本行为。出行和出行端点的概念,在美国进行底特律都市圈交通调查时最先得到应用。

(1)出行。人、货物或作为交通方式的汽车为了某种目的,由始点到终点之间的一次移动,称为出行。完成一个目的计一次出行。例如某人去上班,下班后去超市购物,然后回家,如此完成上班、购物、回家三次出行。

(2)出行端点。出行的两端,即起点(Orgin)和讫点(Destination)称为出行端点(Trip

End)。出行的单位用出行数(Trips)表示。

(3)起讫点调查(OD调查)。对通行单元(车辆或行人)的出发地和目的地进行的综合调查,调查内容包括出行起讫时间、地点、途经路线、使用交通工具、换乘情况等。通过OD调查,可了解某一个区域内出行的数量和类型,从而掌握城市客流与货流在各区域的时空分布特征。一般分为客流调查、车流调查和货流调查。按起讫点的不同,出行又分为境内出行、过境出行、区内出行、区间出行。将各种出行的调查数据汇总,即可得到起讫点交流表(OD表),绘制期望线图。

(4)出行据点(Base)。为某人出行所迈出第一步的地点或设施,即某人某日第一次出行的发生地点或设施。如家庭(HB:home base)、工作地点(OB:office base)、宾馆、饭店和交通枢纽等。如图9-8所示,一次上班出行可以利用多种交通工具(图9-8中采用了4种出行方式),但因为出行目的是到工作地点工作,所以把它作为一次出行。于是,出行可归纳为具有一个交通目的,在途中即使变换了交通方式,只要交通目的不变,就可以看作是一次出行。

图9-8 上班出行

出行的定义是主要考虑交通目的,把途中的一种交通方式作为代表交通方式。究竟哪种交通方式作为代表交通方式,这要按列车、公共汽车、摩托车和步行的优先顺序来确定,如上例中,列车是代表交通方式,其他的被称为末端交通方式。另外,某出行由多种交通方式组成时,称为混合出行(Mixed Mode Trip),对应其中各交通工具的移动距离定义为行程(Journey)。如果混合出行中有换乘大量运输方式的情况,又要考虑各交通方式运输旅客数时,就意味着在每个行程将各种大量运输方式的乘客重复计算。因此,必须注意的是,这种用各交通方式计量的结果与出行数是完全不同的。

2. 出行链、出行循环及出行形式

(1)出行链。某人一天的全部活动,是由若干个出行相连接的,称之为出行链(Trip Chaining或 A Chain of Trip)。

(2)出行循环。由一个据点出发到返回该据点的一连串的出行总称为出行循环。具有代表性的有HB循环和OB循环等。其中包括暂停(Stop)及逗留(Sojourn)。

3. 出行目的

出行目的(Trip Purpose)为一次出行将要完成的任务,一般分为:上班(或通勤)、上学、自由(购物、娱乐、观光等)、业务、回家等。

4. 境界线

所规定调查区范围的边界线称为境界线。如图9-9所示。

5. 期望线

连接各交通小区形心(同一小区内所有出行端点的集中点,不一定是小区几何面积重心)的直线,代表了小区间发生的出行,线的宽度代表出行次数。如图9-9所示。

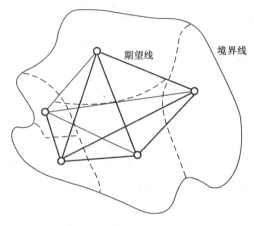

图9-9 期望线示意图

6. 核查线

为检查OD调查数据精度在调查区域内设置的分隔线,一般以天然的或人工的障碍(河流、城墙、铁路等)为分隔线。可设置一条或多条,将调查区分隔成几个部分,用以观测穿越该分隔线各个路口的交通量,如图9-10所示。

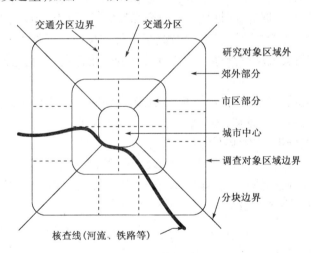

图9-10 城市交通小区划分概念图

7. 出行的分类

对一次出行,按照分类方式不同而异,主要有以下分类方式:

(1)按出行范围分为内内出行、内外出行、过境出行。如图9-11所示。出行端点都在设定区域内的OD出行为内内出行;出行端点的一端在设定的区域内(外),另一端在设定的区域外(内)的OD出行为内外(外内)出行;出行端点都在设定的区域外部,且通过设定区域的OD出

175

行为过境(通过或外外)出行。

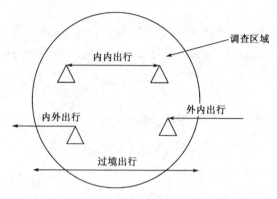

图9-11 出行范围示意图

(2)按出行目的分为上班出行、上学出行、自由出行、业务出行和回家出行等。

(3)按出行的时间分为高峰时间出行和非高峰时间出行。前者中的派生需求多；后者中本源需求多。

(4)按出行者属性分类,可以按收入水平、家庭汽车保有量、家庭大小与结构等划分。

二、交通规划的基础调查

交通规划方案的制订要依据一定量的基础资料,目的是掌握交通流的各种现象和明确人们的活动性质。无论是建立交通需求预测模型,还是进行交通供求平衡分析,都离不开大规模的调查基础数据。通常,交通规划需要以下数据:有关交通设施提供者的社会经济活动系统相关的数据、交通使用者的社会经济活动系统相关数据、交通流的相关数据、相关的环境数据和影响交通产生的社会经济数据等,根据规划的内容和目的需要采用相应的表格进行调查收集。通常进行交通发生调查(上学、上班、商务、购物、货运等产生的交通调查)、OD 调查(汽车 OD 调查、居民出行调查和货物流动调查等)、交通量及其变化规律调查、交通拥挤情况调查、速度调查和其他调查等。

交通规划的任务就是要建立社会经济系统、运输设施服务系统和交通活动系统分析之间的定量和定性关系,求得它们之间的协调平衡发展。因此在进行定量分析和预测之前,首先必须进行这三方面的调查分析,收集必要的基础数据。

交通调查通常采用直接观测调查和询问调查两种方法。在进行交通调查时,应根据规划性质来确定调查时间和调查范围,并合理划分交通小区。如图9-10 给出了城市交通小区划分的概念图,图9-12 给出了调查顺序。

1. 社会经济调查

1)调查的目的和意义

根据交通规划的需要,首先要对研究区域的生活经济状况作全面了解,收集各方面的基础资料。按性质分为综合社会经济调查和对某一固定的道路及大型构造物的个别社会经济调查。综合社会经济调查是对全国的(或地区、城市)主要客货运形成点的直接详细调查,取得对全国或某一地区、某城市的交通规划所需的基础资料。后者指对拟新建或改建的某一交通线路或构造物的社会经济调查,目的在于确定客货运量大小,从而确定线路的走向、技术等级和标准、施工程序以及论证投资效果等。无论是城市交通规划还是区域交通规划;无论是综合交通规划还是单项交通规划都要进行社会经济调查。

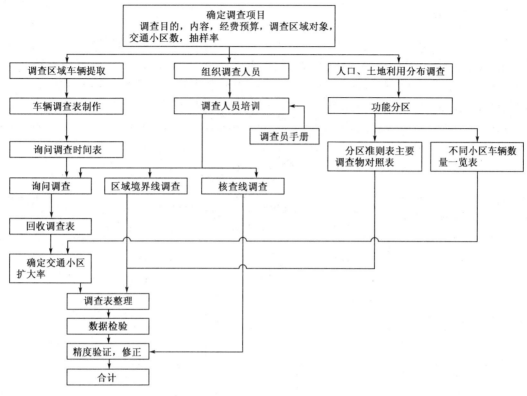

图9-12　交通调查的顺序图

2）调查内容

综合社会经济调查主要有：行政区划分、分区规划、隶属关系、管理范围、影响区域；人口（总数、分布、构成、迁移和增长情况）；土地利用情况（土地使用性质、主要设施、土地规划等）；国民经济发展情况（人均收入、投资状况、各产业产值等）；产业情况（结构、布局）；客货运输（运输量、各种运输方式比重等）；交通工具（拥有量、构成等）；资金来源和项目的社会价值；自然情况（地形、地质、土壤、气候、水文以及名胜古迹）等。

社会经济调查应包括历史及现状的资料数据，一般可从统计部门、交通部门等政府机构获得，所获得的资料应根据需要进行适当加工。

2. 交通设施及其服务能力调查

该调查目的是为了掌握区域交通系统的供应情况，即系统的容量和服务水平。

(1) 道路网总体状况调查统计，如表9-1所示。

(2) 路段状况统计，如表9-2所示。

(3) 交叉口设施状况统计调查，如表9-3所示。

(4) 公交线网设施状况统计（铁路设施现状情况、公共汽车线路调查、港湾设施调查），如表9-4所示。

(5) 停车场调查（路上停车情况、路外停车情况等）。

(6) 交通线路端点调查（站前广场和巴士线路端点面积、上下旅客人数，各种车辆的泊位数等）。

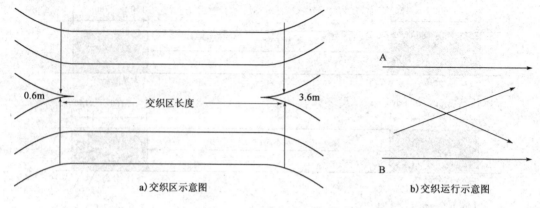

图 8-9　交织区段运行示意图

交织段设计的好坏,关系到道路设施作用的发挥。

1) 交织区长度

交织区长度是一个重要的构造参数,是交织区有关设施设计的一个重要项目。它决定了驾驶人完成所需的全部车道变换可利用的时间与空间,它对能否顺利完成和实现车辆交织起着重要作用。根据国外研究认为,从入口段三角端部宽 0.6m 处至出口段三角端宽度 3.6m 处之间的一段距离称为交织区长度,见图 8-9a)。

经国内外研究认为,交织区长度不应小于 50m 也不应大于 600m。太短则操作困难,速度降低太大;太长则费用高,且进出口之间的交织运行与操作过于分散,紧迫性不明显,使车流不具交织特点。

2) 交织区类型

我国高速公路和城市干道上的交织区类型,主要可划分为两类,如图 8-10 所示,其中 I 类交织区进出口之间设一条辅助车道相连接,在出口处不再增加车道,不考虑进出口的车道平衡的问题,此类交织区,在我国现有道路系统中较多;Ⅱ类交织区的进出口之间的辅助车道相连,且出口处增设一条车道,实行进出口车道平衡,即出口车道数总和比进口车道数总和多一条,这类型交织区在现有公路上也较为常见。

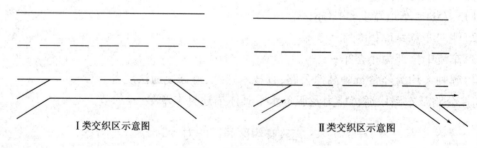

图 8-10　交织区类型划分

3) 交织运行特性

交织区的车流运行关键在于车辆运行的交织操作,它影响到行驶车速、车头时距以及行车安全等问题。交织长度与交织断面车道数是交织运行效率的两个主要参数。此外,随着交织流量增加,操作困难,速度下降,车头时距增大,会导致交织区运行效率的下降。

交织区内全部车道断面流量之和为 $Q_{01} + Q_{02} + Q_{w1} + Q_{w2} = Q_{总}$,而交织流量比($VR$)为交织

(7)交通管制设施状况调查(交通标志、信号、标线、公安交警等)。

3. 交通实况调查

该调查目的是弄清规划区域客、货车的出行规律,及其在交通网上如何分布,调查内容通常包括:起讫点调查、货物源流调查、公交运营调查、对外交通调查和路网交通流调查等。

起讫点调查即 OD 调查(Origin 和 Destination 的缩写)。目的是明确规划区域内人和货物的交通特性,主要包括居民出行调查、流动人口出行调查、机动车出行调查等。

根据 OD 调查数据整理成的表示各个交通小区出行量的表格,通常表格的行表示起点,列表示终点,行列交叉的数据表示对应起终点交通小区的出行量,如表9-5 所示。

道路网总统状况统计表　　　　　　　　　　　　　　　表 9-1

编号:　　　　　　年份:

项目分类等级		道路长度 (km)	道路面积(km^2)		路网密度 (km/km^2)	道路面积率① (%)	比重② (%)
			总量	高级路面比重(%)			
公路或城市出入口道路	合计						
	高速公路						
	一级公路						
	二级公路						
	三级公路						
	四级公路						
	其他(含等外)						
城市道路	合计						
	快速干道						
	主干道						
	次干道						
	支路						

注:①道路面积占地区总面积的百分比。
②比重按某级道路长度总长的百分比计。

路段设施调查表　　　　　　　　　　　　　　　表 9-2

地点:　　　　　　　日期:　　　　　　　　　调查员:

编号		名称		
类别	1.主干道;2.次干道; 3.支路;4.专用道路	所在区域	1.商业区;2.工业区; 3.生活区;4.混合区	
起点		终点		总长
最大纵坡		平均纵坡		
横断面布置图				
注明:1.用地宽度;2.路面宽度;3.车行道宽度;4.车道宽度;5.人行道宽度;6.隔离形式;7.隔离带宽度				
纵断面布置图				
注明:1.道口区间长度;2.交叉道性质、宽度;3.交叉口控制形式;4.交通管制;5.堆场作业情况				
备注	车行道最小宽度		竖向净空	
	侧向净空		其他干扰情况	

交叉口设施状况调查表 表9-3

地点： 日期： 调查员：

编号		名称	
交叉道口数		所在区域	1.商业区;2.工业区; 3.生活区;4.混合区
交叉方式	1.信号控制;2.环形交叉;3.立体交叉;4.无控制平面交叉口		
交叉口布置图	注明:1.各进口道宽度;2.各进口道车行道宽;3.车道划分;4.车道分配;5.分隔渠化设施		
信号交叉口	信号周期长		相位分配(有无左转相位)
	相位长		车道分配(有无左、右转车道)
环形交叉口	中心岛半径		转弯车道划分
	环形车道宽		有无分隔设施
立体交叉口	匝道控制方式		有无附加车道
	匝道转弯半径		纵坡
备注	行人干扰情况		道路标志
	无控制交叉口有无优先权		50m以内有无公交站台

公交线网设施统计表 表9-4

编号	起讫点	经过区域	线路长度	站台数	平均站台间距	营运车辆数	年车平均额定座位数	服务人员数①
合计								

注:①服务人员指驾驶人、售票员、调度员等。

OD 出 行 量 表 表9-5

D(终点) O(起点)	1……j……n	合计(发生交通量)
1 ⋮ i ⋮ n	分布交通量矩阵 $[x_{ij}]$	$G_i = \sum_j x_{ij}$
合计(吸引交通量)	$A_j = \sum_i x_{ij}$	(总交通量) $T = \sum G_i = \sum A_j$

根据OD调查可明确交通生成和外出率、交通目的、所采用的交通方式、出行发生和吸引量以及交通分布,并可转化为期望线图。

OD调查主要包括以下内容:

(1)机动车起讫点调查(表9-6)

机动车辆包括货车与客车。机动车出行调查包括所有本地车辆和调查日进入调查区域的外地车辆。摩托车、出租车和公共汽车应包含在客车调查范畴。由于管理集中,可以通过公安交通管理或公路管理部门或交通大数据平台对车辆进行大样本或全样本调查(表9-7)。

机动车起讫点调查表　　　　　　　　　　　　　　　表 9-6

牌照：　　　　　　　　所属区(县)：　　　　　　　　单位：
填表人：　　　　　　　出车日期：　　　　　　　　　调查时段：0:00~24:00

客车(打√)	大	中	小	核定载客(人)	货车打(√)	大	中	小	核定载货(t)	不在调查区(打√)	不出车原因(打√)	在修	无任务	无驾驶人	厂休	其他

| 次数 | 发车 | | 到车 | | 主要途经道路 | 载重情况 | | | 补充说明 | | | |
	时间	地点(最近交叉口)	时间	地点(最近交叉口)		满载	半载	空载	特种车	游览车	非正常耽搁	其他
1												
…												

标签调查法的调查表　　　　　　　　　　　　　　表 9-7

调查日期：　　　　　　　　　　　　　　天气：
进城时间：　时　分　　　　　　　　　　进城地点：
出城时间：　时　分　　　　　　　　　　出城地点：

客车车型(打√)	小(≤12座)	大(>12座)	摩托车	货车车型(打√)	小(<2t)	中(2~5t)	大(>5t)

以上内容由调查员填写，以下内容由驾驶人填写				
车辆属性(打√)	个体	单位	运输部门	主要途经道路

(2)居民出行调查(Person Trip Survey)

这种调查只在城市交通规划中进行，地区交通规划不进行此项调查。主要采用家访调查法、电话调查法和其他调查方法(明信片调查法、单位职工询问法等)。表 9-8 为可参考的家访调查表。

家庭访问调查表　　　　　　　　　　　　　　　　表 9-8

日期：　　　　　　　　　　　　　　　天气：

户编号：		户人数：		出行人数：		调查表编号：	
户主姓名：		性别：	出生年月：		职业：		职务：
家庭住址：区 街道 弄 号 室						分区编号：	
上班人数：			上学人数：			无业或离退休人数：	
家庭经济总收入：				补充说明			

出行次序	出发地点	出发时间	到达地点	到达时间	交通工具	换乘情况	上车前步行时间	下车后步行时间
1								
2								
…								

(3)城市流动人口出行调查

流动人口是城市人口的特殊组成部分，其出行规律与城市居民有较大差别。流动人口组成复杂，按停留时间分：常住、暂住、不住(当日进出)；按来城市目的分为：打工、出差、旅游、探亲、经商、中转等。对不同类型的流动人口采用不同的调查方法。通常对常住人口采用与城市居民相同的调查方法,一户一表,见表 9-8;对暂住人口采用到暂住地点抽样调查方法,一人一表,见表 9-9;对不住人口采用到交通枢纽站实地采访调查方法,一人一表,见表 9-9。

流动人口调查表 表 9-9

调查地点:　　　　被调查人:　　　　调查员:　　　　日期:　　　　天气:

拟在本市停留天数		在本市暂住地点		来本市的原因（①出差 ②旅游 ③探亲 ④经商 ⑤转车 ⑥其他）										
出行次序	出发地详细地址	出行原因					出行方式						目的地详细地址	
		公务	娱乐	购物	回程	其他	小汽车	出租车	公交车	摩托车	自行车	步行	其他	
1														
2														
3														
…														

(4)货流调查

货运是交通的一个重要组成部分。货流调查主要有两方面内容:某一年度的货源调查和某一天的货物出行调查。见表 9-10 和表 9-11。

货流 OD 调查一般分为两部分:一部分是货物种类、运入量、运出量、运输方式;另一部分是货物流通集散点调查、运输设施能力(岸线、码头、泊位、年吞吐量以及铁路专用线、货运汽车)调查、停车场地、仓储情况等调查。

货源调查表 表 9-10

年度:

单位名称		单位性质		主管部门	
单位地址				电话	
占地面积		职工数		每年产值		联系人	

一年货运出行情况				
货物名称	运入量(万 t)	主要货源地	运出量(万 t)	主要到达地

货物出行调查表 表 9-11

日期:　　　　天气:　　　　调查员:

被调查的单位:　　　　地址:

次序	出发时间	货物名称	车型			实载重量	车辆属性		起点（最近交叉口）	终点（最近交叉口）
			小货<2t	中货 2~5t	大货 >5t		自备	租用		

(5) 其他调查

通常还进行城市及区域交通枢纽的客流调查(客运交通枢纽发送、接收的每辆客车的旅客数、时间、起讫点、距离等)及城市交通规划中的自行车起讫点调查(起讫点、行车时间、距离等)。

起讫点调查的数据经人工整理借助计算机进行处理,得出分析结果如各交通小区的出行发生量及其与相关因素的关系、出行分布和出行时间和距离等,最后形成直观的OD表。

①断面交通量调查

调查道路某断面单位时间所通过的交通实体数(不同类型的汽车、非机动车、行人等)。通常上午6:00时到下午6:30进行观测。如果用于昼夜比率计算和环境对策制定等方面,要进行24h观测。

②地区出入交通量调查

是对某特定地区出入的车辆、物资、人等的交通调查。通常围绕该地区确定边界线,测定横穿该地区的交通总量。

交通调查应该是长期性的工作,目前我国还没有制度化,基本上是每次调查都是针对某一规划项目临时进行的,很难反映其规律,导致预测精度不高;另外调查标准不统一、表格千差万别现象也导致调查数据不易比较分析,调查数据利用率不高;并且还存在数据资源不能共享,造成大量的人力和财力的浪费的现象。这些方面,我们应该借鉴日本的交通规划与管理的程序和交通调查合理有序的管理模式。

第三节 出行发生

出行是人类社会经济活动的产物,也是社会经济系统对交通需求的具体表现。正是因为有了出行,人们才会投资建设交通系统。交通基础设施的建设需要投入大量资金,且建设周期较长,对社会经济发展有深远的影响,因此如何控制建设规模、配置和引导交通结构的发展、满足未来社会经济系统对交通的需求,是交通规划者必须考虑的问题。为了应对以上问题,在现状交通调查的基础上,准确预测未来规划年交通的出行情况,是制定交通规划设计方案基础的第一步。

出行的产生(Trip-Generation)有两种量化表达方式,即出行产生量和出行吸引量。所谓发生(或吸引)交通量是指研究对象区域内由交通小区发生(或吸引)的交通量。发生交通量与吸引交通量的预测是四阶段交通需求预测法的第一阶段,也是交通需求分析工作中最基本的组成部分。在本阶段,我们必须求出研究对象区域内发生的总出行量,即生成交通量,该阶段被称为交通量的生成(Trip-Production)。

一、概 述

1. 出行的度量单位

在公路交通和城市道路交通中,人员出行的度量单位有两个:人、车;货物出行的度量单位也有两个:吨、车。然而车辆种类多样,因此应给车辆确定统一的标准。从交通规划者角度来说,所关心的是需要多少道路资源才能满足车辆的出行。因此,应根据车辆在道路上行驶时所占用的道路空间进行当量换算,由于小汽车使用比例最高,现在国际上通用的是以小汽车为标准,称为"当量小汽车单位(pcu)"。我国的《城市道路交通规划设计规范》(GB 50220—1995)给出的当量小汽车换算系数见表9-12。

当量小汽车换算系数　　　　　　　　　　表9-12

车　　种	换算系数	车　　种	换算系数
自行车	0.2	旅行车	1.2
二轮摩托	0.4	大客车或小于9t的货车	2.0
三轮摩托或微型汽车	0.6	9~15t货车	3.0
小客车或小于3t的货车	1.0	铰接客车或大平板拖挂货车	4.0

2. 影响出行发生量的因素

(1)城市人口。人口数是城市社会经济预测中最基础的指标,它能直接反映出土地的开发强度和利用强度。人口数量多少是影响交通出行数量的基本因数。城市人口中包括城市常住人口和流动人口。

(2)就业岗位数与商业开发。工厂、机关、商业中心是重要的交通吸引源,吸引人们去工作或购物。同时,也作为发生源,人们完成工作或购物后回家。这些设施提供了工作、公务、购物、娱乐等居民日常活动的场所,所以对出行发生量的影响举足轻重。

(3)在校学生数与就学岗位总数。学生上学、回家等出行是城市交通出行的重要组成部分。

(4)车辆拥有量。不同种类车辆拥有量水平是一定社会经济水平和交通政策综合作用而决定的,它对交通结构的预测具有重要意义。

(5)城市规模和布局指标。主要有城市各类用地大小、分布及使用情况等。主要是根据地方政府进行的总体规划而确定。城市规模和布局对整个城市客运交通的发生、吸引、分布有着重大的影响。

(6)其他。如国民经济的发展速度、城市居民的收入及消费水平等。

3. 出行发生的表达方式

出行发生(Trip-Generation)的量化表达方式有两种,即出行产生量和出行吸引量。

出行产生量——指单位时间(小时、周、月、年或高峰小时)内某一个分区的出行产生量,等于家庭端点在这个分区的由家出行数,与起点在这个分区的非由家出行和货物出行的出行数之和。

出行吸引量——指单位时间(小时、周、月、年或高峰小时)内某一个分区的出行吸引量,等于家庭端点不在这个分区的由家出行数,与终点在这个分区的非由家出行和货物出行的出行数之和。

对于一次出行,如果是由家出行,那么家庭端点就是该次出行的产生点,非家庭端点就是它的吸引点;如果是非由家出行或货物出行,那么其起点就是该次出行产生点,讫点就是吸引点。因此,出行的"产生点"不完全等价于"起点","吸引点"也不等价于"讫点"。由于一个分区的交通发生量主要由该区的土地利用形态决定,而起讫点的概念与用地形态无关。因此在预测出行发生时应以分区为单位。由于分区的产生量不一定等于其吸引量,所以应分别预测分区的出行产生量和出行吸引量。

[例9-1] 试分析图9-13中分区的出行产生量和吸引量。

图9-13a)分区中,出行产生量有四个,分别是由家出行的三个端点和非由家出行的一个

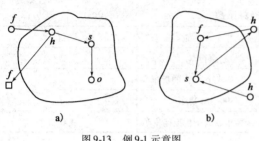

图9-13 例9-1示意图
h-家庭;f-工厂;s-学校;o-机关

起点。其中三个由家出行中有两个是起点,一个终点。出行吸引量有两个,是非由家出行的终点(s 和 o)。

图9-13b)分区中,出行产生量有一个(f),是非由家出行的起点。出行吸引量有四个,其中有由家出行的两个非家庭端点(f 和 s),及一个非由家出行的终点(s)和一个由家出行的起点(s)。

4. 四阶段预测法简介

人们在一天的交通行动中会面临多种选择,通常会从一天中出行几次、每次出行的目的地是哪里、采用何种出行方式、选择什么样的路径实现四个方面考虑。将各个阶段的人(非集计)转换到发生的区域(集计)来进行交通需求预测的方法叫四阶段法。即通常所说的交通发生和吸引预测、交通分布预测、交通分担方式预测和交通量分配预测四个步骤,其预测顺序见图9-14。某些情况下交通需求的预测对象被限定在某种出行方式上,例如,目前由于小汽车的社会化,以私人汽车为主的小汽车交通成为人们出行的主要方式(虽然不鼓励,却是现实),这时交通分担方式可不必预测,因此由原来的四阶段转变为三阶段预测方法。

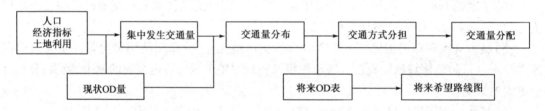

图9-14 四阶段预测法顺序图

交通量预测方法中,分个别预测方法和综合预测方法。前者是以交通量调查资料为基础,连同预测对象道路的一定范围进行推算,根据时间序列计算方法进行简单预测,只能明确道路断面交通量的多少,但不能完成不同方向、不同距离的交通量预测,也不能用于交叉口等设计,只能用于短区间的道路规划。而综合预测方法,是以OD调查资料为基础推算规划区域内路网道路交通量,是目前常用的重要道路规划方法。

交通量的产生与人口、各种经济指标、土地利用形态等因素相关,根据OD调查结果,可以分析目前交通量的发生与人口、各种经济指标及土地利用之间的关系,近而推算将来的人口、相应经济指标和土地利用的值,并由此预测将来交通量生成数据,依据四阶段方法和连锁型模型进行其他各阶段预测。现在也有将交通方式分担和交通量分配预测放在一起,用分担与分配模型——路径模型进行预测。

二、出行发生预测

交通量的发生和吸引预测是四阶段交通需求预测法的第一个阶段,是交通需求分析工作中的基本组成部分。影响交通量发生的因素主要有:土地利用(单位面积的人数、占地面积

等),家庭(家庭规模、人口构成、性别、年龄、车辆拥有率、职业和职务等)等因素,这些因素直接影响出行次数。通常用原单位方法来预测交通小区的生成交通量,而对于交通小区的发生、吸引交通量预测,要考虑到交通发生源的空间布局关系,按区域进行发生、吸引交通量预测,预测方法通常有函数法、原单位法和增长率法三类。

1. 出行产生量预测

出行产生量预测常用类型分析法、回归分析法和增长率法,由于增长率法过于粗糙,现在很少使用。在此只介绍类型分析法,回归分析法在之后介绍。

类型分析法,在某些著作中也被称为原单位法或交叉分类法,但内部细节稍有不同,在此不作详细介绍。原单位法是将交通小区的每个人或每户平均产生的交通量作为原单位,整个研究对象地区的总生成交通量就是此原单位与总人口数或总户数之积。是采用个人为原单位还是以户为原单位,各个国家考虑的角度有所不同,美国常以户为原单位,日本则两者兼有。也可以用面积原单位法,即从交通小区内不同性质的土地利用面积或工作面积上单位面积平均发生的交通量来进行预测。

原单位法是利用函数模型法,在不切合实际的情况下经常采用的一种方法,适用于交通小区面积较小,住宅集中或工业用地集中的区域。将已知的土地利用现状作为原单位,来预测其他区域未来土地利用(商业用地、住宅用地、工业用地等),据此来推算未来的交通量。

类型分析法是在20世纪60年代伦敦进行交通规划的第二阶段时,以交叉分类法为基础发展起来的。该方法以家庭分析为单位,根据对出行起决定作用的一些因素,将整个区域的家庭划分成若干类型,在同一类型的家庭中,由于主要出行因素相同,各个家庭出行次数基本相等,将各个家庭单位时间内平均出行次数称为"出行率"。并假定各类家庭的出行率在规划年不变,这样就可以简单地求得预测值。

伦敦在1963年进行交通规划时,按照地理条件及家庭属性,将家庭分成108个类型。具体类型的划分为:

(1) 年收入(英镑)分6级。见表9-13。

伦敦家庭年收入分类表　　　　　　　表9-13

收入级别	1	2	3	4	5	6
年收入(英镑)	<500	500~1000	1000~1500	1500~2000	2000~2500	>2500

(2) 家庭构成分6类:
① 无就业者1人;
② 无就业者1人以上;
③ 就业者1人,无业成人1人及以下;
④ 就业者1人,无业成人2人及以上;
⑤ 就业者2人,无业成人1人及以下;
⑥ 就业者2人,无业成人2人及以上。

(3) 家庭汽车拥有量分3类:
① 0辆;
② 1辆;
③ 2辆及以上。

具体到我国而言,由于目前城市居民汽车拥有量相对较低,而自行车、电动车、摩托车拥有量很高,国内学者建议将"汽车拥有量"改为"车辆拥有量",在一定时期内是可取的。其他特性的类型划分也可以根据对象城市的实际情况而定,这也是我国交通规划研究的一个课题。

类型分析法的模型是:

$$G_i = \sum_s a_s N_{si} = N_i \sum_s a_s \gamma_{si} \tag{9-1}$$

式中:G_i——分区 i 规划年每个单位时间出行产生量;

a_s——全市目前第 s 类家庭的出行率;

N_{si}——第 i 分区规划年第 s 类家庭的数目;

N_i——第 i 分区规划年各类家庭的总数目;

γ_{si}——第 i 分区规划年第 s 类家庭的比例。

[例 9-2] 我国某城市的交通规划将家庭分作 $3 \times 3 \times 3 = 27$ 类,经调查出行率 a_s 如表 9-14 所示,表中括号内为各类家庭的比例 γ_{si} 值,该分区未来规划年将有 8000 户居民,用类型分析法求该分区的出行产生量的预测值 G_i。

例 9-2 的出行率情况表　　　　　表 9-14

拥有车辆数	人口	人均收入水平		
		低	中	高
≤1	≤2	2.5(0.02)	2.9(0.05)	3.1(0.03)
	3	3.4(0.03)	3.7(0.024)	3.9(0.006)
	≥4	4.9(0.028)	5.0(0.012)	5.1(0.00)
2	≤2	4.1(0.00)	4.8(0.075)	5.4(0.0755)
	3	5.5(0.10)	6.1(0.25)	6.5(0.13)
	≥4	6.9(0.05)	7.3(0.04)	8.0(0.01)
≥3	≤2	5.8(0.00)	6.8(0.025)	7.5(0.025)
	3	6.9(0.05)	7.7(0.03)	8.1(0.02)
	≥4	7.8(0.09)	8.4(0.03)	9.0(0.03)

解: 由已知条件 $N_i = 8000$,由式(9-1)得:

$$G_i = 8000(2.5 \times 0.02 + 2.9 \times 0.05 + \cdots + 9.0 \times 0.03) = 59389$$

2. 出行吸引交通量预测

出行吸引量的预测方法主要有类型分析法和模型法(回归分析法)两种。前者主要用于人员出行的吸引量预测,而后者主要用于货物出行吸引量预测。另外还有增长率法,主要用于短期交通规划。

1) 类型分析法

根据交通出行吸引量的定义,在对出行吸引量的类型分析时,不是用"家庭"作为分析单位(原单位),而是以"工作岗位"或用地面积为分析单位。在城市交通规划中多采用前者,地区交通规划中多采用后者。

类型分析法的预测模型为:

$$B_i = \sum_k d_{ik} \omega_{ik} \tag{9-2}$$

式中：B_i——分区 i 的理论吸引量；

　　d_{ik}——分区 i 的第 k 类岗位；

　　ω_{ik}——分区 i 每个第 k 类岗位的单位时间平均出行吸引量，简称"吸引率"。

式(9-2)是理论吸引量，式中的 ω_{ik} 是经统计得出的，可能会导致 B_i 出现误差，使得总吸引量与总产生量不相等，因此需要进行修正。修正后的实际吸引量模型为：

$$A_i = \frac{B_i}{\sum_i B_i} \sum_j G_j \tag{9-3}$$

式中：G_j——分区 j 的产生量。

2）函数模型法

由于一个分区的出行产生量与多个因素有密切的因果关系。主要有城市的经济发展水平、分区的居民数量、平均收入、平均车辆拥有量、各类职业的人口数量、分区距离市中心的距离、非住宅用地面积等。这些因素与出行产生量的关系一般都很复杂，不可能用精确的数学函数来表示，对于这种情况，比较好的方法就是回归分析方法。

函数模型法是交通小区发生、吸引交通量最常用的方法，由于研究大多采用多元回归分析模型，因此有时也叫多元回归分析法（Progression Analysis）。常用模型为：

$$T_i = a_0 + \sum_k a_k x_{ik} \tag{9-4}$$

$$T_i = a_0 \prod_k a_k x_{ik} \tag{9-5}$$

$$T_i = a_0 \exp \sum_k a_k x_{ik} \tag{9-6}$$

式中：T_i——第 i 交通小区的交通发生量；

　　x_{ik}——表示交通小区 i 的交通发生量同人口和各种经济指标，如居住人口、就业人口、不同职业人口、工业制品出库额、生产所得、商店数量、商店零售额、车辆拥有数量、建筑面积等；

　　a_0、a_k——回归系数。

预测步骤为：制作现状 OD 表—收集整理现状经济指标值—确定交通发生模型—推算各项经济指标的未来值—推算未来交通发生量。

国外研究表明，式(9-4)通常用于小汽车逐渐普及时期；式(9-5)通常用于小汽车飞速增长时期，日本过去曾常用该模型进行预测，目前常用式(9-4)进行预测。

回归分析是未来寻求对象区域因变量与相关的说明变量 x_{ik} 之间的关系，而表示这一关系的关系式中的回归系数 a_0、a_1、$\cdots$、a_k 通常用最小二乘法可以求得。这样就可以建立回归方程，将规划年的自变量值 X_{ik} 代入回归方程，可得到规划年分区的出行生成量。

检验回归模型与统计数据拟合良好性的标准统计量是相关系数。

为方便理解，现以一元回归为例介绍其应用。

[例 9-3] 某城市经调查，总结出各个分区产生的出行主要与该分区所拥有的小汽车数量相关，统计数据见表 9-15。

某城市分区小汽车拥有量与分区出行产生相关数据表（单位：辆）　　　　表 9-15

分区代号	1	2	3	4	5	6	7	8
分区小汽车拥有数量	200	50	500	100	100	400	300	400
分区出行生成	500	300	1300	200	400	1200	900	1000

试建立分区出行生成与小汽车拥有量之间的定量关系。

解:经散点图分析,分区出行生成 T 与小汽车拥有量 X 之间趋于线性相关,定义函数为:

$$T = \alpha + \beta X$$

由最小二乘法得到:

$$\beta = \frac{n\sum XT - \sum X \sum T}{n\sum X^2 - (\sum X)^2} \approx 2.48$$

$$\alpha = \frac{(\sum T)}{n-\beta} \frac{(\sum X)}{n} \approx 89.8$$

因此得到回归方程:

$$\hat{T} = 89.8 + 2.48\hat{X}$$

假设规划年的小汽车拥有量为 1000 量,则代入回归方程得到规划年该分区的出行生成量为 2570。

回归方程检验:

$$\gamma = \frac{n\sum XT - \sum X \sum T}{\sqrt{[n\sum X^2 - (\sum X)^2][n\sum T^2 - (\sum T)^2]}} = 0.97$$

通常认为:当 $\gamma = 1$,则 T 与 X 是理想的正相关;

当 $\gamma = -1$,则 T 与 X 是理想的负相关;

当 $\gamma = 0$,则 T 与 X 不相关。

3) 增长率法

增长率法也叫时间序列法。其原理是用最小二乘法从现状和过去的数据中求出过去的增长率,假定未来也是按照整个增长率增长而求的未来的交通量,其模型为:

$$T_i(t) = F_i \cdot T_i(0) \tag{9-7}$$

$$F_i = \alpha_i \cdot \beta \cdot \gamma_i \tag{9-8}$$

式中:$T_i(t)$——t 交通小区第 i 年后产生的交通量;

F_i——t 交通小区 i 年后的交通增长率;

α_i——t 交通小区 i 年后的人口增长率;

β_i——t 交通小区 i 年后的人均小汽车保有数量的增长率;

γ_i——t 交通小区 i 年后每台小汽车的利用率。

利用现状和过去 OD 表求出 F_i 值,并同相同的两个时间点算出的 α_i、β_i、γ_i 值,与求得的 F_i 比较,相差不大可以把 F_i 作为未来交通增长率来推算未来交通发生量。当只有现状 OD 表时,也可以将 α_i、β_i、γ_i 的预测值之积,作为未来交通增长率来推算未来交通发生量。

增长率法最大的优点是可以处理用函数法和原单位法都很难解决的问题,例如预测研究区域以外的区域与对象区域之间的交通发生。

第四节 出行分布

交通分布是预测由交通发生预测的交通量从哪个交通小区来到哪个交通小区去,即推算出各个交通小区间的交通分布量。预测未来规划年,各个分区之间的交换量。步骤为:给定发生和吸引交通量—制作出未来OD表—推算未来交通交通量分布—绘制未来交通小区交通期望线图。由将来OD表描述的未来期望线图,如图9-15所示。

交通量分布由出行端点的两个交通小区性质及小区间的交通阻抗决定,根据这些关系可以推算未来交通分布。分布交通量预测是四阶段预测法的重要步骤之一。分布交通量是交通规划和交通控制系统设计的基础数据。

分布交通量预测方法主要分现状交通模式法(增长率法)和区域间流动模型法(综合模型法)。前者是以现状和未来变化不大为前提建立的模型,如果对象区域包含新开发区域,那么推算的未来交通量值会偏小,交通小区内部交通比小区间交通量预测值偏大。通常有平均增长系数法、塚原法、Detroit法和Frator法等。后者是将小区之间的距离和交通量的关系模型化,不利用现状OD而进行预测的方法,尽管现状交通模式有某种程度的变化,也可进行预测,通常有重力模型法(Gravity Model)、机会模型(Intervening Opportunity Model)、相互作用模型法和变迁概率模型法等。

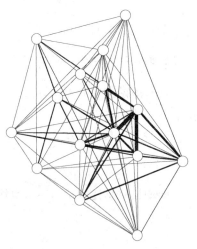

图9-15 期望线示意图

一、增 长 率 法

1. 预测步骤

增长率法常用的有平均增长率法、底特律法(Detroit)和弗雷塔法(Frator)。应用最广发的是弗雷塔法,其收敛速度最快。基本思路大致相同,不同的是各自采用不同的增长函数。增长率法的原理可以表示为:

现状分布 × 增长系数 = 未来分布

其分析方法和计算步骤如下:

(1)用t_{ij}表示现状OD表中的交通小区i、j间的交通量。$G_i^{(0)}$、$A_j^{(0)}$分别表示现状发生的交通量和吸引交通量;

(2)用G_i、A_j分别表示各交通小区将来的发生交通量和吸引交通量;

(3)用下式来计算各个交通小区的发生、吸引交通量的增长系数F_{gi}、F_{aj}:

$$F_{gi}^{(0)} = \frac{G_i}{G_i^{(0)}}, \quad F_{aj}^{(0)} = \frac{A_j}{A_j^{(0)}} \tag{9-9}$$

(4)$t_{ij}^{(1)}$为要推算的交通量的第一次近似值,可以由$F_{gi}^{(0)}$、$F_{aj}^{(0)}$的函数按下式计算:

$$t_{ij}^{(1)} = t_{ij} f(F_{gi}^{(0)}, F_{aj}^{(0)}) \tag{9-10}$$

(5)通常来说,对分布交通量求和得到的发生交通量和吸引交通量:

$$G_i^{(1)} = \sum_j t_{ij}^{(1)}, \quad A_j^{(1)} = \sum_i t_{ij}^{(1)} \tag{9-11}$$

与G_i、A_j并不一致,这时用$G_i^{(1)}$、$A_j^{(1)}$代替式(9-9)中的$G_i^{(0)}$、$A_j^{(0)}$,算出增长系数,求解第2次跌代的近似值:

$$t_{ij}^{(2)} = t_{ij}^{(1)} f(F_{gi}^{(1)}, F_{aj}^{(1)}) \tag{9-12}$$

(6) 重复以上步骤,直至:

$$F_{gi}^{(k)} = \frac{G_i}{G_i^k}, \quad F_{aj}^{(k)} = \frac{A_j}{A_j^{(k)}} \tag{9-13}$$

都近似于 1 时,相应的 $t_{ij}^{(k)}$ 即为所求的 OD 交通量。

2. 增长率方法中的函数形式

增长率模型中的不同算法,区别就在于式(9-10)中的函数形式 $f(F_{gi}, F_{aj})$ 的定义不同。各法对此函数的定义为:

1) 平均增长系数法

$$f = \frac{1}{2}\left(\frac{G_i}{G_i^{(0)}} + \frac{A_i}{A_i^{(0)}}\right) \tag{9-14}$$

即增长率是发生量与吸引量增长率的平均值。

2) Detroit 法

$$f = \frac{G_i}{G_i^{(0)}} \left(\frac{A_j}{A_j^{(0)}} \bigg/ \frac{\sum_j A_j}{\sum_j A_j^{(0)}} \right) \tag{9-15}$$

该方法认为 i、j 小区间分布交通量 t_{ij} 的增长系数与小区 i 的出行发生量和小区 j 的出行吸引量增长系数之间成正比,与出行发生量的增长系数成反比。

3) Frator 法

$$f = \frac{G_i}{G_i^{(0)}} \cdot \frac{A_j}{A_j^{(0)}} \cdot \frac{L_i + L_j}{2} \tag{9-16}$$

其中,L_i 和 L_j 为小区 i 和 j 的位置系数或 L 系数,分别为:

$$L_i = \frac{G_i^{(0)}}{\sum_j \left(t_{ij}^{(0)} \cdot \frac{A_i}{A_j^{(0)}} \right)}$$

$$L_j = \frac{A_j^{(0)}}{\sum_i \left(t_{ij}^{(0)} \cdot \frac{G_i}{G_i^{(0)}} \right)} \tag{9-17}$$

式中: G_i、A_j——分别表示各交通小区将来的发生交通量和吸引交通量;

$G_i^{(0)}$、$A_j^{(0)}$——分别表示现状发生的交通量和吸引交通量;

L_i、L_j——分别为交通小区 i、j 的位置系数;

$t_{ij}^{(0)}$——表示现状 OD 表中交通小区 i、j 间的交通量。

该方法认为 i、j 小区间分布交通量 t_{ij} 不仅与小区 i 的出行发生增长系数和小区 j 的出行吸引增长系数有关,而且还与整个调查区内其他地区的增长系数有关。

增长率法的优点是易于理解,运算简便。它需要事先给定现状年的 OD 矩阵。但是该法是基于两点基本假设:在预测年内城市交通运输系统没有明显的变化以及区间的出行与路网的改变相对独立。因此,无法考虑未来交通对土地利用的影响,一般适用于区域增长较为均匀的城市,或趋于平衡发展阶段的大城市中心区的出行分布预测。

二、重力模型法

重力模型法考虑了区间之间的交通分布受到地区间距离、运行时间、费用等所有交通阻抗的影响。分为原来的重力模型(简称重力模型)和修正的重力模型两种。由于这种模型类似于牛顿提出的万有引力公式,即分区之间的出行分布同各区对出行的吸引成正比,而同区之间的交通阻抗成反比,因此称作重力模型。

重力模型是假设 i、j 之间的分布交通量 t_{ij} 与小区 i 的发生交通量(G_i)和小区 j 的吸引交通量(A_j)成正比,与两个小区间的距离(R_{ij})或广义费用(Generalised Cost)成反比。

$$t_{ij} = k \frac{G_i^\alpha \cdot A_j^\beta}{R_{ij}^\gamma} \tag{9-18}$$

式中:α、β、k——模型系数,在已知 t_{ij}、G_i、A_j、R_{ij} 情况下(如现状 OD 表),对上式两边求对数,利用最小二乘法求出。为简化计算也可取相应经验值 α、β(通常称为潜能系数)一般为 0.5~1.0;

R_{ij}——分布阻抗;

γ——分布阻抗系数。

[**例 9-4**] 有表 9-16 所示的现状 OD 表,已知未来交通的发生和吸引交通量为表 9-17 所示,假定小区间分布阻抗以时间距离来衡量,其值见表 9-18,用重力模型法求解目标年的 OD 交通量。

现 状 OD 表　　表 9-16

O\D	1	2	3	G_i
1	4	2	2	8
2	3	5	4	12
3	2	3	3	8
A_j	9	10	9	28

将来的发生和吸引交通量　　表 9-17

O\D	1	2	3	G_i
1				20
2				20
3				25
A_j	25	18	22	65

解:取 $\alpha = \beta = 1.0$,在此情况下对式(9-18)两边求对数,则:

$$\lg t_{ij} - \lg G_i A_j = \lg k - \gamma \lg R_{ij}$$

因此,对全部的 OD 要素($3 \times 3 = 9$)算出($\lg t_{ij} - \lg G_i A_j$)和 $\lg R_{ij}$ 的值,然后采用 $Y = a + bX$ 来进行回归分析。分析的结果为 $a = 0.741$,$b = 0.524$,相关系数为 -0.89。

这里,由于 $a = \lg k$,$b = -\gamma$,进行逆转换后,可求得如下的重力模型:

$$t_{ij} = 0.182 \frac{G_i A_j}{R_{ij}^{0.52}}$$

将表 9-17 和表 9-18 分别代入该模型,则得到表 9-19 目标年的 OD 交通量。

小区间的时间距离表
(单位:min)　　表 9-18

O\D	1	2	3
1	14	32	40
2	32	16	22
3	40	22	12

小区间的时间距离表
(单位:min)　　表 9-19

O\D	1	2	3	G_i
1	23.1	10.8	11.8	4.7
2	15.0	15.5	16.0	46.5
3	16.7	16.4	27.5	60.6
A_j	54.8	42.7	55.3	152.8

重力模型具有原理简单明了、通用性强的优点，但是也存在分布阻抗 R_{ij} 考虑过于简单，只考虑了发生、吸引交通量和分布阻抗，并不能完全反映交通分布的特性，也不能保证由其预测的 t_{ij} 在求和之后与发生、吸引交通量一致等缺点。为增强其通用性，A. M. Voorhees 提出了修正重力模型如下：

$$t_{ij} = G_i \frac{A_j f(R_{ij})}{\sum_{j=1}^{n} A_j f(R_{ij})} \tag{9-19}$$

之后美国公路局模型（BPR）在上述模型基础上导入了反映小区 i 和小区 j 间固有的关系调整系数 K_{ij}（又称地域间结合度），得到如下模型：

$$t_{ij} = G_i \frac{A_j f(R_{ij}) K_{ij}}{\sum_{j=1}^{n} A_j f(R_{ij}) K_{ij}} \tag{9-20}$$

R_{ij} 为分布阻抗函数，相关详细内容可参阅本章所列参考书。

后两种重力模型是目前交通规划领域广泛采用的模型。重力模型主要优点是考虑的因素比增长率法更加全面，能较好地描述交通阻抗参数的变化，即使没有完整的现状 OD 表也能进行推算预测。其缺点是对短距离出行的分布预测值会偏大。从公式中可以看出，当交通阻抗趋近于零时，交通分布量会趋于无穷大，在应用时应注意这点。

三、机会模型法简介

机会模型基本思想是把从某一小区发出的出行选择某一小区作为目的地的概率模型化，属概率模型，主要有：

1. 介入机会模型（Intervening Opportunities Model）

是考虑到所有的出行都受到距离更近的吸引点所吸引，假定所有出行都在尽量短的距离内找到理想的目的地。其特点是不受分区界限的影响，计算简单，但概率常数的缺点是需要大量的 OD 调查资料。

$$t_{ij} = G_i [e^{-lV} - e^{-l(V+V_j)}] \tag{9-21}$$

式中：G_i——i 区的总发量；

l——概率常数，表示出行终止于所选交通小区的概率，可通过 OD 调查求得或根据经验假定；

V——i 区和 j 区的全部吸引点数，不包括 j 区内吸引点数 V_j。

2. 竞争机会模型（Competing Opportunities Model）

竞争机会模型同介入机会模型的主要区别在于对出行概率的不同确定方法。

$$t_{ij} = G_i \frac{A_j/A_x}{\sum_{j=1}^{n} A_j/A_x} \tag{9-22}$$

式中：A_x——表示包括 j 区在内的所有比 j 区更靠近 i 区所吸引去的吸引能力之和。

第五节　交通方式划分

交通方式划分就是将总的交通量分配给各种交通方式。建立交通方式划分模型的依据是观测到的交通方式划分、居民出行特征和各种交通方式的运营特征。

交通方式分担是指,采用某种交通方式的出行数占一个地区全部出行数的比例,把每种交通方式所分担的交通量称作该交通方式的分担交通量。将某种交通方式承担的分担交通量占全部交通量的比率称作分担率(或选择率)。

交通方式的选择模型是交通规划中的最重要的经典模型之一。公共交通方式的分担如果合理,能够使得城市优先的交通空间得到合理利用,能够缓解城市交通拥挤。据测算,公共汽车占用道路和停车用地是最经济的,以每平方米每小时通行人数的多少为标准衡量道路的使用效率,公共汽车是小汽车的 10～15 倍。有关测算还表明,运送同样数量的乘客,公共交通(包括公共电汽车、地铁、轻轨等)与私人小汽车相比,分别节省土地资源 3/4、建筑材料 4/5、投资 5/6;私人小汽车产生的空气污染是公共汽车的 10 倍;交通事故比公交高 100 倍。因此,如果能够引导部分私人小汽车使用者去利用公共交通,那么其余的小汽车使用者将会从交通服务水平的改善中受益。

交通方式选择问题,是交通规划和政策制定中的重要组成部分。它影响城市中的出行效率,城市交通用地数量,能否向出行者提供更多选择的可能性。对这一问题的研究,在世界各个城市异常活跃,提出了各种有针对性的方法和措施,而研究交通方式分担的目的,就在于对现状和未来进行分析,从而建立起一个合理的分担关系。由于建模者从不同的角度来考虑交通方式选择问题,因此,建立了各种各样的交通方式划分模型。

交通方式分担率模型,根据在交通需求预测过程中考虑交通方式分担的阶段不同,可划分为出行末端模型(Trip End Model)和地区间模型(Trip Interchange Model)两类。前者由于无法考虑地区间交通服务水平和交通方式间的竞争关系等因素的影响,而被逐渐少用;后者被广泛应用,常用的预测模型有分担率曲线法和函数法。

一、影响交通方式选择的主要因素

影响城市居民选择出行方式的因素众多,如居民经济生活水平、居民出行目的、出行距离、出行时间;公共交通的发达程度、服务水平、票价;道路交通状况;城市的结构布局;城市地形、天气、季节;自行车、机动车拥有量;居民生活习惯等。通常在城市布局合理、公共交通方便情况下,居民选择出行方式主要考虑的是出行时间。

1. 出行主体的特性

(1)拥有和使用小汽车情况。这一点与社会经济发展有密切关系。欧美和日本等发达国家,汽车已经是人们生活中不可缺少的交通工具,几乎每个家庭都拥有 1 辆以上小汽车。我国近年来随着国民经济水平的提高和迅速发展,城市小汽车保有量迅猛增加,这对于原有的交通设施的冲击是前所未有的。

(2)汽车驾驶执照的拥有情况。在日本等早已进入汽车社会的国家,驾照的拥有率很高,也很容易取得驾照,18 岁以上身体健康的人通过驾驶学校学习和较严格训练即可获得,驾照的拥有率在适龄人口中高达 90% 以上。据统计,日本 1.2 亿人口中有 6721 万人拥有驾驶执照,占人口的 65.5%。

(3)家庭结构。家庭人员组成、年龄结构、工作性质的不同也影响交通方式的选择。在国外,年轻夫妇似乎更喜欢使用私人小汽车,而大多数老年人则更倾向使用公共交通工具,在我国也是如此。

(4)收入水平。收入在很大程度上影响人们对交通方式的选择,特别是在小汽车还没有完全普及的时期,更为突出。使用小汽车,除购买汽车的费用,还需缴纳税金、保险金,另外使用中的可变成本也很高,因此收入少的人倾向于使用公共交通工具。

(5)工作性质。不同性质的工作对小汽车使用程度不同。

2. 出行特征

(1)出行目的。由于先进的公共交通能够保证准时,因此在国外大多数以上班、上学为目的的人,多选用公共交通工具,而购物多采用小汽车。

(2)出行距离。一般距离远的出行,选择小汽车出行的可能性较大。城市规模对交通方式也有着重要的影响。

(3)出行时间。当出行时间与公共交通运行时间有冲突时,选择小汽车出行。

3. 交通设施的特点

(1)相关的货币费用(票价、燃料及直接费用);

(2)交通设施的完善程度;

(3)停车场所使用的方便性及费用;

(4)公共交通服务水平;

(5)舒适度和便利性;

(6)可靠性和准时、定时性;

(7)防护物及安全性。

二、交通方式分担预测模型

1. 分担率曲线法

是依据个人出行调查结果与考虑影响交通方式的主要因素(地区间距离、行走时间)所需的出行时间比,绘制使用者交通方式选择曲线,从该曲线求出该地区间交通方式分担率。该方法经常应用到实际预测中。下式为日本所采用的利用小汽车和公共交通工具出行的时间比,求解公共交通利用率的公式:

$$时间比 = \frac{利用公共交通的出行时间}{利用小汽车的出行时间} = \frac{M_t}{V_t}$$

$$公共交通利用率 = \frac{利用公共交通出行数}{利用公共交通出行数 + 小汽车出行数} \times 100\%$$

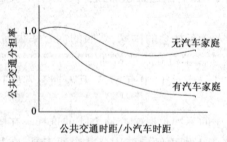

图9-16 时间比与公共交通分担率关系

公共交通分担率和小汽车的有无,不同目的的 M_t/V_t 属一次相关,得到如图9-16所示的曲线。利用该曲线可求算公共交通出行和小汽车出行使用现状,并同实测值比较,重新确定分担率,即可对将来进行推测。该方法简单明了,在实际中被广泛应用。

2. 函数模型法

函数模型法是将交通方式的分担率用函数形式表示,依此计算各个交通方式分担的交通量。常用的有线性模型、Logit模型和Probit模型等。

1)线性模型

最早开发出的函数模型,属线性函数。它把影响交通方式分担的各种要素用线性函数形式表示,从而推求交通方式分担率。但由于用该方法求得的交通方式分担率无法保证在 0~1 之间这一条件,为进一步改善,开发了 Logit 模型和 Probit 模型。

2)Logit 模型

为克服线性模型的缺陷,开发了集计模型,目前应用广泛。

$$P_i = \frac{\exp(U_i)}{\sum_{j=1}^{n} \exp(U_j)}, \quad U_i = \sum_{k} a_k X_{ik} \tag{9-23}$$

式中:P_i——分担率;

X_{ik}——交通方式 i 的第 k 个说明要素(时间、费用等);

a_k——待定参数,可通过个人出行调查结果标定;

j——交通方式的个数;

U_i——交通方式 i 的效用函数。

3)Probit 模型

适用于只存在两种交通方式选择的时候,应用广泛。

$$P_i = \frac{1}{\sqrt{2\pi}} \int_{-\infty}^{Y_i} \exp(-t^2/2) \, dt \tag{9-24}$$

式中:P_i——交通方式被选择的概率;

Y_i——两种交通方式特性的线性函数值之差。

这种方法适用于两种交通方式之间的选择,而对于多方式选择则很困难。但也具有两种交通方式特性即便不独立也可以使用的优点。

经实际应用,在地区间模型中,从预测精度、计算作业即模型构思的合理性来看,Logit 模型较好。另外,还有许多其他模型,如直接需求模型等。但都存在不成熟或假设条件过于牵强等缺点,还有待于改善。

第六节 交通量分配

交通量分配是将预测出的 OD 交通量按照一定的规则分配到道路网上,并求出各条道路的交通流量。道路网包括现存的道路和规划的道路,被分配的交通量称为交通量分配。交通分配是四阶段方法的最后一个阶段,根据前面的步骤继续确定交通量分配的道路网,推算将来交通量分配等步骤。

OD 交通量是两点之间的交通量,即从出发地到目的地之间的交通量。一般在实际路网中,两点之间有多条道路,如何将 OD 交通量正确合理地分配到 O 与 D 之间的各条道路上就是交通分配模型要解决的主要问题。

假定交通小区发生和吸引的交通量都集中于一点(称作小区形心),如果两点之间只有一条道路,则分配不成问题,但是如果有 2 条以上道路时,则存在分配问题。决定选择哪条路径的决定因素主要有行走距离、所需时间、是否收费、行走费用、交通拥挤程度、道路的良好程度、道路的容量、道路的景观、服务设施和司机的操作疲劳状况等。如果驾驶人员都能准确知道这些因素的影响,并能准确选择路径,则最终两点之间被利用的各条道路的走行时间会趋于相等,并且最小,而没有被利用的道路的走行时间大于或等于最小走行时间,即网络达到平衡状态,这就是著名的 Wardrop 对交通网络平衡的定义。

一、交通分配考虑的主要因素

(1)交通方式。即出行者采用什么样的交通方式,如公共交通相同、小汽车、自行车等。

(2)行程时间。即在某一起讫点之间采用某种交通方式所需的时间。它直接影响着出行分布、交通方式的选择和交通分配。在交通规划中进行交通分配时,应本着交通网络上总行驶时间最短的原则。

(3)路段上的速度与流量之间的变化关系。

(4)应对交通网络进行抽象和适当简化。交通分配中使用的网络是图论中抽象的网络图,由节点和连线组成。节点通常代表道路网中的道路交叉口、交通小区的形心或交通枢纽等,连线代表两点之间存在的一条道路。但这种连线不代表道路形状也不代表道路的长度。由于实际路网中的路段和交叉点的数目非常之多,为收集整理和处理方便,通常将窄而容量小的道路、小的交叉口不考虑,也可将几条平行的道路修改容量后合并为一条考虑。另外,在实际应用中路网构成应采取网络分级制。

二、交通量分配方法

1. 全有全无分配法

全有全无分配法是最简单、最为基本的路径选择和分配方法,它假设每一 OD 点对应的 OD 量被全部分配在连接该 OD 点对的最短路径上,其他路径上则分配不到交通量。

该分配方法的关键是寻找网络的最短路径,属运筹学问题,即计算网络中每个起点到终点的最短路,然后将 O、D 之间的 OD 交通量全部分配到相应的最短路上去。最短路径的算法有很多,如 Dijkstra 算法(标号法)、Bellman–ford–Moore 算法、Floyd 算法、A*算法等。目前最常用的方法是 Dijkstra 算法和 Floyd 算法。

全有全无分配法的优点是计算相当简便,分配只需一次完成。但该分配法不考虑路径的阻抗随着交通量的增加而增加,路径的通行能力能否疏解分配的交通量。显然如果所有的道路使用者都选择了最短路径,则产生拥挤,使得出行时间增长,而被选择的道路将不再是时间最短路径,虽然该方法不适于城市路网,但可用于交通量和道路稀少的偏远地区进行交通量分配。

2. 容量限制—增量加载分配法

该方法是一种迭代的交通分配方法,它考虑了行程时间与交通负荷之间的关系,对交叉口、路段通行能力的限制进行了一定的考虑,比较符合实际情况。

容量限制—增量加载分配法是在最短路径分配法基础上发展起来的。它将 OD 表分解为 m 个分表依次分配。例如考虑将一个 $n \times n$ 的总矩阵分解为 5 个分矩阵,分矩阵中各元素值 $\sum\limits_{m} p_m = 1$,分别为总 OD 矩阵的 30%、25%、15% 和 10%。首先按最短路径分配 30% 的 OD 矩阵,根据分配的交通量对路网的阻抗进行重新修正,然后求出在现状交通负荷下的 OD 对之间的最短路径,再把 25% 的 OD 矩阵分配到最短路径上。然后,按此方法进行下一个 OD 矩阵分配,直到把全部 OD 矩阵都分配到路网上。

考虑交通分配中某条路径的时间阻抗,分别由路段的行驶时间和交叉口的延误两部分构成。对于路段行驶时间的修正,可以根据行驶时间和路段交通量之间的关系,即路阻函数确定。而交叉口的延误与交通量之间的关系也可以通过相应的延误模型确定。这里重点讨论以下路阻函数。

最为常见的路阻函数是美国联邦公路局函数(BPR 函数),它的形式如下:

$$t = t_0[1 + \alpha(q/C)^\beta] \tag{9-25}$$

式中:t——交通量为 q 时两交叉口之间的路段行驶时间,s;

t_0——两交叉口之间的路段自由行驶时间,s;

q——路段上的交通量,pcu/h;

C——路段的实际通行能力,pcu/h;

$\alpha、\beta$——模型待定参数,建议取值 $\alpha = 0.15, \beta = 4$。

该函数考虑了机动车流量对行程时间的影响,使用方便,在国外广泛运用。对于我国的交通流现状,需要结合分析机动车、横向干扰、分隔形式、车道宽度等影响因素加以讨论。

3. 多路径概率交通分配法

多路径概率分配法通过模拟不同出行者选择自己估计阻抗最小的路径行为进行交通分配。根据出行者对可选路径的行程时间、距离等影响因素反应的程度,确定其选用某条路线的概率,将各交通分区间的出行量按比例分配至多条可行路径上,改善相同 OD 选择单一路径的缺点。

出行者对路径选择的不同主要与下列各种因素或现象有关:

(1)出行者对于路网的信息难以完全了解,因此对于"最短路"的选择,并不能真正代表实际的最小行程时间或费用;

(2)出行者因目的、喜好、收入及习惯的不同,使各条道路都有选择的机会;

(3)交通小区内的产生与吸引,实际上有多个核心,并非只有一个质心,因此,按照单一质心所选的最短路未必是最恰当的。

各条出行路线被选用的概率可以采用 Logit 模型进行计算:

$$P_k(r,a,b) = \frac{\exp[-\theta \cdot t(k)/t_0]}{\sum_{i=1}^{m} \exp[-\theta \cdot t(i)/t_0]} \tag{9-26}$$

式中:$P_k(r,a,b)$——OD 量 $T(a,b)$ 在第 k 条出行路线上的分配率,%;

$t(k)$——第 k 条出行路线上的广义交通阻抗;

t_0——各条路线的平均交通阻抗;

θ——分配参数,它是度量出行者总体对路网熟悉程度的指标,一般取 3.0 ~ 3.5;

m——有效出行路线的条数。

在一个较大网络中,每一 OD 对之间都可能有很多出行路线。因此,在分配前必须先确定每一 OD 对之间的有效路段和有效路径。有效路段是路段终点比起点更靠近出行的终点,即沿该路段前进能比当前位置更加接近出行的目的地。有效路径则是由有效路段构成的连接起讫点之间的路线。在多路径分配过程中,只有有效路段才会被分配上交通量。

4. 容量限制—多路径概率分配法

该方法也是通过迭代算法来进行分配的。它将 OD 矩阵表分解为 k 个分矩阵表,然后,分

k 次用静态的多路径概率分配算法进行分配,每次分配一个 OD 分表,就将路网阻抗修正一次,直到把 k 个分表全部分配到路网上。路网阻抗修正方法与容量限制—增量加载分配法相同,所不同的是,容量限制—增量加载分配法每次采用最短路分配模型,而它采用多路径的分配模型。

第七节 交通规划的评价

交通规划方案评价通过对备选方案进行交通流预测、效益分析,阐明其达到预期规划目标的可能性,为决策者选择最佳方案提供依据。从若干个规划方案中,用数学方法去定量地评价这些方案的优劣,从中选择最优的方案。同时,通过方案评价还能发现方案中存在的问题,从而有助于及时解决或重新选择方案。因此,方案评价是交通系统规划过程中的重要环节。

一、交通规划方案制定原则

(1)充分性。规划方案必须在适当的原则下能为将来的运输需求提供充分的设施和服务。从多个方案中找出在交通服务方面最佳的方案。衡量的根本标准是人和物输送的高效性、安全性和可靠性。

(2)与总体规划一致。交通规划要与区域和城市发展的总体规划相适应。并能够通过交通规划方案的实施保证区域和城市总体规划所确定的社会经济发展、土地使用开发、文化古迹保护等方面的目标顺利实现。

(3)与环境相协调。交通规划方案必须与环境发展的目标相一致。

(4)可操作性。交通规划方案必须能够在现有的条件下可以实施。

(5)适当的超前性。规划方案的制定是能够满足未来交通需求,应根据社会经济发展指标适度超前。

二、交通规划评价的主要内容

交通规划的方案评价主要包括技术评价、经济评价和社会环境评价。

技术评价是从交通网络建设水平和技术性能方面,分析建设规模与社会经济发展的适应性、交通网络的内部结构和功能。技术评价指标有交通网的总长度、交通网密度、交通系统结构、交通系统的疏解能力,交通安全及舒适性等。

经济评价是指以交通网络为整体的经济效益分析。满足以最小的投资,获得交通系统的最佳经济效益。交通网络的经济评价是通过比较各个方案的建设、运营成本和效益,结合规划期的未来投资预测,对方案的经济合理性进行分析论证。

社会环境评价是分析交通网络系统建设对规划区域社会环境方面的作用和影响。包括促进国土和自然资源的开发利用、水土保持和环境保护条件的改善以及对区域政治、经济、文化古迹及风景名胜等方面的影响。该方面的评价很难从定量的角度出发,因此难度较大。

以上三种评价各为一个子系统,各自有不同的评价指标,从不同角度对交通网络系统的性能和价值做出定量和定性分析,最后,还要对交通规划方案的整体进行综合评价,即总目标评价。

交通规划综合评价主要从方案的整体合理性、规划的适应性、规划的协调性和规划效果评价四方面进行。其中规划方案的整体合理性评价主要指规划目标是否明确合理,规划机构和组织计划是否匹配,规划范围是否适当,规划年限是否正确,规划过程是否完整连续等。规划的适应性评价主要指交通规划是否与区域或城市的土地利用规划相适应,与区域或城市总体规划相适应,与社会经济发展计划相适应,远近期交通规划是否适应,专项交通规划与综合交通规划相适应等。规划的协调性包括交通用地的协调性,路网功能的协调性,配套设施的协调性等。规划的效果评价指的是实施之前估计充分与否,实施之后效果如何,主要包括交通规划方案实施后的服务效果、安全效果、经济效果、社会效益、环境效益等。

三、交通规划的评价主体与评价指标

1. 交通设施评价的观点与评价项目

1)交通设施评价观点

在交通设施规划阶段,对于多个比选方案进行某些评价是必要的。通常的评价主要有交通设施服务水准评价、经济评价和环境评价。

(1)服务水准评价:根据规划方案的实施情况,以交通服务改善程度为中心进行讨论。

(2)经济评价:从国民经济评价角度来讨论规划方案是否妥当,从规划方案付诸实际运营的角度加以讨论,另外,还应根据交通设施的建设和供应来讨论经济的波动和经济效果评价。

(3)环境评价:交通设施建设对设施周边环境的影响进行评价,也叫环境影响评价。特别是从设施规划阶段到建设、使用、维护管理及设施的拆除期间对环境的影响,也称作环境影响评价周期(Life Cycle Assessment;LCTA)。

2)交通设施评价主体和项目

交通设施评价必须是从服务水平、经济效果及环境评价方面综合评价,但是这些评价结果是依存于评价主体和评价项目,通常交通设施的评价主体主要有设施利用者、经营者、周边居民、地域社会及国家等。各主体的特征如下:

(1)设施使用者:是交通设施的直接利用主体,主要有旅客、货主、运输业主、驾驶员和步行者。

(2)经营者:关于交通设施建设和经营的公共机构和民营企业等。

(3)周边居民:居住在铁路或道路沿线的居民,由于交通设施建设和运营而受到直接影响的人群。

(4)地域社会:由于交通设施的建设,间接受到经济、社会和环境影响的地域居民,但不包括周边居民。

(5)国家:综合(1)~(4)的内容,主要从行政方面(经济发展、地区差异、税收等角度)加以评价。

由于交通设施建设对设施利用者、经营者和周边居民产生直接影响,而对社会和国家产生间接影响。表9-20给出了经济评价的各项主体、评价项目和评价指标,其中直接影响评价(利用者和经营者的影响)的主体,个别的可以进行量化,而对于地域社会和国家等主体,绝大部分是相互关联的,因此通常采用计量经济模型的综合预测方法进行评价。

交通设施建设评价主体、评价项目和评价指标　　　　表 9-20

评价主体	评价项目	评价指标
设施利用者	经济性,迅速性,确定性,安全性,方便性,舒适性	所需时间,票价,所需时间变动量,事故率,拥挤程度
设施经营者	收益性,施工的难易程度,经营的灵活性	建设经营费用,票价
周边居民	收入环境影响项目,资产价值,灾害和事故	噪声,振动,大气污染,景观,地价
地域社会	企业布局条件的变化,生产所得,土地利用变化	雇佣者数量,收入所得,布局可能的企业数量
国家	经济发展,缩小地区差别,税收	国民收入,收入差别,税收

3) 使用者角度的评价

用客观的指标来推测交通设施建设对使用者服务水准的提高程度。客观指标是使用者对交通服务的需求指标,应分别计算。

(1) 经济性:运价和燃料费用的低廉。

(2) 迅速性:移动时间最少。

(3) 确定性:无延误和运行停止。

(4) 安全性:对事故、自然灾害、犯罪现象等确保安全。

(5) 方便性:使用方便和随时可以使用。

(6) 舒适性:清洁不拥挤。

4) 经营者角度的评价

从经营者角度出发,探讨交通设施规划方案的妥当性。特别是对交通设施的收益性讨论是最为重要的课题,具体方法是寻求交通设施使用的总收入(票价和运价收入等)减去总支出(建设费、劳动费用和管理维护费用等)所得到的纯收入最大。通常采用财务分析和收益性分析方法。如果某些交通上的投资属公益性投资的部分,未必能用基于费用分析和财务分析来处理,通常采用成本效益分析(Cost-Benefit Analysis)和成本效果分析(Cost-Effective Analysis)等方法评价。

5) 周边居民角度的评价

从交通设施建设到使用阶段,周边居民会受到噪声、振动、废气等各种影响,使得环境恶化,并伴有灾害和事故的发生,同时也会引起地价的变化。这些项目中除地价的变动比较容易计量外,对景观和环境等的影响并不容易评价,通常对环境影响的测算采用以下方法:

(1) 旅行费用法(Travel Cost Method):例如评价公园的价值时,从支付去公园的费用(交通费和时间价值)是否有价值的观点出发,将公园的价值加以定量化的方法。

(2) 防止支出法(Avertive Expenditure Method):是为将环境要素(噪声和振动等)维持在某一水准所需的必要开支的评价方法。

(3) 再生费用法(Replacement Cost Method):是为将已经恶化的环境(水质和噪声等)恢复到原来的水平所必需的费用评价方法。

(4) 假想的市场评价方法(Contingent Valuation Method):是直接询问假设环境恶化时,为改善其质量而应支付的费用(受益者负担:Willingness to Pay:WTP),或在环境恶化之后,为补偿到原来的水准而支付的必要赔偿金额(受偿意愿:Willingness to Accept:WTA)的方法。

6) 从间接效果进行评价

交通设施建设,对地域社会、国家产生间接效益,但难于计量。通常的方法除投入产出分析(Input Output Analysis)方法外,有计量经济模型(Econometric Model)等方法和根据交通设施建设的特征所开发的其他模型。

2. 道路的直接经济效益评价

1)直接经济效益

(1)行走费用的节约(行走效益):汽车的行驶费用主要有燃料费、油脂费、轮胎费、车辆维修费、人工费、管理费用等,比较道路修建前后行走费用,以货币单位计入减少的量即为最直接的便利效益。

$$行驶效益费 = 平均行驶距离 \times 总的交通量 \times 平均节约的费用$$

(2)时间费用的节约(时间效益):由于新开道路或改建道路使得行驶速度提高,行驶时间缩短,对于使用者将发生时间节约的效益。

$$时间效益费 = 平均节约时间 \times 总的交通量 \times 平均时间价值$$

平均时间价值的算法有收益接近法(Income Approach)和费用接近法(Cost Approach)。前者是将节约使用时间的所得额作为时间效益,其时间价值相当于利用者团体的单位时间平均所得金额;后者是求出作为时间和费用之间损失量的替代关系,来计算时间价值,也就是用两种或三种交通工具间的时间差或费用差,求出他们之间的份额或相互关系,即可求得各种交通工具的时间价值。

(3)安全性等其他效益:道路建设提高了行驶的安全性、可信度、便利性和舒适性等,将这些全部进行量化并以货币单位评价也不是易事。安全性的评价方法通常用交通事故所连带的经济损失计算,其中的损失,应该包括对直接被害人(使用者)、货物损失等的赔偿金额、车辆本身的损害金额、受牵连的第三者受到时间损失以及对其他交通所产生的影响所造成的损失。

2)效益费用分析

不单是道路建设,许多公共事业要经过长时间的施工,伴随着建设、管理的各种费用和行驶效益及时间效益长时间产生,期间由于货币价值的变动,不能够将现在的效益及费用与将来的效益和费用进行单纯的比较,而应进行各个时间点的折现,考虑利率和社会贴现。通常采用以下算法:

(1)收益率(Benefit – Cost Ratio:BCR):将发生效益的总折现除以发生费用的现值的比率称为效益费用比。该指标不表示道路建设效果的大小,而是相对于投资费用而得到效益的比例,是评价规划效率性的基准。计算式为:

$$BCR = \frac{\sum_{t=0}^{n} B_t / (1+i)^t}{\sum_{t=0}^{n} C_t / (1+i)^t} \tag{9-27}$$

式中:B_t——t 期的效益;

C_t——t 期的费用;

i——社会贴现率。

(2)纯现值(Net Present Value:NPV):把从发生效益的纯折现值所吸引费用的总折现值叫作纯现值。该指标表示能够获得纯效益的大小,而不是规划的效率性,是规模评价的基准。计算式为:

$$NPV = \sum_{t=0}^{n}\frac{B_t}{(1+i)^t} - \sum_{t=0}^{n}\frac{C_t}{(1+i)^t} \qquad (9-28)$$

(3) 内部收益率(Internal Rate of Return；IRR)：表示效益和费用相等时的利率，当式(9-24)成立时的利率叫作内部收益率。该值表示规划成立时可能容许的最高利率，是评价可实施的各项事业规划方案或对社会经济起作用的规划方案的基准，用于方案选优。

$$IRR = \sum\frac{B_t - C_t}{(1+i)^t} = 0 \qquad (9-29)$$

3. 道路的间接经济效益评价

1) 间接经济效益

伴随着道路建设所产生的间接经济效益将长期普遍存在，由于其效益的产生不仅使道路投资发生变化，也关联到产业基础所进行的公共投资和民间投资，因此也将间接经济效益称为复合效益，主要表现为：

(1) 缓和了邻近道路的交通拥挤。新建道路吸引了原来道路拥挤的交通流，缓解了交通堵塞，提高了运行速度，使得行驶费用降低，增大了时间效益。

(2) 使生产和运送计划更加合理。

(3) 流通过程更为合理化。

(4) 扩大了市场范围。

(5) 促进了工业产业布局的分散布置，扩大了沿线旧产业机构的生产能力。

(6) 利于资源开发。

(7) 吸引城市人口分散居住。

2) 负面经济效益

道路建设不仅产生好的经济效益，也会带来如下的负面的影响：

(1) 占用耕地，使得农作物减少。

(2) 造成老工业企业减产，甚至倒闭。

(3) 引起道路公害。

4. 影响分析研究

影响研究(Impact Study)是对道路建设所引起的沿线地域社会的社会经济影响进行测算，将间接经济效益作为调查对象，也叫开发效益研究。经济效益测算的主要指标有不同产业的就业人口、各不同规模产业数量、各产业的生产效益、汽车保有量、道路交通量、运输费用、运送时间、土地价格、土地利用情况、观光旅客数量等。影响研究不仅用于道路上评价，也可用于其他的交通方式的评价。常用方法有：

(1) 前后对比法：是通过对选定的各项经济指标进行道路建设前后对比来计量道路建设的经济效益。为提高其适用性，有必要对比较年限进一步细化，最好在道路建设公布年度；道路建设开工年度；道路建设期限；竣工年度；道路开始使用后2~3年各期间进行。

(2) 地域比较法：将选定的经济指标进行受道路建设影响的地域与相近条件(交通条件和经济结构)下而没有受到影响的区域比较，来计量道路经济建设效益。

道路建设所带来周边土地价格的上涨。土地价格的上涨主要是住宅用地和工业用地，但对于以农业为主的耕地，新的道路建设并不一定带来明显的效益。其效益分析方法通常采用类似于地域比较的方法,剔除其他比较因素,将土地价格上涨作为间接经济效益评价的货币单位。

交通规划方案评价是一个综合评价的过程,需要对以上各个指标分别定量和定性分析,最后来综合评价方案的优劣。

思 考 题

1. 交通规划的目的和意义是什么?基本程序和主要内容有哪些?
2. 城市交通规划发展趋势有哪些?城市交通规划主要考虑的内容有哪些?
3. 试述交通方式分担的重要性,今后的发展趋势。
4. 交通分配预测应考虑哪些因素?常用的分配方法有哪几种?基本思路是怎样的?
5. 理解"产生点和吸引点"与"起点和终点"的区别。
6. 什么是OD调查?OD调查的主要内容是什么?
7. 根据自身实际情况,说明影响交通方式选择的主要因素。
8. 交通规划评价的内容主要包括哪些方面?

第十章 停车设施规划与设计

车辆停放设施是交通过程不可分割的组成部分。机动车的状态只有"行"与"停"两种状态。机动车辆的"行"需要有道路设施及交通管理的支持;同样,机动车辆的"停"需要有停车场地及停车管理的支持。两种状态互相关联,互相影响。

当今世界上许多大、中城市的停车难已经成为一个突出的交通问题,也可以说是城市现代化过程中必然出现的问题。城市停车问题主要表现为停车需求与停车空间不足的矛盾和停车空间扩展与城市用地不足的矛盾。具体表现为停车设施的缺乏、停车车辆占用人行道和车行道的现象比较严重,不仅影响道路交通功能的正常发挥、妨碍市容美观,而且不规范的停车行为也容易引发交通事故,给居民工作、生活带来不利影响。

我国长期以来,缺乏对停车问题系统的分析研究,停车场规划、建设和管理通道不畅,造成停车规划布局不合理;停车场规划不能落实,导致建设的积极性不高,管理经营存在困难。因此解决我国城市的停车问题,首先必须提高对停车场作用的认识,加强停车场规划的科学性,落实停车设施用地,通过各种手段积极推动停车场建设,并且借助交通需求管理以及停车场管理等手段来解决停车供需矛盾;其次必须重视停车场的交通组织设计,减少车辆进出停车场时对道路上交通的影响。

第一节 停车设施的分类

不同类型的停车场,其停放车辆类型、服务对象、场地使用、场地位置和管理方式也不同。一般可以从以下方面对停车设施进行分类:

1. 按停放车辆的类型分

(1)机动车停车场:主要为各类客、货运汽车提供停放服务。

(2)非机动车停车场:主要为非机动车提供停放服务,包括各种类型的自行车、电瓶车停放处。

2. 按停车场服务对象分

(1)专用停车场:是指只供特定对象(本单位车辆或私人车辆)停放的停车场,包括车辆专用及住宅楼配建的停车场(库)。

(2) 公共停车场：是指供公众从事各种活动出行时停放车辆的停车设施，包括社会停车场（库）和公共建筑配建的停车场（库）。其中，社会停车场（库）大多设置在城市商业区、城市中心、分区中心、交通枢纽点及城市出入口干道过境车辆停车需求集中的地段，一般占城市停车场的10%左右。

3. 按停车场地的使用分

(1) 临时停车场：根据一些临时需要，就近划定一些停车场地，场地的使用性质随时可能发生变化。

(2) 固定停车场：根据确定需要而设置的固定停车场地，场地的使用性质一般不易发生变化。

4. 按停车场地位置分

(1) 路内停车场：是指在道路用地（红线）以内划定的允许车辆沿道路的一侧或两侧停放的场所。这种停车场一般设在街道较宽、交通量较小的支路或次干道上，但应不妨碍交通；其规模视城市交通发展水平和道路建设条件而定，一般在城市停车场中占5%～10%。路内停车场设置简易、使用方便、用地紧凑、投资少，多做临时性短时间车辆停放。

(2) 路外停车场：是指设置于道路红线之外的停放设施，包括地面停车场、停车楼、地下停车库等。这种停车场由出入口通道、停车坪及其他附属设施组成。附属设施一般包括服务部、休息室、给排水与防火设备、修理站、电话、报警装置、绿化、厕所、收费设施等。

地面停车场具有布局灵活、不拘形式、泊车方便、管理简单、成本低廉等优点，适用于城市各个地方，是最为常见的一类停车场。但其占用了很大的城市用地。

(3) 停车楼：为节省城市用地，充分利用空间，可修建停车楼，或利用大型建筑物设立屋顶停车场。停车楼的形式有坡道式（图10-1）和机械式（图10-2）两类。前者是驾驶人驾驶车辆由坡道上进出停车楼，车辆出入便利且迅捷，建筑费用与维修费用较少。后者是用升降机和传送带等机械运送车辆到停放位置，占地较少，有效停车面积大。

a) 曲线式匝道

b) 螺旋式匝道

图 10-1 坡道式停车楼示意图

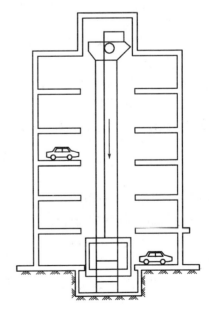

图 10-2 机械式停车楼示意图

(4)地下停车库:即将停车场建在地下,是节省城市用地的有效措施。结合城市规划和人防工程建设,在公园、绿地、道路、广场及建筑物下面等不同的地区修建各种地下停车库。修建地下停车库的费用大,但容量也大,改善停车状况的效果也很显著。

停车场的规划设计除包括停车场的内容外,还应特别重视周围道路的疏解能力和进出通道、上下通道、安全紧急通道及驾驶人员通道,以及通风、照明、机械设备、防灾及管理设施等问题。

第二节 停车调查

一、停车的有关术语

(1)停车供应:指一定的停车设施区域内按规范提供的车位数。

(2)停车需求:指给定停车区域内特定时间间隔的停放吸引量,一般用代表日的高峰期间停放数表示。

(3)停车目的:指车主(驾驶人员、骑车人员)在出行中停放车辆后的活动目的,例如上班、上学、购物、业务、娱乐、回家等。

(4)停车设施容量:停车区域或停车场有效面积上可用于停放车辆的最大泊位数。

(5)累计停车数:指在一定时间(时段)实际停放车数量。

(6)延停车数:指一定时间间隔,调查点或区域内累计停放次数(辆次)。

(7)停车时间:指车辆在停放设施实际停放的时间。平均停车时间($\bar{t}$)是指在某一停车设施上,全部实际停放车辆的停放时间的平均值,它是衡量停车场(点)的交通负荷与周转效率的基本指标之一。计算平均停车时间的公式如下:

$$\bar{t} = \frac{\sum_{i=1}^{N} t_i}{N} \tag{10-1}$$

式中:t_i——第 i 辆车的停车时间,min;

N——停车数,辆。

(8)停放车指数(饱和度、占有率):指某一时刻(时段)实际累计停放量与停车供应设施容量之比,它反映停车场的拥挤程度。高峰停放指数(W_n)是指某一停车设施在高峰时段内累计停放量与该停车设施容量之比,它反映了高峰时间停车的拥挤程度。

$$W_n = \frac{n}{c} \tag{10-2}$$

式中:W_n——高峰停放指数;

n——高峰时段停车数量;

c——停车场的车位数。

(9)停放周转率 f_n:表示一定时间段内(一日或几个小时等)每个停车车位平均停放车辆次数。即总停放累计次数除以停车设施泊位容量的比值。

$$f_n = \frac{N}{c} \tag{10-3}$$

式中:N、c 含义同前。

(10)利用率 g_n:反映了单位停车泊位在一定时间段内的使用效率。

$$g_n = \frac{\sum_{i=1}^{N} t_i}{c \times T} \tag{10-4}$$

式中:g_n——停车场(点)利用率,%;

T——时间段的时长,min;

t_i、N、c 含义同前。

(11)步行距离 L_n:指从停车存放后到出行目的地的实际步行距离,可反映停放设施布局的合理程度。对于泊车者来说,能承受的步行距离有一定的限制。

二、停车调查与分析

1. 停车调查分析的目的

停车场调查是城市停车场规划的基础工作,其目的是查明城市停车场规模、形式、分布、经营状况、停车规律、停车水平及城市停车存在的问题,为停车需求预测、合理确定停车场规模、优化停车场的选址、制定停车场建设与管理对策提供可靠的科学依据。

2. 停车调查的内容

按照资料分类,停车场规划调查分为停车设施基础资料调查、停车特征调查、相关资料调查。

1)停车设施基础资料调查

停车设施基础资料调查在全市或规划区域进行,一般由规划局或公安交通管理部门提供,主要内容包括:现有停车场的规模(泊位数、占地面积)和地点位置、现状停车状况及存在问题、现有停车场的形式及构成、停车场的收费、停车场统计资料(建设规模、投资及效益)、配建停车场指标及使用情况、停车场建设方式及管理体制、停车场附近的交通状况、停车场附近的环境条件等。

2)停车特征调查

停车特征调查主要掌握城市停车规律,为停车需求预测及规划做准备。停车特征调查通过停车专项调查完成,主要调查内容包括:停车场饱和状态、停车场服务对象及范围、停车时间分布、停车空间分布、停放周转率、停车目的、停放方式、停车地点到目的地步行距离等。

3)相关资料调查

收集与停车场资料相关的规划、基础资料,主要包括:城市社会经济发展规划、城市总体规划、分区规划、详细规划、城市交通规划、现状和规划用地规模及分布、现状和规划城市道路统计资料、城市车辆统计资料等。

3. 停车调查方法

停车设施基础资料调查和相关资料调查可采用直接访问有关部门或发放调查提纲得到,调查简单,工作量小。停车场专项特征调查工作量大、数据多、时间长,一般采用抽样调查、选

择典型示范调查,一种停车方式至少调查一个停车场。调查方法主要有以下三种:

1)连续式调查

指从开始存车起到结束存车止,连续记录停车情况。为了了解按时间存放车辆数、最多存放车辆数、车辆停放最长时间等情况,可用此方法。

2)间歇式调查

指每隔一定的时间间隔(5min、10min、15 min 等)记录调查范围内的停车情况,根据调查的目的,可分为记车号与不记车号两种,重点是了解停车场一天中停放需求(吸引)量与时段的变化。

3)询问式调查

指直接找驾驶人或发给驾驶人调查卡片等,向驾驶人了解车辆停放目的、停放点到目的地的距离、步行时间等。

具体选择调查方法时应综合考虑以下因素:

(1)调查目标要求:目标单一的可以选择相应简单的方法;调查要求多、内容广时,宜采用多种方法的组合。

(2)调查范围:确定为一条路、一个集散中心或是一个区域。

(3)调查时间:包含车辆停放高峰时段在内 8h 以上或是由于调查目的不同仅调查高峰时段停车情况。

(4)调查过程人力、物力及设备条件,完成调查的时间要求。

(5)调查对象:机动车、非机动车或者两者都做调查。

(6)调查要求的精度。

4. 停车调查统计

停车调查统计包括停车设施总量统计和车辆停放特征统计。

1)停车设施总量统计

停车设施总量统计主要为停车场规模、面积、形式、构成与分布,一般用表、图表示,可分地区、分性质、分方式统计。

2)车辆停放特征统计

车辆停放特征统计主要包括周转率、利用率、车辆停放时间、停放目的、从停放地点到目的地步行距离等内容。

5. 车辆停放特性分析

根据对各种类型停车场的停车供需实况进行调查与分析,可以掌握一个城市或城市不同区域的停车供需状况、停车时空分布特征以及人们出行过程中停放车行为决策等特性。

1)停车设施的分类特点

国外城市中心区有关停车统计的资料表明,城市人口规模越大,路内停车车位比例和实际停放的比例越低;人口超过 50 万的城市,路外车库的车位比重骤增,而路外地面停车场车位比重下降;从上午 10 点到下午 6 点,总计 8h 的时段内每个车位平均停车数(周转率)看,路内计时收费的车位周转率最高。表 10-1、表 10-2 为美国市中心区的统计结果。

中心商业区各类停车设施的比例与接纳的停车者比例（单位：%）　　　表10-1

城区人口	车位位置					
（万人）	路侧（内）		路外地面停车场		路外停车库	
	车位比例	停车比例	车位比例	停车比例	车位比例	停车比例
1~2.5	43	79	57	21	0	0
2.5~5	38	74	59	24	3	2
5~10	35	68	60	31	5	1
10~25	27	52	62	42	11	6
25~50	20	54	64	34	16	12
50~100	14	33	56	39	30	28
>100	14	30	55	54	31	16

中心商业区各类停车设施的周转率（单位：辆次/泊位）　　　表10-2

城区人口	停车设施类型						
（万人）	路侧（内）				路外		
	计时收费	允许停车区	专用	平均	地面停车场	车库	平均
1~2.5	—	—	—	6.7	1.8	0.3	1.8
2.5~5	—	—	—	6.4	1.5	0.6	1.5
5~10	7.8	2.8	3.7	6.1	1.7	0.8	1.6
10~25	8.1	3.1	4.4	5.7	1.6	1.0	1.5
25~50	7.1	2.5	3.3	5.2	1.4	1.1	1.4
50~100	6.6	1.1	3.9	4.5	1.2	1.4	1.2
>100	5.5	3.6	2.9	3.8	1.1	1.0	1.1

2）停放时间

车辆停放时间与城市的生活节奏、土地使用、人口规模和出行目的等因素有关。城市规模大，则车辆平均停放时间长，其中工作出行的停车时间最长。表10-3给出了美国以及我国台湾、上海学者的调查统计值。

按出行目的分类的停放时间（单位：h）　　　表10-3

城区人口	出行目的			各类停放时间的平均值
（万人）	购物	个人私事	工作	
1~2.5	0.5	0.4	3.5	1.3
2.5~5	0.6	0.5	3.7	1.2
5~10	0.6	0.8	3.3	1.2
10~25	1.3	0.9	4.3	2.1
25~50	1.3	1.0	5.0	2.7
50~100	1.5	1.7	5.9	3.0
>100	1.1	1.1	5.6	3.0

3）步行距离（或步行时间）

步行距离随城市规模增大而增加，工作出行步行距离最长，而路内停车比路外停车场

(库)步行距离短。一般来说,停车时间长,所能忍受的步行距离也较长。表10-4、表10-5为美国几个城市的调查结果。

按出行目的分类的从停车点至出行终点的平均步行距离(单位:m) 表10-4

城区人口 (万人)	出行目的			
	购物	个人私事	工作	其他
1~2.5	60	60	82	60
2.5~5	85	73	120	64
5~10	107	88	121	79
10~25	143	119	152	104
25~50	174	137	204	116
50~100	171	180	198	152

按设施类型分类的从停车点至出行终点的平均步行距离(单位:m) 表10-5

城区人口 (万人)	停车设施类型			平均
	路内	路外		
		地面停车场	车库	
1~2.5	64	64	—	64
2.5~5	76	107	30	85
5~10	85	116	73	85
10~25	113	165	101	128
25~50	119	232	213	168

4)停车行为决策

据台北、上海进行的询问调查,路内违章停车、路外停车场以及自行车停放都有一定代表性的决策行为特征,见表10-6、表10-7。

路外停车场使用者特征反应表(台北) 表10-6

反应 人数 项目	非常重要	重要	一般	不重要	加权	
点数	4	3	2	1	点数	比例(%)
等待及找车位时间	38	26	29	5	2.99	19.0
高峰拥挤现象	61	25	11	1	3.49	22.5
停车方便性	30	34	25	9	2.87	18.5
停车舒适性	31	25	33	9	2.80	18.0
停车安全性	59	22	12	5	2.38	22.0

自行车停车行为决策排序表(上海) 表10-7

排序 分配次数及比例 决策属性	排名顺序				排序加权均值
	1	2	3	4	
步行距离合适	634(80.25%)	128(16.20%)	21(2.66%)	7(0.89%)	1.24
安全性	104(13.16%)	378(47.85%)	208(26.33%)	100(21.90%)	2.39
收费合适	25(3.16%)	265(33.54%)	327(41.40%)	173(21.90%)	2.82
寻找其他地点难	27(3.42%)	124(15.70%)	208(26.33%)	431(54.55%)	3.32

第三节 停车设施规划

一、停车需求预测

1. 停车需求影响因素

停车需求所涉及的因素和范围广泛且复杂,概括起来主要包括以下几个方面。
(1)规划区的人口、就业、机动车保有量水平及社会经济发展状况。
(2)该地区的土地使用状况及发展。
(3)城市交通体系构成及运行状况,包括出行 OD 分布、出行目的、交通方式选择、出行时间分布和分区内的道路系统容量等。
(4)停车行为特性(停车目的、停车延时、停车设施的饱和度、周转率等)。
(5)停车管理、交通整体规划及交通发展策略等。

2. 停车需求预测模型

世界上许多大城市对停车需求预测进行了研究,由于城市发展形态不同,经济增长不同,停车预测模型也不同。国内外广泛使用的停车需求分析和预测模型,主要有停车生成率模型、用地与交通影响分析模型、用地分析模型、交通量—停车需求模型、回归分析模型、出行吸引模型等。

1)停车生成率模型

停车生成率模型基于一个最基本的假设,即停车需求与土地使用之间存在某种关系。该模型是将各种具有不同土地利用性质的用地看作停车发生、吸引源,通过确定规划区域内的不同土地利用性质的单位指标所吸引的停车需求量指标,然后将区域内的总停车需求量看作各单个地块的停车需求量的总和。其模型可以用下列表达式表示:

$$P_{di} = \sum_{j=1}^{n}(R_{dij} \times L_{dij}) \quad (j=1,2,\cdots,n) \tag{10-5}$$

式中:P_{di}——第 d 年 i 区高峰时间停车需求量,车位;
R_{dij}——第 d 年 i 区 j 类性质用地单位停车需求数量,即停车产生率(表10-8);
L_{dij}——第 d 年 i 区 j 类性质用地的数量(土地面积、建筑面积、就业岗位或营业额)。

上海市中心不同用地性质单位停车需求数量的取值   表 10-8

用地类型	住宅	工业	商业	宾馆	学校	办公	医院	娱乐	其他
机动车	—	1.44	8.69	2.81	—	1.06	3.24	7.66	1.71
自行车	2.43	—	9.47	6.02	1.41	1.97	6.93	0.26	—

该模型简单实用,但是,该模型所需要的 R_{dij} 必须依靠广泛的调查资料才能够确定。同时,由于将各地块看作简单的单一用地性质,并将总停车需求看作各地块停车需求的简单相加,所以不能考虑各区域之间的差异。

2)多元回归模型

多元回归模型主要认为,停车需求与城市经济活动、土地利用等许多因素存在某种关系,

通过采用回归分析的方法,从历史资料中找寻存在的关系。根据美国道路研究委员会的研究报告,提出如下数学模型:

$$P_{di} = K_0 + K_1(EP_{di}) + K_2(PO_{di}) + K_3(FA_{di}) + K_4(DU_{di}) + K_5(RS_{di}) + K_6(AO_{di}) + \cdots$$

(10-6)

式中: P_{di}——第 d 年 i 区的高峰时间停车需求量,车位;

EP_{di}——第 d 年 i 区的就业岗位数;

PO_{di}——第 d 年 i 区的人口数;

FA_{di}——第 d 年 i 区的建筑面积;

DU_{di}——第 d 年 i 区的单位(企业)数;

RS_{di}——第 d 年 i 区的零售服务业数;

AO_{di}——第 d 年 i 区的小汽车保有量;

$K_j (j=0,1,2,3\cdots)$——回归系数。

该模型最大特点是所利用的许多数据均为社会经济数据,比较容易获得。值得注意的是,在对未来进行预测时,需将模型中的系数做实时的修正,才能符合未来情况的变化。

3)出行吸引模型

出行吸引模型认为,停车需求的生成与社会经济强度有关,而社会经济强度又可用该地区吸引的出行车次来代表。该模型的基本原理是确定停车需求泊位数与区域机动车出行吸引量之间的关系。由于该类模型以机动车的出行作为停车生成的基础,考虑了停车是源于交通出行的基本特性,因此在预测理论上比较合理。同时,正由于这一特点而决定利用该类模型时,必须拥有较为完整的 OD 交通基础数据。

3. 案例分析——泰州市停车需求预测

1)停车需求预测模型

结合泰州市停车需求预测要求和基础数据情况,采用以停车需求与机动车出行关系为核心的出行吸引模型进行预测分析。

对于研究的区域,假设出行产生的时间分布曲线为 $g(t)$,出行吸引的时间分布曲线为 $a(t)$,则出行产生的累计分布曲线和出行吸引累计分布曲线为:

$$G(t) = \int g(t)dt \quad A(t) = \int a(t)dt$$

对于某一时段(t_1 到 t_2),到计算时段末仍停留在研究区域内的停放车辆为:

$$P_t = P_0 + A(t) - G(t)$$

式中: P_t——计算时段末仍停留在研究区域内的停放车辆;

P_0——起始时刻 t_1 的停车滞留量。

由以上停车需求的定义可以得到,在时段 t_1 到 t_2 研究区域内有停车行为的数量,即停车需求(车次)为:

$$\begin{aligned} Q_P &= \int_{t_1}^{t_2} a(t)p_r dt + p_0 \\ &= p_0 + [A(t_2) - A(t_1)] \times p_r \\ &= N_p + A(t_1) - G(t_1) + [A(t_2) - A(t_1)] \times p_r \\ &= N_p + A(t_1)(1 - p_r) + A(t_2) \times p_r - G(t_1) \end{aligned}$$

式中：Q_p——停车需求（车次）；
　　　P_r——计算的交通方式或出行目的的停车产生率；
　　　N_p——夜间停放数量。

由此，在研究区域内为满足停车需求应规划的停车泊位数为：

$$S_n = \frac{Q_p}{t_r \times P_s}$$

式中：S_n——满足停车需求应规划的停车泊位数；
　　　t_r——研究区域内停车泊位的周转率；
　　　P_s——泊位利用率。

2）停车需求预测分区分析

在进行停车需求预测的过程中，根据泰州市中心城用地特征、交通运行特征和本次需求预测目标，以泰州市既有交通小区划分为基础，将泰州市区研究范围划分成11个停车分析小区，如图10-3所示。

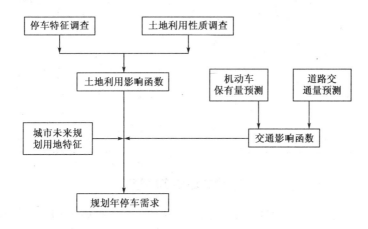

图10-3　用地与交通影响分析模型的预测过程

3）停车需求预测

在分区之后需对用车车位需求和拥车需求展开分析。用车车位停车需求分析以泰州市交通模型中的两大内容为基础，分别是：全日客流分目的出行发生、吸引分区分析和高峰时段民用客车（不包括营运车辆）发生、吸引分区分析。通过分析研究不同目的车流出行停放特征，构建出行高峰时段车辆出行需求与停车高峰时段车辆停放需求的关系模型，最终转换为用车车位的总体供应需求和车位缺额需求。根据泰州市交通规划模型中现状年与规划年各交通小区的就业岗位统计数据，得到各交通小区的全日工作吸引客流及弹性吸引客流之间的比例关系。根据交通模型中关于各交通小区的全日客流出行量数据，统计出刚性出行及弹性出行客流总量。由这一客流总量以及上述刚性吸引客流、弹性吸引客流之间比例关系，得到了各小区的刚性、弹性出行客流吸引量。通过方式划分进而得到各交通小区机动车出行OD分布。拥车车位停车需求与区域车辆拥有分布情况以及车辆夜间停放特征直接相关。通过现状停车设施的特征调查及普查，了解各类设施的夜间使用情况，统计分析现状及规划年各交通区的机动车拥有量分布，得到夜间客车的停车需求。

根据预测，停车泊位需求进一步增长，泰州市停车泊位需求预测结果见表10-9，2020年拥车泊位需求18~23万辆，用车泊位需求8.5~11.5万辆，总停车需求21.5~27.6万辆，车均泊位约 1.2 车/泊位。

泰州市停车泊位需求预测　　　　　　　　　　　　表10-9

片区	拥车泊位需求		用车泊位需求		总停车需求	
	高方案(万辆)	低方案(万辆)	高方案(万辆)	低方案(万辆)	高方案(万辆)	低方案(万辆)
城西片区	1.75	1.37	0.72	0.53	1.94	1.49
城东片区	2.33	1.82	1.07	0.79	2.7	2.37
站前新区	1.65	1.29	0.71	0.52	1.86	1.43
老城	2.31	1.81	0.61	0.45	2.23	1.82
高新技术园	0.99	0.77	0.62	0.46	1.31	1
南部新城	5.09	3.99	1.99	1.47	5.55	4.26
开发区西部片区	0.27	0.21	0.51	0.37	0.69	0.52
开发区北部片区	3.34	2.61	1.58	1.17	3.92	2.99
开发区南部片区	1.09	0.86	0.65	0.48	1.41	1.08
高港西部片区	0	0	0.22	0.16	0.22	0.16
高港东部片区	4.17	3.26	2.83	2.09	5.75	4.38
合计	22.99	18	11.5	8.5	27.6	21.49

二、停车场的布局原则

（1）停车场的布局应与停车需求相适应。在商业、文化娱乐、交通集散中心地段，停车需求量大，必须配置足够的停车设施，否则将对交通产生十分不利的影响。

（2）停车步行距离要适当。由于是步行，停车者期望这段距离越短越好，国内外研究表明，停车者的步行时间为 5~6min，距离为 200m 以内，最大以不超过 500m 为宜。

（3）大城市的停车场分散布置比集中布置好。对于过境交通车辆，应在市外环路附近（易于换乘地段）设置停车场。各种专用停车场应根据建筑类型按国家或地区规定的停车车位标准采用停车楼或地下车库等形式解决。

（4）路外停车设施容量应占极大比重，应满足车辆拥有和车辆使用过程大部分停车需求，与美国、日本以及我国香港相比，内地百万人口以上大城市路外停车设施还相当落后。

三、近期停车设施规划的重点

针对我国各城市普遍存在的停车难问题，建议近期停车设施规划中宜把需求管理与执法管理结合起来，使市中心停放车从放任自流的政策环境过渡到控制需求的政策环境。采取的主要措施如下：

（1）拟定 CBD 内禁停、路内外限停的地段和时间。

（2）对 CBD 采取规定时间控制某些车辆进入，鼓励换乘和合乘政策，达到控制停车需求的目的。

(3)制定超时和违章罚款,吊扣执照直至传票,拖走和扣押车辆的条例;严格停车收费,强化管理执行与裁决机构。

(4)针对我国大城市停车设施严重短缺的状况,应加强建筑物与住宅配建停车位的设置标准制定和政策落实工作,一方面要大力实行"拥车者自备车位"的政策,适应轿车普及的客观需求;另一方面要通过配建车位的审核评估、使用监督、违章处罚等措施,使城市不同区位的停车设施布局、规模、形式与动态交通协调一致,促进以需求为导向的规划向以资源为导向的规划机制的转变。

(5)停车场(库)形式选择应因地制宜,对寸土寸金的都市中心区,应多推荐空间利用率高、占地面积小、存取方便、环境影响小、机电一体化的多层或高层机械立体停车库,并与传统停车模式进行多方面比较论证。

第四节 停车场设计

停车场设计主要是指路外停车场设计,停车坪是停车场的主要组成部分,而停车坪又由停车带和通道组成,因此,设计路外停车场就归结为设计停车带和通道的尺寸。

此外,还应特别重视周围道路的疏解能力和进出通道、上下通道、安全紧急通道及驾驶人员通道,以及通风、照明、机械设备、防火及管理设施等问题。

一、确定设计车型

一般选用停车使用比重最大的车型作为设计标准。根据公安部、住房和城乡建设部组织制定的《停车场规划设计规则(试行)》将设计车型定位为小型汽车,以它作为换算的标准。将其他各类车型按几何尺寸归并成微型、小型、中型、大型和铰接车共5类,具体尺寸和换算关系如表10-10所示。

停车场(库)设计车型外廓尺寸和换算系数表　　　　表10-10

外廓尺寸车型		各类车辆外廓尺寸(m)			车辆换算系数
		总长度	总宽度	总高度	
机动车	微型汽车	3.2	1.60	1.80	0.70
	小型汽车	5.00	2.00	2.20	1.00
	中型汽车	8.70	2.50	4.00	2.00
	大型汽车	12.00	2.50	4.00	2.50
	铰接车	18.00	2.50	4.00	3.50
自行车		1.93	0.60	1.15	—

二、车辆停发方式和停放方式

1. 车辆停发方式

(1)前进式停车、后退式发车,见图10-4a);
(2)后退式停车、前进式发车,见图10-4b);

(3) 前进式停车、前进式发车,见图 10-4c)、d)。

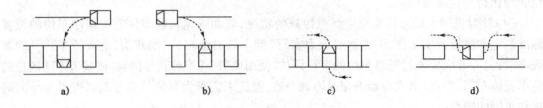

图 10-4 车辆停发方式示意图

在这三种方式中,后退式停车、前进式发车由于发车迅速、占地不多,故多被采用。

2. 车辆停放方式

1) 平行式停车[图 10-5a)]

车辆平行于通道方向停放,这种方式占用的停车带较窄,车辆进出方便、迅速,但单位长度内停放的车辆最少。在停车种类很多、未以标准车位设计或沿周边布置停车位时,可采用这种方式。

2) 垂直式停车[图 10-5b)]

车辆垂直于通道方向停放。这种方式的特点是单位长度内停放的车辆数最多,用地比较紧凑,但所需通道较宽。布置时可两边停车,合用中间一条通道。这种方式一般在用地整齐规则的情况下采用。

3) 斜列式停车[图 10-5c)]

车辆与通道成一夹角 $\theta(0°<\theta<90°)$ 停放,θ 一般为 30°、45°、60° 三种。其特点是停车带宽度随车身长和停车角度 θ 而异;车辆停放比较灵活,对其他车辆影响较少。车辆驶进驶出方便、迅速,但单位停车面积比垂直式多,尤其是 30° 停放,用地最不经济,适宜于停车场地的用地宽度和地形条件受限制时使用。

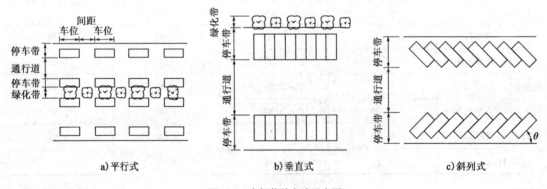

图 10-5 车辆停放方式示意图

三、单位停车面积

单位停车面积是指一辆设计车型所占用地面积,其大小与车型、停放方式、通道条数等有关,我国拟定的机动车单位停车面积等有关设计参数如表 10-11 所示。

机动车停车场设计参数 表10-11

车型类型 停车方式	项目	垂直通道方向的停车带宽度(m)					平行通道方向的停车带宽度(m)					通道宽度(m)					单位停车面积(m^2)				
		Ⅰ	Ⅱ	Ⅲ	Ⅳ	Ⅴ	Ⅰ	Ⅱ	Ⅲ	Ⅳ	Ⅴ	Ⅰ	Ⅱ	Ⅲ	Ⅳ	Ⅴ	Ⅰ	Ⅱ	Ⅲ	Ⅳ	Ⅴ
平行式	前进停车	2.6	2.8	3.5	3.5	3.5	5.2	7.0	12.7	16.0	22.0	3.0	4.0	4.5	4.5	5.0	21.3	33.6	73.0	92.0	132.0
斜列式 30°	前进停车	3.2	4.2	6.4	8.0	11.0	5.2	5.6	7.0	7.0	7.0	3.0	4.0	5.0	5.8	6.0	24.4	34.7	62.3	76.1	78.0
斜列式 45°	前进停车	3.9	5.2	8.1	10.4	14.7	3.7	4.0	4.9	4.9	4.9	3.0	4.0	6.0	6.8	7.0	20.0	28.8	54.4	67.5	89.2
斜列式 60°	前进停车	4.3	5.9	9.3	12.1	17.3	3.0	3.3	4.0	4.0	4.0	4.0	5.0	8.0	9.5	10.0	18.9	26.9	53.2	67.4	89.2
斜列式 60°	后退停车	4.3	5.9	9.3	12.1	17.9	3.0	3.2	4.0	4.0	4.0	3.5	4.5	6.5	7.3	8.0	18.2	26.1	50.2	62.9	85.2
垂直式	前进停车	4.2	6.0	9.7	13.0	19.0	2.6	2.8	3.5	3.5	3.5	6.0	9.5	10.0	13.0	19.0	18.7	30.1	51.5	68.3	99.8
垂直式	后退停车	4.2	6.0	9.7	13.0	19.0	2.6	2.8	3.5	3.5	3.5	4.2	6.0	9.7	13.0	19.0	16.4	25.2	50.8	68.3	99.8

注:1. 资料来源为公安部、住房和城乡建设部《停车场规划设计规则(试行)》,1988年。
　　2. Ⅰ为微型汽车;Ⅱ为小型汽车;Ⅲ为中型汽车;Ⅳ为大型汽车;Ⅴ为铰接车。

四、通道、出入口设计

1. 通道

通道是停车场平面设计的重要内容,其形式和有关参数(宽度、最大纵坡、最小转弯半径等)宜结合实际情况正确选用。

我国目前设计采用的通道宽度垂直式取10~12m,平行式取4.5m左右,该宽度尚显不够。公安部、住房和城乡建设部拟定的标准(表10-11)已作改善,作为内部主要通道,车辆双向行驶,最小宽度不宜小于6m。

通道有直坡道式、螺旋式、错位式、曲线匝道等,上海市工程建设规范《建筑工程交通设计及停车库(场)设置标准》(DGJ 08-7—2014)对停车库(场)内部通道和坡道的宽度有如下规定:

(1)微型车、小型车停车库(场)车辆双向行驶的,通道宽度不应小于5.5m,单向行驶的不应小于3.0m;弯道处,当转弯半径(内径)小于15.0m时,双向行驶的通道宽度,不应小于7.5m,单向行驶的不应小于4.0m。

(2)中型车、大型车停车库(场)车辆双向行驶的,通道宽度不应小于6.5m,单向行驶的不应小于3.5m;弯道处,当转弯半径(内径)小于20.0m时,双向行驶的通道宽度,不应小于8.0m,单向行驶的不应小于5.0m。

我国公安部、住房和城乡建设部拟定的停车场(库)最大纵坡和最小转弯半径如表10-12所示。

停车场(库)纵坡与转弯半径 表10-12

车　型	直线纵坡(%)	曲线纵坡(%)	最小转弯半径(m)
铰接车	8	6	13.0
大型车	10	8	13.0
中型车	12	10	10.5
小型车	15	12	7.0
微型车	15	12	7.0

注:资料来源为公安部、住房和城乡建设部《停车场规划设计规则(试行)》,1988年。

2. 出入口

停车场(库)出入口设置,应按国家标准《汽车库、修车库、停车场设计防火规范》(GB 50067—2014)执行。停车车位数大于50辆时,应设置两个出入口,大于500辆时应设置3~4个出入口。出入口之间净距必须大于10m。车辆双向行驶出入口宽度不得小于7m,单向行驶出入口宽度不得小于5m,且具有良好的通视条件。停车库的出入口还应退后道路红线10m以外。

五、停车场交通流组织

停车场内是车流和人流集中混杂的场所,停车场的设置对附近交通又有直接影响,因此,必须对停车场的交通组织进行详尽的设计。这里仅介绍一些交通组织的原则问题,具体设计应视停车场的规模、车流量、人流量、用地条件、地形等而定。

1)停车场内各设施的关系

停车场内各设施原则上应使人和车分隔,不仅在平面上需要分隔,如有可能最好在空间上也布置不同的高度,避免人与车的流动交叉,保证行人安全。

2)停车场内的交通线路与车辆排列方式

车辆布置方式与人流路线有很大关系,为了减少人与车的流动交叉,一般垂直式和平行式停车方式常按纵向排列,斜列式停车方式停车场按横向排列。场内交通线路一般应按单向行驶组织交通,车辆右转驶入并右转驶出,避免或尽量减少产生车辆的交叉冲突。入口处应设置明显的行驶方向标志和停车位置指示牌。场内路面应有明显的停车标志和行车方向标志,便于驾驶员自动入位,这些标志可用彩色混凝土块铺装,或在路面上用白漆或其他材料画线等。

第五节　自行车停车场设计

自行车占地小,机动灵活,使用方便,在我国已成为群众喜爱的交通工具,在停车规划中理应受到重视。

一、自行车停车场地规划原则

(1)停车场应尽可能分散多处布置,方便停放,充分利用人流稀少的支路、街巷空地。
(2)应避免停放出入口朝向交通干线。
(3)停车场内交通组织应明确,尽可能单向行驶。
(4)固定式停车场应有车辆车架、地面铺砌,半永久和临时停车场应树立标志或画线。

二、自行车停放方式

应以出入方便为原则。主要停放方式有垂直式、斜列式两种,如图10-6所示。

三、单位停车带面积、停车带、通道设计

根据公安部、住房和城乡建设部组织的调查,自行车停车场的有关设计参数应不小于表10-13有关规定。

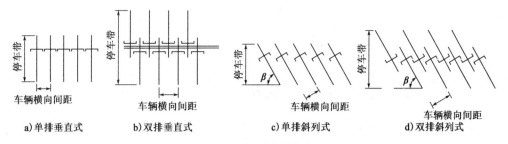

a) 单排垂直式　　b) 双排垂直式　　c) 单排斜列式　　d) 双排斜列式

图 10-6　自行车停放方式

自行车停车场主要设计指标 表 10-13

停放方式		停车带宽度(m)		车辆横向间距(m)	通道宽度(m)		单位停车面积(m²)			
		单排	双排		单排	双排	单排一侧停车	单排两侧停车	双排一侧停车	双排两侧停车
斜列式	30°	1.00	1.60	0.50	1.20	2.00	2.20	2.00	2.00	1.80
	45°	1.40	2.26	0.50	1.20	2.00	1.84	1.70	1.65	1.51
	60°	1.70	2.77	0.50	1.50	2.60	1.85	1.73	1.67	1.55
垂直式		2.00	3.20	0.60	1.50	2.60	2.10	1.98	1.86	1.74

注：资料来源为公安部、建设部《停车场规划设计规则(试行)》，1988年。

思 考 题

1. 解决我国城市停车问题的主要途径包括哪些？
2. 停车场的形式主要有哪些？各自有什么特点？
3. 什么是停放周转率？什么是停放饱和度(停放车指数)？
4. 停车调查包括哪些内容？停车调查数据的应用包括什么？
5. 停车需求量与哪些因素有关？如何预测这些因素与停车需求量的关系？
6. 机动车停放方式有哪些？各自有什么特点？
7. 简述自行车停车场地规划的原则与布置方式。

第十一章 交通管理与控制

交通管理与控制(也称交通管制)是交通工程学的重要内容之一。运用得当的管制方式在一定情况下可以提高道路的通行能力,减少交通事故的发生,使道路更好地发挥功能。

第一节 概 述

现代交通管理与控制包括交通管理和交通控制两大内容。交通控制即采用人工或电子技术如信号灯、监视器、检测器、通信系统等科学方法与手段,对动态交通流实行控制。交通管理即依靠交通警察或采用交通信号控制设施等,按有关规则和要求合理地引导、限制与组织交通流。

通过交通管理与控制可以使人、车、货物在安全、迅速、畅通的交通条件下运行,从而获得最高的安全率、最少的交通延误、最高的运输效率、最大的通行能力、最低的运营费用,以取得良好的运输经济效益和社会效益。

一、交通管制的指导性

交通管制的指导性指对交通需求进行指导性管理。通过分析发现,一些国内外城市道路交通所出现的车辆拥塞、事故多和污染严重等情况,并非都因道路面积不够所产生,实际上与管理不善有很大关系。道路通行能力的大小不仅取决于现有交通结构及其数量,同时也取决于管理水平。因此,相同的道路交通系统,由于管理的良莠而使通行能力出入很大。

在 20 世纪 60 年代,日本为配合经济发展,实施了大规模的道路兴建计划。到 70 年代初,交通事故创历史最高纪录,25% 的道路和 40% 的时间都发生交通拥挤。美国洛杉矶的城市道路用地超过城市面积的 1/3,但仍有 1/3 的时间交通拥挤不堪。近年来,我国不少大、中城市曾用巨额投资兴建与改建道路,不断增加道路网密度,但仍出现交通拥塞、事故增加的情况。上述诸例证明,单纯地兴建与改、扩建道路不仅不能完全解决交通拥塞的问题,在有些情况下,反而会刺激、吸引交通流,加剧交通量的增长,使得交通流重新分配后,产生新的交通拥挤和事故。因此需通过交通管制,从根本上对交通的需求加以引导和指导。

二、道路交通管制的协调性

道路交通管制的协调性指通过各种方法,协调道路交通系统中人、车、路、环境等各个要素,使某些矛盾的方面达到一致,进而充分发挥路网及其设施的作用。为此,可控制出行量以协调供需总量间的矛盾;控制出行时间以协调供需方面在时间上的矛盾;控制信号的联动以协调绿灯显示与车辆到达之间的矛盾;设置各种标志、标线以协调道路实际状况与交通使用者之间的识别、判断的矛盾等。

当前,我国许多大、中城市的主要道路正处于不断地新建和改、扩建中。在某些道路上,由于交通要素的不协调,多发的拥塞和事故已影响到人们的生产、生活与生命安全,正为人们所瞩目。而众多原因中,管制不善则是其中不可忽视的问题。为适应道路交通发展的需要,不少事实证明,加强管制是一种花钱少、效率高的办法,所以必须深入地对道路交通管制的内容与途径进行研究。

第二节　道路交通管理法规及标志标线

一、道路交通法规

1. 道路交通法规的含义

道路交通法规是国家在道路交通管理方面制定的文件、章程、条例、法律、规则、规定和技术标准等的总称,是国家行政法规的一部分,其目的在于维护交通秩序,保障交通畅通和车辆行人安全,协调人、车、路与环境相互之间的关系,也是实行交通管理控制,进行交通宣传和安全教育的依据,一切参与道路交通活动的部门、单位、车辆、机器和个人都必须切实遵守。违反交通法规、造成交通事故者应视情节轻重、损失大小依法给予处分,甚至追究刑事责任。在一定意义上具有法律性、强制性、社会性和适应性。

道路交通法规是经调查研究及反复讨论后确定,并由立法机关正式颁布的一种带强制性的行政法规,是人们在行车、道路、车辆管理、驾驶人管理的长期实践中,不断积累的交通安全的经验总结,它不仅具有严肃的法律性质,而且具有严谨的科学依据。

2. 道路交通法规的内容

道路交通法规是国家行政机关依照立法程序制定和公布实施的,是关于人们交通行为的一种法律性的社会规范。我国的道路交通法规,主要有以下四方面内容:
(1)各种车辆与驾乘人员的管理;
(2)道路交通秩序的管理;
(3)对交通违章和肇事人员的处理;
(4)重要交通设施的维护与管理。

二、交通标志与标线

1. 道路交通标志的制定依据

道路交通标志是用图案、符号或文字对交通进行指示、导向、警告、控制和限定的一种道路交通管理的设施,一般设在路旁或悬挂在道路的上方,使交通参与者获得确切的道路交通信息,从而达到安全、迅速、低公害与节约能源的目的。交通标志要使交通参与者在很短的时间内就能看到、认识并完全明白它的含义,而采取正确的措施。因此,交通标志必须具有较高的显示性、良好的易读性和广泛的公认性。为了获得这样的效果,很多国家进行了大量研究和实践,认为应从三方面选择,并将其称为标志的三要素:

1)颜色

从光学角度讲,不同的颜色有不同的光学特性;从心理学角度讲,会产生不同心理感受和不同的联想,因此不同的颜色会产生不同的反应,如:

红色,为前进色,视认性好,使人产生血与火的联想,有兴奋、刺激和危险之感。在交通标志上常用以表示约束、禁令、停止和紧急之意。

黄色,为前进色,较红色的明度更高,能引起人们注意,有警告警戒之意。标志上多用以表达警告、禁令、注意之意。

绿色,是后退色,视认性不高,有恬静、和平、安全之感。在交通标志上常用于表示安全、静适、可以通行之意。

蓝色,为后退色,注目性与视认性均不高,但有沉静、安宁之意,常用作指示导向标志。

白色,明度与反射率较高,对比性强,适宜用作交通标志的底色。

2)形状

交通标志的形状在国外已有深入的研究,视认性与显示性是否良好与标志的形状有重要关系。面积相同时,不同形状标志的易识别程度的大小顺序为:三角形、菱形、正方形、正五边形、圆形等。

3)符号

用于表示标志的具体含义,应避免意思繁杂的文字叙述,力求简单明了,直观确切,易为公众理解。

2. 道路交通标志的意义和种类

1)交通标志的意义

道路交通标志,是用图形、符号、文字、特定的颜色和几何形状,向交通参与者预示前方道路的情况,表示交通管理的指令与交通设施的状况,是道路交通法规的组成部分与交通管理的重要手段。在公路与城市道路交通管理工作中占有重要的地位,被人们称之为不下岗的"交警"。

2)交通标志的种类

我国从 2009 年 7 月 1 日起实施的《道路交通标志和标线 第 2 部分:道路交通标志》(GB 5768.2—2009)中,将道路交通标志分为下列六类:

(1)警告标志:是警告车辆驾驶人、行人前方有危险的标志。其形状为顶角朝上的等边三角形,颜色为黄底、黑边、黑色图案。图 11-1 为警告标志示例。

图 11-1 警告标志示例

（2）禁令标志：表示禁止、限制及相应解除的含义。其形状分为圆形或顶角朝下的等边三角形及八角形，其颜色多为白底、红圈、红杠、黑图案。图11-2 为禁令标志示例。

图11-2　禁令标志示例

（3）指示标志：用以指示车辆、行人行进的标志。其形状分为圆形、长方形和正方形，其颜色为蓝底、白色图案。图11-3 为指示标志示例。

图11-3　指示标志示例

（4）指路标志：表示道路的指引，为驾驶者提供去往目的地所经过的道路、沿途相关城镇、重要公共设施、服务设施、地点、距离和行车方向等信息。按标志的功能分为路径指引标志、地点指引标志、道路沿线设施指引标志、其他道路信息指引标志。其形状多为正方形、长方形，一般多为蓝底、白图案、白边框、蓝色衬边。高速公路和城市快速路的指路标志为绿底、白图案、白边框、绿色衬边。图11-4 为指路标志示例。

图11-4　指路标志示例

（5）旅游区标志：为吸引和指示人们从高速公路或其他道路上前往邻近的旅游区。应在通往旅游景点的交叉路口设置一系列旅游标志，使旅游者能方便地识别通往旅游区的方向和距离，了解旅游项目的类别。旅游区标志又分为：指引标志、旅游符号标志两大类，为非强制性标志。其形状为长方形，颜色为棕底、白字（图形）、白边框、棕色衬边。示例见图11-5。

（6）其他标志：在其他标志中，又进一步分为作业区标志、辅助标志及告示标志。

作业区标志主要用以通告道路交通阻断、绕行等情况。设在道路施工、养护等地段。用于作业区的标志有警告标志、禁令标志、指示标志及指路标志，其中警告标志为橙色底、黑色图形。作业区交通标志应和其他作业区交通安全设施配合使用，如路栏、锥形交通路标、施工警告灯等。示例见图11-6。

图 11-5　旅游区标志示例

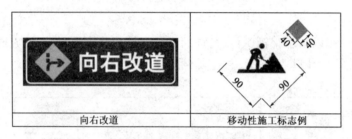

图 11-6　道路施工安全标志示例

辅助标志是附设在主标志下起辅助作用的标志。凡主标志无法完全表达或指示其规定时，为维护行车安全与交通畅通之需要，应设置辅助标志。它不能单独设置与使用，按用途不同分为表示时间、车辆种类及属性、方向、区域与距离、警告与禁令理由及组合辅助等 6 种。其形状为长方形，颜色为白底、黑字、黑边框、白色衬边。

告示标志用以解释、指引道路设施、路外设施，或者告示有关道路交通安全法和道路交通安全法实施条例的内容。一般为白底、黑字、黑图形、黑边框，版面中的图形标识如果需要可采用彩色图案。

此外还有可变信息标志，其是一种因交通、道路、气候等状况的变化而改变显示内容的标志。一般可用作速度限制、车道控制、道路状况、交通状况、气象状况及其他内容的显示。主要用于高速公路、城市快速路的信息提示。可变信息标志的显示方式有多种，如：高亮度发光二极管、灯泡矩阵、磁翻版、字幕式、光纤式等。可根据标志的功能要求、显示内容、控制方式等进行选择。

三、道路交通标志的尺寸和视认距离

标志牌的大小尺寸，应能保证驾驶员在一定视距内方便、清晰地识别标志上的图案、符号与文字，故符号、文字的大小必须满足视认距离的要求。认读一般有五个阶段，即：一发现，在视野内觉察有交通标志，但看不清楚标志的形状；二识别，只能认识标志外形轮廓，看不清牌上的内容；三认读，除看清标志外形还能看清牌上内容；四理解，在认读的基础上，理解标志含义并作出判断；五行动，根据判断采取行动，如加速、减速、转弯或停车等。在五个阶段的全过程中汽车行驶的距离称之为视认距离或视距。

视认距离同行车速度与标志的大小有关。根据实际试验，车速越高视认距离越短，所以不同行车速度或不同等级的道路所要求的视认距离不同。为了能在较远的距离认清标志的内容，就必须相应的加大标志尺寸。同时因字体的不同、笔画的多少或粗细也会影响视认的距离。

标志的尺寸与车辆行驶速度密切相关，在 GB 5768.2—2009 中，对警告、禁令、指示标志的尺寸与速度的关系进行了明确的规定，具体见表 11-1 ~ 表 11-3。

警告标志尺寸与速度的关系　　　　　　　　　　　　　　　　　　　　　表 11-1

速度(km/h)	100~120	71~99	40~70	<40
三角形边长 A(cm)	130	110	90	70
黑边宽度 B(cm)	9	8	6.5	5
黑边圆角半径 R(cm)	6	5	4	3
衬边宽度 C(cm)	1.0	0.8	0.6	0.4

禁令标志尺寸与速度的关系　　　　　　　　　　　　　　　　　　　　　表 11-2

速度(km/h)		100~120	71~99	40~70	<40
圆形标志(cm)	标志外径 D	120	100	80	60
	红边宽度 a	12	10	8	6
	红杠宽度 b	9	7.5	6	4.5
	衬边宽度 c	1.0	0.8	0.6	0.4
三角形标志 (减速让行标志)(cm)	三角形边长 a	—	—	90	70
	红边宽度 b			9	7
	衬边宽度 c	—	—	0.6	0.4
八角形标志 (停车让行标志)(cm)	标志外径 D	—	—	80	60
	白边宽度 b	—	—	3.0	2.0
矩形标志 (区域限制和解除标志)(cm)	长 a	—	—	120	90
	宽 b	—	—	170	130
	黑边框宽度	—	—	3	2
	衬边宽度 d	—	—	0.6	0.4

指示标志尺寸与速度的关系　　　　　　　　　　　　　　　　　　　　　表 11-3

速度(km/h)	100~120	71~99	40~70	<40
圆形(直径 D)(cm)	120	100	80	60
正方形(边长 A)(cm)	120	100	80	60
长方形(边长 $A\times B$)(cm)	190×140	160×120	140×100	—
单行线标志(长方形 $A\times B$)(cm)	120×60	100×50	80×40	60×30
会车先行标志(正方形 A)(cm)	—	—	80	60
衬边宽度 C(cm)	1.0	0.8	0.6	0.4

四、道路交通标线

道路交通标线是施画或安装在道路上的各种线条、箭头、文字、图案及立面标记、突起路标和轮廓标等所组成的交通设施,可配合标志使用也可单独使用,具有强制性、服务性和诱导性。

1. 道路交通标线的分类

道路交通标线按功能分为三类:

(1)指示标线:指示车行道、行车方向、路面边缘、人行道、停车位、停靠站及减速丘等的标线。

(2)禁止标线:告示道路交通的遵行、禁止、限制等特殊规定的标线。
(3)警告标线:促使道路使用者了解道路上的特殊情况,提高警觉准备应变防范措施的标线。

按设置方式分为三类:纵向标线、横向标线、其他标线。
按形态可分为四类:线条、字符、突起路标及轮廓标。

2. 道路交通标线的标画

道路交通标线的标画区分如下:
(1)白色虚线:划于路段中时,用以分隔同向行驶的交通流;划于路口时,用以引导车辆行进。
(2)白色实线:划于路段中时,用以分隔同向行驶的机动车和非机动车,或指示车行道的边缘;划于路口时,用作导向车道线或停止线,或用以引导车辆行驶轨迹;划为停车位标线时,指示收费停车位。
(3)黄色虚线:划于路段中时,用以分隔对向行驶的交通流或作为公交专用车道线;划于交叉口时,用以告示非机动车禁止驶入的范围或用于连接相邻道路中心线的路口导向线;划于路侧或缘石上时,表示禁止车辆长时停放。
(4)黄色实线:划于路段中时,用以分隔对向行驶的交通流或作为公交车、校车专用停靠站标线;划于路侧或缘石上时,表示禁止路边停放车辆;划为网格线时,表示禁止停车的区域;划为停车位标线时,表示专属停车位。
(5)双白虚线:划于路口时,作为减速让行线。
(6)双白实线:划于路口时,作为停车让行线。
(7)白色虚实线:用于指示车辆可临时跨线行驶的车行道边缘,虚线侧允许车辆临时跨线,实线侧禁止车辆跨线。
(8)双黄实线:划于路段时,用以分隔对向行驶的交通流。
(9)双黄虚线:划于城市道路路段中,用于指示潮汐车道。
(10)黄色虚实线:划于路段中时,用于分隔对向行驶的交通流,实线侧禁止车辆越线,虚线侧允许车辆越线。
(11)橙色虚、实线:用于作业区标线。

第三节 平面交叉口的交通控制

一、平面交叉口控制的原则

城市道路平面交叉口控制是城市交通系统控制管理中最基本、最简单的形式。平面交叉口管理应遵循以下基本原则:

1. 减少冲突点

为了平交路口的交通安全,减少交叉口的冲突点是根本。可采用单行线、禁止左转弯、在交通拥挤的交叉口排除左右转弯等方法。

2. 控制相对速度

依照道路交通管理条例,严格控制车辆进入交叉口的速度。如果发现车速过高,可考虑在交叉口前设限速标志。对于右转弯应严格控制其合流角,以小于30°为佳;必要时要设置一些隔离墩或者导流岛使合流角减小。

3. 分离冲突点和减少冲突区

当交叉口交通流交叉运行时,有的路径太接近或者重叠,有的偏离过大,导致交叉口冲突点增多和冲突区扩大,安全性大大降低。此时,运用分离冲突点和减小冲突区的原则能收到较好效果。

4. 重交通流和公共交通优先

重交通流是指在此方向上交通流量较大(干道或主干道)。遇到这样的交叉口应本着重交通流优先的原则,在轻交通流方向(支路)上设置让路标志,或延长重交通流方向上的绿灯时间。对公共交通也可采取类似的优先控制方式。

5. 选取最佳周期,提高绿灯利用率

对于设有固定周期自动交通信号机的交叉口,应对各方向的交通流做调查,根据流量的大小求出最佳信号周期和绿信比,以提高绿灯利用率,减少车辆在交叉口的阻滞。

二、交叉口控制方式

1. 让路控制

让路控制即不用交通信号而用让路交通标志和标示来控制。相交的两条道路中,常将交通量大的道路称为主路或干路,小的称次路或支路(包括胡同和弄里)。对于主次路相交的次路路口,进入车辆不一定需要停车等候,但必须放慢车速,让主路车辆优先通行,寻找可穿越或汇入主路车流的安全"空隙"的机会通过交叉口。环形交叉口的进口处,实质上就是采用的让路控制。

2. 停车标志控制

规定主路车辆通过交叉口有优先通行权,次路车辆必须让主路车辆先行,这种控制方式称为优先控制。停车标志控制按相交道路条件的不同分为单向停车控制和多向停车控制。

单向停车控制简称单向停车或两路停车,是指进入交叉口的次路车辆必须在停止线以外停车瞭望,确认安全后,才准许通行。这种控制在次路进口处画有明显的停车交通标志。

多向停车又称多路停车。各路车辆进入交叉口均需先停车再通过,其中四路停车较多。其标志设在交叉口所有入口右侧。

让路控制与停车控制差别在于后者对停车有强制性。

3. 交通信号控制

它适用于交通量大的两条相交道路的交叉口。平面孤立的交叉口的交通信号控制可分为三类:第一类是定周期控制,第二类是车辆感应式控制,第三类是人工控制(即交通民警手动控制信号灯)。

三、平面交叉口控制方式的选择

我国《城市道路交叉口设计规范》(CJJ 152—2010)提出,平面交叉口应按交通组织方式分类,并应符合表11-4的规定。

平面交叉口选型　　　　表11-4

平面交叉口类型	选型	
	推荐形式	可用形式
主干路—主干路	平 A1 类	—
主干路—次干路	平 A1 类	
主干路—支路	平 B1 类	平 A1 类
次干路—次干路	平 A1 类	
次干路—支干路	平 B2 类	平 A1 类或平 B1 类
支路—支路	平 B3 类或平 B3 类	平 C 类或平 A2 类

A 类:信号控制交叉口。平 A1 类:进口道展宽交叉口;平 A2 类:进口道不展宽交叉口。

B 类:无信号控制交叉口。平 B1 类:干路中心隔离封闭、支路只准右转通行的交叉口;平 B2 类:减速让行或停车让行标志管制交叉口;平 B3 类:全无管制交叉口。

C 类:环形交叉口。

四、单点交叉口交通信号控制

单点交叉口交通信号控制简称"点控制",它以单个交叉口为控制对象,是交通信号灯控制的最基本形式。点控制可分为两类:固定周期信号控制和感应式信号控制。

1. 固定周期信号控制

固定周期信号控制是最基本的交叉口信号控制方式,这种控制方式设备简单、投资最省、维护方便。同时,信号控制机还可以升级,与邻近信号灯联机后可上升为干线控制或区域控制。

1)控制原理

按事先设计好的控制程序,在每个方向上通过红、绿、黄三色灯循环显示,指挥交通流,在时间上实施隔离。

2)信号相位方案

信号相位方案即信号灯轮流给某些方向的车辆或行人分配通行权的一种顺序安排。把每一组控制(即对各进口道不同方向所显示的不同色灯的组合)称为一个信号相位。

一般情况下,信号控制灯多采用两个相位,即二相制,如东西向放行,显绿灯,则南北向禁行,显红灯,这为第一相。第二相时,南北向放行,显绿灯,东西向禁行,显红灯。信号配时方案一般用信号配时图表示,如图11-7所示。当东西向左转交通量较大时,可设置左转专用相位,此时,信号控制灯采用三相制,如图11-8所示。

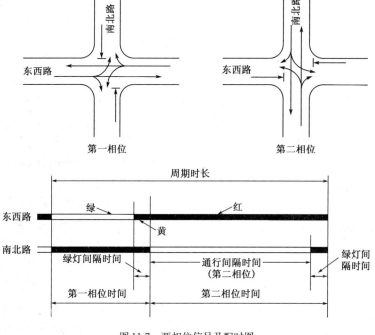

图 11-7 两相位信号及配时图

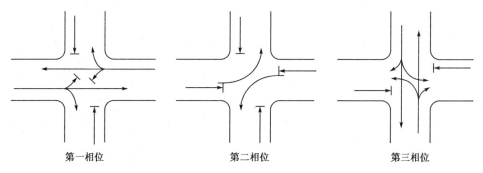

图 11-8 有左转专用相位的三相位方案

3)固定周期信号灯基本控制参数

(1)周期时长

周期时长为各个行车方向完成一组色灯变换所需的总时间。

周期时长及红灯、绿灯时间根据交叉口总交通量、两相交道路交通量确定。黄灯时间根据交叉口大小确定,一般为 3~4s。在一个较小的时间段内(比如 1h),周期时长及各色灯时间是固定的,但在一天中,周期时长及各色灯时间是可变的。

在根据交通量确定信号灯周期时长时,需将交叉口交通量转换成等效交通量,换算公式为:

$$V_e = \frac{V + 0.5H + 0.6L}{n} \tag{11-1}$$

式中:V_e——等效交通量,辆/h,直行;

V——交叉口进口实际交通量,辆/h;

H——公交车、货车车辆数,辆/h;

L——左转车车辆数,辆/h;

n——进口有效车道数。

周期时长、相位数、等效交通量之间有以下关系:

$$T = \frac{13330P}{1333 - V_e} \qquad (11\text{-}2)$$

式中:T——周期时间,s;

P——相位数;

V_e——等效交通量。

图 11-9 给出了周期时长、相位数及等效交通量之间的曲线关系。

当同一相位中有多股车流通过交叉口时,应取该相位中等效交通量较大的那股车流作为计算依据。

[**例 11-1**] 在平面十字信号交叉口,采用二相制,南向北等效交通量为 400 辆/h,北向南等效交通量为 350 辆/h,东向西等效交通量为 370 辆/h,西向东等效交通量为 450 辆/h,试确定信号周期时长。

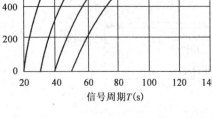

图 11-9 交叉口流量、相位数、周期时长关系图

解: 用于周期时长计算的等效交通量为:

$$V_e = \max(南北流量) + \max(东西流量)$$
$$= \max(400,350) + \max(370,450)$$
$$= 400 + 450 = 850(辆/h)$$

则周期时长为:

$$T = \frac{13330 \times 2}{1333 - 850} = 55(s)$$

(2)绿灯时间

当周期时长确定后,便可按相交车流的等效交通量给各相位分配绿灯通行时间。根据例 11-1 计算的周期时长 55s,取黄灯时间 3s,总绿灯时间为:

$$G = T - 2 \times 黄灯时间 = 55 - 6 = 49(s)$$

则南北相位的绿灯时间为:

$$G_{1-2} = \frac{400}{850} \times G = 23(s)$$

东西相位的绿灯时间为:

$$G_{3-4} = \frac{450}{850} \times G = 26(s)$$

按以上方法分配的绿灯时间是否能满足车辆放行要求,可用式(11-3)来检验:

$$G_0 = 2.1x + 3.7s \qquad (11\text{-}3)$$

式中:G_0——某一相位车辆放行所需绿灯时间,s;

x——周期内的来车数,可查表 11-5 得到。

泊松流平均到达率 m、置信度、周期内来车数 x 关系表 表 11-5

m			x(辆)
置信度 95%	置信度 90%	置信度 75%	
	0.0~0.1	0.0~0.2	0
0.0~0.3	0.2~0.5	0.3~0.9	1
0.4~0.8	0.6~1.1	1.0~1.7	2
0.9~1.3	1.2~1.7	1.8~2.5	3
1.4~1.9	1.8~2.4	2.6~3.3	4
2.0~2.6	2.5~3.1	3.4~4.2	5
2.7~3.2	3.2~3.8	4.3~5.0	6
3.3~3.9	3.9~4.6	5.1~5.9	7
4.0~4.6	4.7~5.4	6.0~6.8	8
4.7~5.4	5.5~6.2	6.9~7.7	9
5.5~6.1	6.3~7.0	7.8~8.6	10
6.2~6.9	7.1~7.8	8.7~9.5	11
7.0~7.7	7.9~8.6	9.6~10.4	12
7.8~8.4	8.7~9.4	10.5~11.3	13
8.5~9.2	9.5~10.3	11.4~12.2	14
9.3~10.0	10.4~11.1	12.3~13.1	15
10.1~10.8	11.2~11.9	13.2~14.0	16
10.9~11.5	12.0~12.8	14.1~14.9	17
11.7~12.4	12.9~13.6	15.0~15.9	18
12.5~13.2	13.7~14.5	16.0~16.9	19
13.3~14.0	14.6~15.3	17.0~17.8	20
14.1~14.9	15.4~16.2	17.9~18.7	21
15.0~15.7	16.3~17.0	18.8~19.5	22
15.8~16.5	17.1~17.9	19.7~20.5	23
16.6~17.4	18.0~18.8	20.6~21.5	24
17.5~18.2	18.9~19.7	21.6~22.4	25
18.3~19.0	19.8~20.6	22.5~23.3	26
19.1~19.9	20.7~21.5	23.4~24.3	27
20.0~20.7	21.6~22.3	24.4~25.2	28

对上例中的绿灯时间进行检验,取置信度为 90%。

南北向:周期内平均来车数为

$$m_1 = 400 \times \frac{55}{3600} = 6.1(辆)$$

查表得,周期内到车数:$x_1 = 9$ 辆。

所需绿灯时间:

$$G_1 = 2.1 \times 9 + 3.7 = 22.6(s)$$

与南北方向的绿灯时间 23s 基本一致。同理可检验东西向绿灯时间。

(3)绿信比

绿信比是某一方向通行效率的指标,它等于一个相位内某一方向有效通行时间与周期时长之比。以百分数(%)表示。

(4)绿灯间隔时间

上一相位绿灯结束到下一相位绿灯启亮之间的一段时间,也叫交叉口清车时间。

2. 感应式信号控制

1)控制原理

感应式信号控制没有固定的周期时长,感应信号控制器内设有一个"初始绿灯时间",到初始绿灯时间结束时,若设置在该进口的车辆到达检测器没有检测到到达车辆,则变换相位;如果有车辆到达,则绿灯延长一个预设的"单位绿灯延长时间",只要不断有车到达,绿灯时间可继续延长,直到预设的"最长绿灯时间"。

2)感应式信号灯的基本控制参数

(1)初始绿灯时间:给每个相位预先设置的最短绿灯时间,初始绿灯时间的长短,取决于检测器的位置及检测器与停车线之间可停放的车辆数。

(2)单位绿灯延长时间:它是初始绿灯时间结束后,在一定时间间隔内根据测得后续到达车辆数所延长的绿灯时间。

(3)最长绿灯时间:它是为了保持交叉口信号灯具有较佳的绿信比而设置,一般为 30~60s。当某相位的初始绿灯时间加上后来增加的多个单位绿灯延长时间达到最长绿灯时间时,信号机会强行改变相位,让另一方向的车辆通行。

第四节 线控与面控简介

为减少车辆在各个交叉口的停车时间,特别是使干道上的车辆能够畅通,人们首先研究把一条干道上一批相邻的交通信号连接起来,加以协调控制,就出现了干线交叉口交通信号的协调控制系统(简称线控制,也称绿波系统)。随着计算机、计算方法、自动控制、车辆检测技术等的发展,人们又研究把整个区域内所有交通信号联动起来加以控制,就形成了区域交通信号控制系统(简称面控制)。干线交通控制系统往往是区域交通控制系统的一个单元。也可以说,线控制是面控制系统的一种组成部分,或从另一角度说,线控制是面控制系统的一种简化的特殊形式。所以,凡是可以用在面控系统上的技术、方法、程序、设施等,都可以用在线控系统上。信号控制系统的控制参数也基本一致。

一、干道信号控制系统的基本参数

1. 周期时长

单个交叉口的信号周期时长是根据交叉口交通量来确定的,由于控制系统中有多个交叉口,为了达到系统协调,各交叉口必须采用相同的周期时长。为此,必须先按单个交叉口的信号配时方法,确定每个交叉口的周期时长,然后取最长的作为本系统的公共周期时长。

2. 绿信比

在信号控制系统中,各个信号灯的绿信比是根据各个交叉口各向交通流量比来确定的,因此,控制系统中,各个交叉口信号的绿信比不一定相同。

3. 相位差

相位差是干道交通信号控制的关键参数。通常相位差有两种：
(1)绝对相位差:指各个交叉口的绿灯或红灯的起点相对于控制系统中参照交叉口的绿灯或红灯的起点时间差。
(2)相对相位差:指相邻两交叉口信号的绿灯或红灯起点的时间差。

二、"绿波交通"——单向交通干道的信号协调控制

所谓"绿波交通",就是指车流沿某条主干道行进时,连续得到绿灯信号,畅通无阻地通过沿途所有交叉口。这种连续绿灯信号"波"是经过沿线各交叉口信号配时地精心协调来实现的。完全意义的"绿波交通"只有在单向交通干线上才能实现,实现"绿波"的关键是精确设计相邻交叉口之间的相位差。如图 11-10 所示的干道交通控制系统中,如果取交叉口 A 为系统参照交叉口,周期时长为 120s,那么按以下方式得到各交叉口的绝对相位差,便可获得完全的"绿波交通"。

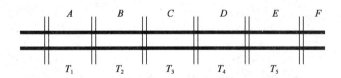

图 11-10 单向交通干线信号控制相位差计算示意图

实测得各相邻交叉口车辆平均行驶时间为：
$$T_1 = 160\text{s}, T_2 = 158\text{s}, T_3 = 254\text{s}, T_4 = 201\text{s}, T_5 = 192\text{s}$$

则：

B 交叉口的绝对相位差 $= T_1 - 120(1\text{ 个周期长}) = 40(\text{s})$

C 交叉口的绝对相位差 $= T_1 + T_2 - 240(2\text{ 个周期长}) = 78(\text{s})$

D 交叉口的绝对相位差 $= T_1 + T_2 + T_3 - 480(4\text{ 个周期长}) = 92(\text{s})$

E 交叉口的绝对相位差 $= T_1 + T_2 + T_3 + T_4 - 720(6\text{ 个周期长}) = 53(\text{s})$

F 交叉口的绝对相位差 $= T_1 + T_2 + T_3 + T_4 + T_5 - 960(8\text{ 个周期长}) = 5(\text{s})$

按照上述的绝对相位差进行该干线的信号协调控制，便能得到非常理想的"绿波带"。图 11-11 为单向干线的绿波时距示意图。

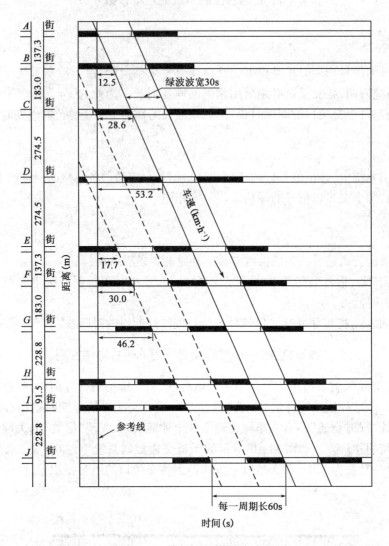

图 11-11　单向交通干线绿波时距图

三、双向交通干道的信号协调控制

双向交通干道的交通情况远比单向交通干道复杂，一般较难得到理想的"绿波带"。在各交叉口间距相等时，比较容易实现"绿波"，且当交叉口间车辆行驶时间正好等于周期时长一半的倍数时，可获得理想的"绿波带"，各交叉口间距不等时，则较难实现。图 11-12 为双向干线绿波时距图，从图中可以看出，双向干线的绿波带宽远远小于单向干线的绿波带宽。

尽管双向交通干道较难实现"绿波"，但线控仍能大大提高干线的通行能力。双向交通干道定时式信号控制系统一般有三种协调方式：

(1) 同步式协调控制；

(2) 交互式协调控制；

(3) 连续通告式协调控制。

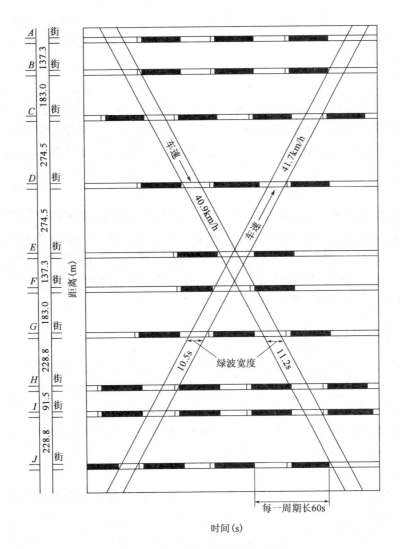

图 11-12 双向交通干线绿波时距图

四、区域交通信号控制系统

区域交通信号控制系统也简称"面控制",控制区内各受控交通信号都受中心控制室的集中控制。对范围较小的区域,可以整区集中控制;范围较大的区域,可以分区分级控制。分区的结果往往是形成一个由几条线控制组成的分级集中控制系统,这时,可以认为各线控制是面控制中的一个单元;有时分区成为一个点、线、面控制的综合性分级控制系统。

区域控制系统按控制策略可分为定时脱机式控制系统及感应联机式控制系统两种。

1. 定时脱机式区域交通控制系统

定时脱机式操作控制系统,利用交通流历史及现状统计数据,进行脱机优化处理,得出多时段的最优信号配时方案,存入控制器或控制计算机内,对整区交通实施多时段定时控制。

定时控制简单、可靠、效益费用比高,但不能适应交通流的随机变化,特别是当交通流量数据过时后,控制效果明显下降,重新制订优化配时方案将在交通调查上消耗大量的人力。

TRANSYT(Traffic Network Study Tool)"交通网络研究工具"是定时脱机式区域控制系统的代表,是英国道路与交通研究所(TRL)于1976年提出的脱机优化网络信号配时的一套程序,主要由两部分组成。

1)交通仿真模型

建立交通仿真模型的目的是用数学方法模拟车流在交通网上的运行状况,研究交通网配时参数的改变对车流运行的影响,以便客观地评价任意一组配时方案地优劣。为此,交通仿真模型应当能够对不同配时方案控制下的车流运行参数——延误时间、停车率、燃油消耗量等做出可靠的估算。

2)优化

将仿真所得的性能指标送入优化程序,作为优化的目标函数,TRANSYT以网络内的总行车油耗或延误时间及停车次数的加权作为性能指标;用"爬山法"优化,产生较之初始配时更为优越的新的信号配时;把新信号配时再送入仿真部分,反复迭代,最后取得性能指标最佳的系统配时。TRANSYT优化过程的主要环节包括:绿时差的优选、绿灯时间的优选、控制子区的划分及信号周期时间的选择四部分。

2. 联机感应式区域交通控制系统

由于定时脱机式操作系统具有不能适应交通流随机变化的不足,人们进一步研究能随交通流变化自动优选配时方案的控制系统。随着计算机自动控制技术的发展,交通信号网络的自适应控制系统应运而生。英国、美国、澳大利亚、日本等国家做了大量的研究和实践,建立了各有特色的自适应控制系统。归纳起来有方案选择式与方案形成式两类。方案选择式以SCATS为代表,方案形成式以SCOOT为代表。

1)SCATS

SCATS(Sydney Co-ordinated Adaptive Traffic System)控制系统是一种实时自适应控制系统,在20世纪70年代开始研究,80年代初投入使用。

SCATS的控制结构用的是分层式三级控制,即分成:中央监控中心—地区控制中心—信号控制机。在地区控制中心对信号控制机实行控制时,通常将每1~10个信号控制机组合为一个"子系统",若干子系统组合为一个相对独立的系统。系统之间基本上互不相干,而系统内部各子系统之间,存在一定的协调关系。随交通状况的实时变化,子系统既可以合并,也可以重新分开。三项基本配时参数的选择,都以子系统为核算单位。

中央监控中心,除了对整个控制系统运行状况及各项设备工作状态作集中监视以外,还有专门用于系统数据管理库的计算机,对各地区控制中心的各项数据以及每一台信号控制机的运行参数作动态储存(不断更新的动态数据库形式)。

SCATS在实行对若干子系统的整体协调控制的同时,也允许每个交叉口"各自为政"地实行车辆感应控制,前者称为"战略控制",后者称为"战术控制"。战略控制与战术控制的有机结合,大大提高了系统本身的控制效率。SCATS正是利用了设置在停车线附近的车辆检测装置,才能提供如此有效的灵活性。所以SCATS实际上是一种用感应控制对配时方案作局部调整的方案选择系统。

SCATS优选配时方案的主要环节为:子系统的划分与合并、配时参数优先、信号周期时长选择、绿信比方案选择、绿时差方案选择五部分。

2）SCOOT

SCOOT（Split-Cycle-Offset Optimization Technique），即"绿信比—信号周期—绿时差优化技术"，是一种对交通信号网实行实时协调控制的自适应控制系统。由英国 TRL 研制开发，1979 年正式投入应用。

SCOOT 是在 TRANSYT 的基础上发展起来的，其模型及优化原理均与 TRANSYT 相仿。不同的是，SCOOT 是方案形成方式的控制系统，通过安装在各交叉口的每条进口道上游的车辆检测器所采集的车辆到达信息，联机处理形成控制方案，连续地实时调整绿信比、信号周期及绿时差三参数，使之与变化的交通流相适应。

SCOOT 优选配时方案的主要环节包括：

（1）交通检测。含交通量、车辆占用时间、道路占用率和拥挤程度等参数的检测。

（2）小区划分。SCOOT 中的小区划分应事先判定，系统运行以小区为依据，运行中小区不能合并、拆分。

（3）模型预测。包括车队预测、排队预测、拥挤预测和效能预测等。

（4）系统优化。包括控制策略优化、绿信比优选、信号周期优选和绿时差优选等。

第五节 高速公路控制系统

随着我国高速公路的迅猛发展，以及车流量的不断增加，高速公路控制系统越来越显示其在公路管理中不可取代的地位。现代化管理系统是采用现代化的电子设备，对交通、收费、路况等进行监控和管理的总称。它涉及系统工程、交通工程、电子通信、计算机、电视摄像、录像广播等专业技术，因而是一个多学科的技术密集的系统工程。该工程投资大，是高速公路管理指挥中心和中枢，其管理的好坏直接影响高速公路安全、快速、舒适和高效功能发挥。

一、高速公路交通控制的特点和重点

（1）为了预防自然阻塞，实行驶入控制，如当交通量超过道路通行能力时。

（2）发生交通事故等情况时，为迅速解除由此产生的阻塞，实行控制驶出，禁止驶入的措施，维护高速公路的顺利通行。

（3）随着高速公路的发展，其对周围环境所造成的影响和损害已达到了必须改变交通条件的时候，应实施交通控制，以减少或避免对环境和人类的危害。

（4）高速公路的控制应以匝道处的控制为中心，即对出入口的控制。控制出入口可以保持车速—密度—间距的最佳组合。

二、高速公路的控制系统组成

高速公路现代化管理系统按功能划分，可分为通信系统、监控系统、收费系统和电源系统四大部分。每个系统又包括若干个功能单元，每个功能单元负责完成一些特定的功能。

1. 通信系统

高速公路通信系统由综合业务变换、通信传输、移动通信三部分组成，主要任务是：根据规定的技术要求确保全系统数据、命令、图像及语音信息传输的及时性和准确性。

（1）综合业务交换网络支持以下业务：调度电话、紧急电话、业务电话和其他业务电话。

（2）通信传输系统的基本任务,就是保证"信息流"在特定的传媒中畅通,并做到及时、快速、准确。目前在我国高速公路通信传输系统中,一般以市话电缆（或长途电缆）、数字微波、数字光纤三种传输手段混合使用。

（3）移动通信包括常规的无线通信系统和新兴的蜂窝无线系统、集群无线系统、无线寻呼系统、无绳电话系统等。移动通信的显著特点是通信双方或一方在通信服务区内地址的可移动性。在高速公路的运营管理中,移动通信特别适宜于道路养护、路政管理、交通安全管理、收费稽查、救援等具有流动特征的通信。

2. 监控系统

监控系统是利用电子技术和电子计算机系统,从事高速公路管理业务,对道路安全、交通状况等进行实时的监视和控制,从而达到"安全、高速、舒适、方便"的目的。高速公路监控系统由交通信息采集子系统、中央控制设施子系统、监控输出子系统和通信传输子系统组成一个闭环控制系统。

（1）交通信息采集子系统是通过人工或自动方法采集道路信息。

（2）中央控制设施子系统的主要任务有:通过中心计算机传输来的各种数据进行事件判断,决定控制方案,由控制台发出指令,控制道路信息板,指挥事件处理;监视公路沿线和隧道内的交通流及事故状况;负责管辖区域内的通信联络;全系统组成设备工作状态的监测。

（3）监控输出子系统通过向高速公路使用者提供信息,对交通实施指挥调度。

（4）通信传输子系统主要负责交通数据、气象数据、电视信号、电话信号、道路信息板和摄像机的控制等信号传输。

3. 收费系统

国内外的收费制式通常有三种:

（1）均一式。最简单的一种收费制式,收费站设在每个入口,而主线和出口都不再设站。它的优点是不会漏收。车辆只需一次停车交费,手续简便,投资省,效益高。它适合于距离短、道路出入口多而密、交通量大的城市高速公路和短途城市间高速公路。

（2）开放式。开放式收费系统的收费站建在高速公路的主线上,距离较长的高速公路可以建多个收费站,各个出入口不再设站,高速公路对外界呈"开放"状态。每个收费站的收费标准仅根据车型不同而变化,但各站的标准因控制距离不等有区别。这种收费制式具有均一制的某些优势。但长途车辆需多次交费而造成时间延误。这种收费制式适用于较短距离或互通式立交比较稀少的道路及收费的桥梁、隧道等。

（3）封闭式。封闭式收费系统的收费站建在高速公路的所有出入口处。这是目前应用最多的一种收费制式。这种收费制式的优点是能够严格按车型和行驶里程收费,公平合理,没有漏收问题,道路使用者易于接受。但收费站的建设投资较大,营运管理人员多,通行计费复杂。

收费方法一般分为:

（1）人工收费。由人工将车辆分类,套用收费标准计算应收取的费用。目前我国绝大多数采用这种收费方法,其优点是设备简单、人工便宜,缺点是停车交费时间长,差错率高、服务水平低,难以杜绝收费人员的徇私舞弊,甚至出现大量流失应收费用的现象。

（2）半自动收费。指在车辆分类、计算费用、交费、收费、核准放行几个收费环节中有一个或几个环节采用自动装置,但仍需驾驶人停车交费的收费系统。

(3)全自动收费。收费过程全部由自动化装置完成。汽车可实现不停车收费,完全达到无人操作,如 ETC。

收费系统的组成主要包括中心计算机、分中心计算机、收费站控制机、收费车道机、自动收费感应装置等。

4.电源系统

高速公路管理中有大量的设备需要供电,除了有大量的设备集中于机房,另外还有许多设备分散布置在道路沿线。主要有:摄像机、可变情报板、可变标志、车辆检测器、气象检测系统及路侧广播等设备。由于设备分散,供电距离较长,因此必须有良好的电源系统支持设备的正常运转。电源系统主要由交流供电系统、直流供电系统和接地系统组成。

交流供电系统主要包括变电站提供的交流市电、柴油发电机供给的自备交流电源以及由整流器、蓄电池和逆变器组成的交流不停电电源。在直流供电系统中,对于设备容量较大、比较集中的系统可以采用集中直流供电,这样可以减少电源设备数量,便于电源设备的维护。当系统设备分散布置且电容量小时,应采用分散直流供电系统,使各设备的电源系统相互独立,互不干扰。一路出问题,不会影响其他设备的正常运行。为了保证各管理系统与人身安全,系统电源的交流和直流供电系统都必须有良好的接地装置。

第六节 道路交通组织

一、道路交通组织的意义

由于城市用地空间的发展限制,道路建设规模不可能完全根据交通需求扩张。因此,必须加强对现有道路使用和交通需求的管理,即用现代化的管理方法和手段,按照道路的功能,合理地组织道路交通,使道路的交通量与道路通行能力基本协调,充分发挥路网的效能,以缓解交通矛盾。

道路路网的通行能力既与道路空间有关,又与交通控制软、硬件、使用道路的方法、车辆运行组织和管理水平有关。因为不同的车流构成、不同方向车流比例以及不同的管理方式都会产生截然不同的服务效果。因此同等数量的交通量,按不同的分布模式会产生不同的交通状况。因此,对道路就有一个最佳使用问题。

对交通管理部门来说,为了道路的最佳使用,就必须通过多种管理措施和手段,对已有道路规定其使用方式,对各种车辆的运行进行优化组织。道路交通组织管理是交通需求管理(TDM)策略、交通系统管理(TSM)策略中诸多管理措施的综合运用。

二、城市道路交通组织原则

道路交通组织优化是对交通工程技术的具体运用。除了交通工程中提到的技术原则外,还应有与之配套的思想方法原则,具体讲是由交通工程技术和交通组织思想方法这两大层面来组成。

1.交通工程技术原则

1)交通分离原则
不同流向、不同种类的交通流应在交通空间、时间上分离,避免发生交通冲突。

从形式上讲,有法规分离和物体分离两类。从内涵上讲,有时间分离和空间分离两种形式,空间分离靠交通标志、标线来实现,时间分离靠信号相位来完成。

2) 交通连续原则

交通连续原则即保证大多数人在交通活动过程中,在时间、空间、交通方式上不产生间断。例如在交通渠化方面,路段上的行车道要对应着路口直行导向车道,以保证直行车流不变换方向;路口进口导向车道要对应出口车道,以保证车流通过整条道路时间上连续;公交站与地铁站建在一起,以保证换乘连续,等等。

3) 交通负荷均分原则

交通负荷均分指通过对交通流进行科学的调节、疏导,达到路网各点交通压力逐步趋于大体一致,不至于由于某一点压力过于集中而造成交通拥堵,这也是交通优化所追求的目标。交通优化过程实质上也是交通压力转移的过程。把路网中拥堵路口的交通压力转移一部分给非拥堵路口,即为交通负荷均分,关键在于转移多少交通压力(即程度)和转移到哪里去合适(即作用点),这是优化工作的重点。

4) 交通总量削减

也叫交通总量控制。当一个路网总体交通负荷接近于饱和时,已没有交通压力转移的余地。可以采取总体禁限部分车种行驶,来削减该路网的总流量;也可以采取供需互动关系来调整路网总体负荷,如停车与行车以静制动的关系;或采用道路划分功能(即过境路、集散路等)、交通流划分性质,分别分配道路流量。

5) 置右原则

按照车道分布,从左至右交通流速度依次降低来分配车道。按照交通流层流动态规律分配车道,层间行驶阻力最小,发生冲突的机会最小,而且层间速度差也最小。反之则易产生大量的并线变道,频繁的合流、分流冲突引起交通紊流,造成拥堵和事故。

6) 优先原则

优先是指对某一种车给予特殊待遇,有车种优先及流量优先,如小汽车专用道、公交专用道、直行车流优先、主路车流优先等。

2. 交通组织思想方法原则

1) 换位思想原则

交通组织调整,特别是单行、禁左、禁限措施的调整,在方案实施前,首先要站在禁限对象的角度查找是否有时空出路,你能找到的出路,禁限对象也能找到。大家都找到相同的时空出路,交通压力就会向该时间段或空间点转移。

2) 以人为本,方便出行原则

交通组织不应以方便管理为出发点,而应以方便大多数人出行为准则。

在交通供需倒置的条件下,不同种类交通流在使用同一路面时都对通行条件提出需求,而这些需求又都是相互矛盾的。要求我们按行人、非机动车、机动车通行时的规律特点进行交通组织,即混合交通组织,而不应只考虑机动车交通组织,忽略行人非机动车交通组织。

3) 通行能力资源配置原则

这是道路交通组织的基础,源于管理学中的"木桶原理"。长短木片代表道路不同路口的通行能力,桶内盛水表示道路所能通过的最大车流量。通行能力资源配置的核心是上下游相同流向通行能力的匹配问题,也就是上游路口最大通行能力应取决于下游路口所能提供的最大通行调控能力。整条道路的车道配置,不应出现"瓶颈"。

4)路权分配原则

没有一个完善的路权分配方案和路权表现方式,群众的交通素质就不可能有大的提高。设施是路权的表现形式,法规是路权的划分手段。

5)动静态交通组织相结合原则

在路网静态通行能力资源配置基础上,根据路网各节点流量负荷,进行流量流向的动态调整,即通过不同节点的交通压力转移来达到路网交通压力均分的目的,减少交通拥堵发生的机会。

6)渐变原则

交通组织调整应按照调整作用力度大小循序渐进。选取调整方式的顺序依次为调信号配时、调渠化车道、调禁限流向、调禁限车种。调整的标准应为"通而不畅"。

三、城市道路交通组织方案的内容和方法

城市道路交通组织方案制定的方法是,首先对城市交通进行系统调查,掌握大量的城市交通基础资料和信息,并对城市交通路网系统的现状进行分析,根据路网道路条件、道路功能的分工和交通流分布状况,以安全、畅通为目标,通过对现有交通流的合理汇集与再分配以及交通模拟分析,制订出能够对车流运动状态产生控制作用的、由多种交通管理措施组成的实施方案,其中包括硬件、软件方面的多种手段。

城市道路交通组织方案的编制应包括以下几个组成部分:

1. 现有道路状况和交通管理的分析评价

通过对现状路网结构、道路条件、交通流量及其分布状况、交通安全状况以及现有交通组织管理措施和管理设施现状等调查分析,全面评价路网道路负荷、交通运行安全和管理的现有水平及其存在的主要问题。

2. 规划目标的拟定

在以上分析评价的基础上,拟定规划方案要求达到的目标。主要是道路负荷水平、交通安全水平和交通管理水平的定性、定量目标,以求为交通参与者提供一个良好的交通环境和较高的服务水平。

3. 路网道路功能划分

城市道路有各种类型,为了使各类道路在城市路网中充分发挥其功能作用,必须将各类道路的使用功能和系统分清,明确道路是交通性的,还是生活性的;是以客运交通为主,还是以货运交通为主。道路使用功能的划分,是实现交通定性控制和路网交通流量合理分配的基础。

4. 宏观的路网交通组织优化

完成上述三部分的工作后,对路网上的交通管理措施进行规划调整,进行路网上交通流量重分配,并评价重分配后的道路服务水平。如果评价结果满足目标要求或比现状有明显改善,则规划调整的交通组织措施是可行的。否则再作调整和重新评价,直到满足要求为止。

宏观的交通组织多数是从需求控制出发,按照路网压力时间空间均分的要求,在政策、策

略、措施层面上进行交通组织。对于区域、微观方面,多在方法层面上进行交通组织。

宏观的交通组织方法主要有:

1)对机动车保有量增长速度的控制

机动车保有量的控制,重点是车辆发展速度的控制。此时道路建设的含义是:每年都应改造部分旧路,建设一些新路。改造建设的重点应放在路网的加密上。但是如果车辆发展速度远大于道路建设速度,两者关系形成突变时,则需要进行宏观交通组织调整,机动车保有量的控制便是内容之一。

2)"以静制动"的控制战略

在宏观交通组织方面从两个方面进行交通组织,提倡的出行方式努力做到顺畅、低成本、方便,而不提倡的出行方式则向相反的方向进行组织,促使人们在出行时,出行方式转移到大容量、高效率、低能耗和低污染的交通方式上来,以此最大限度地挖掘道路潜力,缓解交通拥堵。这是解决车多路少供需倒置型交通拥堵的根本出路。

3)公交优先

在宏观交通组织里面,公交车与私家车在出行延误、出行成本、出行方便等方面是相对的。一般适当给公交车照顾,其优势就可以体现出来。如公交车道比社会车道通畅时公交车的出行延误就会相对减少,若此时社会车辆想走公交车道节省时间,可以规定其满载率,即满载时可以走公交道,如此可提高社会车辆的承载率,减少路面流量。这方面新加坡等国有很好的例子。

4)错峰上下班

宏观交通组织的主要内容是通过时间上的削峰填谷、空间上的控密补稀,对路网进行时空交通压力均分,以缓解交通供需矛盾。错峰上下班是实现时间上削峰填谷的有效手段。

5)净化车种

对某些事故隐患多、安全性能差的车种在出行上采取某些限制措施,可以加速其报废更新。

5. 微观交通组织的优化

微观的交通组织是整体交通组织的基础,它包括路口交通组织、路段交通组织、路口路段一体化交通组织。按事物发展先后顺序来看,微观交通组织的内容有:路口禁限流向与车种的确定,路口放行方法的确定,路口渠化,信号相位设置,信号相序与配时方案,路口管理方案,路段行人过街组织与渠化,路段公交站点及公交车道设计与渠化,导向车道、行车道、掉头、过街、公交站点一体化匹配设计,车道组织等。其组织的重点是冲突分离,通行能力分配和路权分配。

6. 交通管理设施的设置计划

根据上述宏观和微观的交通组织方案的要求,以及从交通引导和交通安全需要考虑,拟订出路网中完善的交通管理设施的计划方案。这些设施包括:交通标志、标线、信号控制装置,车道隔离设施和人行护栏、人行天桥等。详细确定这些设施设置地点位置的分布、设施类别、形式、数量和经费概算等。

[例11-2] 我国东部沿海某一城市中心大道环形交叉口,该交叉口分别连接A、B、C、D、E共5条道路。由于地理条件原因,该交叉口为五路不对称环形交叉口,交叉口环岛直径为

160m。相应的进口道、停车线及信号灯设施布置如图11-13所示。环形交叉口交通流量见表11-6,机动车道主要参数见表11-7。请描述信号控制方案。

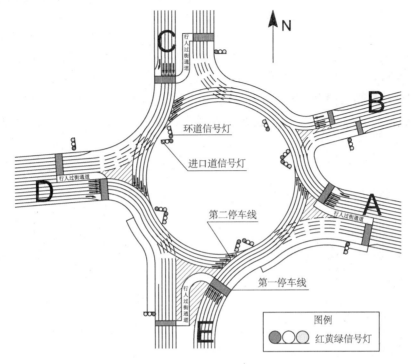

图11-13 进口道、停车线及信号灯布置图

案例环形交叉口交通流量 表11-6

流量(pcu/h)	A	B	C	D	E	合计
A	—	101	336	377	352	1166
B	109	—	430	483	451	1473
C	195	232	—	862	805	2093
D	227	270	895	—	939	2332
E	198	236	781	877	—	2093
合计	729	839	2442	2599	2547	—

机动车道渠化设计参数 表11-7

项目	单位	进出口方向									
		A		B		C		D		E	
		进口	出口	进口	出口	进口	出口	进口	出口	进口	出口
道路等级	—	主干路		主干路		主干路		主干路		主干路	
断面形式	—	四幅路		四幅路		四幅路		四幅路		四幅路	
路幅宽度	m	50		28		62		50		62	
中央分隔带宽	m	7.5		2.5		14.5		7		19.5	
车道数	车道	5	5	3	3	5	5	5	5	5	5
车道宽	m	3.5	3.5	3.5	3.5	3.5	3.5	3.5	3.5	3.5	3.5
非机动车道宽	m	3.75	3.75	2.25	2.25	6.25	6.25	4	4	3.75	3.75

243

机动车信号控制方案如下：

（1）为使左转车辆在通过第一停车线后，不在其下游的环内第二次停车，进口道信号灯同下游的环道信号灯联动控制。第一相位，C、E 进口道、A、D 环道及 A、B、C、D、E 出口道放绿灯，A、B、D 进口道及 C、E 环道放红灯；第二相位，C、E 进口道及 A、D 环道放绿灯，A、B、D 进口道、C、E 环道及 A、B、C、D、E 出口道放红灯；第三相位，A、D 进口道、C、E 环道及 A、B、C、D、E 出口道放绿灯，B、C、E 进口道及 A、D 环道放红灯；第四相位，A、B、D 进口道、C、E 环道及 A、D 出口道放绿灯，C、D 进口道、A、D 环道及 B、C、E 出口道放红灯。其中，对 A 进口道信号采取迟起迟断方式调整其绿灯时间，以满足环道容量的约束，提高环道通行效率。相位相序如图 11-14 所示。

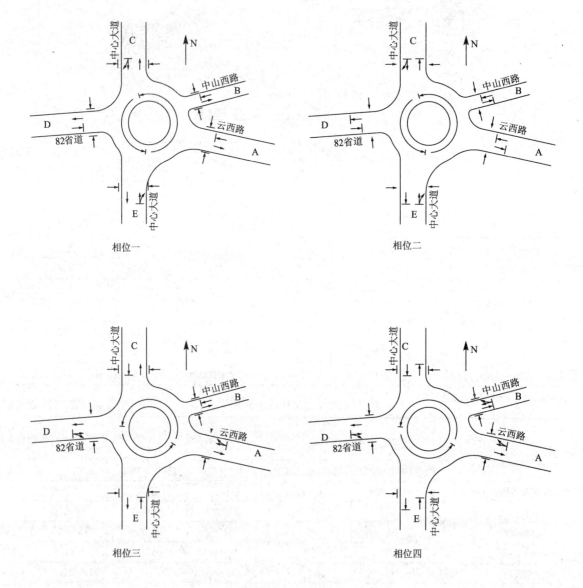

图 11-14　相位相序图

244

(2)通过测量环岛停车线与出道口最内车道外延之间的距离,结合车辆道路率与环道上饱和流量进行技术,可得周期时长为150s。

(3)依据上述配时计算方法,采用编程进行计算,获得各个进口和环道的绿灯起始时间及时长如表11-8所示。

案例环形交叉口信号配时方案表　　　　　　　表11-8

分　类	绿灯起始时间(s)	绿灯持续时间(s)
进口A	88.7	49.7
进口B	83.7	49.1
进口C	0	71.7
进口D	83.7	48.4
进口E	0	66.1
环道1	83.7	63.3
环道2	0	80.7
环道3	83.7	63.3
环道4	0	80.7

思 考 题

1. 什么叫交通管理和交通控制?
2. 设置道路交通标志需要考虑哪些因素?
3. 如何选择交通控制方式?
4. 如何设计相位、周期?
5. 高速公路监控系统的组成部分有哪些?

第十二章 交通安全

第一节 概　　述

道路交通事故是涉及千家万户且人人关注的问题。据有关报道表明,自从有机动车道路交通事故死亡记录以来,全世界死于道路交通事故的人数已超过3200万。到2000年,因道路交通事故受重伤而住院的人数每年达500万人,受伤总人数达3000万人。也就是说,百年来累计死于汽车轮下的人数已超过两次世界大战中的浩劫数。人们已把道路交通事故称之为"交通地狱",把导致道路交通事故的汽车称之为"行使的棺材"。中国昔日有谚语"马路如老虎,吃人不计数","马路如虎口,当中不可走"。

100多年来,由于汽车工业的高速发展,车辆急剧增加,交通流量增大,造成车辆与道路比例的严重失调,加之交通管理不善等诸多原因,造成交通事故频繁,伤亡人数增多,交通事故已成为世界性的一大公害。美国是汽车最为普及的国家,因道路交通事故造成的经济损失也相当惊人,例如:美国火灾经济损失只有道路交通事故经济损失的13%。日本因道路交通事故造成的经济损失相当于年道路建设投资的一半。许多发展中国家因道路交通事故造成的经济损失约为国民经济总产值的1%,高收入国家更高,约占2%。

我国的交通事故也相当严重,表12-1列出了我国1990~2012年的交通事故次数、死亡人数、受伤人数和直接经济损失。

我国历年道路交通事故统计(1990~2012)　　　　　　表12-1

年份	交通事故		死亡人数		受伤人数		经济损失	
	起	递增(%)	人	递增(%)	人	递增(%)	亿元	递增(%)
1990	250297		49271		155072		3.64	
1991	264817	5.80	53292	8.16	162019	4.48	4.28	17.58
1992	228278	-13.80	58792	10.20	144264	-10.96	6.45	50.70
1993	242343	6.16	63508	8.14	142251	-1.40	9.99	54.88
1994	253537	4.62	66362	4.49	148817	4.62	13.34	33.53
1995	271843	7.22	71494	7.73	159308	7.05	15.23	14.17
1996	287685	5.83	73655	3.02	174447	9.50	17.18	12.80
1997	304217	5.75	73861	0.28	190128	8.99	18.46	7.45

续上表

年份	交通事故		死亡人数		受伤人数		经济损失	
	起	递增(%)	人	递增(%)	人	递增(%)	亿元	递增(%)
1998	346129	13.78	78067	5.69	222721	17.14	19.30	4.55
1999	412860	19.28	83529	7.00	286080	28.45	21.24	10.05
2000	616971	49.44	93853	12.36	418721	46.37	26.69	25.66
2001	754919	22.24	105930	12.87	546485	30.51	30.88	15.7
2002	773137	2.41	109831	3.26	562074	2.85	33.24	7.64
2003	667507	-13.66	104372	-4.97	494174	-12.08	33.69	1.36
2004	517889	-22.41	107077	2.59	480864	-2.69	23.91	-29.02
2005	450254	-13.06	98738	-7.79	469911	-2.28	18.80	-21.39
2006	378781	-15.87	89455	-9.40	431139	-8.25	14.90	-20.74
2007	327209	-13.62	81649	-8.73	380442	-11.76	5.40	-63.76
2008	265204	-18.95	73484	-10.00	304919	-19.85	10.10	87.04
2009	238351	-10.13	67759	-7.79	275125	-9.77	9.14	-9.50
2010	219521	-7.90	65225	-3.74	254075	-7.65	9.26	1.31
2011	210812	-3.97	62387	-4.35	237421	-6.55	10.78	16.41
2012	204196	-3.14	59997	-3.83	224327	-5.52	11.75	9.00

由表12-1可以看出,1990～2002年的12年期间,我国的道路交通事故呈明显的增长趋势,2002年与1990年相比,增长了两倍多,其中尤其以1998～2001年的增长速度最快,而2002年的增速已明显下降。2003～2012年10年期间,我国的道路交通事故呈明显的降低趋势,2012年与2002年相比,降低了69.41%,其中以2003～2009年的降低速度最快,2012年的降幅已明显减缓。

另外,交通事故具有涉及面广、事故隐患频发和极强的社会性特点,它已经发展成一个社会性的大问题。因此,人们称道路交通事故是"现代文明病"和"无休止的交通战争"。

一、交通事故的定义与分类

1. 交通事故的定义

目前国内外对交通事故没有一个统一的定义。

美国国家安全委员会对交通事故下的定义为:交通事故是在道路上所发生的意想不到的有害的或危险的事件。

日本的定义:由于车辆在交通中所引起的人的死伤或物的损坏,在道路交通中称为交通事故。

加拿大的定义:发生在公共道路上交通事故冲突,涉及至少一辆机动车,并且导致一人或一人以上受伤或死亡,或者财产损失超过一定数额时,称交通事故。

2011年5月1日起开始执行的《中华人民共和国道路交通安全法》对我国对交通事故的定义为:车辆在道路上因过错或者意外造成的人身伤亡或者财产损失的事件。

从以上定义中可以看出,构成交通事故应具备如下条件。

(1)车辆:包括机动车与非机动车。行人自己在走路过程中发生意外,造成伤亡不属于交通事故。

(2)在道路上:指公用的道路上。即公路、城市道路及在单位管辖范围但允许社会机动车通行的地方,包括广场、公共停车场等用于公众通行的场所。

(3)在运动中:指车辆行驶或停放的过程。

(4)发生事态:即发生碰撞、碾压、刮擦、翻车、坠车、爆炸、失火等其中一种现象。

(5)必须是由特定的人员违反交通法规造成的:没有违法行为或者违反的不是交通管理法规,则不能构成交通事故。因此,地震、台风、山洪、雷击等造成的事故不列入交通事故。

(6)造成损害后果:即要有人、畜伤亡或车辆、财物损伤的后果。

2. 交通事故的分类

道路交通事故的分类,根据不同的需要有各种不同的方法。我国的"法定分类"是由公安部制定的、全国统一的交通事故严重程度等级分类标准如下:

(1)轻微事故:是指一次造成1至2人轻伤;或财产损失:机动车事故不足1000元,非机动车不足200元的事故。

(2)一般事故:是指一次造成1至2人重伤;或3人以上轻伤;或财产损失不足3万元的事故。

(3)重大事故:是指一次造成1至2人死亡;或3人以上10人以下重伤;或财产损失3万元以上不足6万元的事故。

(4)特大事故:是指一次造成3人以上死亡;或11人以上重伤;或者1人死亡,同时8人以上重伤;或者2人死亡,同时5人以上重伤;或者财产损失6万元以上的事故。

二、交通事故的发展趋势

一般认为,我国国民经济的高速发展时期始于以改革开放为标志的1978年,若以此计算,至今已走过了37年。根据西方发达国家的规律,我国交通事故的死亡人数当达到顶峰后应开始逐渐减少。然而,种种迹象表明情况并不乐观。一方面,西方发达国家情况的改观是一系列防治交通事故的措施开始奏效的结果,而近几年来,我国在这方面并未见大的举措;另一方面,我国道路交通的高速发展滞后于国民经济的发展,若以此计算,我国交通事故死亡数的增长还将持续10~15年。然而,如果我国从现在开始,将减少交通事故、提高道路交通安全水平的工作置于十分重要的地位,动员社会各界力量,下大力气进行研究,同时学习发达国家的先进经验,制定出一系列切实可行的对策,并坚决贯彻执行,那么将早日实现我国道路交通安全状况的根本好转。

第二节 交通事故调查

交通事故调查是事故发生后,由交警或交通监理对现场测量、拍照、填写调查表格,它是分析事故原因和鉴定事故责任的根本依据。

一、交通事故调查的目的和内容

交通事故现场是指发生事故的路段和地点,以及与事故有关的车辆、人员、牲畜以及其他事物、痕迹、物证所占有的空间和时间。

通过交通调查可以达到以下目的:了解主要情节;发现和提取证据;判断肇事车辆的特点。为了达到交通调查目的,交通事故调查一般包括以下内容:

(1)时间调查:确定交通事故发生的时间及交通事故有关方面的时间。

(2)空间调查:调查交通事故发生的地点、场所,以及车辆、物体、人体、尸体、牲畜、痕迹、散落物和道路设施等的位置及相互关系,以确定交通事故当事各方的相互运动速度、方向和路线、冲突点和部位等。

(3)生理和心理调查:调查事故当事人的生理和心理背景及其对交通事故的成因的影响。目前,这方面工作容易被事故现场勘察人员所忽视,而存在对当事人和见证人的询问工作的延误。

(4)环境条件调查:调查车辆状况、道路状况和自然条件对事故成因的影响。

(5)其他调查:调查事故有关方面的其他内容,如交通环境、社会风俗与习惯等。

二、交通事故调查的方法

按调查的目的确定应采取的方法。如果仅是为事故的善后处理,一般应采取就事论事的办法,分清责任,妥善处理。如需研究事故发生的原因和规律,则应设法弄清事故发生过程,驾驶员的生理、心理情况以寻求根本治理途径。对事故多发路段的调研方法为:

(1)在现场作详细记录、摄像,绘制道路、环境、汽车运行与事故状况图。

(2)出动专用车辆收集资料或现场调查、录像。

(3)记录分析轮胎的胎印、拖印、擦痕、散失的残留物,以判断事故发生时的车速、运行状况及冲突角度。

(4)必要时仔细收集地面碎片木屑、漆片、血迹、毛发、皮肉等物进行细致地分析、化验、推断事故发生的全过程,即所谓"交通事故再现"。

三、交通事故调查报告

交通事故统计报告是用书面文字记录、汇总交通事故情况的报告,各项数据应具有客观、系统、全面和科学性。

1. 交通事故报告范围

交通事故报告的范围为:凡违反道路交通规则造成人员伤亡、牲畜伤亡、车辆财物损失都应列入统计报告范围。具体要求是:

(1)统计报告的项目与标准必须真实、准确并具有严格的统一性,范围、项目、指标、表示期限等内容均按国家统一规定表格进行填写。

(2)统计报表要求数据准确、反映真实、全面并逐级上报。

(3)交通事故的一般统计报告制度是向上级报送统计表,分为月报、季报和年报。

2. 交通事故现场勘查内容

进行交通事故现场勘查的过程中,要认真做好事故勘查笔录。《交通事故现场勘查事故笔录》主要包括下述内容:

(1)接到报案的时间,事故发生和发现的时间、地点,当时的气候,报案人与当事人的姓名、职业、工作单位、住址,以及他们所叙述关于事故发生、发现的经过情况。

（2）现场保护人员的姓名、职业、工作单位、到达现场的时间和采取的保护措施及保护过程中发现的情况。

（3）现场勘查的起止时间,当时的气候和光线条件。

（4）现场所在地点的位置及周围环境情况。

（5）记录现场所属种类,特别记明现场变动情况、变动原因或现场上所见的反常现象。

（6）受害人的抢救情况。

（7）记录现场丈量情况,伤、亡人员情况,车辆和其他物资损失情况,痕迹的详细情况,提取的痕迹、物证的名称与数量。

（8）现场摄影或录像的内容。

（9）说明绘制现场图的情况。

（10）现场技术鉴定材料情况,包括车辆技术鉴定、道路鉴定、尸体检验情况。

（11）对以上记录进行复核。

（12）现场勘查的领导人和工作人员、法医签字。

第三节　交通事故分析

交通事故分析主要是分析事故发生的原因,利用统计学的方法对交通事故进行分类,找出事故的重点或典型类型和形态,提出改进交通安全管理、汽车安全设计、道路交通安全设施等措施。交通事故分析结果具有统计特性,是对一个地区或整个国家交通安全状况的总体评价。

一、事故分析方法

事故分析的任务是对导致相似伤害和损失的事故原因进行研究。事故分析的方法常采用以下几种:

1. 统计分析法

统计分析法就是用能够客观、全面反映交通事故本来面目的数据资料,如交通事故的次数、死亡、受伤、财产损失、原因、地点、时间、道路、车辆、驾驶员、骑自行车人、行人等数据资料,来准确、全面地反映事故的原始状态,据此作出科学的推理和判断,揭示交通事故总体的内在规律,进而提出解决问题的对策。统计分析方法的全过程,可分为调查、整理和分析三个基本步骤。

2. 分类法

分类法又叫分层法,是把数据资料按照不同的目的、要求、需要、性质区分的方法。它既是加工数据处理的一种重要方法,又是分析交通事故或其他问题原因的基本方法。其目的是经过分类,搞清楚性质不同的数据资料及错综复杂的交通事故原因,给出一种明确、直观、规律性的概念。

按时间、当事人、车辆、道路、交通事故、事故现象、人体受伤部位、死亡时间情况、车辆隶属关系等分类,是分析交通事故常用的数据分析法。分类也可以根据实际情况和分析的项目进行。但是,不论如何分类,在原始统计报告资料中都必须有这些内容。

3. 统计表格法

统计表格法是交通事故统计分析中常用的一种方法。根据不同的分析目的,将统计分析的结果编制成各种表格。表格内可以包括各种必要的绝对指标和相对指标的具体数值,例如《交通事故月报表》就采用这种方法。

4. 直方图法

直方图由一系列高度不等的矩形组成。其横坐标可以是性质不相同,但互相有联系的各种因素,也可以是同一因素的数值分段。各矩形的高度代表对应横坐标的某个指标值。直方图的特点是形象直观。用直方图进行交通事故统计分析,不仅可以反映出交通事故的变化和趋势,还可以比较出各种因素对交通事故的影响程度。例如,某年各大区交通事故死亡人数比较图就是这种分析方法,见图12-1。

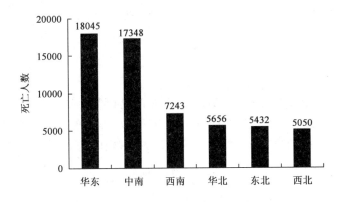

图 12-1　某年全国各大区交通事故人数比较

5. 坐标图法

简单的坐标图由一个横坐标和一个纵坐标构成。横坐标一般是连续数列。例如时间、年龄等。纵坐标可以是某一绝对指标或相对指标。用坐标图进行分析比较,有很强的直观性,一般用来表示交通事故中某一特征指标的发展变化过程趋势。例如,某地区逐月交通事故死亡人数,坐标图一般如图 12-2 所示。

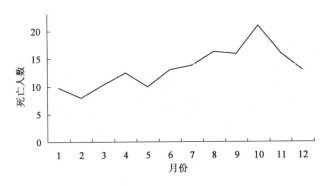

图 12-2　某地区逐月的交通事故死亡人数

6. 圆图法

圆图是将要分析的项目按比例画在同一个圆内。整个圆周 360°被看作是 100%，90°扇形相当于 25%，用圆图法可以直观地看出各个分析项目所占比例大小。图 12-3 所示为某地交通事故发生地点的统计圆图。

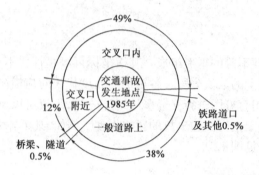

图 12-3　某地交通事故发生地点的统计圆图

7. 事故分析图

事故分析图用来分析交通事故在道路上的分布情况和事故多发地点。其做法是在道路图上，用规定的简明符号将实际发生的交通事故时间、事故形态、事故发生前肇事车的行驶状态和方向、行人或自行车的前进方向、事故后果等标注在相应的位置上，即得到事故分析图。图 12-4 为事故分析图事例。

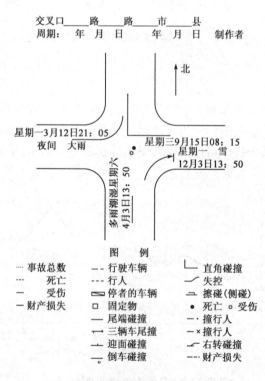

图 12-4　事故分析图示例

8. 因果分析图

因果分析图也叫特性因素图,因其形状特殊,也称树枝图或鱼刺图,其形式如图12-5所示。制作因果分析图时,应集思广益,尽可能地把交通事故的各种大小原因,客观地、全面地找出来,绘到因果分析图上。

因果分析图适用于分析交通事故的原因。它直观、逻辑性强、因果关系明确,因此便于采取相应预防措施。它既可以对事故总体进行分析,也用于对单项原因进行分析,还可对具体案例进行分析。

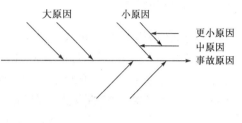

图12-5 事故因果图

9. 排列图法

排列图法也叫巴雷特图法。它是找出影响交通事故主要原因的一种有效方法。这种方法有两个纵坐标、一个横坐标、几个矩形及一条曲线。左侧纵坐标表示事故次数或死亡人数、受伤人数等;右侧纵坐标表示事故发生频率(以百分比表示);横坐标表示要分析的各个因素,按影响程度的大小从左至右依次排列;矩形高度表示某个因素影响效果的大小;曲线表示各因素作用大小的累计百分数,常称为巴雷特曲线。采用排列图来反映交通事故的主要原因时,通常把累计百分数分为三类:将0%~80%频率的影响因素作为A类因素(关键因素),80%~90%频率的影响因素作为B类因素(次要因素),90%~100%频率的作用因素作为C类因素。如果全力解决A、B两类因素,就能解决90%的交通事故问题。这种方法的形式如图12-6所示。

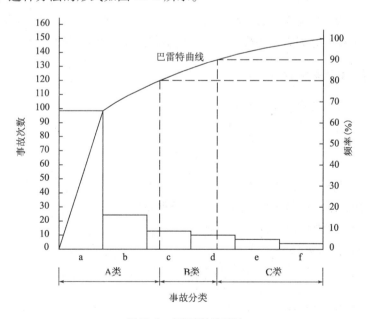

图12-6 交通事故排列图

排列图的制作过程如下:

第一步,将发生事故的原因进行分组,并计算各组的频率数。

第二步,将左纵坐标作为次数(频率);将右纵坐标作为出现该类问题的次数占总次数的比重(频率);将横坐标表示为事故分组,按各类因素出现的频数多少依次自左向右排列。

第三步,将各因素的累计频数值以曲线连接,得出用坐标图表述的巴雷特曲线。

10. 故障树分析法

故障树又称为FTA(Fault Tree Analysis)图。故障树是工程上分析故障的一种方法。它应用在交通事故的分析上,可定性的分析引起事故的直接和间接原因。

交通事故是非常复杂的现象。一起交通事故的发生经常是许多因素相互影响、相互作用的结果。如果不遵循一定的方法,盲目地分析事故原因,既费时间,又难免发生遗漏。利用FTA的方法可使分析逐步深入,从而全面地找出与事故有关的各种影响因素。

FTA图分析事故的步骤如下:

第一步,找出与事故有直接联系的若干原因。

第二步,把每一直接原因分解成若干个第二层原因。

第三步,继续分解第二层原因。

第四步,直到认为不能或不必继续分解为止。

将上述步骤的关系用约定的符号绘制成图形的形式,就得到FTA图。FTA下层原因都与上层原因有直接联系,并且认为上、下层原因之间存在着逻辑"与/或"关系。

二、通事故统计分析

交通事故的统计分析,一般分为事故数字分析和相对事故率分析。

1. 绝对实际统计

以事故的次数、死亡、受伤人数三项指标来衡量每年、每月或每周不同地区、范围或不同路段的事故情况。也有以时间为横坐标、死亡人数为纵坐标,以反映事故发展的总趋势。

2. 以相对指标事故率计算

常用的事故率表示法有以下几种:

1) 万车事故率(次/MV)

$$A = \frac{B}{M} \times 10^4 \text{(次/MV)} \tag{12-1}$$

式中:A——1 万辆登记汽车的事故率;
　　B——1 年内该地区事故事件数或死亡、受伤数的总和;
　　M——该地区的机动车的保有量,万车。

2) 百万辆汽车事故率

$$A_1 = \frac{B}{M} \times 10^6 \text{(次/MED)} \tag{12-2}$$

式中:A_1——1 百万辆登记汽车的事故率;
　　M——该地区的机动车的保有量,百万车;
　　其余符号意义同前。

3) 10 万人事故率(次/MP)

$$A_2 = \frac{B}{P} \times 10^5 \text{ (次/MP)} \tag{12-3}$$

式中：P——该地区的人口数，10 万人。

4）亿车公里事故率（次/HMVK）

$$A_3 = \frac{C}{V} \times 10^8 \text{ (次/HMVK)} \tag{12-4}$$

式中：C——该地区 1 年内死、伤人数；

V——该地区 1 年间车公里数，即车平均交通量 $\times 365 \times$ 该地区或路段的里程数。

5）交叉口的事故率（次/百万辆）

按百万或万车流交通量，计算交叉口的交通事故率，即以汽车进入交叉口的流量为基数，除以交通事故数，就是交通事故率。

$$\text{交叉口的事故率} = \frac{1 \text{ 年间交通事故件数} \times 10^6}{24\text{h 流入交通量} \times 365} \tag{12-5}$$

3. 严重性计算

交通事故中死亡、受伤和财产损失的严重程度是不相等的，对不同地区不同的死、伤、财产损失的统计量很难进行统一比较，故实际分析时，一般以财产损失为参考标准，对死亡或受伤人员所造成的损失换算为相当的经济损失费用数，这样不同类型、不同性质的各类交通事故可以统一换算成经济损失费用。

第四节　影响交通事故的主要因素

一、道路交通系统

道路交通指的是人、车在道路上的移动，它是一个由人、车、路、环境等要素构成的复杂的动态系统。其中"人"包括驾驶员、骑车人、行人等；"车"包括机动车和非机动车；"路"包括公路和城市道路；"环境"包括自然环境和人工环境等。人、车、路、环境等要素，在构成具有特定功能的道路交通系统整体时，产生了互相依赖且不可分离的联系，因而具有系统性。系统中任何一个要素的行为或性质的变化都不具有独立性，每一个要素对道路交通都会产生影响。

道路交通系统要素间的关系如图 12-7 所示。在人、车、路、环境这四个变量中，"人"是唯一的自主型变量，是主动的、有意识的，他接收来自道路、车辆、环境以及交通流当前状态的信息，经过判断和加工后做出决策，对车辆实施控制和操作；"车"是唯一的可控变量，是可以通过人的控制来改变其状态的；而"路"和"环境"是不可控的客观参量。当然，这里所说的不可控并非绝对的不可控，只是相对于车辆而言，在道路交通运行过程中其状态不依人的意志而改变。

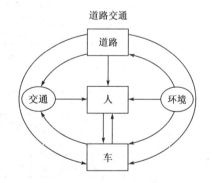

图 12-7　道路交通系统

由此可见，道路交通是一个涉及人的行为和自然环境的复杂系统，在道路交通的运行过程中,系统状态随时间的推移和外界交通环境的改变而改变。例如,行人和驾驶员随时会产生心理和生理状态的变化;交通流的流量、速度、密度也随着时间发生着变化;人、车、路、环境之间的协调、配合关系也有所改变。这些变化都是时间的函数,因此,道路交通系统是一个复杂的动态系统。正是这种动态性和复杂性增加了道路交通管理的难度,使保障道路交通安全的工作变得十分艰巨。

二、四大要素与交通事故

1. 影响驾驶员行为的主要因素

交通事故是道路交通系统中,由于人、车、路、环境诸要素的配合失调而偶然突发的事件。如前所述,在道路交通系统中,人是四大要素中唯一的自主型变量,因此,人是交通事故的核心。国内外交通事故的统计数据表明,有80%~90%的交通事故是由人的因素造成的,其中包括驾驶员的操作失误、麻痹大意或违章行驶等,还包括行人和骑车人不遵守交通法规等。

2002年我国道路交通事故主要原因的统计分析结果表明,由于人的原因造成的死亡人数占当年交通事故死亡总人数的88.98%,其中机动车驾驶员为主要原因的占78.56%,非机动车驾驶人占4.20%,行人和乘车人占6.22%。可见,交通事故的关键在于机动车驾驶员,因为相对于行人和骑车人来说,机动车驾驶员是交通强者。因此,在讨论交通事故时,对人为因素的研究主要集中在机动车驾驶员的行为研究上。

影响驾驶员行为的因素包括生理和心理两个方面,按延续时间的长短,又分为短时因素和持续因素两种情况,如图12-8所示。需要说明的是,车辆、道路、交通条件及气象状况等对驾驶员行为虽然也有影响,有时甚至影响巨大,但它毕竟是外部因素,是要通过驾驶员自身而起作用的。因此,这里主要指驾驶员本身的心理因素和生理因素。

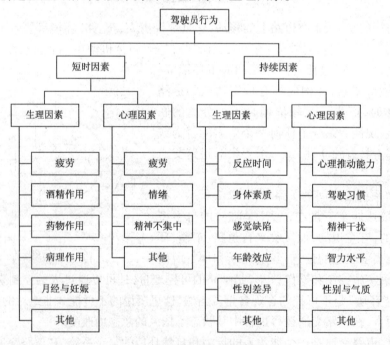

图12-8 影响驾驶员行为的主要因素

2. 影响机动车安全性能的主要因素

造成交通事故的第二大要素是车辆。在道路上行驶的车辆,既有机动车,又有自行车和其他非机动车,其中机动车是一种快速的交通工具,能量最大,防护性也好,但这种防护只针对驾驶员和车内人员。因此,相对于自行车和其他非机动车,机动车是交通强者。于是,在讨论交通事故时,研究车的因素主要是研究机动车的特性。但这并不意味着研究车辆的所有性能及其结构,只是研究对于交通安全构成威胁的性能。

如图12-9所示,影响机动车安全性能的因素主要有转向系统、制动系统、行驶系统和电气系统。

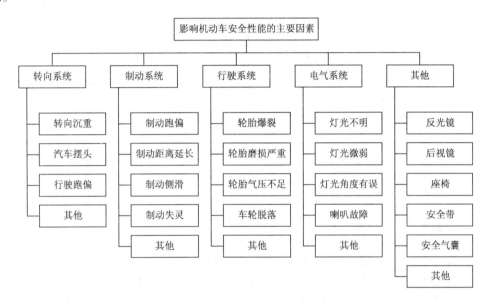

图12-9 影响机动车安全性能的主要因素

机动车的转向系统是直接关系到车辆操作性能的关键机构,对交通安全的影响最大。转向系统的零部件若有异常现象发生,便有可能使车辆不能保持在正常车道内行驶,或者造成翻车事故。

机动车的制动系统是降低车速或停止行驶的控制机构,是行车安全的核心部件之一。统计表明,车辆因制动失灵或因制动力不足致使制动距离延长、跑偏、侧滑而引起的事故占车辆事故总数的15%左右,而其中的一半以上是由制动侧滑引起的。

机动车行驶系统中对交通安全影响最大的是车轮和轮胎。在车辆的行驶过程中,若轮胎爆炸、磨损严重、充气不足或轮胎脱落都可能直接或间接地引发交通事故。

对于交通安全来说,在机动车电气系统中主要关心灯光和喇叭,其主要功能一是为夜间或雾天行车照明,二是作为与其他交通参与者进行联络的信号和标志。一旦车辆的电气系统出现故障,可能会不知不觉地危及行车安全,从而引发交通事故。

3. 影响安全的道路条件

如图12-10所示,影响交通安全的道路条件几乎包括了所有的道路要素。

道路的几何要素或线形组合不合理,都可能导致交通事故的发生。道路的几何要素包括平、纵、横及其相互间的协调,还包括视距保证。讨论道路的几何特征对交通安全的影响时,在平面线形中应当考虑曲线半径、曲线偏角、曲线长度、缓和曲线、直线段长度、线形的连续性以及平面线形与地形的适应等；在断面线形中应当考虑纵坡度、纵坡长度、竖曲线半径等；在横断面布置中应当考虑横断面形式、行车道宽度、路肩、路缘带、路拱、中央分隔带、车道加宽、超高以及边坡和边沟等；线形的协调性主要指的是平纵曲线的配合；在视距保证中应当分清停车视距、错车视距、会车视距和超车视距。

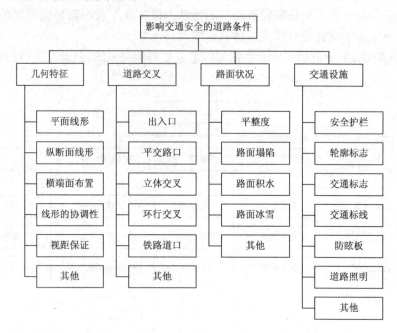

图 12-10　影响交通安全的道路条件

道路交叉口是道路交通的枢纽。对于高速公路和城市快速路出入口应当考虑的因素有出入口形式、出入口间距、加、减速车道和辅助车道的设置等。平面交叉口通常是事故高发点，因此除考虑其交通控制方式外，还要有足够的视距保证；对于立体交叉应当着重考虑匝道的线形及其与主线相衔接的端部特征；在环行交叉口中应当考虑的因素包括环岛的半径、交织车道数和交织段长度等；当道路与铁路相交时，应当着重考虑控制方式和信号的设置。

路面状况对交通安全也有较大的影响，当车辆在凹凸不平或有坍塌、翻浆等病害的道路上行使时，驾驶员为了防止颠簸，可能会突然避让驶向其他车道，由此引发交通事故。另外，潮湿或泥泞的路面由于附着系数下降，也容易发生交通事故。根据美国的调查资料显示，路面潮湿时的事故率是干燥路面的 2 倍，积雪时是干燥时的 5 倍，结冰时是干燥时的 8 倍。

完善的、设置合理的交通工程设施是减少交通事故，提高交通安全的重要保障。这些设施包括安全护栏、轮廓线、交通标志、标线、防眩板、道路照明等。

4. 影响道路交通安全的环境因素

影响道路交通安全的环境因素可分为自然环境和人工环境两个方面，各自所包含的内容如图 12-11 所示。

在自然环境中，地理位置指的是北方冰雪地区、南方潮湿地区或者西北戈壁、沙漠地区等；地形条件指山岭重丘区还是平原微丘区；气象条件包括晴、雨、雪、雾等天气情况；植被和生态对于交通安全的影响也不可低估，在德国，近年来车辆与路侧树木相撞的事故就频频发生，而在生态保护良好的地带,野生动物的出没常常引发交通事故;时间指的是白天还是夜晚、黄昏或者拂晓,事实证明黄昏和拂晓这两个时段容易发生交通事故。

人工环境中对交通安全影响较大的主要有土地使用状况、路侧干扰、道路障碍物等。土地使用状况指的是居住区、工业区、商业区,或是文教区等;路侧干扰主要指路侧广告、霓虹灯等,如果设置不合理,会影响驾驶员的视线或分散其注意力;障碍物指的是道路上影响车辆正常行驶的人工物体,如未能及时迁移的电线杆、养护维修设置的临时围挡、其他车辆行驶时遗落在道路上的物体以及停在道路上的故障车辆等。

三、道路条件在交通事故中的特殊作用

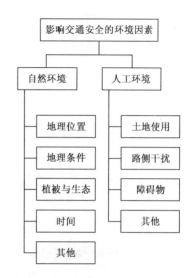

图12-11　影响交通安全的环境因素

几乎所有国家交通事故的官方统计都表明,引起交通事故的最主要原因是机动车驾驶员失误,其在各种事故原因中所占的比例高达80%～90%。如果由此而得出结论,认为道路条件在交通事故中的作用是微不足道的,则不仅不符合事实真相,并且还会使道路工作者忽略自己的责任,在道路设计时只强调降低工程造价,而不注重为道路交通提供足够的安全保障。

如前所述,每一次道路交通事故都是由人、车、路、环境组成的道路交通系统的相互协调关系受到破坏所产生的后果。这个系统中任何一个组成部分的正常机能受到破坏,都会引起交通事故,如果仅仅简单地归罪于驾驶员,这显然是不公平的。人毕竟不是自动化调节的机械系统,要求驾驶员总是能够直观的根据眼前出现的复杂情况迅速做出判断,采取正确的应对方案是不现实的。因为在这种情况下,驾驶员的精神处于高度紧张状态,难免犯错误,特别在疲劳时更是如此。

进一步的研究表明,在诸如由过高的车速、不正当的超车及转向、夜间不良的视距,甚至碰撞行人或骑车人造成的交通事故中,除少数是由于驾驶员粗心大意引起的以外,大部分驾驶员出事故的原因是由于困难的行驶条件引起的,而困难的行驶条件则与道路设计或道路养护有关。当车辆在这样的道路条件下行驶时,只要驾驶员稍稍放松注意力,就会引起交通事故。

美国的交通事故专家海特(Haight.F)教授早在20多年之前就指出:"不管各方面的意见如何,只是驾驶员一方面的错误,决不会引起最严重后果的事故。事故的主要原因往往是不安全的、危险的道路条件引起的。"虽然现有的统计资料表明,以道路缺陷为主要原因引发的交通事故不足10%。但是,如果考虑到道路条件在很大程度上促使交通事故发生,那么道路条件的间接作用绝不可忽视。前苏联的学者通过对本国Ⅰ～Ⅴ级公路上的约13000个道路交通事故进行分析,并仔细考察了事故地点的道路特征后,得出的结论认为,不良道路条件的影响是70%交通事故的直接或间接原因。

从理论上讲,一旦道路的几何参数确定并按设计规范建成通车后,当道路交通系统中其他三个要素即人、车和环境都处于"正常"状态时,如图12-12所示,该道路存有一个最大的"安全空间",也就是说,其安全性能也就确定了。当环境条件改变,例如不良气候条件导致能见度下降、车辆出现了故障、驾驶员注意力分散或者由于对天气和车辆状况的改变判断而导致操作失误,如图12-13所示,都会使道路交通原有的安全空间缩小,使交通事故的风险上升。

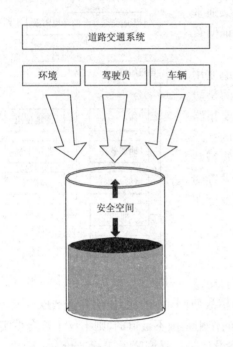
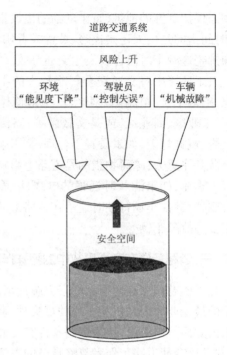

图 12-12　正常状态下的安全空间图　　　　图 12-13　非正常状态下的安全空间

因此,道路工作者在进行道路设计或制订道路改造方案时,要始终贯彻"以人为本"的思想,将安全性置于首位加以考虑。具体来说,要追求以下两个目标。

1. 扩大道路的"安全空间"

尽量采用良好的线形参数,注重道路几何特征的一致性和协调性。一个经常提及的例子为:长的直线段和偏角很小的大半径曲线路段与一个小半径的急转弯相接,尽管各部位的几何参数可能都符合设计规范的要求,但是由于衔接不合理,即便是对于"正常"的交通条件,道路的安全也很差。换句话说,这样的道路条件未能给驾驶员特别是不熟悉该道路的驾驶员,提供足够大的"安全空间",反而增加了发生事故的危险。

2. 提高道路的"宽容度"

道路工作者应当追求的另一个目标为,通过对路网的调节和合理设计,使道路环境更加"宽容"。也就是说,即便有驾驶错误产生,仍能保持安全行车的道路条件,对危险起到消除或减缓作用,以避免交通事故的发生或减轻交通事故的损伤程度。这意味着需要转变道路设计的指导思想,不应当强迫驾驶员用改变行车状态的方法来适应道路的缺陷。相反,道路应当减轻驾驶员的工作,帮助驾驶员选择适当的运行状态。

目前美国和西欧一些国家正在大力推行道路安全检查(Road Safety Audit),为实现上述目标提供了行之有效的方法。

第五节　交通安全措施

交通事故涉及道路使用者、车辆、道路环境。交通事故是一种偶然发生的事件,似乎是不可避免的,然而一切事故都有其产生的原因,如在设置交通信号灯的交叉路口易发生冲撞事故、在交会点会发生侧擦事故等。若驾驶员不注意,必然会产生与之对应的某种类型的交通事故,因此偶然性中存在必然性及规律性。结论是交通事故是可以防止的。

如前所述,产生事故的原因属于驾驶员的有性别、年龄、技能、气质、心理生理状态、情绪、疲劳、麻醉,受外界干扰等因素;属于车辆的有转向、制动、轮胎摩擦情况、油路、电路、灯光以及安全设备等因素;属于道路环境的有线形设计标准、交叉路口类型及条件、路面状况、气候形成的环境等因素。可以这样概括地说,全世界交通事故的原因,约有85%的原因属于驾驶员,5%左右的原因属于车辆,10%左右的原因属于道路环境。

为了减少事故出现次数、减轻事故的后果、提高交通安全,应改善道路质量、改进车辆设计、严格驾驶员筛选并加强管理、法制、宣传、教育。

一、交通事故预防对策

交通事故预防对策也称交通安全对策,包括预防和减少交通事故的计划、决策及各种管理与工程措施。

1. 交通事故的分析研究

交通事故的分析研究是交通科学研究的重要组成部分,只有充分研究了交通事故的主要影响因素,事故发生的成因、规律、特点及其机理,才能有计划、有针对性地、分清主次地制定有效的措施和方法。

2. 健全与完善交通法规、章程和条例

交通法规是交通参与者和交通管理人员共同遵守的行为规范,是处理交通违章和交通事故的法律依据。为适应交通运输业的迅速发展,应及时补充、修订和完善各种交通法规、章程与条例。

3. 加强道路等基础设施的建设

道路等固定设施是交通运输的渠道,是车辆赖以通行的基础,既要有一定的数量、一定的路网密度、一定的道路面积率,又要有较高的质量,有坚固平整的路面和相应附属设施。

4. 加强交通安全教育宣传

交通安全的教育与宣传工作是执行交通法规、维护交通秩序、保障交通安全、发挥道路功能、提高交通效率的有力保证。交通安全教育要广泛、深入、持久地进行,对于中小学生更应经常上安全教育课,以期不断提高交通参与者的交通行为素质和交通管理水平。

5. 科学地组织与管理城市交通

科学地组织与管理好城市交通,合理地做好城市的宏观控制和交通规划,均衡地利用路网上一切可以利用的道路,减轻城市主干线及主要交通枢纽的交通流量,有利于对交通流实行空间与时间的分离和隔离,减少冲突,保证交通安全。

二、改善线形与交叉路口设计

(1)道路线形的几何设计要素,如平曲线半径、平面线形要素的连接与组合、纵坡坡长、纵

向竖曲线半径、平面与竖向视距、横断面超高加宽等标准,均应认真考虑,以保证行车安全。

(2)桥梁宽度、竖曲线半径、桥头接线、人行道缘石高度均应符合有关设计规范。

(3)交叉口要充分保证视距,设置标志、标线并注意经常维护,交叉范围内的树木要注意剪修,以不妨碍驾驶员与行人视线为原则。

三、安装交通安全设施

(1)为了防止路面滑溜造成翻车、碰撞、车辆滑落,应于适当路段设置各种柔性或刚性护栏与安全带,以期缓冲与保护车辆及乘客。

(2)分隔措施,设置中央分隔带,分为上下行、快慢车、车辆与行人等,分隔带可以做成具有一定宽度的带状构造物,若道路宽度不足,宜用栅栏分隔。

(3)设交通岛、导流岛、安全岛、分车岛,做好渠化工作,以控制车辆行驶,防止冲撞和旁擦并保护行人。

(4)设人行横道,在车流与人流均多的路口,为确保安全,需要从时间上将两者予以分开,或设置人行横道或过街天桥、地道从空间上将其分开。

四、加强交通管理与控制

(1)道路标线、标志要认真管理,按规定设置,并有固定人员经常维修、保洁、养护,保持标志、符号、文字、图案的清晰并能正常地发挥作用。

(2)视道路与交通情况安装信号机或其他控制、管理设施,一般有单点定时控制、单点人控、自动感应信号机和联动控制系统。

(3)将某些因路窄未能通车的街道组织单向交通,可减少交叉口上的冲突,减少车与车、车与人的冲突碰撞与事故发生的潜在危险。

(4)改善路况,清除障碍物,保证视距畅通,对瓶颈峰腰地段要设法拓宽。

(5)设置诱导性标志或各种视线诱导物,突显去向,以便驾驶员能预知前方路况,采用正确而适当的措施。

(6)加强日常交通管理,严格控制施工占路堆物,严格禁止在人行横道上摆摊设点。

五、提高驾驶员素质、技术水平与职业道德

大量的交通事故统计表明,有50%以上的事故同驾驶员的行为有关,因此提高驾驶员的素质及职业道德对保证交通安全有重要作用。

(1)驾驶员应有良好的身体素质,视觉、听觉、反应动作的准确性,生理、心理和精神方面都有科学地检查和严格的挑选标准,对于先天性缺陷如色盲、色弱或反应迟钝者不能录用。

(2)驾驶员的培训要严肃、认真,驾驶员既要认真上好技术课、训练课,又要上好交通法规课,做到技术过硬,遵守交通法规。

(3)要讲交通道德、职业道德,人人遵规守纪,严格执行交通法规。

六、交通安全措施的效果

道路交通安全措施的主要效果是防止事故发生及人员伤亡。因此,安全措施的投资与效果不能单纯用货币来检验。但为了提高投资的效益,必须进行多方面的分析比较。可以对采取措施前后死亡者或交通事故率的大小进行比较,以判定其效果的大小。争取用同样的投资取得更大的效果,即挽救更多生命,减少人员伤亡和财产损失。

思 考 题

1. 简述交通安全工作的意义,我国交通现状及发展趋势。
2. 交通事故应如何定义和分类?
3. 简述交通事故调查的目的与内容,现场调查的意义与方法。
4. 简述交通事故分析方法,事故率的表达方式及优缺点。
5. 预防交通事故的措施有哪些?

第十三章 道路交通与环境保护

第一节 概 述

道路是人们日常生活中进行经济、社会活动必不可少的设施,具有处理交通、形成城市及地区骨架、收纳城市设施、诱导土地利用等多种机能。因此,道路不仅是交通线路本身,也包括具有各种目的的人、物和信息的交通主体或工具。

交通在给予人们便利的同时,也给周边环境带来负面影响。这种负面影响不仅反映在道路建设过程中,行驶在道路上的车辆对环境的影响更大。车辆行驶中会产生噪声、排放有害气体并产生振动,该影响超过某种程度则被视为公害,对环境将产生破坏。汽车保有数量少,则对环境影响也小,然而随着汽车社会的到来,该问题必将成为重大的社会问题。

我国正处于国民经济高速发展时期,汽车已经逐渐进入家庭,汽车拥有量增长速度惊人,这就要求人们必须重视这一问题,以可持续发展的眼光、借鉴国外经验来制定相关政策,确保汽车和环保的协调发展。

作为人均汽车拥有率较高的日本,交通公害成为社会问题是在汽车社会迅速发展的 20 世纪 60 年代后半叶。由于当时战后日本投入大量资金来兴建和完善道路,加之政府的导向,强烈刺激了小汽车的发展,但当时没有顾及车辆对环境的影响问题。1976 年,兵库县 43 号国道沿线居民首次提起汽车噪声影响的诉讼,将政府和日本阪神高速公路集团送入法庭,然而裁决却经历了近 20 年,1995 年 7 月最高法院判决国家方面完全败诉。1978 年大阪市西淀区居民,对国家和阪神高速公路集团提起大气污染相关诉讼,1995 年 7 月最高法院裁决居民胜诉,并于 1998 年,集团向原告居民提出和解。这一期间,使得道路管理者开始重视道路与环境保护相互间的关系,出台了相关对策,并且对公害发生源——汽车,进行了规制,使得目前各种公害逐渐减小。

交通运输对环境的影响主要包括两个方面,即对周围环境自然成分的影响以及对人类自身的影响。交通运输对周围自然成分的影响主要表现在以下两个方面:

1. 交通运输工具产生的影响

主要包括大气污染、噪声、振动、妨碍日照、电磁波干扰以及对非再生自然资源的消耗。

2. 交通运输干线的影响

主要包括对耕地的占用,对交通工程沿线的文化、历史和古建筑等风景名胜造成的不利影响,以及对自然生态的破坏,如移山筑路、改造河道等会破坏原有地形地貌、自然景观和植物分布,影响生物群落、种群的数目以及动物迁徙等。

交通运输对人类本身的影响,直接表现为交通事故对人体的伤害,间接的影响为空气污染、噪声等对人类健康、生活质量、环境质量等产生的影响。

道路的建设、维护管理,是贯穿道路经营管理始终的项目,而且是与环境的协调发展最为相关的课题。无论是在市区还是资源丰富的区域,创造环境、保护环境和形成新的景观,道路建设都起到至关重要的作用。以可持续发展的眼光进行道路景观设计,处理好道路建设与自然保护的关系,同时尽可能地不破坏原有的生态环境,为动物提供穿越道路的通道等。

我国近年来已经开始重视交通环境的保护,出台了相应的法规。从国外经验来看,我国目前不能只着眼如何应对公害,而是要从如何创造更好的交通环境入手来规划、建设交通环境,从保护地球环境的观点出发,从交通与能源消耗或整个社会系统的某一方面出发,多角度地进行探讨。

第二节 车辆排放污染物的危害与防治

道路交通对大气的污染是指交通运输过程中,车辆所排放的烟、尘和有害气体,是人为因素造成大气污染的主要污染源之一。在我国不同地区的监测中,已经发现环境空气的污染物中,车辆排放量占有很高的分担率,如 CO:65%~80%;NO_x:50%~60%;HC:80%~90%。随着我国车辆保有量的迅速增加,上述各项污染物的排放量将明显上升。车辆排放的污染物将会是我国环境空气的主要污染源之一。

一、汽车排放特性分析

1. 汽车大气污染物质

汽车点火式引擎以汽油或天然气(LPG)为燃料,与以轻油作为燃料的柴油发动机有很大的区别。然而,无论哪种都是依靠空气将燃料在高温下燃烧,因此排放出的尾气含有以下物质:

(1)空气的主要成分氮气(N_2)及未燃烧的氧气(O_2);
(2)燃烧过程中形成的二氧化碳(CO_2)和水蒸气(H_2O);
(3)燃料没有燃尽的碳氢化合物(HC:hydrocarbon);
(4)未燃尽形成的一氧化碳(CO)和煤烟;
(5)高温燃烧与空气中的氮气和氧气所产生的氮氧化合物(NO_x)。

在各个国家防止大气污染法规中,都将汽车排放的一氧化碳、碳氢化合物、铅化物、氮氧化合物及粒状物加以限制,并通过使用无铅汽油杜绝铅化物的产生。

排放的粒状物质,主要是柴油发动机所排出的煤烟。将粒径小于 $2\mu m$ 的微粒称为柴油发动机排放微粒(DEP:Diesel Exhaust Particles),其含有芳香族化合物等致癌性质的物质。

在发动机内部生成的氮氧化合物主要是一氧化氮(NO),排放到大气后被臭氧和氧气氧化成二氧化氮(NO_2)。同时也含有少量的一氧化二氮(N_2O),将这些统称为氮氧化合物,用 NO_x 表示。

2. 交通污染物的危害

1)一氧化碳(CO)

一氧化碳为无色、无臭、无刺激性的窒息性气体。当它随空气吸入人体后,经肺泡进入血液循环,与血红蛋白结合,形成碳氧血红蛋白,将妨碍血液正常输氧功能,造成体内缺氧。一氧化碳浓度较低时,会引起头痛、头晕、眼花、全身乏力、两腿发软,并有恶心、呕吐等症状。当浓度较高时,会使人昏迷,甚至死亡。即便是一氧化碳大量存在的情况下,也不易为人们所感觉,因此具有特殊的危险性。现代发达国家城市空气中的一氧化碳有80%是汽车排放的。城市中的一氧化碳浓度随着城市的交通情况而变化,车辆越多,车速越慢,则一氧化碳浓度越大。

2)氮氧化合物(NO_x)

氮氧化合物种类很多,主要有 N_2O、NO、NO_2、N_2O_3、N_2O_4、N_2O_5 等。汽车排放的氮氧化合物以 NO 为主,占95%以上,NO_2 只占3%~4%。但 NO 排放到大气后,会逐渐转变为 NO_2,该物质为红褐色有刺激性气体。

高浓度的氮氧化合物进入呼吸道深部,对呼吸道和肺部组织产生强烈的刺激和腐蚀作用,将增加毛细血管的通透性,形成肺水肿。慢性作用可引起呼吸道、支气管炎症。当汽车排放废气中的氮氧化合物和烯烃反应时,将产生致癌的硝化烯烃,动物长期吸入会致癌。

3)二氧化硫(SO_2)

二氧化硫是具有强烈刺激性的无色气体,易被黏膜的湿润表面吸收形成亚硫酸。长期吸入低浓度的二氧化硫,会引起头晕、头痛、全身无力,并引起鼻炎、咽喉炎、支气管炎、嗅觉味觉减退等症状,少数人会诱发支气管哮喘。如果吸入高浓度的二氧化硫,会引起肺炎,甚至肺水肿及中枢麻痹。

二氧化硫也会妨碍植物正常生长,使农作物减产,甚至使各种植被和树木坏死。

4)碳氢化合物(HC)

碳氢化合物又称为烃,种类繁多,多数是由燃料燃烧不充分引起。各种碳氢化合物对人体影响不同。通常会损害中枢神经系统,引起头痛、记忆力衰退、失眠、易疲倦、食欲减退等疾病,其中苯并芘有很强的致癌作用。

5)光化学烟雾

光化学烟雾是交通工具、工厂等排入大气的碳氢化合物和氮氧化合物等污染物,经日光照射发生光化学反应,所生产的二次污染物,如臭氧(O_3)、过氧乙酰基硝酸酯(PAN)和醛类等污染物。在特殊的气象(强烈日光、气温逆增、无风或微风等)和地理条件下(盆地、山谷等)不易扩散,在大气中大量聚集,形成光化学烟雾。

光化学烟雾对眼、鼻、咽喉、呼吸道黏膜有强烈的刺激作用,能使人发生急性中毒,表现为眼睛红肿、呼吸困难、血压下降,甚至昏迷等。1952年英国首都伦敦的一次光化学烟雾事件中,四天内就有4000多人中毒身亡。美国多诺拉和洛杉矶也发生过危害巨大的光化学烟雾事件。

6)颗粒物

能悬浮在空气中,空气动力学当量直径小于 $100\mu m$ 的颗粒物,称为总悬浮颗粒物(TSP)。悬浮在空气中,空气动力学当量直径小于 $10\mu m$ 的颗粒物,称为可吸入颗粒物(PM_{10})。

颗粒物随空气经呼吸道进入人体，通常大于 5μm 的尘粒易被上呼吸道阻留，部分可经咳嗽、吐痰排出，但对局部黏膜组织可产生刺激作用，引起慢性炎症；而小于 5μm 的尘粒，可进入呼吸道深部，直到小支气管和肺泡，因粉尘的刺激，将引起支气管反射性痉挛、黏液分泌增多，增加呼吸道阻力。沉积在肺泡内尘粒产生的刺激作用，能促进肺泡组织纤维增生，影响肺的换气功能，造成慢性支气管炎等呼吸道疾病。颗粒物能吸附致癌性很强的苯并芘等碳氢化合物，而且有的颗粒本身具有毒性（如沥青烟尘），因此易引起肺癌等疾病。

悬浮在空气中的颗粒物，影响阳光射到地面的强度，而且吸收其中具有杀菌作用的紫外线。因此，颗粒物污染严重地区，借空气媒介传播的疾病易于流行。

颗粒物飘落在植物上，能堵塞植物呼吸孔，妨碍叶绿素合成，使植物的营养发生障碍，影响生长。

3. 排放系数

汽车尾气排放量，受到发动机种类、形式、排量、尾气排放标准、装载情况、行驶条件（速度、坡度、加减速等）、维修情况等多种因素影响。在根据尾气排放进行沿线区域大气质量影响预测时，将汽车单位行驶距离所排放的污染物称为排放系数（Smission Factor）。

尾气排放量的测定，通常用于测试发动机性能，在室内再现车辆的行驶状况，从而进行尾气检测分析。国内各个城市有不同的限制指标，但均控制在国家规定的限度以内，一般越大的城市，经济发展良好的地区，对该指标控制越严格。日本对车辆尾气检测和排放控制相当严格，并且国土交通省、东京等都分别设定了独立的行走模式，能够针对不同的车种进行检测，由此来确定预测所用的排放系数。

排放系数最主要的影响因素是行驶状况。随着行驶速度的变化，排放系数发生变化，速度越高排放量也越大。另外，车辆行驶通常包括停止、启动、加减速等，因而即使平均行驶速度不高，但停止的时间增大，特别是交通堵塞时，单位距离的尾气排放量将大于平均速度较低时的排放量。

在不同的汽车运行状态下，其污染物的排放量有所不同，而燃料不同也影响污染物的排放。采用汽油及柴油发动的汽车在怠速时一氧化碳排出量最多，减速次之，恒速时最少；碳氢化合物则减速时排出量最多，恒速时最少。汽车污染物排放量与道路纵坡有关，坡度大耗油量大，因而排放污染物的数量也就大。汽车以 40km/h 在 3% 的坡道上行进时，CO 排放量增加 1.7 倍，在 3.5% 的坡道上增加 2.1 倍，坡度为 4.5% 时增加 3.7 倍。

二、道路交通大气污染的现状

车辆尾气是空气中 CO 和 NO_x 的主要来源之一。

据《全国环境统计公报（2013 年）》的统计结果显示，全国废气中氮氧化物排放量 2227.4 万 t。其中，工业氮氧化物排放量为 1545.6 万 t、城镇生活氮氧化物排放量为 40.7 万 t、机动车氮氧化物排放量为 640.6 万 t。机动车氮氧化物排放量占全国排放量的 28.76%。全国废气中烟（粉）尘排放量 1278.1 万 t。其中，工业烟（粉）尘排放量为 1094.6 万 t、城镇生活烟尘排放量为 123.9 万 t、机动车烟（粉）尘排放量为 59.4 万 t。机动车烟（粉）尘排放量占全国排放量的 4.65%。

目前，在我国许多大城市，道路交通排放的污染物 CO、HC、NO_x 已经成为城市空气污染的主要来源。三种污染物的排放量与车速关系密切，CO 和 HC 排放量随着车速提高而减少，NO_x

排放量随车速增大而提高,汽车三种污染物的排出量与车速关系见表13-1。因此,在交通拥挤的城市有的车辆平均行驶速度不到20km/h,车辆尾气排放造成的空气污染将会相当严重。

汽车三种主要污染物排放量与车速的关系(单位:g/km)　　　　表 13-1

污染物＼车速(km/h)	16	32	48	64	80	96
CO	59.6	30.3	21.3	17.3	14.4	12.6
HC	7.1	4.7	3.7	3.0	2.5	2.3
NO_x	3.2	3.6	4.0	4.4	4.8	5.2

三、大气污染的预测与评价

大气污染浓度的预测方法有模型试验方法、基于统计数据的回归模型方法和根据扩散计算方法等,以下简单介绍简便适用的 Plume 模型和 Puff 模型。

道路环境影响评价预测方程,是应用 Plume 和 Puff 关系式,把扩散系数作为参数,根据实际测试或试验而设定的一种回归模型。

1. Plume 模型

该模型表示在有风的情况下,从工厂的烟囱连续排出污染物,随风漂流、扩散时烟流的浓度。将影响条件简化,根据扩散方程的解,得到垂直于风向的浓度正态分布。

$$C(x,y,z) = \frac{Q}{2\pi u \sigma_y \sigma_z} \exp\left(-\frac{y^2}{2\sigma_y^2}\right) \left\{ \exp\left[-\frac{(z-H)^2}{2\sigma_z^2}\right] + \exp\left[-\frac{(z+H)^2}{2\sigma_z^2}\right] \right\} \quad (13\text{-}1)$$

式中:$C(x,y,z)$——(x,y,z)地点的浓度,mg/L;

　　　　Q——排污点处的排放量,mL/s;

　　　　u——平均风速,s/m;

　　　　H——排污点的排放高度,m;

　　　　σ_y、σ_z——水平(y)和垂直(z)方向的扩散宽度,m;

　　　　x——顺风方向距排放点的距离,m;

　　　　y——与 x 轴呈直角的水平距离,m;

　　　　z——与 x 轴呈直角的垂直距离,m。

2. Puff 模型

Puff 模型表示在无风时,从排放点连续排放的污染物,扩散时烟尘的浓度。将影响条件简化,根据扩散方程式,得到由发生源瞬间排放的污染物,经过一定时间后的浓度分布情况,沿 x、y、z 方向呈正态分布形式。下式是将扩散宽度作为扩散时间 t 的 1 次函数,表示瞬时所排放的污染物的浓度,当时间 $t=\infty$ 时,根据积分所得到的简易公式:

$$C(x,y,z) = \frac{Q}{(2\pi)^{2/3} \cdot \alpha^2 \cdot \gamma} \left\{ \frac{1-\exp\left(-\frac{l}{t_0^2}\right)}{2l} + \frac{1-\exp\left(-\frac{m}{t_0^2}\right)}{2m} \right\} \quad (13\text{-}2)$$

式中:$l = \frac{1}{2}\left\{\frac{x^2+y^2}{\alpha^2} + \frac{(z-H)^2}{\gamma^2}\right\}$;

$$m = \frac{1}{2}\left\{\frac{x^2+y^2}{\alpha^2} + \frac{(z+H)^2}{\gamma^2}\right\};$$

t_0——相当于扩散初期时的时间 α;

γ——扩散宽度相关系数。

3. 确定道路条件

预测时应有必要的道路条件,为了确定排放源的位置、扩散宽度及排放系数,首先要知道道路结构,有无隔音壁及其高度、宽度,路面高度,道路纵坡等。

道路交通污染物的排放源是汽车,并且是移动的,为简化计算,将道路理解为线状或面状的排放源,并且将其看作是连续的发生源,采用 Plume 模型和 Puff 模型计算浓度。排放源原则上以车道中线作为连续的排放点源,考虑到浓度影响范围,确定数百米的范围。

4. 确定交通条件

为确定排放强度,需要确定不同时间的交通量、行驶速度、车辆类型构成比例等必要的交通条件。

由交通条件及不同类型车辆排放系数,根据下式计算道路单位长度、单位时间的当量排放量的平均排放强度。

$$Q_t = V_w \frac{1}{3600} \cdot \frac{1}{1000}\sum_{i=1}^{n} E_i N_{it} \tag{13-3}$$

式中:Q_t——不同时间的平均排放强度,mL/(m·s);

E_i——不同车辆排放系数,g/(km·辆);

N_{it}——不同车辆不同时间的交通量,辆/h;

i——车辆类型(n 为车辆分类数量);

V_w——体积换算系数,mL/g 或 mg/g,NO_x 在 20°C,一个大气压下为 523mL/g,SPM 为 1000mL/g。

5. 确定气象条件

污染浓度受风向、风速影响较大,当风速超过 1m/s 时采用式(13-1)计算,小于 1m/s 时用(13-2)计算。预测时也根据风速分为有风时和弱风时,应用不同算式计算。收集能够反映预测地点气象条件的数据,例如根据强度高的排放源的风向、风速,进行如下数据整理:

(1)有风及弱风时出现的比例;

(2)有风时不同风向出现的比例;

(3)有风时不同时间、不同风向的平均风速。

如果进行隧道换气塔扩散预测,还要收集相关的大气安定度等数据。

6. 确定扩散宽度

Plume 模型中垂直和水平方向的扩散宽度,由下式确定:

$$\sigma_z = \sigma_{z0} + 0.31L^{0.83} \tag{13-4}$$

$$\sigma_y = \frac{W}{2} + 0.46L^{0.81} \tag{13-5}$$

式中：σ_{z0}——垂直方向的初期扩散宽度，在没有隔音壁情况下取 1.5m，当有隔音壁（高 3m 以上）时取 4.0m；

L——距车道锻头的距离（$L = X - W/2$）；

X——沿风向方向的距离，m；

W——车道宽度，m；当 $X < W/2$ 时，$\sigma_z < \sigma_{z0}$，$\sigma_y = W/2$。

Puff 模型中的参变量 $t_0 = W/2\alpha$，与扩散宽度相关的系数为 $\alpha = 0.3$，$\gamma = 0.18$（昼间），$\gamma = 0.09$（夜间）。

7. 不同时间的年平均浓度及其计算

利用有风时的不同风向的标准浓度，弱风时不同昼夜的标准浓度，不同时间的平均排放强度及不同时间的气象条件，根据各种气象条件的出现频率，来计算不同时间的平均浓度及年平均浓度。

8. 背景浓度

背景浓度是指由污染源以外的发生源引起的既有浓度。

9. 计算年平均 NO_2 的浓度（NO_x 转换式）

由预测模型计算得到 NO_x 的浓度（mg/L），如 NO_2 计算式为：

$$NO_2 = 0.0587 [NO_x]^{0.416} \left(1 - \frac{[NO_x]_{BG}}{[NO_x] + [NO_x]_{BG}}\right)^{0.630} \tag{13-6}$$

式中：$[NO_x]_{BG}$——氮氧化合物的背景浓度，mg/L。

10. 评价

预测结果的评价是将结果与环境标准及关联地方公共团体确定的目标相对比。如果目标年的年平均浓度已经确定，可将预测结果直接对比，考虑到环境标准，还要进行按一年值的 98％ 推算。详细内容可参阅相关资料。

四、大气污染的防治措施

1. 地球变暖问题与汽车

近年来全球性的环境问题被大书特书，到处存在由于地球变暖而出现的异常气候，海平面上升而出现的高潮水害增加，因干旱所引起的粮食危机，对生态系统的影响，传染病的流行等等深刻的影响给人们留下了许多悬念。目前，人类所面临的最大问题就是环境问题。

由世界气象部门（WMO）和国联环境规划（UNEP）所设立的 IPCC（关于气象变动的政府之间的图示板），于 2001 年汇总了第 3 次环境评价报告，预测自 1990 年到 2100 年之间，地球平均气温将上升 1.4～5.8 度。

地球温室效应形成的原因，主要是二氧化碳、沼气、一氧化二氮及氟利昂类气体的增加，其中起主导作用的是二氧化碳。日本对不同生产部门所排放的污染气体数据比较，运输部门 2000 年的排放量占 21％ 左右，在大城市该比例更高。而运输部门所排放的二氧化碳汽车排放占了近 90％，因此控制汽车尾气排放是非常重要的课题。

2. 防止大气污染的对策

防治汽车尾气排放造成大气污染的措施主要从不同的侧面进行,主要有发生源对策、交通量/交通流对策及沿线环境对策,具体内容如表 13-2 所示。

防止大气污染的对策表　　　　　　　表 13-2

发生源对策	强制实行汽车尾气排放标准,促进使用满足排放标准的车辆,普及低公害车辆,使用中关闭怠速引擎
交通量/交通流对策	吸引人们的出行方式向公共交通转移,建立完善的路网结构和停车换乘系统,进入市中心地区车辆采取收费等措施,货物运送合理化,经济的运输工具,交通堵塞对策,提供完善的道路信息
沿线环境对策	设置环境设施带,沿线环保设施建设(公园、绿地等)

第三节　道路交通噪声污染与控制

一、噪声及其主要标识单位

所谓噪声,是指令人不舒服的声音。主观上讲,对于某些人认为是噪声,但对其他人可能觉得是愉悦的声音。由于噪声影响正常人的心理和生理健康,因此被视为公害之一。但由于对噪声用物理的测定值进行判断是一件很困难的事,也存在发生源多种多样等问题,因此实施统一的对策很困难。然而,从居民投诉的件数来看,在典型的七大公害中,噪声投诉占有最高的比例,因此被视为公害。

道路交通噪声是汽车行驶过程中发生的,主要有发动机噪声、冷却系统噪声、进气系统噪声、排气系统噪声和轮胎噪声。在交通噪声中以发动机噪声和轮胎噪声为主,当汽车低速行驶时发动机噪声显著于轮胎噪声,且大型车发动机噪声更为明显,高速行驶时轮胎噪声明显于发动机噪声。

我国城市道路交通噪声,主要来源于汽车喇叭声。据上海市对几条公共交通线路做过的调查表明:按喇叭次数平均 50 次/km 以上,行驶条件差的路线按喇叭次数为 163 次/km。北京曾做过喇叭声与车辆行驶噪声对比试验,结果表明:当行车道宽度小于 15m 时,喇叭的平均噪声级较车辆行驶的平均噪声级大 10~15dB,道路行驶条件越好,喇叭声越小。随着城市道路条件的改善和管理水平的提高,以及人们素质的提高,这一情况将会得到改善。

噪声的标识单位主要有两类,一种是表示声音强弱的物理量标,另一种是表示感觉到声音大小的感觉量标。前者主要有声压和声压级等,后者主要有噪声级和等效声级。

1. 声压级(Sound Pressure Level:L_p)

声音是在具有弹性的介质中压力变动而产生的,而声压是该介质压力变动的有效值,是表示声音强弱的物理量,常用单位为帕(Pa)。声压级是声音强度相对大小的指标,单位为分贝(dB)。

$$L_p = 10\lg \frac{p^2}{p_0^2} = 20\lg \frac{p}{p_0} \tag{13-7}$$

式中：L_p——声压级，dB；
p——声压，N/m^2；
p_0——基准声压，2×10^{-5}N/m^2。

2. 声功率级（Power Level：L_{WA}）

将单位时间声音所放射的全部声能量称为声强，某种声音的声强与标准声强之比的常用对数的 10 倍，叫作声功率级。

$$L_{WA} = 10\lg\frac{W}{W_0} \tag{13-8}$$

式中：L_{WA}——声源的声功率级，dB；
W——声源的声功率，W；
W_0——基准声功率，10^{-12}W。

3. 噪声级（Sound Level：L_{PA}）

A 特性声压（P_A）的平方与基准声压平方之比的常用对数的 10 倍，称为噪声级，单位为分贝（dB）。

$$L_{PA} = 10\lg\frac{P_A^2}{P_0^2} \tag{13-9}$$

地面是具有半自由空间的反射面，从音源距离为 l 的测试点进行噪声和响度级观测时，下式成立。

$$L_{PA} = L_{WA} - 8 - 20\lg l \tag{13-10}$$

4. 等效声级（Equivalent Continuous Sound Level：$L_{Aeq.T}$）

等效声级作为噪声的平均水准，在国际上得到普遍应用，我国在《声环境质量标准》（GB 3096—2008）中对其进行了明确的定义。等效声级是等效连续 A 声级的简称，指在规定测量时间 T 内 A 声级的能量平均值，用 e 表示。

$$L_{Aeq.T} = 10\lg\left(\frac{1}{T}\int_0^T 10^{0.1L_A}dt\right) \tag{13-11}$$

式中：L_A——t 时刻的瞬时 A 声级；
T——规定的测量时间段。

二、道路交通噪音的测定方法及预测

1. 道路交通噪声的特点

道路交通噪声源具有流动性，噪声本身具有随机和非稳定性，并受到道路和交通条件的影响，主要有以下特点：

（1）道路交通噪声的分布与道路网分布一致，其影响范围主要是道路两侧一定范围内的居民及其建筑物等。

（2）道路交通噪声与路面纵坡、路面平整度、路面粗糙度、路段位置有关。道路坡度越大、发动机负荷越大，噪声越大，对大型车影响尤为明显，其修正值见表 13-3。路面粗糙度越大，噪声也越大,特别是对于小型车影响明显,对小型车的行驶噪音级按表 13-4 进行修正。

路面纵坡噪声级修正值　表 13-3

纵坡(%)	噪声级修正值(dB)
≤3	0
4~5	+1
6~7	+3
>7	+5

路面粗糙度噪声级修正值　表 13-4

粗糙度(mm)	噪声级修正值(dB)
<0.4	-2
0.4~0.7	0
0.7~1.0	+2
1.0~1.3	+4
>1.3	+6

(3)道路交通噪声与道路具体条件关系密切。噪声随交通量增加而增大,但车流量的增加只对本底噪声和平均噪声影响较大,但对噪声峰值影响较小,当车流量增加到 2000 辆/h 以后,噪声峰值基本不增加。而噪声峰值主要影响因素是载重车辆的数量,载重车辆所占比例越大,噪声越大。随着车辆加减速的频繁程度,噪声也会发生变化。交通噪声的时间分布规律与交通流量的时间分布很接近。

2. 道路交通噪声的危害

(1)造成听觉疲劳和听力损伤。当噪声达到 50dB 时,将会开始影响脑力劳动,80dB 以下只能保持长期工作而不致耳聋。在 90dB 条件下,只能保持 80% 的人不会耳聋,即使在 85dB,还会造成 10% 的人产生噪声性耳聋。人耳听力损失的频率从 4000Hz 开始。有时虽然没有达到噪声性耳聋的程度,但很可能已有听力损失。

(2)干扰人们正常生活。40dB 的连续噪声可使 10% 的人睡眠受到影响,70dB 将会影响到 50%;而突发性的噪声在 40dB 时,可使 10% 的人惊醒。当 60dB 时可使 70% 的人惊醒。

(3)影响人体生理健康。噪声会引起神经衰弱、失眠、疲劳、头晕、记忆力衰退等疾病。当噪声超过 140dB 时,甚至会引起眼球振动,视觉模糊,呼吸、脉搏、血压发生波动,血管收缩等。

3. 道路交通噪声测定及预测

道路交通噪声已经成为公害,特别是随着汽车数量的增加,道路交通流量的急剧增长,这一公害愈演愈烈。而对交通噪声的测定和预测理论研究我国尚处于起步阶段。日本作为平均单位面积汽车保有数量世界之最的国家,道路交通噪声问题也相当严重。汽车行走噪声中的动力噪声和行走噪声通常有很大区别。动力噪声有机械噪声(发动机噪声、进气噪声、排气噪声、冷却系统风扇噪声等)和传动系噪声等;行走噪声包括轮胎噪声、空气动力噪声、车体振动噪声等。通常认为主要影响噪声级大小的是机械噪声和轮胎噪声。日本通过实际测试结果显示,小汽车高于 50~60km/h,大型车高于 60~70km/h 速度时,轮胎噪声占优势,相反,低于这一行驶速度则机械噪声占优势。

依据等效声级的汽车行驶噪声预测模型,被用作日本音响协会的 ASJ MODEL1989 的标准预测方法,该模型的适用条件为:

(1)对象道路:普通路段(平坦、填方路段、挖方路段、高架路段),特殊路段(高速公路出入口、路堑及半地下、隧道口周围、高架及平面道路结合处、多层高架);

(2)交通量:不加限制;

(3)汽车行驶速度:汽车专用道路,普通道路稳定速度 40~140km/h,非稳定速度 10~60km/h;

(4)预测范围:距道路水平距离 200m,高度 12m;

(5)气象条件:无风,无梯度特别大的温差。

在 ASJ MODEL1989 中分 A 方法(精确计算法)和 B 方法(简易计算法),其中 B 方法在汽车行驶噪声预测中很适用,该方法预测计算顺序如图 13-1 所示。其中:

(1)道路结构、沿线条件、预测地点的设定:道路结构、宽度、车道数、路面高度、隔音壁等隔音装置的位置和根据地表面特性确定预测位置。

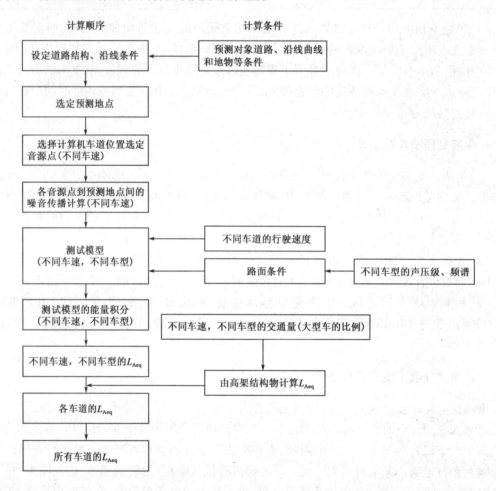

图 13-1 道路交通噪声预测顺序

(2)选择车道和音源点位置:计算用车道是基于实际的车道中心,但单侧双车道的道路,也可将上下行车道的中央假设为车道,如图 13-2 所示,将音源点从预测地点向车道引垂线 L,以交叉点为中心在 $\pm 20L$ 范围内,设定小于 L 的间隔点。

(3)车型分类与汽车噪声响度级的 L_{WA} 计算:根据"道路环境影响评价的技术与方法(日本)"中规定的以两种车型分类的原则进行,通常分为大型车和小型车;4 种车型分类为大型车、中型车、小型货车和小轿车。从音源(1 台汽车)所发出的 L_{WA},动力噪声和行走噪声都与速度密切相关,在两种车分类的情况下,按表 13-5 所示的公式进行计算。

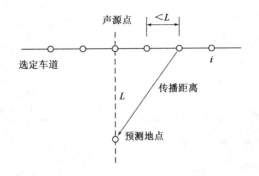

图 13-2 确定车道音源点位置示意图

响度级计算公式（按2种车型分类） 表 13-5

车 型 分 类	非稳定行驶区间 （10km/h≤V≤60km/h）	稳定行驶区间 （40km/h≤V≤140km/h）
大型车（大型车 + 中型车）	$L_{WA} = 88.8 + 10\lg V$	$L_{WA} = 53.2(52.3) + 30\lg V$
小型车（小货车 + 小轿车）	$L_{WA} = 82.3 + 10\lg V$	$L_{WA} = 46.7(45.3) + 30\lg V$

注：括号内数字为未来值（强化噪声控制后）。

(4) 单位模型的能量积分计算：1辆汽车行驶在道路上，预测地点的响度级按式(13-9)计算。由于反射及地表效果，需要进行补正，按下式计算：

$$L_{PAi} = L_{WA} - 8 - 20\lg\gamma_i + \Delta L_{di} + \Delta_{gi} \tag{13-12}$$

式中：L_{PAi}——A 特性声压级的时间变化，dB；

L_{WA}——汽车行走噪声的 A 特性响度级，dB；

γ_i——音源点 i 到预测地点的距离，m；

ΔL_{di}——由于反射而进行的修正量，dB；

Δ_{gi}——地面影响而进行的修正量，dB。

(5) 噪声级合成：将不同车道上不同车型的噪声进行能量合成，计算预测地点的噪声级 L_{Aeq}。假设某种车型行驶在双向2车道的等效车道上，各车道的等效音级为 L_{Aeq1} 和 L_{Aeq2}，则：

$$L_{Aeq} = 10\lg(10^{L_{Aeq1}/10} + 10^{L_{Aeq2}/10}) \tag{13-13}$$

三、道路交通噪声防治对策

作为汽车交通所引起的噪声公害对策，可从图 13-3 所示的各个方面考虑采取相应对策。由于道路交通噪声主要来自汽车，而汽车噪声的强度与汽车类型、发动机功率、车速、车流密度、道路纵坡大小、交叉口间的距离、路面等级与状况、标志标线的设置有关，其中发动机功率、交通量大小起决定作用，其次与地形、驾驶技术、载重情况有关。为使道路交通噪声受到控制，首先必须制定环境噪声法规和噪声标准。

我国颁布的《声环境质量标准》(GB 3096—2008)，规定城市五类区域的环境噪声最高限值。各类环境噪声标准值见表 13-6。对铁路边界、机场周围噪声标准也作了规定见表 13-7 及表 13-8。

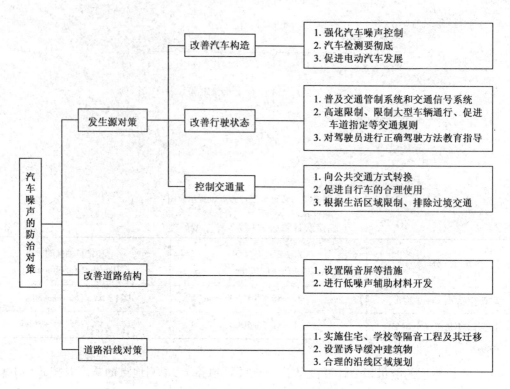

图 13-3 汽车噪声对策体系图

各类环境噪声标准（GB 3096—2008）　　等效声级 L_{eq}:dB(A)　　表 13-6

类别	适用区域		昼间	夜间
0	指康复疗养区等特别需要安静的区域		50	40
1	指以居民住宅、医疗卫生、文化教育、科研设计、行政办公为主要功能,需要保持安静的区域		55	45
2	指以商业金融、集市贸易为主要功能,或者居住、商业、工业混杂,需要维护住宅安静的区域		60	50
3	指以工业生产、仓储物流为主要功能,需要防止工业噪声对周围环境产生严重影响的区域		65	55
4	指交通干线两侧一定距离之内,需要防止交通噪声对周围环境产生严重影响的区域,包括4a类和4b类两种类型	4a类为高速公路、一级公路、二级公路、城市快速路、城市主干路、城市次干路、城市轨道交通(地面段)、内河航道两侧区域;	70	55
		4b类为铁路干线两侧区域	70	60

铁路边界噪声限值（GB 12525—1990）修改方案　　L_{eq}:dB(A)　　表 13-7

时间	既有铁路	新建铁路
昼间	70	70
夜间	70	60

注:既有铁路是指2010年12月31日前已建成运营的铁路或环境影响评价文件已通过审批的铁路建设项目。

机场周围飞机噪声环境标准(GB 9660—1988)　L_{WECPN}:dB　表13-8

类　别	适　用　区　域	标　准　值
一	特殊住宅区;居住、文教区	≤70
二	除一类区域以外的生活区	≤75

注:L_{WECPN}为一昼夜的计权等效连续感觉噪声级。

针对汽车噪声防治,主要从以下几方面考虑。交通流对策主要从强化交通管制和车辆进入控制等方面入手;道路对策考虑环状环保道路、迂回道路的建设、低噪声路面铺装和隔音壁设置以及设置绿化带等方面;道路沿线对策主要是从与干线道路协调的街道设施规划和沿线区域规划的方案,以及实施住宅隔音工程等方面着手考虑。

第四节　道路交通振动危害与防治

一、道路交通振动的产生及危害

道路交通振动是伴随汽车通过道路时所产生的振动,该振动沿地面传递逐渐衰减,当传播到周边居民居住地时将成为振动公害。

道路交通振动会对居民造成心理影响和物理影响,主要表现为降低舒适性、增加疲劳感、降低工作效率、影响健康及降低身体素质等。道路交通振动对人体的危害程度因振动的强度、频率、方向和持续时间而不同。近年来由于重型车辆、超重型车辆及拖挂车的迅速增长,发动机功率的增大,道路的高低不平顺以及汽车的加速制动等,使车辆在运行中产生的振动越来越大,越来越频繁。

二、道路交通振动的测定与控制标准

由于人体对振动的感受极其复杂,影响因素众多,并且对某些参数的测量也较困难,因此对汽车振动的标准,各个国家有不同的规定。振动对人体或建筑物影响程度的主要参数为:振动的强度、频率、方向和振动的持续时间。就振动的三个方向来看,对人体影响最大的为垂直方向,因此通常以重力加速度、振动加速度或垂直方向的振动级为度量标准。

根据《城市区域环境振动测量方法》(GB 10071—1988)规定,人体全身振动的感受与振动加速度的对数值大体成正比,记为 VAL,单位为分贝(dB),其定义为:

$$VAL = 20\lg \frac{A}{A_0} (dB) \qquad (13-14)$$

式中:A——振动加速度的有效数值,m/s^2;

A_0——基准振动加速度,10^{-6} m/s^2。

国际上 A_0 采用 $10^{-6} m/s^2$,当垂直振动时,振动频率为 4~8Hz,一般认为人感受出的最小振动加速度为 10^{-2} m/s^2。所以 $VAL = 20\lg \frac{10^{-2}}{10^{-6}} = 60(dB)$。

根据我国所制定的《城市区域环境振动标准》(GB 10070—1988),如表13-9所示,规定了城市区域环境振动标准值及适用地带范围,实施中乡村地区也可参照执行。

城市各类区域铅垂向 Z 振级标准（单位:dB）　　　　表 13-9

适用地带范围	昼间	夜间	备注
特殊住宅区	65	65	标准适用的地带范围由地方人民政府划定
居民、文教区	70	67	
混合区、商业中心区	75	72	
工业集中区	75	72	
交通干线道路两侧	75	72	
铁路干线两侧	80	80	

该标准适用于连续发生的稳态振动、冲击振动和无规则振动。每日发生几次的冲击振动，其最大值昼间不容许超过标准值 10dB，夜间不超过 3dB。

标准的适用地带范围划定如下：

(1) 特殊住宅区：指特别需要安宁的住宅区。

(2) 居民、文教区：指纯居民区和文教、机关区。

(3) 混合区：指一般商业与居民混合区；工业、商业、少量交通与居民混合区。

(4) 商业中心区：指商业集中的繁华地区。

(5) 工业集中区：指在一个城市或区域内规划明确确定的工业区。

(6) 交通干线道路两侧：指车流量每小时大于 100 辆的道路两侧。

(7) 铁路干线两侧：指距每日车流量不少于 20 列的铁轨外轨 30m 外两侧的住宅区。

监测方法为：

(1) 测定点在建筑物室外 0.5m 以内振动敏感处，必要时测定点置于室内地面中央，标准值取表中值。

(2) 铅垂向 Z 振级的测量及评价量的计算方法，按照国家标准 GB 10071—1988 有关条款的规定执行。

日本对道路交通振动研究有近 40 年的历史，推出了较为适用的道路交通振动测试方法，简述如下：

(1) 通过对不同频率振动的感觉进行补正（振动感觉补正）来确定。通常用下式进行道路交通振动级预测：

$$L_{10} = L_{10}^* - \alpha_1$$

$$L_{10}^* = a\lg(\lg Q^*) + b\lg V + c\lg M + d + \alpha_0 + \alpha_f + \alpha_s \tag{13-15}$$

式中：L_{10}——振动级的 80% 范围的上端值的预测值，dB；

L_{10}^*——在基准点振动级的 80% 范围的上端值的预测值，dB；

Q^*——500s 时间内 1 条车道的当量交通量（辆/500s/车道）；

$Q^* = \dfrac{500}{3600} \times \dfrac{1}{M}(Q_1 + KQ_2)$；

Q_1——小型车交通量，辆/h；

Q_2——大型车交通量，辆/h；

K——交通量转换系数；

M——车道数；

V——平均行驶速度，km/h；

α_0——根据路面平整度进行的修正值,dB;
α_f——根据地基振动数进行的修正值,dB;
α_s——根据道路结构进行的修正值,dB;
α_l——距离衰减值,dB;
a、b、c、d——常数。

(2)利用振动的垂直加速度进行评价。具体是参考人体对振动的感觉来测试振动加速度级(VAL),单位为 dB。

$$VAL = 10\lg \frac{A_\theta^2}{A_0^2} \tag{13-16}$$

式中:A_θ——加速度的实效值;
A_0——$10^{-3} cm/s^2$。

实际测定过程中,以 5s 的间隔进行 100 次振动加速度级的测定,制作累计频率分布曲线,将该曲线上的 10% 值(L_{10})作为代表值利用,并与道路交通振动控制标准值对照。如果超出规定的限制值,则要求道路管理者为防治交通振动进行必要的振动防护设施建设。

三、道路交通振动的预测和对策

道路交通振动与汽车行驶速度、车辆重量、交通量、车辆行驶的位置、路面状况等有关,另外振动的传播也因地基条件不同衰减距离不同。道路交通振动的防治对策主要分为振动源方面的对策和传播途径方面的对策。

1. 振动源对策

(1)在车上安装减振设施控制车体的振动,对车辆行驶速度和交通量,特别是对大型车辆的通行进行限制,严格控制车辆过载现象。

(2)确保路面完好以及道路与桥梁等结构物的顺接不出现跳车现象,经常对道路进行修缮。根据国外经验对损坏的水泥混凝土路面采用沥青罩面可减少振动 15~20Hz。

2. 传播途径对策

(1)道路沿线及车道间增设环境设施;
(2)对地基进行减震或不易振动改良;
(3)加设隔音壁或隔音墙装置。

无论采取什么措施,都应从经济性、施工的难易程度、耐久性和易维护管理等方面考虑。

第五节 道路交通环境影响评价

由于道路等公共事业建设会对周边环境产生很大影响,因此要在项目实施之前进行环境影响预测,如果预测结果显示对环境存有影响,应采取相应对策,将该过程称为环境影响评价。

道路交通环境影响评价是由环境影响评价(EIA:Environmental Impact Assessment)衍生出的,目前我国还没有形成严格的标准,在国外经济发达国家已形成公建项目建设必循制度,并上升到法律。日本继 1972 年内阁会议通过的《各种公共事业相关的环境保护对策》之后,1984 年确定实施了《关于环境影响评价的实施》,并于 1997 年提出,1999 年全面实施了《环境

影响评价法》,明确了环境影响评价的具体项目和设定基准。该法律的制定具有以下特征:

(1)以法律的形式明确了对项目进行环境影响评价是义务之举;

(2)在评价报告没有公告前,不得进行项目的实施;

(3)环境影响评价的结果是决定项目是否实施的依据;

(4)引入了对建设项目的判断、审查过程;

(5)将有关调查、评价的方法和征求项目建设意见引入到计划之中。

通常环境影响评价应先行于道路建设和城市规划,如图13-4给出了道路建设前进行的环境影响评价与城市规划的必要手续。

图中的"方法书"指选定汇集项目的评价方法,包括项目计划的概况、建设项目的内容、实施区域及周边概况等,以及进行环境影响范围的确认、评价方法等,公示并广泛听取各方面建议和意见后形成的文件。"预备书"是用于"方法书"中涉及项目的实施方法,是对因项目的建设引起环境变化的定量分析或定性预测,以及采取环保措施结果的评价报告。"评价报告"是在"预备书"公示、采纳意见的基础上,汇总项目实施的环境影响及其对策后形成的文件。对于计划的项目,如果环保方面采取的对策不当,则不能实施。

我国通常按照以下步骤进行项目环境影响评价。

一、目的、意义、范围、对象

环境保护的主要任务是保证在现代化建设过程中,合理地利用自然环境,防止环境污染和生态平衡的破坏,为人们营造清洁、舒适的劳动和生活环境,保护人们的健康,促进社会经济的持续发展。因此,道路的建设、运营与生态环境是否协调,对人们的生活与劳动是否产生影响等,应进行科学的评价。

评价的内容主要包括社会环境影响、生态环境影响、环境空气影响和噪声影响等。

我国由于对环境保护问题重视的较晚,加之对环境影响的评价涉及的领域较宽、因素复杂,目前仍然是需要进行深入研究的课题,细部的工作还非常多。在此只对环境空气和环境噪声作简要介绍。

据某些评价项目和类比监测表明,公路运营期车辆排放污染物的扩散与公路的地形和气象条件有关。扩散后所覆盖的地域为道路两侧与公路线形平行的带状区域,是交通量很大的公路,距离路中线150m以外的污染物浓度已接近背景值。大量监测数据证实,目前汽车专用公路交通噪声影响范围也为路中线两侧各200m以内。如果在评价区或边界外附近含有城镇、风景旅游区、名胜古迹等法定保护对象,其环境空气评价距离可适当扩大到路中线两侧300m范围。对环境噪声敏感的建筑物,如200人以上的学校教室;20张床位以上的医院病房等,要作为环境噪声的重点评价对象,其他地带为一般评价对象。

二、评价标准与评价因素

我国对环境空气影响评价标准按《环境空气质量标准》(GB 3095—2012)或地方标准进行。环境噪声影响评价按《声环境质量标准》(GB 3096—2008)(表13-7)进行。

环境空气影响评价因素的选定应考虑到对环境影响较大的、主要的污染源和主要污染物;尽可能选择环境质量标准中所规定的因素,同时还应考虑到所选择的因子是当前监测条件能够提供的。目前可选用一氧化碳(CO)、氮氧化合物(NO_x)、总烃(THC)和总悬浮颗粒物(TSP)。环境噪声的评价量以等效连续A声级L_{Aeq}为评价量,单位为分贝(dB)。

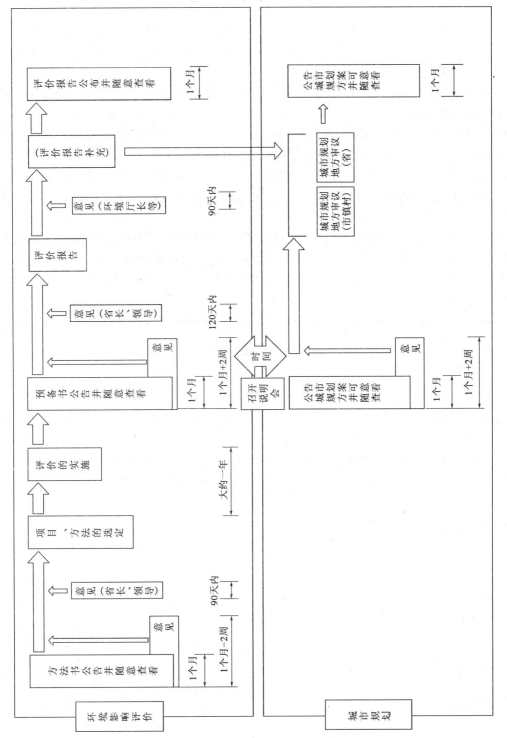

图13-4 道路环境影响评价与城市规划的手续

三、评价方法

道路交通对环境的各项影响评价,均须按工程建设规划、可行性研究、设计、施工、运营等基本阶段进行。评价开始,应根据需要和具体情况建立评价指标体系,进行资料收集、整理和分析,最后得出评价结论。

资料收集,首先应调查沿线的地形、地貌、气象等自然状况,按评价原则划分功能区及地段,确定影响敏感点。

现状评价,按照所建立的指标体系收集各项评价因素,一般评价都带有预测性,因此应做出交通基本因素的预测,并通过类推和相关分析建立有关大气污染因素的预测模型。经过整理分析作出评价结论。通常采用对比法,明确污染是否超标,对超标、超标率和原因做出明确说明。也可采用相对值的"指数法"、"特尔斐法"及"模糊综合评价法"等做出定性、定量评价。

道路交通环境是由多因素构成的复杂的动态系统,存有某些局限性、随机性和不确定性,对其影响的评价涉及的学科门类较复杂,某些问题尚待进一步研究,想做出十分确切的评价有很大难度。目前,可参照《公路建设项目环境影响评价规范》(JTG B03—2006)进行。

思 考 题

1. 简述道路交通运输对环境的主要影响?
2. 汽车大气污染主要有哪些?有什么危害?如何防治?
3. 道路交通噪声的危害有哪些?如何控制?
4. 道路交通环境影响评价的目的和意义如何?

参考文献

[1] 任福田,刘小明,荣建.交通工程学[M].2版.北京:人民交通出版社,2008.
[2] 徐吉谦,陈学武.交通工程总论[M].3版.北京:人民交通出版社,2008.
[3] 李作敏.交通工程学[M].2版.北京:人民交通出版社,2004.
[4] 李江.交通工程学[M].北京:人民交通出版社,2002.
[5] 中国公路学会《交通工程手册》编委会.交通工程手册[M].北京:人民交通出版社,1998.
[6] 张晓东,李爽,田梦.北京停车规划策略与实施建议[J].北京规划建设,2012.
[7] 2004年全国道路交通情况分析报告[J].道路交通管理,2005(1).
[8] 王炜,陈学武,陆建.城市交通系统可持续发展理论体系研究[M].北京:科学出版社,2004.
[9] 交通运输部.国家高速公路网规划.2004.
[10] 交通运输部.国家公路网规划(2013—2030).2013.
[11] 《中国城市发展报告》编委会.中国城市发展报告2012.2013.
[12] 北京交通委员会.北京交通发展纲要(2004—2020).2005.
[13] 北京市地方标准.DB11/T 787—2001 建设项目交通影响评价报告编制规范[S].北京:2011.
[14] 北京交通工程学会.智能交通应用与发展——第九届多国城市交通学术会议论文集[M].北京:群众出版社.2005.
[15] 中华人民共和国行业标准.CJJ 37—2012 城市道路工程设计规范[S].北京:中国建筑工业出版社,2012.
[16] 中华人民共和国行业标准.JTG B01—2014 公路工程技术标准[S].北京:人民交通出版社股份有限公司,2014.
[17] 中华人民共和国国家标准.GB 50220—1995 城市道路交通规划设计规范[S].北京:中国计划出版社,1995.
[18] 王建军,严宝杰.交通调查与分析[M].2版.北京:人民交通出版社,2004.

[19] 王炜,过秀成.交通工程学[M].2版.南京:东南大学出版社,2011.
[20] 杨兆升.城市交通流诱导系统[M].北京:中国铁道出版社,2004.
[21] 马骏.交通流理论基础[M].北京:中国人民公安大学出版社,2004.
[22] 丹尼尔·L·鸠洛夫.交通流理论[M].北京:人民交通出版社,1983.
[23] 刘焰.交通工程学[M].北京:机械工业出版社,2013.
[24] 倪江华.交通工程学计算示例[M].北京:人民交通出版社,1993.
[25] 徐家钰,程家驹.道路工程[M].2版.上海:同济大学出版社.2004.
[26] 陈宽民,严宝杰.道路通行能力分析[M].2版.北京:人民交通出版社,2003.
[27] Manual H C. HCM 2010[M]. Nationnal Academy of Sciences. Yhdysvallat,2010.
[28] 石井一郎.交通計画.森北出版株式会社,2000.
[29] 刘灿齐.现代交通规划学[M].北京:人民交通出版社,2001.
[30] 陆化普.交通规划理论与方法[M].北京:清华大学出版社,2006.
[31] 饭田恭敬.交通工程学[M].邵春福,译.北京:人民交通出版社,1994.
[32] 樗木武·井上信昭.交通計画学[M].共立出版株式会社,1993.
[33] 新谷洋二.都市交通計画[M].技報堂出版,2003.
[34] 文国玮.城市道路交通与道路系统规划[M].北京:清华大学出版社,2013.
[35] 李杰.交通工程学[M].北京:北京大学出版社,2010.
[36] 关宏志,刘小明.停车场规划设计与管理[M].北京:人民交通出版社,2003.
[37] 王元庆,周伟.停车设施规划[M].北京:人民交通出版社,2003.
[38] 南京市城市与交通规划设计研究院有限责任公司.泰州市中心城区停车场规划,2012.
[39] 朱永明.简明交通工程学[M].北京;人民交通出版社,1997.
[40] 翟忠民.道路交通组织优化[M].北京:人民交通出版社,2004.
[41] 陆化普.城市交通现代化管理[M].北京:人民交通出版社,1999.
[42] 吴琪.控制理论原理[M].北京:清华大学出版社,2000.
[43] 过秀成.道路交通安全学[M].2版.南京:东南大学出版社,2011.
[44] 徐吉谦,过秀成.交通工程学基础[M].南京:东南大学出版社,1994.
[45] 许国洪.道路事故分析与处理[M].2版.北京:人民交通出版社,2004.
[46] 刘运通.道路交通安全指南[M].北京:人民交通出版社,2004.
[47] 张玉芬.交通运输与环境保护[M].北京:人民交通出版社,2003.
[48] 河上省吾,松井宽.交通工学[M].森北出版株式会社,2004.
[49] 元田良孝,岩立忠夫,上田敏.交通工学[M].2版.东京:森北出版株式会社,2006.
[50] 福田正.新版交通工学[M].朝倉书店,2002.